当代齐鲁文库·20世纪"乡村建设运动"文库

The Library of Contemporary Shandong

Selected Works of Rural Construction Campaign of the 20th Century

山东社会科学院 编纂

/22

邹平的村学乡学

山东乡村建设研究院 编

中国社会科学出版社

图书在版编目(CIP)数据

邹平的村学乡学/山东乡村建设研究院编. —北京：中国社会科学出版社，2022.10

（当代齐鲁文库.20世纪"乡村建设运动"文库）

ISBN 978-7-5227-0898-0

Ⅰ.①邹… Ⅱ.①山… Ⅲ.①乡村教育—中国—文集 Ⅳ.①G725-53

中国版本图书馆CIP数据核字（2022）第179273号

出 版 人	赵剑英
责任编辑	冯春凤
责任校对	张爱华
责任印制	张雪娇

出　　版	中国社会科学出版社
社　　址	北京鼓楼西大街甲158号
邮　　编	100720
网　　址	http://www.csspw.cn
发 行 部	010-84083685
门 市 部	010-84029450
经　　销	新华书店及其他书店
印刷装订	北京君升印刷有限公司
版　　次	2022年10月第1版
印　　次	2022年10月第1次印刷
开　　本	710×1000　1/16
印　　张	23.25
插　　页	2
字　　数	377千字
定　　价	128.00元

凡购买中国社会科学出版社图书，如有质量问题请与本社营销中心联系调换
电话：010-84083683
版权所有　侵权必究

《当代齐鲁文库》编纂说明

不忘初心、打造学术精品，是推进中国特色社会科学研究和新型智库建设的基础性工程。近年来，山东社会科学院以实施哲学社会科学创新工程为抓手，努力探索智库创新发展之路，不断凝练特色、铸就学术品牌、推出重大精品成果，大型丛书《当代齐鲁文库》就是其中之一。

《当代齐鲁文库》是山东社会科学院立足山东、面向全国、放眼世界倾力打造的齐鲁特色学术品牌。《当代齐鲁文库》由《山东社会科学院文库》《20世纪"乡村建设运动"文库》《中美学者邹平联合调查文库》《山东海外文库》《海外山东文库》等特色文库组成。其中，作为《当代齐鲁文库》之一的《山东社会科学院文库》，历时2年的编纂，已于2016年12月由中国社会科学出版社正式出版发行。《山东社会科学院文库》由34部44本著作组成，约2000万字，收录的内容为山东省社会科学优秀成果奖评选工作开展以来，山东社会科学院获得一等奖及以上奖项的精品成果，涉猎经济学、政治学、法学、哲学、社会学、文学、历史学等领域。该文库的成功出版，是山东社会科学院历代方家的才思凝结，是山东社会科学院智库建设水平、整体科研实力和学术成就的集中展示，一经推出，引起强烈的社会反响，并成为山东社会科学院推进学术创新的重要阵地、引导学风建设的重要航标和参与学术交流的重要桥梁。

以此为契机，作为《当代齐鲁文库》之二的山东社会科学院"创新工程"重大项目《20世纪"乡村建设运动"文库》首批10卷12本著作约400万字，由中国社会科学出版社出版发行，并计划陆续完成约100本著作的编纂出版。

党的十九大报告提出："实施乡村振兴战略，农业农村农民问题是关系国计民生的根本性问题，必须始终把解决好'三农'问题作为全党工作重中

编纂说明

之重。"以史为鉴，置身于中国现代化的百年发展史，通过深入挖掘和研究历史上的乡村建设理论及社会实验，从中汲取仍具时代价值的经验教训，才能更好地理解和把握乡村振兴战略的战略意义、总体布局和实现路径。

20 世纪前期，由知识分子主导的乡村建设实验曾影响到山东省的 70 余县和全国的不少地区。《20 世纪"乡村建设运动"文库》旨在通过对从山东到全国的乡村建设珍贵历史文献资料大规模、系统化地挖掘、收集、整理和出版，为乡村振兴战略的实施提供历史借鉴，为"乡村建设运动"的学术研究提供资料支撑。当年一大批知识分子深入民间，投身于乡村建设实践，并通过长期的社会调查，对"百年大变局"中的乡村社会进行全面和系统地研究，留下的宝贵学术遗产，是我们认识传统中国社会的重要基础。虽然那个时代有许多的历史局限性，但是这种注重理论与实践相结合、俯下身子埋头苦干的精神，仍然值得今天的每一位哲学社会科学工作者传承和弘扬。

《20 世纪"乡村建设运动"文库》在出版过程中，得到了社会各界尤其是乡村建设运动实践者后人的大力支持。中国社会科学院和中国社会科学出版社的领导对《20 世纪"乡村建设运动"文库》给予了高度重视、热情帮助和大力支持，责任编辑冯春凤主任付出了辛勤努力，在此一并表示感谢。

在出版《20 世纪"乡村建设运动"文库》的同时，山东社会科学院已经启动《当代齐鲁文库》之三《中美学者邹平联合调查文库》、之四《山东海外文库》、之五《海外山东文库》等特色文库的编纂工作。《当代齐鲁文库》的日臻完善，是山东社会科学院坚持问题导向、成果导向、精品导向，实施创新工程、激发科研活力结出的丰硕成果，是山东社会科学院国内一流新型智库建设不断实现突破的重要标志，也是党的领导下经济社会全面发展、哲学社会科学欣欣向荣繁荣昌盛的体现。由于规模宏大，《当代齐鲁文库》的完成需要一个过程，山东社会科学院会笃定恒心，继续大力推动文库的编纂出版，为进一步繁荣发展哲学社会科学贡献力量。

山东社会科学院
2018 年 11 月 17 日

编纂委员会

顾　　　问：徐经泽　梁培宽
主　　　任：李培林
编辑委员会：袁红英　韩建文　杨金卫　张少红
　　　　　　张凤莲
学术委员会：（按姓氏笔画排序）
　　　　　　王学典　叶　涛　田毅鹏　刘显世
　　　　　　孙聚友　杜　福　李培林　李善峰
　　　　　　吴重庆　张　翼　张士闪　张清津
　　　　　　林聚任　杨善民　周德禄　宣朝庆
　　　　　　徐秀丽　韩　锋　葛忠明　温铁军
　　　　　　潘家恩
总 主 编：袁红英
主　　　编：李善峰

总　序

从传统乡村社会向现代社会的转型，是世界各国现代化必然经历的历史发展过程。现代化的完成，通常是以实现工业化、城镇化为标志。英国是世界上第一个实现工业化的国家，这个过程从17世纪资产阶级革命算起经历了200多年时间，若从18世纪60年代工业革命算起则经历了100多年的时间。中国自近代以来肇始的工业化、城镇化转型和社会变革，屡遭挫折，步履维艰。乡村建设问题在过去一百多年中，也成为中国最为重要的、反复出现的发展议题。各种思想潮流、各种社会力量、各种政党社团群体，都围绕这个议题展开争论、碰撞、交锋，并在实践中形成不同取向的路径。

把农业、农村和农民问题置于近代以来的"大历史"中审视不难发现，今天的乡村振兴战略，是对一个多世纪以来中国最本质、最重要的发展议题的当代回应，是对解决"三农"问题历史经验的总结和升华，也是对农村发展历史困境的全面超越。它既是一个现实问题，也是一个历史问题。

2017年12月，习近平总书记在中央农村工作会议上的讲话指出，"新中国成立前，一些有识之士开展了乡村建设运动，比较有代表性的是梁漱溟先生搞的山东邹平试验，晏阳初先生搞的河北定县试验"。

"乡村建设运动"是20世纪上半期（1901到1949年间）在中国农村许多地方开展的一场声势浩大的、由知识精英倡导的乡村改良实践探索活动。它希望在维护现存社会制度和秩序的前提下，通过兴办教育、改良农业、流通金融、提倡合作、办理地方自治与自卫、建立公共卫生保健制度和移风易俗等措施，复兴日趋衰弱的农村经济，刷新中国政治，复兴中国文化，实现所谓的"民族再造"或"民族自救"。在政治倾向上，参与"乡村建设运动"的学者，多数是处于共产党与国民党之间的"中间派"，代表着一部分爱国知识分子对中国现代化建设道路的选择与探索。关于"乡村建设运动"

的意义，梁漱溟、晏阳初等乡建派学者曾提的很高，认为这是近代以来，继太平天国运动、戊戌变法运动、辛亥革命运动、五四运动、北伐运动之后的第六次民族自救运动，甚至是"中国民族自救运动之最后觉悟"。[①] 实践证明，这个运动最终以失败告终，但也留下很多弥足珍贵的经验和教训。其留存的大量史料文献，也成为学术研究的宝库。

"乡村建设运动"最早可追溯到米迪刚等人在河北省定县翟城村进行"村治"实验示范，通过开展识字运动、公民教育和地方自治，实施一系列改造地方的举措，直接孕育了随后受到海内外广泛关注、由晏阳初及中华平民教育促进会所主持的"定县试验"。如果说这个起于传统良绅的地方自治与乡村"自救"实践是在村一级展开的，那么清末状元实业家张謇在其家乡南通则进行了引人注目的县一级的探索。

20世纪20年代，余庆棠、陶行知、黄炎培等提倡办学，南北各地闻风而动，纷纷从事"乡村教育""乡村改造""乡村建设"，以图实现改造中国的目的。20年代末30年代初，"乡村建设运动"蔚为社会思潮并聚合为社会运动，建构了多种理论与实践的乡村建设实验模式。据南京国民政府实业部的调查，当时全国从事乡村建设工作的团体和机构有600多个，先后设立的各种实验区达1000多处。其中比较著名的有梁漱溟的邹平实验区、陶行知的晓庄实验区、晏阳初的定县实验区、鼓禹廷的宛平实验区、黄炎培的昆山实验区、卢作孚的北碚实验区、江苏省立教育学院的无锡实验区、齐鲁大学的龙山实验区、燕京大学的清河实验区等。梁漱溟、晏阳初、卢作孚、陶行知、黄炎培等一批名家及各自领导的社会团体，使"乡村建设运动"产生了广泛的国内外影响。费正清主编的《剑桥中华民国史》，曾专辟"乡村建设运动"一节，讨论民国时期这一波澜壮阔的社会运动，把当时的乡村建设实践分为西方影响型、本土型、平民型和军事型等六个类型。

1937年7月抗日战争全面爆发后，全国的"乡村建设运动"被迫中止，只有中华平民教育促进会的晏阳初坚持不懈，撤退到抗战的大后方，以重庆璧山为中心，建立了华西实验区，开展了长达10年的平民教育和乡村建设实验，直接影响了后来台湾地区的土地改革，以及菲律宾、加纳、哥伦比亚等国家的乡村改造运动。

[①]《梁漱溟全集》第五卷，山东人民出版社2005年版，第44页。

"乡村建设运动"不仅在当事者看来"无疑地已经形成了今日社会运动的主潮",① 在今天的研究者眼中,它也是中国农村社会发展史上一次十分重要的社会改造活动。尽管"乡村建设运动"的团体和机构,性质不一,情况复杂,诚如梁漱溟所言,"南北各地乡村运动者,各有各的来历,各有各的背景。有的是社会团体,有的是政府机关,有的是教育机关;其思想有的左倾,有的右倾,其主张有的如此,有的如彼"②。他们或注重农业技术传播,或致力于地方自治和政权建设,或着力于农民文化教育,或强调经济、政治、道德三者并举。但殊途同归,这些团体和机构都关心乡村,立志救济乡村,以转化传统乡村为现代乡村为目标进行社会"改造",旨在为破败的中国农村寻一条出路。在实践层面,"乡村建设运动"的思想和理论通常与国家建设的战略、政策、措施密切相关。

在知识分子领导的"乡村建设运动"中,影响最大的当属梁漱溟主持的邹平乡村建设实验区和晏阳初主持的定县乡村建设实验区。梁漱溟和晏阳初在从事实际的乡村建设实验前,以及实验过程中,对当时中国社会所存在的问题及其出路都进行了理论探索,形成了比较系统的看法,成为乡村建设实验的理论根据。

梁漱溟曾是民国时期宪政运动的积极参加者和实践者。由于中国宪政运动的失败等原因,致使他对从前的政治主张逐渐产生怀疑,抱着"能替中华民族在政治上经济上开出一条路来"的志向,他开始研究和从事乡村建设的救国运动。在梁漱溟看来,中国原为乡村国家,以乡村为根基与主体,而发育成高度的乡村文明。中国这种乡村文明近代以来受到来自西洋都市文明的挑战。西洋文明逼迫中国往资本主义工商业路上走,然而除了乡村破坏外并未见都市的兴起,只见固有农业衰残而未见新工商业的发达。他的乡村建设运动思想和主张,源于他的哲学思想和对中国的特殊认识。在他看来,与西方"科学技术、团体组织"的社会结构不同,中国的社会结构是"伦理本位、职业分立",不同于"从对方下手,改造客观境地以解决问题而得满足于外者"的西洋文化,也不同于"取消问题为问题之解决,以根本不生要求

---

① 许莹涟、李竟西、段继李编述:《全国乡村建设运动概况》第一辑上册,山东乡村建设研究院1935年出版,编者"自叙"。

② 《梁漱溟全集》第二卷,山东人民出版社2005年版,第582页。

为最上之满足"的印度文化，中国文化是"反求诸己，调和融洽于我与对方之间，自适于这种境地为问题之解决而满足于内者"的"中庸"文化。中国问题的根源不在他处，而在"文化失调"，解决之道不是向西方学习，而是"认取自家精神，寻求自家的路走"。乡村建设的最高理想是社会和政治的伦理化，基本工作是建立和维持社会秩序，主要途径是乡村合作化和工业化，推进的手段是"软功夫"的教育工作。在梁漱溟看来，中国建设既不能走发展工商业之路，也不能走苏联的路，只能走乡村建设之路，即在中国传统文化基础上，吸收西方文化的长处，使中西文化得以融通，开创民族复兴的道路。他特别强调，"乡村建设，实非建设乡村，而意在整个中国社会之建设。"① 他将乡村建设提到建国的高度来认识，旨在为中国"重建一新社会组织构造"。他认为，救济乡村只是乡村建设的"第一层意义"，乡村建设的"真意义"在于创造一个新的社会结构，"今日中国问题在其千年相沿袭之社会组织构造既已崩溃，而新者未立；乡村建设运动，实为吾民族社会重建一新组织构造之运动。"② 只有理解和把握了这一点，才能理解和把握"乡村建设运动"的精神和意义。

晏阳初是中国著名的平民教育和乡村建设专家，1926年在河北定县开始乡村平民教育实验，1940—1949年在重庆歇马镇创办中国乡村建设育才院，后改名中国乡村建设学院并任院长，组织开展华西乡村建设实验，传播乡村建设理念。他认为，中国的乡村建设之所以重要，是因为乡村既是中国的经济基础，也是中国的政治基础，同时还是中国人的基础。"我们不愿安居太师椅上，空做误民的计划，才到农民生活里去找问题，去解决问题，抛下东洋眼镜、西洋眼镜、都市眼镜，换上一副农夫眼镜。"③ 乡村建设就是要通过长期的努力，去培养新的生命，振拔新的人格，促成新的团结，从根本上再造一个新的民族。为了实现民族再造和固本宁邦的长远目的，他在做了认真系统的调查研究后，认定中国农村最普遍的问题是农民中存在的"愚贫弱私"四大疾病；根治这四大疾病的良方，就是在乡村普遍进行"四大教育"，即文艺教育以治愚、生计教育以治贫、卫生教育以治弱、公民教育以

---

① 《梁漱溟全集》第二卷，山东人民出版社2005年版，第161页。
② 《梁漱溟全集》第二卷，山东人民出版社2005年版，第161页。
③ 《晏阳初全集》第一卷，天津教育出版社2013年版，第221页。

治私，最终实现政治、教育、经济、自卫、卫生、礼俗"六大建设"。为了实现既定的目标，他坚持四大教育连锁并进，学校教育、社会教育、家庭教育统筹协调。他把定县当作一个"社会实验室"，通过开办平民学校、创建实验农场、建立各种合作组织、推行医疗卫生保健、传授农业基本知识、改良动植物品种、倡办手工业和其他副业、建立和开展农民戏剧、演唱诗歌民谣等积极的活动，从整体上改变乡村面貌，从根本上重建民族精神。

可以说，"乡村建设运动"的出现，不仅是农村落后破败的现实促成的，也是知识界对农村重要性自觉体认的产物，两者的结合，导致了领域广阔、面貌多样、时间持久、影响深远的"乡村建设运动"。而在"乡村建设运动"的高峰时期，各地所开展的乡村建设事业历史有长有短，范围有大有小，工作有繁有易，动机不尽相同，都或多或少地受到了邹平实验区、定县实验区的影响。

20世纪前期中国的乡村建设，除了知识分子领导的"乡村建设运动"，还有1927—1945年南京国民政府推行的农村复兴运动，以及1927—1949年中国共产党领导的革命根据地的乡村建设。

"农村复兴"思潮源起于20世纪二三十年代，大体上与国民政府推动的国民经济建设运动和由社会力量推动的"乡村建设运动"同时并起。南京国民政府为巩固政权，复兴农村，采取了一系列措施：一是先后颁行保甲制度、新县制等一系列地方行政制度，力图将国家政权延伸至乡村社会；二是在经济方面，先后颁布了多部涉农法律，新设多处涉农机构，以拯救处于崩溃边缘的农村经济；三是修建多项大型水利工程等，以改善农业生产环境。1933年5月，国民政府建立隶属于行政院的农村复兴委员会，发动"农村复兴运动"。随着"乡村建设运动"的开展，赞扬、支持、鼓励铺天而来，到几个中心实验区参观学习的人群应接不暇，平教会甚至需要刊登广告限定接待参观的时间，南京国民政府对乡建实验也给予了相当程度的肯定。1932年第二次全国内政工作会议后，建立县政实验县取得了合法性，官方还直接出面建立了江宁、兰溪两个实验县，并把邹平实验区、定县实验区纳入县政实验县。

1925年，成立已经四年的中国共产党，认识到农村对于中国革命的重要性，努力把农民动员成一股新的革命力量，遂发布《告农民书》，开始组织农会，发起农民运动。中国共产党认为中国农村问题的核心是土地问题，乡

总 序

村的衰败是旧的反动统治剥削和压迫的结果,只有打碎旧的反动统治,农民才能获得真正的解放;必须发动农民进行土地革命,实现"耕者有其田",才能解放农村生产力。在地方乡绅和知识分子开展"乡村建设运动"的同时,中国共产党在中央苏区的江西、福建等农村革命根据地,开展了一系列政治、经济、文化等方面的乡村改造和建设运动。它以土地革命为核心,依靠占农村人口绝大多数的贫雇农,以组织合作社、恢复农业生产和发展经济为重要任务,以开办农民学校扫盲识字、开展群众性卫生运动、强健民众身体、改善公共卫生状况、提高妇女地位、改革陋俗文化和社会建设为保障。期间的尝试和举措满足了农民的根本需求,无论是在政治、经济上,还是社会地位上,贫苦农民都获得了翻身解放,因而得到了他们最坚决的支持、拥护和参与,为推进新中国农村建设积累了宝贵经验。与乡建派的乡村建设实践不同的是,中国共产党通过领导广大农民围绕土地所有制的革命性探索,走出了一条彻底改变乡村社会结构的乡村建设之路。中国共产党在农村进行的土地革命,也促使知识分子从不同方面反思中国乡村改良的不同道路。

"乡村建设运动"的理论和实践,说明在当时的现实条件下,改良主义在中国是根本行不通的。在当时国内外学界围绕乡村建设运动的理论和实践,既有高歌赞赏,也有尖锐批评。著名社会学家孙本文的评价,一般认为还算中肯:尽管有诸多不足,至少有两点"值得称述","第一,他们认定农村为我国社会的基本,欲从改进农村下手,以改进整个社会。此种立场,虽未必完全正确;但就我国目前状况言,农村人民占全国人口百分之七十五以上,农业为国民的主要职业;而农产不振,农村生活困苦,潜在表现足为整个社会进步的障碍。故改进农村,至少可为整个社会进步的张本。第二,他们确实在农村中不畏艰苦为农民谋福利。各地农村工作计划虽有优有劣,有完有缺,其效果虽有大有小;而工作人员确脚踏实地在改进农村的总目标下努力工作,其艰苦耐劳的精神,殊足令人起敬。"[①] 乡村建设学派的工作曾引起国际社会的重视,不少国家于二次世界大战后的乡村建设与社区重建中,注重借鉴中国乡村建设学派的一些具体做法。晏阳初1950年代以后应邀赴菲律宾、非洲及拉美国家介绍中国的乡村建设工作经验,并从事具体的指导工作。

---

① 孙本文:《现代中国社会问题》第三册,商务印书馆1944年版,第93—94页。

总起来看,"乡村建设运动"在中国百年的乡村建设历史上具有承上启下、融汇中西的作用,它不仅继承自清末地方自治的政治逻辑,同时通过村治、乡治、乡村建设等诸多实践,为乡村振兴发展做了可贵的探索。同时,"乡村建设运动"是与当时的社会调查运动紧密联系在一起的,大批学贯中西的知识分子走出书斋、走出象牙塔,投身于对中国社会的认识和改造,对乡村建设进行认真而艰苦地研究,并从丰富的调查资料中提出了属于中国的"中国问题",而不仅是解释由西方学者提出的"中国问题"或把西方的"问题"中国化,一些研究成果达到了那个时期所能达到的巅峰,甚至迄今难以超越。"乡村建设运动"有其独特的学术内涵与时代特征,是我们认识传统中国社会的一个窗口,也是我们今天在新的现实基础上发展中国社会科学不能忽视的学术遗产。

历史文献资料的收集、整理和利用是学术研究的基础,资料的突破往往能带来研究的创新和突破。20世纪前期的图书、期刊和报纸都有大量关于"乡村建设运动"的著作、介绍和研究,但目前还没有"乡村建设运动"的系统史料整理,目前已经出版的文献多为乡建人物、乡村教育、乡村合作等方面的"专题",大量文献仍然散见于各种民国"老期刊",尘封在各大图书馆的"特藏部"。本项目通过对"乡村建设运动"历史资料和研究资料的系统收集、整理和出版,力图再现那段久远的、但仍没有中断学术生命的历史。一方面为我国民国史、乡村建设史的研究提供第一手资料,推进对"乡村建设运动"的理论和实践的整体认识,催生出高水平的学术成果;另一方面,为当前我国各级政府在城乡一体化、新型城镇化、乡村教育的发展等提供参考和借鉴,为乡村振兴战略的实施做出应有的贡献。

由于大规模收集、挖掘、整理大型文献的经验不足,同时又受某些实际条件的限制,《20世纪"乡村建设运动"文库》会存在着各种问题和不足,我们期待着各界朋友们的批评指正。

是为序。

2018年11月30日于北京

编辑体例

一、《20世纪"乡村建设运动"文库》收录20世纪前期"乡村建设运动"的著作、论文、实验方案、研究报告等,以及迄今为止的相关研究成果。

二、收录文献以原刊或作者修订、校阅本为底本,参照其他刊本,以正其讹误。

三、收录文献有其不同的文字风格、语言习惯和时代特色,不按现行用法、写法和表现手法改动原文;原文专名如人名、地名、译名、术语等,尽量保持原貌,个别地方按通行的现代汉语和习惯稍作改动;作者笔误、排版错误等,则尽量予以订正。

四、收录文献,原文多为竖排繁体,均改为横排简体,以便阅读;原文无标点或断句处,视情况改为新式标点符号;原文因年代久远而字迹模糊或纸页残缺者,所缺文字用"□"表示,字数难以确定者,用(下缺)表示。

五、收录文献作为历史资料,基本保留了作品的原貌,个别文字做了技术处理。

编者说明

　　1936年11月，山东乡村建设研究院出版由萧克木编校的《邹平的村学乡学》，辑录了梁漱溟关于村学乡学理论讲演录和实施规程等，以及乡建工作者的田野工作报告；同年出版《乡村建设（旬刊）》单行本《乡农学校专号》，汇集了乡农学校的理论与实施文献。本次编辑，将上述两书合为一卷，以《邹平的村学乡学》为名，收入《20世纪"乡村建设运动"文库》。已经收入《梁漱溟乡村建设文集》的不再收入本卷，涉及的乡农学校规程等，部分收入《社会调查及邹平社会》等卷。

总 目 录

邹平的村学乡学 …………………………………………… 萧克木编（1）
乡农学校专号 ……………………………《乡村建设（旬刊）》编辑部（83）

乡农学校专号

《乡村建设（旬刊）》编辑部

山东乡村建设研究院

目 录

编校者跋 ·· 萧克木（5）
邹平乡学概述 ····················· 张石方　张晶波　石卓五（6）
邹平第六乡学工作概况 ································· 阎箬雨（17）
第七乡乡学工作短讯 ············· 汪　金　宫振英　张石方（31）
邹平实验县第八乡学概述 ······························ 冯新亭（34）
贺家村村学工作回顾谈 ································ 白飞石（36）
魏家庄村学工作之自白 ································ 陈康甫（47）
在邹平石樊鲁村学半年来工作的回顾 ················ 侯存信（55）
邹平第十一乡学导友制共学团的实验 ················ 祝超然（64）
邹平郭庄村学共学处开办之经过及其活动 ·········· 徐瑞芹（73）

编校者跋

　　人非社会即不能生活，而社会生活所赖以进行者，则为其成员所共喻率由之道；其表著为定型之各种制度——经济的、政治的、教育的等等——是即所谓社会机构也。机构偶有失调，社会生活即不能顺利进行；倘竟整个解体，则社会生活大乱矣。

　　吾国自昔相沿的一套社会机构，到清末已经整个地崩溃了；而想把西洋的移植过来，又成了逾淮之橘。廿余年中，一变再变，画虎类犬，终无所成。国人之谨厚者则彷徨无措，狂热者则冲突横决。行见民族生命与荣誉将消逝于此旧社会机构既溃，新社会机构不成之下！故如何创造一新社会机构，乃吾国今日最迫切需要之事。

　　梁漱溟先生弱冠即热衷国事，廿余年来，一面目击种种新政制之尝试失败，又一面注全力于中西社会历史之比较研索，终究发现了一套既能发挥民族精神，又能容纳西洋长处——中西精神之具体沟通的新社会机构。目前在邹平实验的村学乡学，即新社会机构之具体而微者，"其作始也简，其将毕也巨"。吾国社会其将能有一新秩序，吾国人民其将能过一种进步的团体生活，端赖于此实验之完成。

　　本书系辑录梁先生关于村学乡学理论方面的讲演与实施方面的规程，并及几个实际从事乡学村学工作者之报告。读斯编者对于邹平的村学乡学之意义与办法等等当可了然。惟村学乡学乃梁先生研究国家社会问题之最后结果，自非对其全部理论略有所闻，殆难彻底了解。读者倘由是书而进求贯通梁先生乡村建设理论之全部，并发为行动，以共成此新社会机构辟创缔造之伟业，则尤编校者之所望也。

　　各篇演词皆未经梁先生阅正；倘有欠妥之处，当由原记者与编校者负责。

"九一八"五周年之辰　萧克木谨跋。

邹平乡学概述

张石方　张晶波　石卓五

一　引言

乡村建设运动是复兴中国民族的道路，差不多为人所公认。因为它是个新兴的运动，正在实验当中，各处的做法，各有不同。邹平现在实验的是乡学村学，是种新的组织，我想也是大家所关心的；现在抽暇毫不文饰的把乡学的概况，写在下面。

二　什么是乡学

乡学，是乡村建设里边，"推进社会"、"组织乡村"，寓有自治组织的一个教育机关。他是乡村社会较大的团体；十数庄村或数十庄村，联合起来，在那里共同谋他们的福利，求他们这一乡的进步。乡学就是以阖乡为一学校；目的是化社会为学校。就这一乡里父老中有品学的推为学长，为人明白会办事的为学董，领着众人一齐向上学好，请求进步；再请几位教员来指导：这便是乡学的大概。欲明其详，可参阅梁漱溟先生的"乡农学校的办法及其意义"和"村学乡学须知"两文。

三　成立经过

（1）划分乡学区域——邹平于民国二十二年四月奉令划为实验县，即着手将原有区制重新划分，依照邹平自然形势，划为十四乡。乡之大小范围，完全任其自然形势，历史习惯，丝毫不加勉强，以便让乡中人士，好商量着在一块办事。

（2）访问各乡领袖——乡学成立之初，必先组织乡学学董会。因为倡办此事，非先得乡村领袖的同意与帮助，就无法做起；尤其是乡学学长，需要品学兼优、资望更高的人出来担任。这时院县两方，曾派员分赴各乡，拜访有乡望的人，并说明村学乡学的办法，请他出来领导大家办理地方兴革事业。

（3）组织学董会——各乡的领袖已经拜访过了，就给他们组织学董会，以各村村理事及未成立村学各村之村长，为当然学董；本乡人士资望素孚、热心公益的，由县政府礼聘一人至三人，为聘任学董；学董会的组织，差不多就是这个样子。——十数人或数十人不等；依乡之大小而定学董人数之多少。

（4）推选学长及常务学董——学董会已经组织好了，再由学董会公推本乡齿德并茂、群情所归的一人为学长；互推热心公益会办事的二人或一人为常务学董，由县政府择定一人委为乡理事。学长及学董统由县府加聘。

（5）迎请教员辅导员——学长学董虽然安排妥当，因为乡学是个新的办法，大家都不很明白，不能不请几位对这新办法有研究的帮助办理。乡学教员是由县政府介绍，学董会聘请的；辅导员是直属于县政府，常川驻乡，辅导各乡学一切进行事宜的。

四　乡学组织

乡学的组织，他是自下而上的，用他力引发自力的；他不是个行政机关，也不是个普通教育机关，可说是个柔性的社会改进团体。他具有两种特性：（1）容易接受外面的新东西，（2）能以将乡间应改进的地方，转达给较高的改进机关。兹将他的组织系统绘图以明之。

学董会议——学董会议在乡学里是很重要的；各种事业的倡办或改进须经过学董会的商讨才能进行。他规定每月有例会一次，倘有重要事件须急于商量的，临时召集之。付议事项如下：

（一）推举本乡学学长及聘任教员事项。

（二）筹划本乡学经临各费及审定预算、稽核支销款目事项。

（三）拟定本乡学一切进行计划事项。

（四）倡导本乡各项社会改良运动，及兴办本乡社会建设事业。

（五）答复县政府咨询事项。

（六）本乡奉县政府令办事件，经乡理事提出本会讨论进行事项。

（七）其他关于本乡学务进行及学长提出事项。

五 乡学经费

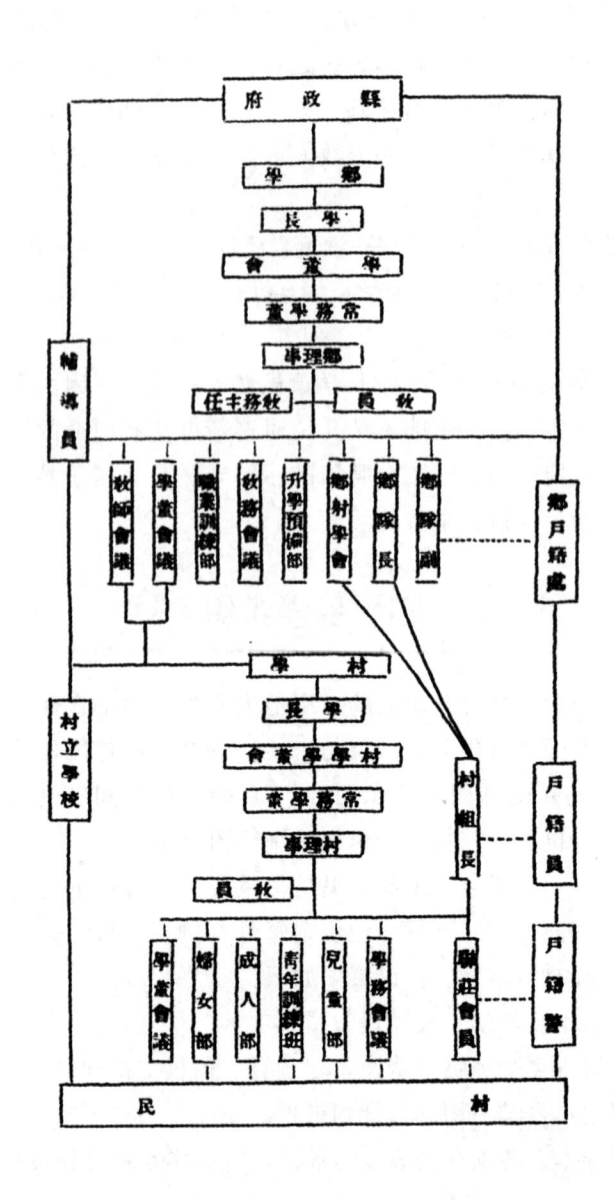

乡学经费以地方自筹为原则，县政府酌量补助之。其自筹办法，按各乡丁银多寡平均摊敛。此种办法虽不如累进税率之公允。然丁银多者（即种田多者）摊学款亦多，丁银少者摊学款亦少；且全县各乡均系农民，营工商业者很少，比较似无畸轻畸重，负担不均之弊。县政府补助办法，是按乡之大小，事务之繁简，学生班次之多寡，为补助之标准。兹将各乡学二十三年度经费列下：

二十三年度各乡学经费一览表　　　　　　（单位/元）

项目＼乡别	自筹经费数目	县政府补助数目	其他收入	总计
首善乡学	三一二.〇〇	六四六.〇〇		九五八.〇〇
第一乡学	一、一八九.〇〇	一、二一〇.九二		二、四〇〇.〇〇
第二乡学	一、七二九.〇〇	一、二一〇.二〇		二、九四〇.〇〇
第三乡学	七四〇.八〇	一、二一〇.九二	息金一〇.六八	一、九六二.四〇
第四乡学	七二七.二六	一、二一〇.〇八	村学津贴五〇.〇〇 息金三八.四〇	二、〇三二.二四
第五乡学	八一〇.四二	一、二一〇.〇八		二、〇二〇.五〇
第六乡学	四一四.〇〇	一、二一〇.〇〇	上年结余三〇六.〇〇 学费六〇.〇〇	一、九九〇.〇〇
第七乡学	一、八七六.〇〇	一、二一〇.八〇		三、〇八六.〇〇
第八乡学	一、六二二.〇四	一、二九〇.九六		二、九一三.〇〇
第九乡学	一、三八〇.〇六	一、二一〇.九二		二、五九〇.九八
第十乡学	一、三三一.〇〇	一、二一〇.九二		二、五四一.九二
第十一乡学	一、七二八.四〇	一、四五二.三六	学费一二三.〇〇	三、三〇三.七六
第十二乡学	八六七.五四	一、二九〇.〇六		二、一五八.五〇
第十三乡学	二、二九六.〇〇	一、四五二.〇〇		三、七四八.〇〇

六　乡学举办事项

乡学为乡村社会组织之雏形；他是要农民自觉，有组织，发生力量，解决他们自身的问题。应办事项，在邹平实验计划设立乡学村学办法第十

9

七条，已规定了个大概：

"乡学受县政府之指导辅助，视其力之所及，又事之所宜，进行下列工作：

（甲）酌设升学预备部、职业训练部等，办理本乡所需各村学独力所不能办之教育。

（乙）相机倡导本乡所需要之各项社会改良运动，兴办本乡所需要之各项社会建设事业。"

以上两项之"酌设""相机倡导"等字眼，是表明极有伸缩活动余地，不强制、不枯寂的让乡间自动的商量着进行本乡应举办的事项，此可名之为有机体组织。

七　甲项工作概况

升学预备部：各乡学之升学预备部，即相当于部颁之高级小学，已呈教育厅备案。共计十七班，除第八、十一、十二、十三等乡学均各设升学预备部两班外，其余各乡学均设一班。课程，仍沿用教育部颁发之课程，外酌加乡建大意、合作簿记等。教导方面除第十一乡学试用导生制外，（参阅乡村建设五卷一期）其余各乡学仍沿用普通教学方法。训导方面则特别注意培养学生组织能力，及团体生活习惯。

职业训练部：各乡学因环境地势之不同，职业训练亦因之而异，如三、四、五乡系蚕桑区域，遂有养蚕训练班之设，研究养蚕制丝及合作社等科目；第八、九、十、十一、十二等乡为棉业区，遂有开办棉业合作社讲习会之举行，研究植棉方法，及合作运销、合作簿记等课目。该会共举办四期，第一期设于城里，第二期设于第十二乡学，第三期设于第八乡学，第四期设于第六乡学。其训练详细办法见乡村建设旬刊第四卷第十九至二十一期合刊。

八　乙项工作概况

辅导本乡教育：村学乡学是种新的制度，不但乡下人不懂得是怎么一回事，即乡学学董以及村立学校教员，一时也不能明白透彻；这时全赖教员辅导员为之讲解指点，纠正错误，引入轨道。现在把教育辅导方针写在下面，亦可知其用力之所在。

（一）依据中华民国教育宗旨，及上级教育机关历次颁布法令，指导全县各校，按照实施。

（二）使各校教育之设施与进展，与本县实施计划相呼应；并与本县各项建设工作有充分之联络。

（三）注意大众教育、生产教育及国防教育。

（四）使全县一切教育设施合理化，务使事得其才，才尽其用；并期以最少之劳力与金钱获最大之效果。

（五）使各校事业不断革新与进步。

（六）尽力介绍各种教育学说、方法、教材及工具；并提倡大家对于教育事业研究试验之风气。

（七）使全县教育工作人员，彻底明白彼此都是同工合作之人，大家必须和气团结，方能组织民众，共扶国运。

（八）使各校教师切实与民众接近，务使各级学校皆能尽其"推动社会、组织乡村"之效能。

（九）使全县教育工作人员，在学行上，皆发愿奋勉向上，与日俱新，方能教导后生，引导民众，为新时代大社会之健全公民。

（十）注意地方实际情况及乡间礼俗，务使一切教育工作，不蹈空、不零乱、不轻举妄动。

（a）教育研究会——为了增进教学效率、提振教员精神，就产生了两种研究会：一种是由乡学教导主任召集乡学教员研究商讨乡学学务进行的计划、方法、步骤等，辅导员及乡理事得自由列席；一种是由辅导员召集全乡各级学校——乡学、村学、村立学校——教员，研究教学训导等方法及其他关于教员进修等事。

（b）小学教师读书会——小学教师在乡间因为环境的关系，易于颓丧不振，是大家所共认的；他们需要进修的问题，是非常紧要。各乡教师读书会，就是应此需要而成立的。他的组织办法，各乡不同，大概先由辅导员、各级学校教员共同商讨办法，规定开会日期及大家应守之规约。会员要阅读的书籍，由辅导员负责向研究院或本县图书馆借来，分发给他们，开会日期有两周一次的，有三周一次的，还有分组研究的；几星期以后总有个大聚会。开会时除由会员报告读书心得之外，有的由辅导员讲点理论的东西，如第二乡学读书会是；有的由学长讲点进修方面的东西，如第十乡学读书会是；还有的请研究院导师作学术讲演的，如第七乡学读书会是。这里还有应该特别说明的一点，就是开会日期总在星期日，以不妨碍学生功课为原则。

（c）各村学校观摩会——为了提振儿童精神、健强儿童身体，而有唱游观摩会、成绩观摩会的提倡。各乡差不多都已举行。其详不赘。

（d）倡办青年义务教育训练班——青年义务教育，于二十二年冬季，在第十三乡曾试办过一次，成绩很好。今年春季县府通令全县普遍举行青年训练，凡十六岁以上三十岁以下的青年，一律参加训练。以一村为一班，按受训者程度高低，分为若干组。更用导生制教以各种常识；以曾经受过训练之联庄会员及村组长任军事训练；以各村学校教师教常识、公民等科目；乡理事、辅导员、乡队长担任指导员；颇极盛一时。关于青年训练之详细情形，容当另文发表。兹将青年训练班之课程纲要及受训青年数目列下：

邹平实验县青年义务教育课程纲要

一、本课程纲要依据邹平实验县青年义务教育实施大纲第十一条之规定订定之。

二、青年义务教育课程包括下列各项：

（1）国语（识字教育、应用文、演说竞赛等）；（2）音乐；（3）常识（自然科学、农业改良及一切日常生活指导）；（4）军事训练；（5）国术（国术团体操及其他有关体育活动）；（6）公民（村学乡学须知、时事报告、社会问题讨论、精神陶炼等）。

三、每日上课，以一百八十分钟为限，以四十分钟为一节，共上课四节；上午七时以前上课二节，下午七时以后上课二节。

四、每周教学科目分量分配如下：

（1）国语七节；（2）音乐二节；（3）常识三节；（4）军事训练七节；（5）国术七节；（6）公民二节。

五、各教育单位，如遇有特殊情形，不适用第三条所列上课时间分配及第四条所列科目分量分配时，得由指导员酌为变通；但每周上课时间不得少于二十一节。

六、各教育单位均应采用：乡农的书、识字明理、小学各科教科书、村学乡学须知、县公报、大公报、山东民国日报、县政府各种政令、乡村常用契约、柬帖及其他适宜读物。

七、教学方法得采用导友制；导友之种类如下：

（1）受训青年，凡初级小学毕业或具有同等学力者，均得为识字导友；

（2）受训青年，凡对于某专科有特长者，均得为专科导友；

（3）凡热心教导青年者，得由乡学聘请之。

八、每教育单位均须斟酌受训人数多寡分为若干组，每组至多不得超过十人，指定一人为组长，负该组之完全责任；有劝导勉励组员及随时报告各组员之情形于教员或指导员之义务。

九、本课程纲要如有未尽事宜，得随时由县政府修正之。

邹平实验县各乡青年义务教育训练班总表

乡别	班数	学员数	中	高	初	无	农	工	商	其他
首善乡	七	三五〇		一〇	二六五	七五	二二〇	二〇	一〇四	六
第一乡	一三	四九四		一〇	二九〇	一九四	四二一	五三	二〇	
第二乡	一七	六三四	二	二二七	四〇五	五九七	三〇	七		
第三乡	一六	三八〇	三	一四一	二三六	三五八	二〇	二		
第四乡	一九	五三九	一	三二二	二一六	四四四	七〇	二五		
第五乡	一五	三三七	四	一九八	一三五	二八九	三二	一六		
第六乡	一七	四四〇	八	二五七	一七五	三五二	五九	二九		
第七乡	二六	七九五	一	一八	四三五	三四一	七二二	五三	一九	一
第八乡	二九	九五二	二	四三	四五七	四五〇	八七四	四一	三五	二
第九乡	一七	四〇八	二	一〇	二六〇	一三五	三五〇	三〇	二七	一
第十乡	一五	四五九		九	三二三	一二七	四四三	六	一〇	
第十一乡	二〇	七九〇		三二	四〇三	三五五	七一六	四二	三二	
第十二乡	一六	五五四	二	三二	三〇〇	二二〇	五二二	一五	一七	
第十三乡	四二	一四七一	一	四三	八〇六	六二一	一三七一	三五	六三	二
总计	二七一	八六〇三	八	二二五	四六四四	三六八六	七六七九	五〇六	四〇六	一二

(e) 总朝会——这种聚会以首善乡举行的最早；每星期一，全乡各级学校，一律赴规定场所集合。集合时有的唱着歌子，有的喊着"一、二、三、四"，有的跑着步，完全是一团朝气。活动项目：有朝会歌、教师讲话（各校轮流）、柔软体操、师生聚谈等。这个聚会，能以互通生气，联络感情；是很有意义的一个聚会。其他各乡也有这样举行的。兹不多赘。

(f) 活动电影与戏剧——各乡学为了调剂学众精神、启发学众知识，二十三年冬季，曾请研究院电影组、戏剧组，下乡放射电影、表演戏剧。时间虽是不甚长（每乡两三天），可是学众增添了不少的知识，鼓舞了不少的兴趣。

(g) 乡民同乐会——去年冬季研究院话剧团分赴各乡演戏，引起了各乡农民正当娱乐的兴趣；很多乡学就乘机提倡乡民同乐会。凡各村成人班的学生以及玩友们都成了戏剧主要角色，——自己搭台，自己演戏，装文装武，各自安排；都兴高采烈的各尽所长，各献所能。这次同乐会，启发了农民不少的知识，增强了农民不少的团体意识；都振起了一团朝气。

(h) 农民运动会——农民散处各村，他们终日过着各不相谋的生活，没有聚会的机会；这是过去中国农民所以散漫的一个大原因。各乡学为训练农民团体生活增进农民健康起见，举办农民运动会。此会举办以来，颇引起一般农民之运动的兴味；其详，因篇幅关系，兹不赘。

(i) 自然科学巡回指导——各乡学因为经济关系，设备简陋；尤其是关于科学方面的设备，简直可说是没有。各乡学为补救这种缺欠，特向研究院借了大批的理化仪器；并请了两位科学教师——翟锵甫、段芷汀，到各乡学作巡回教导，轮流到各乡讲解实验。因此，很能引起各乡学生研究科学的兴趣。

(j) 壁报——乡村消息闭塞，是无可讳言的。邹平各级学校，虽订有各种报章，可是看报的人，还是未能普遍。各乡学为了帮助学众耳目灵活起见，在乡学所在地之冲要处制有壁报栏。有的乡学也有用黑板写壁报的；也有用黑胶水涂在壁上，作壁报栏的。

风俗改善：各乡关于改良风俗一事，一面从积极的发达教育入手，以养成一种新习惯新风俗；一面运用自治及行政力量，对旧日之恶习坏俗加以禁止。关于息讼、禁烟、禁赌、禁缠足、禁奢侈等，均在积极进行。下边就是各乡改良风俗的情形：

（a）息讼——乡学对纠纷的调解，还是着重教育工夫，先由乡理事或其他学董，对当事人加以劝诫，晓以利害，委曲婉转，使争端融解；再请学长到场，予以双方心悦诚服的一个解决。在村学乡学须知中，学长须知一段第四项对调解是这样说的："若兴讼到官，结怨益深，不但耗财败家，此后子孙亦难共处；乡村不祥之事，莫大于此。同村之人，均宜劝诫；而调解之责尤在学长。学长必须抱定两个主义：一是主张公道；偏私不讲理之人，必折之以正义；一是化恶怨为祥和，总期乡内自了，不必到官。但学长非必定要亲自奔走双方；可先由村中明白能了事之人，劝解调处到八九成，学长再出面。"各乡纠纷，经学长调解和好的，虽无统计，可是兴讼到县的日见减少。这是学长领导着乡间人，能自息讼的成绩。

（b）劝戒烟赌——邹平城里设有戒烟所一处，各乡有这种嗜好的，由乡学里劝他到城戒清；并带有强制性。戒烟所成立到现在有二年多光景，戒清的瘾君子已有三百多人；这固然不能不说是戒烟所的成绩。然而各乡学里，认为这只是治标的办法，还不彻底。他想用治本的办法，使人人痛恨这种东西，下不吸食的决心。办法是用教育工夫。他将民政厅印制的各种戒烟挂图（由县府分发到各乡的）分发给各村学、村立学校；各校教员不时张挂起这种挂图对学众讲解吸烟之害。我们觉得这种办法比行政警察去干涉还有效！赌博一项未禁已绝，——各村学村立学校均设有青年训练班成人部；农民暇时，即须来校读书，自然无暇再去赌博。所以"赌博"这名词，在邹平的乡村里是不常听到的。

（c）宣传放足——乡学对这件事的主张，是多用教育力量，少用政治力量。乡设乡放足委员会，村设村放足委员会，专负宣传劝导之责。邹平女子放足，现在可说有几分成绩；这不能不说是教育的力量。

（d）禁止淫剧——邹平旧有肘鼓小戏，极其淫荡；不惟无益于社会，还伤风败俗。各乡学里看到这一步，对于此种淫剧均加以禁止。

（e）宴会公约——乡村宴会皆以席丰为敬，日趋奢侈。邹平乡村普通宴会，每席辄有四五元之消费，甚或过之。值此农村破产之际，亟应转移这种风气；所以各乡学就有宴会公约之成立。（公约从略）

建设事业：（a）倡办各种合作社；甲、梁邹美棉运销合作社；乙、庄仓合作社；丙、蚕业合作社；（b）造林；（c）劝导凿井；（d）自卫。

九　结语

从上面的概况里，我们可以看出乡学是政教养合一的社会改进机关。他是用教育方法培养乡村力量、引发学众团体组织、熏陶新政治习惯、纳全乡农户于经济组织之中。因为人才与时间关系，当然有很多地方还不能使我们满意；可是现在学董学众，较之以前已有了一个大转变：如各乡学董都认为办理本乡的事，是自己的责任，不容忽视；学众都知道乡学的先生是自己的老师，心存敬意。这总算是乡学努力的一点成功！

邹平第六乡学工作概况

阎若雨

一 经济背景

（1）人民生业　第六乡是个穷乡。每在春初，我们可以看见有些妇女们提篮拿锄在碱地刮土煮盐；在秋天的时候，就看见成群成帮的孩子在水地里摸鱼。人民的生活都非常之苦，家家都吃高粱和谷子做成的饼子，吃白细面的是轻易见不到的，成年成月坡里有不少的老女人拾柴。幸亏此地距周村很近，做商业的不少，手工业也很多。像纪家庄子、刘家道口是专做柳器的两个庄村，全都在地窖工作。如刁家庄和宋家庄又是专门做网绳的两个庄村；我们一进庄，就可以看见六七十岁的老妇人老男人也都在门口里、胡同间摇着车子纺败絮。据说大点的小孩是没有闲着的。郭家庄是专门打细麻绳；在往年中国用制钱的时候，邻近县份全是用这里的绳子串钱，故名之曰串钱绳。现在这种绳子都没用了，故所打的全是细长的麻绳；据说销路还不坏。曹家小庄也是打细绳子；可是不如郭家庄打的多而好。崔家庄是专门织带子的一个庄，一进庄就可以听到轧轧的机声；在周村经营带子的商家，几乎全是发源于这个庄村。魏家庄有织带子的，也有织麻葛的；可是不如这庄盛。穆王庄先前也是个手工业的庄子，是专门做束头发的线；可是自从中国人剪发以后，这项手工业就没有了。现在没有办法，每在农暇的时候，就三个一群、两个一伙，抗着锄刀到外边去给人家切草喂牛马以营生。毛张庄呢，种西瓜的特别多，大半是销售于周村；据说本庄有十之八九是种西瓜的。每至七八月间，学生多要到坡里看西瓜，常常闹的学校中无人。小店镇则是五方杂处的地方，菜馆子、中西药铺、旅店、杂货行、广货铺都有。每逢二、七大集，周围的商贾都辏在这里赶集，从镇南头到镇北头排满了小货摊。午前可以看见不少的妇人抱着大公鸡、提着鸡蛋，来赶集；午后可以看见她们拿油盐青菜之类回去。其余的像黄鹏庄、西言礼庄、东言礼庄、张家套、韩家庄，则是纯粹的农业村庄；不过在外边跑腿吃饭的也不少。

（2）土地分配　六乡的土地分配，五亩至九亩的农户有五三四家，占最多数。人民只有极穷的，没有极富的。若果是没有这些手工业，第六乡人民的生活是维持不住的。请看今年一月间的调查表则可知之：

第六乡田亩分配表（二十四年一月调查）

亩数	户数
不明	23
无田	166
1—4	385
5—9	534
10—14	288
15—19	251
20—24	126
25—29	55
30—34	59
35—39	52
40—44	13
45—49	29
50—54	20
55—59	7
60—64	10
65—69	7
70—74	2
75—79	4
80—84	2
85—89	4
90—99	7
100—104	3
120—124	3

续表

亩数	户数
125—129	1
160—164	1
185—189	1
200	1
共 2057 户	

我们再看今年一月间所调查的户口分配表，更觉得第六乡已经有些人是没有土地了。据这次调查的经验，人口最多的人家，就是土地最多的人家：像黄鹂庄有百二十亩以上的一家，其人口有二十七口之多；东言礼庄有二百亩以上的一家，其人口有二十九口之多；魏家庄有一百八十亩以上的一家，其人口有三十三口之多；毛张庄有一百二十亩以上的一家，其人口有四十一口之多。反之，人口最少的也就是没有土地的人家；所以在第六乡一口一户的有一四四家，而无田的人家也有一六六户。这可以知道土地之多寡是与人口之多寡成为正比。现请看第六乡户口分配表：

第六乡户口分配表（廿四年一月调查）

人口数	户数
1	144
2	254
3	334
4	325
5	273
6	215
7	183
8	121
9	71
10	21
11	27
12	27
13	19

续表

人口数	户数
14	12
15	8
16	6
17	5
18	2
19	1
20	1
21	1
23	2
27	1
29	1
33	1
41	1
	共 2057 户

第六乡很明显的是土地不够分配，本地的生产养活不了本乡的人；虽是有些手工业，还是不够谋生的。因此离村的人自然是多一些；请看下表：

第六乡各籍户口比较表（二十四年一月调查）

本籍	二〇五七户	客籍	一五户	共二〇七二户
本籍	一〇三九三人	客籍	四〇人	
现住	男四八五四人 女五一六〇人	现住	男一三人 女二六人	
他居	男三七八人 女一人	他居	男一人	
		寄居人	男四〇人 女一二人	
共计	一〇四八五人			

从上边的几层关系来看，第六乡出外营生的有三百七十九人。而据说这几年因商业不景气，从外边回来的人亦不在少数；这是第六乡的第一个问题。

二 乡村学之成立

按着乡学的组织大意是要先成立村学二三处，然后成立乡学。在第六乡就是按着这个步骤进行的：最初成立的是魏家庄村学和小店村学，然后才成立乡学。我们为什么先在魏家庄和小店成立村学呢？因为村学是一件新事情，一般庄村都不明白是件什么事，不肯接受；独是魏家庄因在民国二十年冬天办过乡农学校高级部，小店在民国二十一年办过民众学校女子部和自卫训练班，故他们都比较明白些而乐于接受，村学就很容易成立。有了这两处村学作基础，成立乡学的动机就引发起来而随之成立。乡学成立，当然想发展村学；不过这时候的第六乡好讼成风，村学很不容易组织成功。例如：东言礼庄、西言礼庄、崔家庄，全是因为公庄的账目不明，涉讼已有三年，调解无效、审判无法，反复纠缠，可谓极诉讼之能事；毛张庄和张家套，类皆由私人意气而连及公庄事务，二三年间，村中推举不出负责人来。如此一类的庄村，诉讼不息，村学就无从组织。所以自乡学成立后，我们就开始研究这些诉讼的原因，知道他们之所以成讼，类皆村中之好事者，彼此挑剔，而闹成其公庄诉讼。公庄诉讼，其酒食川资及一切用费，并不由私人支出，而实由公庄摊派，旷日持久，遂致债台高筑；但公庄又不肯甘心拿出，因此又枝节横生，纠纷遂无解决之日。故我们乃请县政府通令各村庄，凡因村事诉讼，其诉讼费由诉讼人负担，不得向村众摊派。因此好事者知诉讼费无着，乃不敢轻举妄动矣。然后由乡学学董聘请本乡之德高望尊者数人，出任调停，第六乡之诉讼案件就相继解决；而乡村学方能开始进行。

第六乡乡村学之组织系统怎样，亦有叙述之必要。从分的方面看有下列各系统：

（甲）政治系统，是以学董会为讨论机关，以乡理事、村理事为执行机关。村理事执行一村事务，乡理事执行一乡事务。

（乙）教育系统，是以全乡教育会为讨论机关，以辅导员、村学教员、村立学校教员为执行者，而辅导员负指导监督全乡教育之责。

（丙）自卫系统，是以乡队长承乡理事之命，统率全乡联庄会会员，负全乡治安之责。

（丁）户籍系统，是以户籍主任受乡理事之监督，统率全乡之户籍员（即联庄会会员），办理全乡之人事登记，并清查户口。

（戊）合作系统，是各村合作社受乡学学董会之提倡协助，办理各村之合做事业。

我们从分处看，是有方方面面的系统；然而从总处看，则又是勾销连环而成为一个系统。请看下列组织系统表自明——

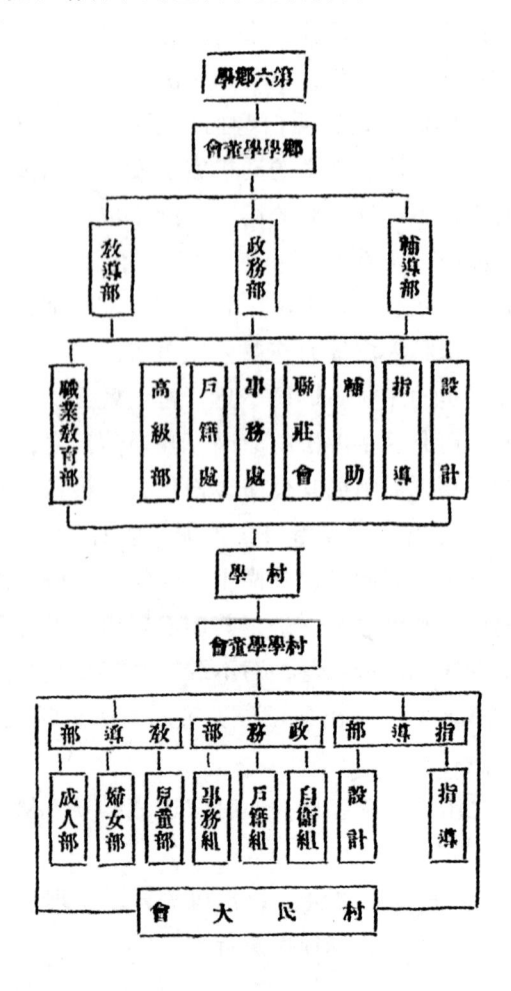

三 事业

自乡学成立后，第六乡的诉讼，大体上算是次第平息了；这可算是第六乡的一大进步。因此在事业方面也有相当的成就。今分别言之于下：

一、合作事业

兹将第六乡棉业合作社之情形，分别列表于下以明之：

第六乡棉业合作社职员一览表

社别	姓名	职务	任期
魏家庄社	李守经	社长	二十三年二月一日至二十四年一月三十一日
	李振林	干事	同上
	夏尔平	同	同上
	张志伦	同	同上
	王懋学	同	同上
穆王庄社	孟珠明	社长	同上
	张志启	干事	同上
	李家贞	同	同上
	李家祥	同	同上
杨村庄	刘丙修	社长	同上
	刘家福	干事	同上
	孟宪斌	同	同上
	刘文章	同	同上
	孙广荣	同	同上
	刘全家	同	同上
曹家小庄社	李道渭	社长	同上
	李慎训	干事	同上
	李子勤	同	同上
	曹志和	同	同上
张家套社	王秀云	社长	同上
	张杰三	干事	同上
	张承悌	同	同上
东言礼社	李道奎	社长	同上
	李道东	干事	同上
	李道清	同	同上
刁家庄社	刁庆德	社长	同上
	宋守泽	干事	同上
	牛立宝	同	同上
	刁长禄	同	同上
	刁文卿	同	同上

第六乡棉种分送一览表

村社名称	数量/斤	价格/元
韩家庄社	五三五	一一·二四
张家套社	五〇七五	一〇·六六
穆王庄社	五三五	一一·二四
魏家庄社	四七七五	一〇·三〇
小店镇社	一四〇	二·九四
杨村社	二二〇	四·六二
曹家小庄社	二二五	四·七二
崔家庄社	八一〇	一七·〇一
东言礼社	四一〇	八·六一
黄鹏庄社	五〇	一·〇五
宋家庄社	五五	一·一六
刁家庄社	一六二五	三·四一

第六乡棉苗贷款一览表

会员社名	社长姓名	棉苗亩数	贷款社员人数/人	贷款数/元
张家套社	王秀云	一〇三·五	一九	三〇一
曹家小庄社	李道渭	四六	一三	一三八
刁家庄社	刁庆德	三九	一五	一一七
杨村社	刘丙修	四九	一三	一四七
东言礼社	李道奎	五九	一一	一七七
魏家庄社	李守经	三六	一三	一〇八
穆王庄社	孟珠明	一二〇	三五	三六〇
韩家庄社	韩佩德	七五	二三	
崔家庄社	崔和斌	一五三	四二	

第六乡运销贷款一览表

会员社名	借款社员人数	棉田亩数	抵押籽棉斤数/斤	贷款总数/元
魏家庄社	一一	三一	二一七〇	一〇八
刁家庄社	八	三九	二七三〇	一一七
魏王庄社	一一	五九	四五九〇	二二七

续表

会员社名	借款社员人数	棉田亩数	抵押籽棉斤数/斤	贷款总数/元
东言礼社	九	五七	五七〇〇	三三七
张家套社	一四	九〇	九〇〇〇	五四〇

第六乡棉业合作社结算表　　　　　（单位：元）

社名＼项目	应领 花价	应领 余利	应领 总额	扣除 借款元数	扣除 利息	余 领回	欠 补交
刁家庄社	三〇三·八一	二三·三九	三二七·二〇	一三四·〇〇	一二·八七	八〇·三三	
张家套社	六五八·三一	五〇·六九	七〇九·〇〇	八五〇·〇〇	四八·七〇		一八九·七〇
魏家庄社	三一五·九六	二四·三三	二四〇·二九	一一六·〇〇	一一·八八	一二·四一	
木王庄社	六六六·一〇	五一·二九	七一七·三九	五八七·〇〇	三二·九五	九四·四四	
曹家小庄村	一七六·六九	一三·六〇	一九〇·二九	三八·〇〇	八·二八	四四·〇一	
东言礼庄社	四一二·三五	三一·六七	四四三·〇二	五一四·〇〇	二九·二四		一〇〇·二二
杨村庄	四五九·七六	三五·四〇	四九五·一六	四六五·〇〇	三二·五五	二·三九	

我们从头至尾来看，第六乡的棉业合作社，可算是突飞猛进。

其次是庄仓合作社。第六乡的庄仓合作社，从二十二年度办起，不过那时办成的只有魏家庄一处；及至今年度，除了被水灾的庄村外，一律都成立了。请看下表：

第六乡庄仓合作社一览表（二十四年一月三十一日）

社名＼项别	社长	家数（即股数）	社员及其家属人数	亩数	谷数	备考
毛张庄社	张虞湖	四三	三二五	三八二·五	六一斗二升	谷子
郭家庄社	王启义	九七	五三四	一〇九九·二	七二二·五斤	谷子
宋家庄社	宋万锡	三三	二四一	八一三	四九斗二升	谷子
纪家庄社	刘振丙	二八	一八一	一九二	一八四斗	谷子
刁家庄社	刁庆仑	六三	三四一	八六二·五	四六斗半	谷子
刘家道口社	刘勋臣	四〇	九四	三〇三	四〇斗九升	谷子
小店镇庄	马维忠	一二八	五三〇	二七三六	六四斗八升	黑豆

二、教育事业

第六乡学的教育，此地所要说的，只限于成人教育、学校教育和青年训练；其余概不论及。

（1）成人教育：在第六乡办理成人教育，比较困难；因为接近周村而商业化颇盛，又加上各庄从事手工业者甚多，成年人平日对于教育都不感紧要。因此我们就用了两种方法。

第一种是劝导式：由各学董劝导成年人入学，每位村学学董劝导三人至五人，其未成立村学的庄村，由其庄长会同其闾长分头劝导之。第二种是鼓励式：由县政府制定章则，凡在冬春二季，办理成人教育，足法定人数者（二十五人以上），得领补助金二十圆；以十圆奖励办成年教育的教师，以十圆补助其学校中的费用。因为这两种方式同时并用，所以虽是初次创办，而成人部就有十一处之多，学生有三百三十八人。这是民国二十二年度之情形。至二十三年度，即增加到十五处，学生有五百三十一人，皆乐意忙中抽闲，来到学校里听听讲、看看报、谈谈故事。

（2）学校教育：第六乡村村都有学校，全乡有十七个庄村，就有二十三处学校，在数量上是毋庸我们再费力了；不过内容方面有亟应改进的地方。

（3）青年训练：就是青年成人义务教育；主旨是要"鞭策少年，尊敬长老，为公庄服务。"从今年三月十八日开始，至四月十日停止，以村为单位。其组织、课程、年龄、时间，分述于下：

（甲）凡村中十六岁以上，三十岁以下之男子，无论曾否受过教育，均须受青年义务教育；但在校学生，及现任教职员、公务员，不在此限。

（乙）为不妨害农家工作起见，规定上午七时以前上课二节（以四十分钟为一节），下午七时以后上课二节。

（丙）由乡学村学之教职员、公务员，分别负管理训练之责；其组织如下表：

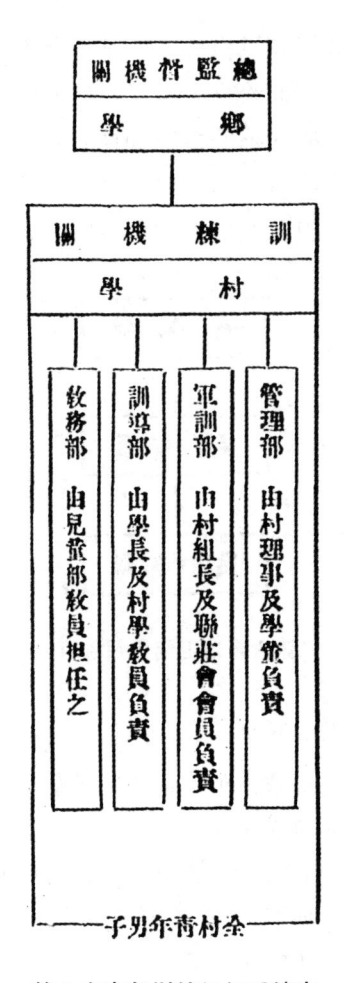

```
          ┌─────────────┐
          │ 總監督機關   │
          │   鄉 學     │
          └──────┬──────┘
                 │
          ┌──────┴──────┐
          │ 訓練機關     │
          │   村 學     │
          └──────┬──────┘
     ┌────┬─────┼─────┬────┐
   管理部 軍訓部 訓導部 教務部
   由村  由村  由學  由兒
   理事  組長  長及  童部
   及學  及聯  村學  教員
   董負  莊會  教員  擔任
   責    會員  負責  之
         負責
     └──── 全村青年男子 ────┘
```

第六乡青年训练组织系统表

（丁）青年训练课程，则为国语（识字、应用文、演说）、音乐、常识（自然科学、农业改良、及日常生活指导）、军事训练、国术、公民（乡村学须知、时事报告、社会问题、精神陶炼）。

在训练期间，全乡全体动员，早四点起床，四点半钟集合，上军训及师长讲话两段；晚七点后，即在教室内上课：可说紧张极了。除了乡学巡回督责外，县政府也派人巡回指导。

三、其他事业

关于其他事业，为简省篇幅起见，合在这一段文字里叙述。其范围限于自卫、户籍、放足、栽树和风俗五项；其他概不述及。

（甲）自卫训练　这是邹平的主要工作之一，进行到现在，土匪算是绝迹了。其办法：第一步所训练的是征训队，第六乡里有三位；第二步是训练联庄会会员，第六乡前后训练三届，共一百十七人，每月到乡学举行乡射典礼一次。兹将其组织系统列表于下以明之：

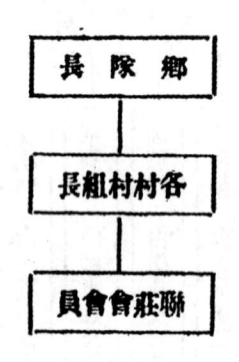

```
┌─────────────┐
│   乡 队 长   │
└─────────────┘
       │
┌─────────────┐
│ 各村村组长   │
└─────────────┘
       │
┌─────────────┐
│ 联庄会会员   │
└─────────────┘
```

第六乡自卫组织系统表

（1）乡队长副是征训队队员。

（2）村组长是由联庄会会员中之优秀者选出，再经过村组长训练。

（3）会员是受过训练的成年人。

每逢夏季青纱帐起，和冬防吃紧的时候，乡队长在夜间必须率领村组长及会员，往各村巡察，而各村也必须成立联庄会，由会员督率打更巡夜。如此，第六乡的盗案也就没有了。

（乙）户籍　清查户口与人事登记，是今年开始举办的；其组织如下页表。

从该表我们看出户籍调查就是以自卫人员负责办理；这是很经济、很便当的一个办法。

（丙）放足　这件事情，在第六乡是采用两种方式进行：第一种是政治方式；第二种是教育方式。政治方式是刚性的，由乡理事、村理事、闾邻长组织之，成为一系统，负考查之责；其有违背法令者，则科以罚金。教育方式是柔性的，由辅导员及各村中的教员组织之，成为一系统，负说明劝导之责。但二者虽是两个方式，而其用则交互为一。因此，第六乡的缠足妇女是减少了。

```
虚籍户           主籍户设
任副队乡由
之任担
         │
组籍户村各
长组村村各由
之任担
         │
员籍户
员会会庄联村各由
之任担
```

清查户口与人事登记组织表

（丁）栽树　其组织与活动方式与放足同，也是由乡理事、村理事督催栽种，由辅导员、各村教员分头劝导之。

（戊）风俗改良　第六乡的陋俗是早婚、好虚饰奢侈。十四五岁的男孩子就结婚，成为普遍的风气；在生理发育上和事业的成就上都很有障碍。我们乡学学董和教员，都负责劝导村众不要早婚。其次是婚丧事乡人好事铺张，每逢婚事或丧事所费不赀。因此我们就成立节俭会：规定婚事或丧事每席以四盘、四碗、酒一壶为度，设旱烟而不设纸烟。有人逾此规定，则科以罚金。此事尚在设计推行中。

以上所述五端，不过是其大概情形而已。

四　结语

这两年的工夫，最能使吾人看得见的：是诉讼事件渐次平息；合作社有长足的进步；二十岁以下的女子次第都把足放了；行路树也都栽齐了；成人部庄庄都有了。尤其可观的是今年的青年训练；凡是三十岁以下的男子，都受过此短期训练了。从乡理事起，下而至于邻长、小学教师，完全成了个有系统的组织，而一齐动员。刻下在乡学里新设的户籍主任，统率联庄会会员做户籍调查和人事登记。每届月之初六日乡村典礼的时候，各会员必须把各庄里的实况总报告一下：这也是关系于乡村组织的一件大事情。

这种种的事情，吾人承认还没做到好处；不过规模已经是具备。此后则在充实内容。

二四，五，二四。

第七乡乡学工作短讯

汪　金　宫振英　张石方

编辑先生：

　　我们来第七乡乡学工作，扣至现在，已有两个月了。在乡村工作，因传统习惯和经济困难等关系，很难用力。我们在没有下乡以前，就知道这种情形，所以没有预订什么计划。因此"就事做事"，在"问题上解决问题"，幸还感觉不到如何失望。承蒙关心，垂询在乡实况，真是惶悚得很！现在把我们这两个月在教学、设备、组织、活动四方面，所倡导改革的事，撮那重要的，报告在下面，以备关心在乡工作的同仁指教！

　　（一）教学方面——我们在秋假开学后，第一次教务会议，在教学方面，即规定了三项原则：（甲）培养学生团体组织的能力，（乙）养成学生自动学习的习惯，（丙）教材尽量照顾社会的需要。我们除在学生各种实际生活的活动中，注意渐渐做到这三项原则以外，并在课程方面，改革了三项：（1）添加"合作"课程，每周二小时，讲解各种合作社的普通原理与办法；（2）把原有国语教本第四册加快教完，改授"应用文"；（3）算术科，特别注意应用簿记；并于每夜自修，传习珠算一小时。

　　（二）设备方面——除（甲）环境布置及添设教具校具外，并有（乙）开办小图书馆，把乡学旧有的书籍整理了一下，又在研究院借了一些儿童适用的书籍，并利用乡师的巡回书箱，成立一个小图书馆；（丙）开办合作食堂，由学生各人凑合的面子，轮流值日蒸做锅头，到月终结账；厨房和饭堂，没有房屋，虽是简陋不堪，但办了快有两月，每天吃起饭来，却如"狼吞虎咽"，没有吃不饱的声息，成绩还算不错。

　　（三）组织方面——（甲）共学团的组织：（1）全体团员大会，即是朝会，每日清晨举行，解决全团的日常事务。主席、司仪、记录，都是轮流的。他的程序如下：甲、升旗，乙、唱朝会歌，丙、报告，丁、讨论，戊、新知广播。(2) 组务会议，随时集议日常的事，由该组团员提出朝会（报告或讨论时）；须待研究设计的事，交由该组组长，提出团政会议。(3) 团政会议，即是周会，每星期一晚上自修时集会，由团长担任主席，秘书担任记录，商讨朝会和组务会议所提交的问题，有值日导师参加指导。现在为清晰的明了起见，把共学团组织的系统图，举出在下面：

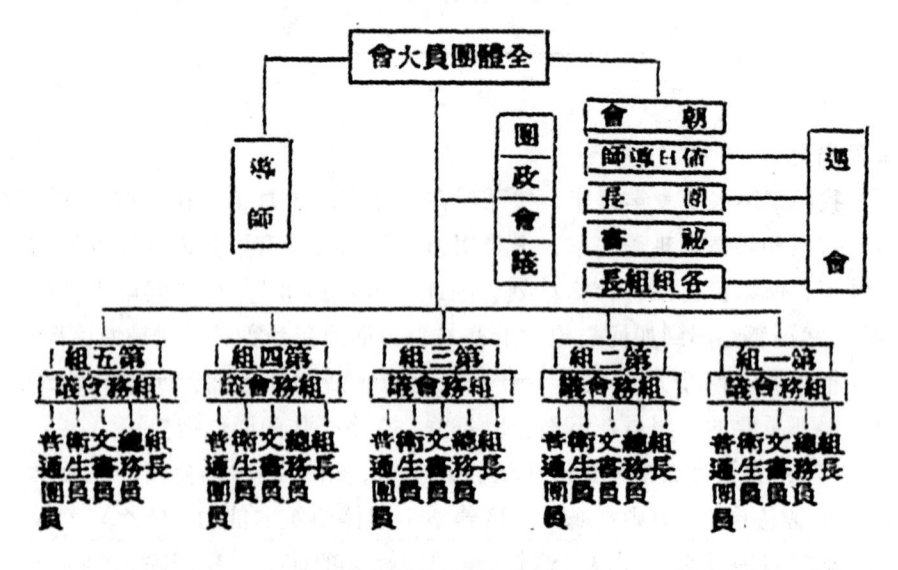

第七乡乡学共学团组织系统图

（乙）导师活动的组织：我们初到乡学，本来想以乡学学生做"青年导友"，在全乡各庄创办"青年共学处"；但是社会上对于学生读书毕业的传统观念，总是牢不可破，适值这学期本乡学学生毕业，恐怕耽误了学生书本上的功课，使各家长不愿意。又因为乡学的学生"年轻识浅"，在各村庄都没有声望，若只以乡学的力量去劝导素没有训练的青年，也不会使他们到共学处来。因为这两个缘故，所以就没办。现在各村学，都办了成人部（晚间教学），于是我们就选了八个稍大的学生做"青年导友"，晚上去参加各村学成人部的教学，由导友担任识字明理和唱歌，我们担任时事报告和精神讲话。这就算我们的"青年导友"的活动，谈不上有什么组织。"儿童导友"的活动，这里上学期就开始了；我们来后，不过加以扩充，成立了十处。每处导友二人、三人、四人不等。导友分为十队，有总队长、队副各一人，负考察的责任；每队又有队长一人，负领导教学的责任。每个共学处的学友，选出一个学长，负召集传习的任务。他的组织系统如下：

总队队副长 ― 课队友长 ― 学学友长

（四）活动方面——（甲）举行一次远足会：我们领导全体学生到城里，参观乡师和农场的全部，以及县政府监狱各处。承乡师实小为我们开了一个欢迎会，他们的老师同学和我们的老师同学，都谈了许多话。乡下的学生到城里，领略了许多的见闻，得益真是不少。（乙）开了一次恳亲会：到有家长三十多人，全乡村学教员都参加。那天开会，由乡理事担任主席，报告恳亲会的意义，辅导员讲演乡学所负之使命，各教员都有演说，并有小规模的展览，末了由学生表演各项技能，以助余兴。（丙）乡村学联合纪念周：我们想借纪念周，联合乡学附近各村庄的学众，使乡学的意义和学众向上学好的精神，真实的表现出来。因参加的人数很多，特在场园举行，请学长（学长不到时由乡理事代理）当纪念周的主席，乡理事村理事报告学务，由乡学村学的教员，每周轮流担任时事报告，并选派乡学村学的学生，作十分钟讲演的练习。因为有学务和时事的报告，各村庄的学众，都逐渐来参加了。将来纪念周的时候，场园必将有"人满之患"的一天。

二四，一二，一，于邹平韩家店。

邹平实验县第八乡学概述

冯新亭

第八乡原系五区，自民国二十二年改区为乡，始称第八乡。该乡南滨浒山泺，西南界章丘，西北与齐东为邻；人情复杂、问题重重。临浒山泺一带，民性强悍，多有械斗，乡之北部，人心涣散，遇事多敷衍，对于政治教育之进行，时感困难。自二十二年七月成立乡学，政教合一，一切为之刷新。兹述其大略情形如下。

乡学沿革　民国七年，本乡一般热心教育人士捐资兴学，建筑学舍，成立明新高等小学，至民国十五年因招生困难，经费拮据，始行停止，仅留初级一部。至民国十七年被土匪掳掠焚烧，学舍化为焦土。迨至十九年重整学舍，未得招生。二十一年秋成立民众学校，招有普通部、高级部两班学生。民国二十二年七月，改为乡学。

乡学内容　自乡学成立，即本政教合一之宗旨，励行社会改进之事务；其中应与应革一切进行，感觉不少困难。余自民国二十三年一月由第七乡被调至八乡，入乡问俗，询探一切问题，始悉内而乡学有待整理，外而地方词讼叠兴，遇事棘手，解决困难；是以竭尽绵薄，整顿一切。对于学内，更换教员，重招新生，把旧高级部寥寥之学生使之结业；新招高级学生四十八人，连旧高级学生共六十余人，分为一二两级教授。至年终第一级学生考试毕业，复于十二月招考第三级新生四十余人。现二、三两级学生共八十余人。组织学生读书会，购买应用书籍，以备课外浏览；成立学生用品消费合作社，以便学生廉价使用货物，以资学生历练做事能力，由教员指导学生轮流经营。学生每遇星期归家取食用物品时，随便教以社会活动之事：如放足、植树、卫生等事，令学生附带宣传，以期收众擎易举之效。

社会活动　民国二十三年四月，在乡学训练合作社社长四十余人（八、九、十、三乡在一处训练）；教以合作大意，简要簿记。八乡遂成立棉业运销合作分社九处。去岁贷款收花，民众均感利益；种植美棉，堪称发达。今春组织庄仓合作社二十二处；一方面备谷济荒，一方面储押贷款，救济农村窘迫，养成团体习惯。成立庄仓，亦活动金融之一道也。栽植行道树，全乡共植一千二百余株（其他自己栽者不是行道树不在此数），现已完全成活。乡学每月开学董会一次，一切地方自治事务均由学董会上议决通过，然后举行。所以举办事情，地方上很少阻碍。

教育情形　全乡初级学校计二十八处，每月开教师会议一次，研究教育之进行及其教学方法。组织教师读书会，由乡学担任借来图书馆大批书籍，以便观阅。今春一月初旬开儿童观摩会一次，由各校儿童自行表演，技能优者发给奖品，以资鼓励，全乡初级学童共计八百三十四名。办有青年义务教育训练班，使各村青年受军事训练及普通民众教育；以联庄会员担任军事，初小教员担任其他教育。每日朝夕三点，既不妨害农作，且足养成纪律习惯，几有人人皆兵，村村成营之势。教养兼施，振兴民族精神。全乡受训青年计一千一百名。嗣因挖河工作，遂停止训练。

自卫状况　乡学设有乡队长乡队副二人，受乡学之指导，统率全乡联庄会员，维持地方治安。全乡受训练会员计一百五十六名，每月举行乡射一次；习礼敬业，报告新闻（时事与乡事），练习射击操法；优者给以奖品，以示鼓励。各会员无事则在家为农，有事则成武装民军；即寓兵于农，寓军事于教育之宗旨也。现各村均有会员，随时侦查歹人，遇事报告，所以土匪远飏，宵小敛迹，很少发生匪警。

设立户籍处　乡学内设有户籍处，由乡队副兼户籍主任，各村会员担任户籍员，各村甲总担任户籍警，办理全乡户籍登记与人事登记之声请事宜。

总之，第八乡在昔问题复杂，现已风平浪静，无复重大问题。对于政治、教育及一切社会改进事宜，均能和平进展。惟民气依赖成性，涣散已久，一时难以振作；须得潜移默化，日渐月磨，深下教育功夫，以期养成新的礼俗习惯，形成柔性的乡村组织。

贺家村村学工作回顾谈

白飞石

我到贺家村村学工作有一年多。回想起来，真是惭愧！今将过去工作情形简略写出，希望读者诸君不客气的指教！

当我奉命同石佑义君赴乡工作时，我们的服务地点便派定为第一乡贺家村。该村风景颇佳，那芬芳的园圃，山鸟的歌唱，与绿杨的婆娑弄姿，溪流的潺湲弹奏，自然界的声色，直使人陶醉。而万松山的苍松翠柏，古刹钟声，更使人有飘然出尘之想。吾置身其中，仿佛如在画图里。

该村的山水如此。而人物亦有足述：原先的初级小学教师贺庆霖雨三君为本村人，四十二岁，担任小学教师已二十余年，对小学教育自是有经验的；他品学优良，教出的学生彬彬有礼，后来他对于贺家村村学的工作真能给我们帮助。村理事李德新毓芳君则是一位热心社会事业的二十六岁的青年，他做事很有毅力。学长李执亭允武君是一位乡望素孚的五十二岁的长者，邹平西关广利储蓄社经理就是他，贺家村里各种纠纷，他是一言可决的。学董李宅三允俊君五十三岁，曾充庄长数年，为人乐善好施，素为村民所信仰。姜会菴鸿图君七十七岁，年高德劭，亦为村民所敬重。贺文德君三十一岁，虽文字仅粗通，而是深明大义的热血青年；他曾受研究院前办乡农学校高级部之训练，对于院方之主张，是能清楚认识的。此外的两位学董，便是雨三、德新二君了。

我们到的那天，村理事将我们领到一房子内，我们便设床挂帐，置锅造饭。一切安排好了，村中领袖，男女老幼多聚拢来，屋内挤得满满的，对我们表示一种热烈的欢迎；我们很是感慰。翌日即开一学务会议，商讨进行事宜。因正在农忙，小学也要放假，一时无法进行；我们也就借此休闲几天。不久石君因病返院，那时只剩一孤独的我，生活特感单调，每日自炊三餐之暇，遂遨游林间垅上，与村夫野老、牧儿农妇，攀谈起来；这样渐渐的与村人熟识了，彼此发生了情感，精神感到一种说不出的愉快。而在此时常的谈闲天中，村人也渐能略略明白村学的意义。

现在依次述说我们的工作。

举办调查

我们要举办各种事业，就须明白当地之社会情况。故我们第一步先举行该村人口调查。得德新君的赞助，我们亲自挨户询问，结果尚称得详细确实。由我们的调查，知道贺家村共一百六十八户，人口为八百二十人，并姜洞二十八户，人口为一百四十五人。全村合计一百九十六户，男女老幼合计九百六十五人。人人可说皆有职业，虽十几岁的男女幼童亦有相当工作。村民勤朴；春夏耕织，而秋冬农暇则以打石头为副业，每日有数十辆小车运送石子于城镇出售。合计本村每日平均好时有七八十元收入，即差也有三十四元（此项调查统计表式，以篇幅关系，只得从略）。

人口调查完了，即举办人事登记。各种人事登记册簿，交与本村学儿童部优秀长大学生试行掌理。全体学生则负调查报告的责任。办理以来，凡本村死亡出生等事在十二小时内定能登记，各种表册尚不致虚设。

成立村学

九月中旬，人口调查结束。秋假也就过去。村学方得正式成立。改组原初级小学为儿童部，学生五十四人，分二班三级，由贺雨三先生任主任，有助教一人，我亦担任一部功课。

贺家村虽系一偏僻山村，而人民殊不固陋。改组小学后，由学务会议决定成立妇女部；妇女报名者，异常踊跃，竟达二十人之多，实是难得。当时房子校具均成问题。村理事为解决此问题，找木匠造教桌凳十套，将小东屋三间，用报纸裱糊作为教室，一切简陋，除桌凳黑板外，无他教具。妇女部虽云成立，而教材很成问题，总不能天天讲解识字明理；没法，我们只好采集描写乡村生活的歌谣童话数十篇，自己编造了几篇，凑成了一本小册子，由德新君借来油印机印出。又添设家事科，授妇女以实际生活的各项知能。

十一月初，成年部成立，共学生一百二十人；此中，有八十岁的老翁，有壮丁，有失学的儿童。壮年学生每天要推石头补助家计的，直到夕阳西下才回家吃饭；但他们虽是这样劳苦，而求知的兴趣并不稍减，每天晚饭后还跑来听两小时的功课才回去睡觉。他们有时在推着车子，口里还哼着书中的歌调，村老郭禀先生八十多岁了，每晚却是他来的最早，去的最晚，谁都不能不佩服他。

成年部成立，教员只有我和贺君，实在忙不过来。正苦没法，忽来了一位热心社会事业的李毓芬先生；李先生字大新，四十一岁，本村人，他是山东商业专门学校的毕业生，曾任邹平劝业所所长等职。他生性是很清傲的，深感到社会的无救，毅然愿尽义务为我们担任成年部大部分的功课；他之苦口婆心、风雨无阻的精神，深使我们佩服感激。

成年部的课程，暂定为时事、农家副业、常识与识字。并为引起学生兴趣，除用各种忠孝节义的历史故事，如岳武穆传等之外，梁漱溟先生编的乡学村学须知，也是主要的教材。

但村学各部虽已成立，而仍有不少的问题。即以妇女部说，实际上是有女无妇，学生多系十五岁以下之女孩子，而家务纷繁的成年妇女则不能来。可是这些最重要的家庭主妇，大多数的成年女子，是不可摒弃于门墙之外的；她们难道不需要教育，没有求知兴趣吗？于是我们就在学务会议时，提出讨论，大家认为有成立大众妇女谈话会的必要。时间决定为每星期日晚七时至九时。

十一月底，大众妇女谈话会开始。将全村划分为五个谈话区，每周一区，均系借用民家住宅；因为顾及妇女的怕动及害羞，故乃实行"教育送上门"的分区办法。教材采用烈女传及家庭周刊上之各种家庭常识等。由谈话教其识字，结果颇佳。初讲时每处只十余人，后每处平均可到八十人。设有一处停讲，她们便跑向别一区去听。多数人还要求我们增加讲的时间；可是我们实在没法允许，心很不安。然于此可见只要引起她们的兴趣、适应她们的环境，她们不是不要教育的。

村学儿童部，原为村立初小改组的。过去毕业学生很多，经过调查，升学者只一人，其余大半则旋复茅塞，又回到一字不识的地步了。原因是本村多为小本经营的自耕农，全家终年劳动，才得一饱，在这经济穷困的家庭，儿童那能赴外求学，于是只好在家参与田野劳动，久之所受教育也就荒完了。我们想，假如再不设法，将来儿童部学生仍要蹈初小覆辙；于是由学务会议议决设立高级部。——本来按村学组织说，是不容设高级的，乡学便是全乡的高级部；然因乡学离本村十数里，一般乡人为生计所困，绝不能出村求学，所以虽不合于村学组织，而按事实需要，便筹划设立了（后与杨效春梁漱溟雨先生商酌，说要改为青年补习班）。

高级班的开办费，由李子英先生捐助大洋二百元，购办各种文具及设备。

一切安排就绪，我们便开始招生，报名者五十余人，均为本村籍。课程方面，除采用现行高小课本外，则注意生计技术，着重生产教育，预备将来他们可为改进本村之原动力。故举凡村中一切事务，均要他们参加见习。

养蚕的时候到了。妇女部学生自动要求养蚕。我们本拟采用本院农场优良品种；但因去得晚，农场已分配完毕，只得用本村土种。共养三苇箔。小学生早起迟眠，抬蚕采桑，月余的劳苦，共得茧二十余斤；得来的代价尚不薄，他们极为高兴。不过，病蚕太多，后当改良。

暑天到了，在摩登的学校内多行放假，我们是无暑假的。但天气确是热得不堪，我们便将儿童部搬到了丛柏荫翠的松山上，实行林间学校的办法，煞是有趣！在一百零七度的酷热下，我们不惟不感丝毫热意，并且增进了我们不少的自然常识，——关于农作物病虫害的防除，果树虫害的治疗，我们都得了相当的经验。而一切功课仍是照常进行。这样毫无痛苦的，就把暑天渡过去了。

夏天的成年部与大众妇女谈话会，在室内真无法举行；我们改变办法，将全村分设五个村学学众教学处，——在平时村民聚集谈天处，每晚凉爽时讲两小时。平均每处不下六十人，教材采夏日常识、时事等，学众兴趣也很浓厚。直到放秋假始行停止。

社会活动

创办图书馆

村学儿童部的教学太呆板了，学生终日只与课本拼命，一点课外读物也没有。然在经济枯窘的乡村，小孩子能上学就算不错，那来闲钱买书呢？于是领着学生想了一个穷办法，组织一个学生攒钱会，——是妇女、儿童两部合办的。两个月攒了京钱四十吊，我们便订了一份小朋友。学生高兴极了！我们得到了这一点新的养料，于是更引起他们的一种动机；有个学生说："老师！我们组织个学生图书馆吧！"但我们一册书没有，一个钱没有，怎敢起这妄想呢？当时我不敢作答，一笑置之。

然而"组织图书馆"这事在我脑子里，像生了根的一般常常呆想："学生需要图书馆，乡村需要图书馆，怎样组织图书馆？"后来终于被我想出一个穷办法来。我想要成立图书馆，只有实行向外乞讨的法子；假如能得到外人的赞助，图书馆的幻想，是不难实现的。经过了我们几次的讨论，便由学生推举筹备员五人，发出捐启。捐启发出后，首先得到梁漱溟先生大洋十元的捐助，继之，杨效春、王柄程、王献唐、徐树人、陈亚三、熊秀山、常子中……诸先生的惠施，或钱或书。这次共捐到大洋三十五元五角，书籍八十六部。结果算是很佳。我们有了这三十余元，更得儿童书局七折的优待，购到了数十部儿童读物；以三元的代价，用洋火箱，钉起一架小书橱：我们幻想的图书馆，在二十三年一月十五日，便成立了。

我们图书馆的名称初尚不定，梁漱溟先生为此事表示说："学生图书馆范围太狭，村学的物件应公开到全体民众，图书馆的名称，应定为贺家村村学图书馆……"于是图书馆的名称便这样确定下来。

我们为充实图书馆再发第二次募捐启事。自发出后，得到各处大批图书杂志寄来；捐助者的这种热诚，使我们二十四分地感谢！结果成功了下面这简单分类的图书馆：

（1）总类：藏书八十三种

（2）史地：藏书四十种

（3）文艺：藏书八十种

（4）常识：藏书六十九种

（5）儿童：藏书五十五种

（6）报纸：日报二种、周报五种、月报二种

（7）杂志：四十六种

风俗善导

一天晚饭后，我正捧着一册爱的教育在读，忽从正南传来一阵锣鼓声，雨三、德新二君说："飞石！我们去看肘鼓戏去！这是本地风光，来邹平的不可不看一看。"我为好奇心冲动，随他们走入了戏场。呵！人真不少，而年轻的妇女尤多，占了绝对大多数。看那演员的装扮，淫荡极了，满口唱的淫词猥语，我们不禁掩耳跑出。后闻土人说，此为本县流行的戏剧，新年时各村均演唱。我们就觉得此种伤风败俗的东西，若不加禁止，邹平朴厚的良风，将被破坏无余。

所以于十月四日学董、闾长联席会议席上，我便提出本村禁演肘鼓戏案。大家认为如肘鼓戏类之不良风俗正多，如缠足、早婚、吸烟、赌博等，均须查禁。于是有成立"风俗改进会"之提议；当即一致赞同。兹将贺家村风俗改进会章程录于下：

第一条　定名——本会定名为"邹平县第一乡贺家村风俗改进会"。

第二条　宗旨——本会以改进本村风俗、提高村民道德、养成国家健全公民为宗旨。

第三条　会员——凡居住本村之公正村民，不论性别年龄，均为本会会员。会员须接受本会之一切指导，遵守本会章程。

第四条　组织——本会直属于本村村学；除村学全体学董及学长教员并本村各闾长为当然委员外，由村学聘请本村德望素著者若干人为委员，组织执行委员会。由全体委员公推一人至三人为常务委员，负责执行会务，并按照需要情形，分设健康、娱乐等股，即以委员分任之。

第五条　会务——本会于下列事项付执行委员会讨论后，交常务委员执行之。

（一）关于会员健康者，如禁早婚、戒缠足、成立国术社等事项。

（二）关于会员不良嗜好之禁绝，如烟酒嫖赌等事项。

（三）提倡会员之正当娱乐，如组织俱乐部事项。

（四）调查会员之行为事项。

（五）会员之奖励与惩处事项。

（六）公布执行委员会之一切改进案，令会员遵守事项。

（七）执行村学交办事项。

（八）会员之提议事项。

（九）其他关于本村之一切风习改进事项。

第六条　会期——会员大会无定期；按事实需要由执行委员会议决临时召集之。执行委员会，每月最少开会二次；遇有重要事件，得召集临时会解决之。

第七条　惩处——凡本会会员行为不正有乖风习者，由执行委员会与以忠告，或由常务委员加以切实劝导，否则呈请村学加以相当惩处。

第八条　奖励——会员行为有特别高尚足为风范者，由本会呈请村学给以名誉奖励。而旧有恶习，经本会劝导改过向上者，亦与表扬。

第九条　附则——（一）本章程如有未尽事宜，得由执行委员会呈请村学修正之。

（二）本章程自村学核准，乡学备案后施行。

风习改进会成立，第一次委员会即便决议：

（1）查禁肘鼓戏，本村绝对不准演唱；并请村学转呈县政府通令全县，一律禁止，以正风俗。

（2）本村二十岁以下妇女禁止缠足。

（3）元旦表演新剧三日以示庆祝而娱乡民。

后此三案执行，均见圆满。

现且在让我来说新年演剧。学生对于新年演剧一事，实是异常踊跃。剧本选定，即由儿童部学生、成年部学生担任表演。并由学生征集化妆品。村民李星五、李子英二先生捐助大洋二十元，购置布景等用品。演出时轰动一时，附近二十里内各村人士来参观者络绎于途，观众男女老幼每日平均约一千五百人。于表演新剧外，并讲演国家大势与村学要义，听众咸为动容。三天完了，并有多数人要求续演者。该次演剧给了民众一个深刻印象，至今剧中人物事实仍为村民谈话资料。余由此深信戏剧在教育中之价值效果。

不客气地说，本村人向来多是嗜赌的，麻雀、牌九不断发现。村理事德新君认为本村名誉攸关，在学务会议提出禁赌案，并由德新君亲自抓了一场赌具；虽未处罚，而一般赌友认为是丢了脸，相约永不赌博，如犯者自动受罚。现在贺家村是一文钱的赌局都寻不到了。

一天早晨我刚起来，村民王清山来说："南河滩出了大王了！"我怀疑的跑了去,可怜村人已聚集不少,并有持香者。而所谓大王,乃是一条小毒蛇。我和雨三君同村人讲释,迷信的村人那里肯信。我便将这条毒蛇装到瓶里,用酒精漫起。这可不得了,村人多恐慌地说:"先生将大王醉死,非下十八场大雨淹了俺村不可。"说也凑巧,多日不雨的天气,在我拿着毒蛇的第三日,却雷电交加,雨如倾盆的下了起来。村人的话应验了,这时我真受窘。幸村学有动物图解,我便拿着挂图,携着毒蛇瓶子,两相比较,用了两天工夫,才讲明白,天也晴了,村中大王大王的嚷声也息止了。在中国的乡村内,要破除迷信,真是谈何容易!

卫生工作

乡村卫生本来是谈不到的:天花横行,癫疥猖獗。即以我们儿童部的学生论,大半是满头癫疮。我们见到这种情形,大家商议着买了几打牛痘苗,先自校内学生种起,继施种于一般儿童,后来成人也种了起来,一共施种四百余人。当酷暑时,乡间每每时疫横行;我们为预防计,购办各种时疫救急药水十数打,村人有罹时疫急症者,可无偿的前来取服。这样就很救济了些人。于此可见乡村医疗卫生之切迫需要。深愿致力乡村事业的同志们注意此事。

纪律训练与集团活动

本村自村学成立后,妇女部与儿童部学生会举行多次社会活动,如赴外村游行宣传放足,检查本村放足,参加植树运动,提倡国术游行宣传;他们都是兴高采烈,认真去做。于社会方面也曾举行过不少的团体活动;全村男女老幼都去参加。初举行时不免男女混杂,拥挤扰攘,谈不到秩序两字,俟后逐渐安静;但仍是不能秩然有序,而次数多了渐渐行了。在李星五先生追悼会时,村人到者不下数千,竟不用说而自动的男女分立,自始至终无一人高声谈话;可见人全是一种习惯,渐次自能养成。乡村人并不是不能养成团体习惯,纪律行动;只是无人领导他们,走向新习惯的路罢了!

在开"五三"国耻纪念会时,小孩子多有慷慨激昂的演说,妇女部的学生都哭了,乡村儿童爱国的热诚并不亚于都市儿童。我们要培植国家的生力,千万不要忽视了这些乡村孩子。村女牧儿,才是将来的真正救国者！

经济建设与合作

在成年部上课时我们曾讲种植美棉的利益及方法，到植棉期，农友们多踊跃欲试，我们便到农场买来美国脱字棉种数百斤分售农家，总计本年（二十三年）本村共植棉五十八亩半，在这素未植棉而耕地不足的山村，能骤植五十余亩，实是难得。各植棉农家为便于运销计，由县政府指导组织美棉运销合作社，推李子英先生为社长，进行一切。本村系山地，种植果树素很起劲。县政府的植树令一下，更引起他们的兴奋。结果成绩很佳。总计本村共植树二千五百株，松柏与山果居大多数。并由村民自动的集议订立保护规约七条，兹录于后：

贺家村村民保护林木规约

（1）凡属本村林木，不论公有私有，均在保护之列。

（2）凡本村村民皆负保护之义务。

（3）新植区内禁止放牧牲畜及打柴放火等妨害林木生长行为。

（4）凡毁损幼小株木一枝者，罚洋五元，一棵者，罚洋二十元，多则类推。成树，按其值，十倍罚之。

（5）如见毁损匿而不报者，与毁损者同罚之。

（6）所罚之款，以三成为报告者奖金，三成为植树基金，四成为本村教育基金。

（7）本规约自公布之日起，大家遵行之。

乡人是诚实的，他们自己订立这个保护规约，大家确是遵行着。有违犯者，他们是绝不讲情面而按章处罚的。

本村各类合作社，组织成立的确已不少；而真正发生作用的，只有庄仓和林业两种合作社。其他的棉业和消费两合作社还在初步阶级。棉业合作社于去年组织成立，种棉的有十三家，今年尚有增加。消费合作社，我们正在研究一种不受损失的办法；我们要改变一般消费合作社的购买销售办法，而按各村民的需要物品和数量先行登记，然后买来，按登记的品类数量分配与村民。这样办是可减少合作社本身的损失；不过究竟通不通，很希望专家指导。

社会教育中心——达德园

我们组织一园子，园址是大新先生尽义务拿出来的。我们在这个园子里安排下的有图书馆、阅览室、新剧社、音乐队、体育场等；预备安置的为国术团、合作货场等。由梁漱溟先生题名为达德园，采"智、仁、勇三者，天下之达德"之意。

达德园内：（一）阅览室有动物挂图一组，植物挂图一组，生理卫生挂图一组，天文挂图一组，日本侵略挂图一组，地理系统挂图一组，身家盛衰图一张，世界发明图五张，地球仪一个，中日历史挂图一组，历代皇帝系统图一组；其他报章杂志，周刊，月报等四十余种。（二）新剧社，音乐队，二者系在一室。各种物品，如乐器类有四弦琴一，九节长箫二，大大胡一，月琴一，笛子四，碰钟一，风琴一，大正琴一，坐鼓一，板鼓一，胡琴一，板一，铃碗二，大锣一，铣锣二，大钹、中钹、小钹各一对。化装类有长髯口三，新式胡四，发辫二，男女衣十套，新式布景挂幕等，棋类有象棋一，围棋一，军棋一，其他，抬球器全套。（三）体育场有篮球器全套，单杠一，跳高架一，滑板一，轩轾板一，皮球十。（四）国术团有小战刀二，大战刀二，花枪三，小鬼头刀一，剑二，单刀七，铁鞭一，关刀二，杆子二，铛链一。

以上体育场、阅览室、图书馆，皆已开放。音乐队共有队员三十余人，老少皆有；他们自定的练习时间，是每日中午和晚上。这些队员，多是推石头的壮农和勤苦的老农，他们借着音乐以消除疲劳，享乐人生。国术团是我们自卫的武力，以我们成年部一百二十个学众所组成。

贺家村之特点及我们相与之情

在这一年，来本学参观的人颇多，很使我们惭愧！实在我们一点成绩没有，一点可看的东西没有；村子的破烂是和别村无异，学里的设备尚不如普通初小，我想，来本学参观的人没有一个不是失望的。可是本村真正的好处，实在不是一眼可见的，更不是短时间能知道的，他确有一般村子所没有的特长。这种特长是什么？便是全村无意见；首事与村民，首事与首事，村民与村民，全是事事公开讨论，公开报告，各种事情皆取决于会议；有时学务会议决议的事，为慎重起见，还拿到村民大会去讨论。开会时有时辩论很烈，但一经有了结果，大家均服从，而绝无一毫私见。故本村事业，赖此得有顺利的进展。

现在且说我们中间的相与之情——阴历新年，仍按照乡村习俗放假，我便决定回家（峄县）去看一看；而前来劝留者，络绎不绝，他们是怕我不回来哟！我就向他们解释，并不是一去不回。我本是决定十二月十七日动身，十六晚上，大男小女，挤满了天井，屋里也坐得密密的，他们都说："老师明年早些来！"并替我整理这，包扎那，他们的热诚，真使我十二分的感谢。夜十二时，经我婉言催促，他们才离开。我刚倒在床上，外面又砸门了；那时天才二时，开门看，原来是妇女部的学生刘长秀和她六十岁的老爷爷。接着妇女部、儿童部、成年部，及成年妇女、老太太们都来了；他们是天还没有明，专意起来送我的。那天真的小学生，多两眼饱含泪珠；我心里也莫名其妙的难过。

晨六时德新将我的行李放到车上，他决意送我到周村。我们出发了，贺家村的男女朋友五六百人整队送我里余，小孩子多挥泪了，经我再三的辞谢，他们直看着我上了车子才回去。唉！他们对我的热情，是真的，绝不是虚假的，使我十二分的惭愧，自问对他们是一点益处都没有，他们竟而这样的对我，于此可见乡人的厚道了。

阴历二月初十回来时，他们欢迎的热诚，仍不减于送别时；这真增加我不少的勇气，更坚定了我服务乡村的心志。我始终的说："乡村人是好的！"惟有在乡村内才可以见到真正的"人心"！

结　语

以上是过去一年来办的一些杂乱事情，实在谈不到什么工作成绩。至于将来的工作进行，我们已决定了一个大方向，——即是要走向组织的路。下一年多作合做事业，充实现有事项；竭力使这个新的组织发生作用。

魏家庄村学工作之自白

陈康甫

魏家庄村学之成立，始于民国二十二年七月，隶于第六乡学。我则于是年十月受命为魏家庄村学教员，至彼工作。本人于奉命之前，自觉年轻资浅，经验短鲜，能力不足，实担负不起推动乡村、改进社会之责，常自警惕。然既已受命往矣，姑勉尽绵薄，一趋一蹴，挣扎年余。今春三月复奉县令调迁七乡，计在彼工作，历时十六月。在此十六月中所作何事？运用何方？乡村是否较前有进？自己究竟有无获益？不可不有一报告。然扪心自问，实汗颜无地！今为此篇，贡于贤达读者之前，祈有以教正焉！

我们下乡是干什么的，那不消说得；至于如何干，则确系当前第一问题，而即需解决者。中国社会基于乡村，乡村社会重心握于乡村各有力分子。我们要组织乡村、改进社会，其对象当为乡村各有力分子与一般居民。而近时的乡村经国中数十年政治文化之转动，逼得衰颓，逼得崩溃；复以乡村居民，痛见具有某种运动色彩者，高唱什么口号，结果则大吃其亏；所以对外来的潮流运动，不是怀疑惊惧，消极的抵制，就是积极的起来抗拒。今我们去到乡间，自然难免他人所遭遇的命运；而能不同样的被驱逐拒绝或消极的抵制耶？形势如此，我们究应如何求与之融洽通气，深入其中，打动他的心愿，鼓舞他的志气，抓住社会的核心，而运用之、组织之、扩大之，则当未雨绸缪。乡村居民对外来者多疑惧厌拒，此乃有因而然；如我们而存心至诚，坦荡恳挚，怀深长久远之好意，抱坚决果毅之意志，处事敬，与人忠，言语行动审慎检点，处处从忠诚善意出发，事事以至诚求之，人人以至诚劝之，则工作未有不能进行而日起有功也。我下乡之初，既自觉力量薄弱，学识浅陋，难以取信于人，使人从我；而乡村情形复如彼，则欲从我身上发挥作用，领导乡民，自为戛戛其难。但我相信，精诚一到，金石为开；遂决本斯旨，工作下去。自思吾果能如此，虽不能为乡运助，亦不至为乡运前途生阻，为乡运团体中一大罪人。日后魏家村学之有点点进展，许或由于我自己这一愚拙的态度。

现于未讲工作之先，稍稍说说该村学之社会环境：魏家庄坐落县城东北距城十五里小店——乡学所在地——之南，居户二百○七，人口一千一百五十六人，丁银二百六十两，计占有土地三十九顷，平均约每家占有土地十五亩许（官亩）。除百亩稍赢者一二家，及仅有土地一二亩者二三家外，占有土地三十亩至四十亩之户为最多。农为主业，工商副之。出外营商者，约六十人。年计收入三四千元。工业，织带者十余家，为收入较多者，亦可年收二千余元；其他如弹棉压花织辫线……，实无法计算。大致此村在六乡为比较富裕之村，村众生活亦相差不远，无绝对贫苦者，更无纯粹佃农。男六百二十七人，成人不识字者只百二十人，读书十年以上者三十七人，三年至五年者较多。其余妇女五百二十九人，全部失学。至于社会各分子，平正实在者尚占多数，游猾讹诈之徒亦所在多有，嗜毒品或贩卖者则绝迹，而赌博犹炽。其游猾讹诈分子，在此社会中犹有作恶之力，直接紊乱社会，使社会不安，乃无可讳言者；而平正实在者，则充满好私恶公、重利忘义之精神；想此或为一般情形，单责之一村庄，诚不免失于狭隘严刻。而散漫无紧，至父子不相助，诚有令人惊疑者。

依上述情形而为之分析研究，知魏家庄病象不出三点：（1）邪力尚盛，（2）村民无公心，（3）社会散漫。而第二项之所谓无公心，据我观察其原因系由于：（甲）过去政治之失信，（乙）近时邪气之高涨。邪气高涨，忠厚长者与夫贤良之士自被驱迫退隐，不问村事。政治失信，人民自然疑惧趑趄消极躲避。而邪气高涨，痞棍横行，又实由于政治之失轨辙，无复法律秩序，公共权力；若村政主持得人，亦可扶正抑邪，杜绝坏人为非作恶之机会，开发其改过迁善之动念。坏人自新，好人当更上进，则善良长者自会出头说话矣。至于社会散漫，则为根本问题，不仅限于一魏家村，而为我乡运同仁最注意而想办法者。我乡运工作之着眼点即在促乡村社会进于组织，形成自治团体。——上面魏家庄之三种病象，其第一第二两项乃问题派生之问题，似不成为真的问题。而症结问题则在社会之散漫；但此问题之解决，强之既不能，急之又不可，须平心静气慢而稳的前进。故根据我对该村社会形势的观察与社会问题的分析，则该村村学工作路线，自然摆在前面；吾人工作前去，必须落到下面方法：

（1）策村学入轨——此可名之曰促乡村领袖就范。现在的乡学村学，为实验县之新行政组织，其含义亦新，而为乡村领袖及乡村居民所未前闻者。村学领袖之产生，则又系半出于前办公人员，较公正而热心公务者之各前自治组织之乡长，或再前保甲组织之庄长，或现在村立小学之管理员；他们骤为安上一个新名色，换上一套新外衣，自身虽为学长或学董，但心中仍存有前乡长庄长管理员之态度气势意味。名正质非，其无心用力，或用力枉费可知；其肯用力者，则或权限不明，相侵相犯而更乱。据此一意，非促领袖就范不可；而促之之方，实不好谈及。盖以各人背景不同，性质不同，习惯不同，造诣亦不同，因此只有用相机利导之各种零碎方法；不过从各不同中，尚可找出一共同必需之点：

a. 从社会现时环境指点之，引动之，鼓舞之，使由悲愍而奋发；

b. 从当前事实上领导之，纠正之，纳之入轨。

现在我来略一谈谈魏家村学领袖。

▲学长：王茂申，字燕容，年近六旬，为一年高德隆之长者；性格纯厚，笃孝克友。其弟静海，早年游荡，屡败家产，幸乃兄费尽无限心血，一面劝海，一面分产，虽耗财分苦，卒克教弟成材。乡人益以钦重。静海既经乃兄劝悟，痛悔前非，对一切利于人者，尽力以成之，虽有大的牺牲亦所不顾，以此名誉渐复，信仰渐著。今则一切问题皆委之彼，邻里争执，片言即折。更能虚心向上，从善如流，对一切事皆不怀成见，一以众人之意见为归，彼仅从中贡献意见，俾大家心气相通。故村学之能顺利进展，领袖之能合作，村民之能与村学一致，此二公之力量居多。

▲村理事：李守经，字景山，为一敦厚质朴之农民；亦粗晓文字，在本村素极热心公益，颇得人望。居县政府与民众之中，确能尽传达意思作用；本村学之能稍见成效，此公亦殊占重要。

▲学董：村学之组织，除常务学董——理事——外，尚有学董二人至四人襄助理事。魏家庄乃村庄之较大者，事务较繁，特由县府委任四人为学董，即李振安、夏尔平、张志伦、王茂学是也。斯四人年各五十余，为人都尚纯正，办公事亦热心，经验亦富。上有一村理事领导提挈，旁有学长指正监督，魏家村学之主持者可谓得人。固不敢曰能措置裕如，然勉强可由此进取矣。

▲间邻长：间邻长在自治组织上为最基础之组织，在功能上亦最易发挥作用之组织也。间邻长之在各间邻也，所辖区域仅限于间邻之左右前后；其间各家庭状况，各家庭各分子之性质行为，洞悉于衷。且间邻长多为各族信仰素立，众望所归之族长，间邻之各分子属于子弟者多。以族长身份，行使其族长之权威，勉以向上，导之归正，既不费力，又无反感，熙熙穆穆，诚非难事。间邻长之于村学组织中，地位实关重要。然必须与学董会联系，发生密切关系；如学董会善于运用，善于领导，一动而全体皆动，则何事难做，何事不成。村学组织中尚保留间邻长者不为无见。但魏家庄居户二百余，组为九间、四十五邻，间邻各长，年老颓废者有之，年轻气壮，可称精悍者亦有之。余特别注意及之，使其发挥作用，使其与学董发生联系。

（2）增大村学助力——单就促领袖就范说，如肯作会作，在组织之纵的方面可以倡而有应，自信可以开出村学向前途径。然此不过倡而有应而已。在横的方面是否能通行无阻，尚是问题；亦正待用力的地方。如上面所说，我们的村学是新的组织。固然乡村领袖可代表乡村，我们能有力引动之；而民众部分若不明了我们村学的意义，不承认我们的办法，单由领袖向前走去，仍不能不有问题。再则我们应注意者：现在领袖乃新聘委者，即使接受我们的影响，彼之行动尚不能无退缩疑惧成分；其有动念不纯，动力不强者自在意想中。于此应一面把住领袖不容其懈；二则从旁找出助力，以助其事功之易成、之速成，促进其办公之兴趣，增大其办公之热心。待其兴趣浓厚，热肠弥坚时，大胆放手，彼即稍涉艰苦，亦不致退挫不前。吾人不愿村学发生作用则已，欲其发生作用，非找到助力不可；不愿领袖办事则已，欲其办事，非找到助力助其成不可。究竟助力何处去找？谁为助力？只要肯用心、肯去找，必然找到，且必然找到合乎我们条件之助力。不过，对助力之期望，不要太高；期望太高，失望随之。若把期望减低到最低限度，纵助力不成为助力，而只要不为我们的阻力，即是间接助我们也。

在魏家庄村学所找之助力，即为乡老谈话会。其选择乡老之条件为：

a. 年高有德，能为一部分人所信仰者；

b. 平实公正，尚肯致力于社会者。

其聚合方法，每两星期由学长请到村学聚会一次，学董亦参加。开学董会时请乡老列席，并请发表谈话，平常则请彼等向村众作宣传解释功夫；盖彼等乃事外人，对村众说话更有力也。

（3）扩大教育机会——在村学里必如此才能发挥其作用，而村学愈发挥作用，教育机会愈需放大；两者相生相长，相助相成。魏家庄村学因初办关系，仅限于：一、成人部；魏家庄村学成人部学生五十六人，十五岁以上，七十岁以下者均有，课程只时事、精神讲话、识字、珠算四类。二、民众露天识字处；谈及民众识字，当时我曾说过："魏家庄的识字运动是不好作：因为感觉识字需要者，已识过几个字，或者他觉着知道东西已经不少；不识字者，乃不感觉识字需要。似此情形，如何再作识字运动？今天我们作识字运动，诚不通之运动。"当时几经商议，几经讨论，借机会对大家说明村学是以什么为宗旨，至于识字再看各人兴趣，再则是借此作开教育大门的钥匙，借此引起村众愿到学校来之动念，鼓起愿意到村学来之决意，期于村众对村学不怀疑、不反对、将阻力化为助力而已。因这种工作，讲话的时间多了，识字不过在讲完话时，把一段缩短至最少几个字，写在黑板上，与他们解释，再由学校写成片子，发给他们，由他们自习。

以上所谈，乃是二十二年十月至二十三年六月之情况，七月至二十四年一月的事，当再继谈。现将此大半年之工作，作一检讨如次。

在过去大半年中，其工作方针、活动方法，大体上固不能谓无；然鲜能在一阶段于较有可能性之工作，拟定一进度计划去完成。故费时多而收效少。这是自己亦无可讳言者。事实上予我一最大教训，自思自省，无任感愧。兹分言之——

（1）社会教育之收效太少　（a）成人部：成人部之设立，前已说过，为乡运工作中最重要而最必须之工作。但教材运用未能妥当，程度较高者未得满足，程度稍低者则势同嚼蜡；更益以自己无较好之教学技术，学者实乏求学兴趣，彼到此不到，此来彼不来；因此学校对彼等无相当之认识与了解，在彼等对学校亦无相当之亲密与信心，表面上虽似有师生关系，而事实上却不是这回事。（b）民众露天识字处；村学创办伊始，成人部招生较难。村众无振奋精神，或羞涩本能特强，不愿应招。今设此识字处，引其入学，乃第一意；更蓄意传播村学意义及办法，引发其入学兴趣，鼓起其向前动力，使之参加成人部而得一较大教育机会，激发其心愿，育成其为能动分子，为村学助。此在无形中固有相当影响，而究无确实效果。听众东往西行，甲去乙来，每日到场人数，固有统计，但来者为谁尚不多熟，因如此之流动，感情无法联络，更难培以道义上之信心，而蹈于一般所谓大茶园式之民众教育。

（2）策村学入轨　原来之假定，一般村众无相当社会意识，乏共同意志，更少团体行动，故确难找出一种或一部分力量，为我们指挥运用。乡村领袖则为众意所归，至少必为一部分人所推戴，可以代表一部分。彼等若一就范，全村之三五领袖一合手，是不啻三五部分村众合手，三五部分力量合成一个力量。抓住此一个力量，指挥之，运用之，则何事难成、何谋不遂、乡村建设何患乎无功？再乡村领袖，为村政之主持者，全村之好与坏，大半操于领袖之手，斯时也若其分际不得，则用力必乱；所以村学第一步，非促领袖就范不可。是以余在此处曾用相当功夫。结果，所获只各领袖知用力之所在，及进一步肯用力如前言第二意之不乱而已。至对领袖具有若何力量之期望，事实上告我是一种幻想。

（3）增大村学之助力　此之所指为本村乡老会之组织。余之初意，乡村领袖为众意所归，众望所期，而乡村领袖又产生于乡村中公正乡老；他们在一乡村中，年相若，性相近，同声相应，同气相求，我们村学若得乡村公正乡老之承认，直接可以帮助村学行动，间接又能防止其他阻力；领袖行动于前，乡老助援于后，斯可事半功倍。但事实上之获得，只在消极方面之不为阻力，并进而予他人以影响或暗示；而积极方面之振作奋发，有若何要求，供给若何意见，助成我们以何事何业，实未得到。

总结过去大半年工作之检讨，其所得不过"领袖就范""村学无阻力"而已。再敷陈其他，恐不免于夸饰。当然，此中问题，不出两方面：一、村中散漫无纪，互不关切，——青年子弟不与老辈发生确切关系；二、自己的方法不够、精神不够。是以二十三平七月以后，我底方针就有变动：——

培植学董会力量：学董会之力量缺乏，是工作不能顺利进行的根本问题；非根本建树起来，则一切工作没有办法。至于我的培植学董会力量的方法，则是吸收有力青年与组织的运用：

吸收有力青年——在过去一年中，所谓增大村学助力，功夫完全用在老年身上，我们的活动，我们的宗旨，得到他们的承认，间接减去阻力，这未始非帮助我们。然彼等究为老年人，以生理关系，无多大能力以帮助我们。故不能不转而属望于青年壮年。乡村青年壮年之知识正待开益，精神正待有所寄托，力量正待有所发放，我们应启迪之，吸收之，运用之，以进行乡运工作。我乃将前之期望乡村领袖要求在前、乡老助成在后者，今转而变为青年壮年要求在前、领袖乡老助成在后；庶如此顺序走去，则乡村社会改进或能日起有功。

组织运用——我们的乡运工作，好如俗说："引仙人过桥。"现在的乡村领袖正在待我们引他。今培植他们的力量，仍然以运用他们自己力量以培植之为第一原则；应绝对避免"人存政举，人亡政息"之病。

今再来检讨此半年来的工作。

甲、有力青年之吸入——当本村学初作是项工作也，第一步仅注意已受训练之壮丁身上；以其曾受过相当时日之训练，对乡建大意至少有些微印象，对实验县定有相当信心，对于号令工作当少怀疑，吸收之较为容易。且彼之义务与责任实有与村学合作之必要。此乃其必须使之加入村学而共同活动，由村学指挥运用之者。其经常活动方式，则为分组谈话会，将本村学依全村地之所宜，分青年分子组成之团体为四大组，每组以所在地学董为领袖，其间邻长及联庄会员为组员；除有特别事故外，每组于每星期内轮流到村学谈话一次，以联络感情及交换本村改进意见。其谈话有意义须提出讨论者，则提出于学董会讨论之。平日村学内各教员，则预备谈话材料，或提引问题，并备备忘录，记其谈话，以供学务会议之参考。村学学长理事，除有特别事故外，须逐日参加。

乙、继续扩大教育机会——（a）儿童部：本村学龄儿童，除在校就学之男女儿童七十余人外，尚有男童二十七人，女童五十三人，因家境困苦或重男轻女之各种关系未得入学。几经商讨，乃采用类似小先生制之办法，以扩大儿童教育。但为时短，未见较好结果。（b）成人部：此半年来的工作，几完全以培植学董会力量为原则，成人部之入学学生固要为有志求学，应招而来者；但为培植学董会力量计，乃以各学董介绍为原则，而介绍更以各学董自度其用力最易之学众，该学众复为时间所许可能常来者为条件。如此办去，结果竟超过预期，得文理通顺，书写尚佳者二十余人，程度稍低或不识字者四十余人，共计七十余人，我们按其程度，分高级、普通二部，举班长以维持秩序，编为几组，使其互相约束督勉，以免误时、缺席、废学等情事之发生。此固为教学管理上之必要；而促其发生相互关系，养成守纪律、爱团体、重领袖之习性，其意义更属深远。去冬邻村演戏将近一月，成人部未受多大影响，未始非此之功。村众之向学心诚，求进志切，亦可借此窥见一斑。

结语

现在村学领袖，如理事学董等，内有闾邻长之协辅，外有乡老会训练员成人部之助力，和合一团，有倡有应；在领袖身上，做事不费力，故兴趣益浓，胆气较壮。办理年余，时有参观者赐教，我每对之道歉说："此处实无若何可以看得见的所谓成绩之类，值得大家玩索的东西。"知之者则说："这里乡村领袖有事集合，无事聚谈，谈到乡中应兴应革事项就去进行；这是极不容易的事情。"这或许不是过分谬许的话，而是颇可自信的一点。此外须提到的：六乡烟赌之风甚炽，每逢演戏会期，民众或吸或赌，迹近公开。魏家庄领袖人等对此痛恨切骨，明禁暗劝，尽全力使之绝迹。今可担保的说一句："魏家庄烟已禁绝，不过仍有二三赌棍耳。"此外如村中斗气一节，除有特别情形外，则很少涉讼。

现在根据过去经验略说几句——

（1）大家莫说无人替你解决问题：在我们背后还有一个有力的县政府和研究院！要是如果系另一个空间，就要显出自己无本领、无毅力以担得起这乡运大担。我今天奉告我们乡运同仁，只要肯隐忍一霎，再向前追逐一步，总有解决方法摆在前面的。

（2）希望教育政治二种力量合用：这话说的不知道对否，不过在过去的感觉是这样。譬如在行政方面要乡村办一件事，乡村或者当耳旁风，或者怀疑，或者惊怕，总是不能痛痛快快办到；就是用政治力量，逼他做到，至少不免失于硬性，惹得怨声载道。再说，负教育责任者要提倡一件事，就是他知道需要、该办，也是不肯办理，任你说破嘴皮，总是要惹他一个多事的评论。我想二者若能合用，必定事半而功倍，至少无功亦无弊。

在邹平石樊鲁村学半年来工作的回顾

侯存信

一 下乡前的一段心事

在村学教员讲习会闭幕后，下乡的前一日，回忆着往日邹平下层工作颓废的原因，反复的惦念着在讲习期间师长的指导以及同学们的争辩，不由得激发出自己的决心来；我要拿定主意：（1）有一分力气做一分力气的事业；（2）把握着机会，不顾一切的认真去干；（3）任何事情的处理，在良心上不染一点污尘——私蔽。以上的心头大愿，的确是从那里孕育生长起来的！

当分配就绪，下乡的时候，我们往第一乡去工作的同学共计四人。临时适逢大雨时行的天气，又加上村学的地址一时也不容易考察访问安排妥当，我们只好暂时住在乡学，借以研究村学工作的方略，与自修等事。村学的安排酝酿成功了，这才由村人牵着驴把我们迎到村里去。这时我偶然感到一点意思，愈想愈恰合，就是说："二次下乡的我们，酷似再嫁的徐娘；初次下乡的同学，好比初嫁的处女。"以处女来比徐娘的品格，哪能不使我们感愧前度工作的无效呢！

再放大眼光点去想：邹平的实验工作大致包括于"名为县政建设而实基于下层乡村组织的村学工作"；也可以说村学是邹平一切工作的基石；我们恰似埋石的石匠，运用所有的心思和经验，来凿磨这些块石料，然后才能砌成大的建筑物。想到任务的重大，在脑膜里又添上不少谨慎从事的打算。

二 雏形村学的一度活动

（1）初到的观感——在初秋一天的正午乍到石樊鲁村的时候，见该村的地势三面环山，梯田重重直至山腰，果木密集，碧草满山，溪水流声潺潺入耳，深觉地居画境，颇为得意。最先到了石樊鲁小学（现改为第二儿童部），和各位先生们先后认识，既而午餐，随意的谈些话，从没有引发到这次村学的如何着手问题。及至日落西山，住宿还没得地方，幸而辅导员事前有点安排，才找到一个地方去住宿。这时我颇感到领袖人物情意都很淡薄，村众更不发生关系。最初疑为生疏，稍久仍是这样。后来细问究竟，才知道设立村学的时候，他们原初并不乐意，因为情面关系，才这样的允许了。此情此景恐怕任何人感触着都有相当的烦闷吧？然而我们把这种情形当作社会问题去看待，在心中才得放宽了许多。

（2）概略的考察——该村为三庄合一，相当于联合村学而又近些。他们对外是一个村庄，实质上仍然各办各的事情。村凡三大族"石、李、樊"，杂姓占少数，粮银共三百余两，户数约三百家，人数计千数十人，人民职业首农次商，农民耕作地三分之二为洼地，三分之一为山田，在山地及荒场中多植果树，其中尤以梨、柿为主产，每年收获约值两千元上下。总之，本村不算富有，所以青年人在外谋生的人很多。这是最初的一度查考，也可以说是我们将来工作的一种心数。

（3）利用机会的工作——来村工作之时，正值农民苦于水灾的时候。据说今年的年景，耕种山岭脊地的户主，被春夏间的酷旱，将农作物糟蹋过半，残余仅存的田禾，还是没有什么把握。如何不使村众恐惧而忧虑一年的生计无着呢？他们专依洼地收息的打算，竟又被无情的山水席卷过半，怎能不令他们失望而又加失望呢！这时村众人心惶惶，长吁短叹，只归之于命运、劫数，而不能从中想点办法。我于是提议并协助呈报水灾。同时利用机会，为村人谋划一种在经济上互助、自救的一套办法。从此信用合作社的组织酝酿开始了。至若其他的工作分述于下：

甲、协助修路，便利秋收——本村地势，三面靠近山麓，出村东望，视点与黄山山巅成一平线；如和邹平其他村庄的地势相比较，可以说是高原地带了。因此雨后的道路，就被山水冲激坏了，致所有的道路，都变成石锋似的竖立着，步行即感困难，秋收尤感不便。此刻听到村人一致的呼声，都在要求着修治道路，乘机又和学董们商讨，遂决定全村成人出夫动工修筑。我们村学同人也就率领儿童部学生，同样的协助劳动一天。

乙、整理儿童部——两村的儿童部，原为各村各办；若强为撮合，他们彼此计较打算，有好多的困难，若仍然保持着往日分离的状态，那又有更大的不便。我们不得不解决这个问题，乃先从两校学童间作起，彻底打破以往家庭传统观念的思想，使他们常常接触，于是组织学生自治会，凡校内的学生考勤、秩序维持、清洁整理……都由他们自己去负责，同人们仅站在监督辅导的地位。至若开会的活动，也是由学童自行商量、自己办理，其他关乎能以合堂教授的课程，就慢慢合堂去教，教师能以交换担任的功课，就交换上课，这样下去，在一般学童的精神上，至少减轻他们隔膜、分离、嫉妒的思想。

丙、拜访公正老人及联络有力分子——我们刚到人地生疏的村庄，若只是凭借个人的力量来"推动社会，组织乡村"，未免太不量力。而且我们的工作方针，不是来做村官，而是启发乡村自力，因此，那就不能放弃本村的人才了。固然我们不是领袖运动，可是初步不能不注意领袖。不然，便受到他们的掣肘，我们的工作就感受进行不利，或者推不动了。如果到了这地步的话，乡村运动者继有"满腹经纶"，亦落到"英雄无用武之地"了。我每借闲余时间，去拜访年高有德望的老先生，谈论一切事情，联络村中有力分子，使他时常来校，谈论一切，慢慢的使他们能谅解，彼此都有好意以后，才敢说接受你的意见，协助你的工作。相当的路径已开，关系已生，信用既立，障碍物自然化除了。"老者安之，壮者怀之，幼者教之"的一种工作，正是"集力于村学"的一种办法。如忽视了这步，则村民自村民，村学自村学，纵作几十年的长期工作，也是于事实无所补益的！

三　正式村学后的活动

本村学董会的改选，直至十月间才完成，在未举行改选以前，仅做些有助于村学进行的准备工作。至若我意想中的计划，事前没有轻易提及，只在脑海中思索盘旋，反复的审问考虑着，因为成立学董会特别的晚,所以给了我加长深思余地,虽说当时曾有一度的急躁,然而在事情的计划上却得了较详的安排,当时我心中计划着在冬季所可办的事如下:

(1)谋村中的经济自救——乡村正在普遍受着破产的威胁;窘困的乡民,个个都在苦虑着生活的压迫。在我工作的乡村,又加上水旱天灾,他们的苦痛当然更加重了许多。如果我们能在他最痛痒最难过的地方去设法,恐怕他们比任何事都乐意接受的。我在这个时候就决定倡办合作社以资救济,也就是前边已经提到的信用合作社了。

乡民的习惯,大都与初次接触的人总不十分相信,因我和他们相熟的关系,渐渐的有点相信。我见到这样情势,就决定了我宣传的另一种方式。这种方式就是"单刀直入""剥茧抽丝"的一种功夫,来向较有认识的人去用力。这个办法的用意,乃先就村中认为办事热心有力的忠实青年,利用个别谈话来诱导他,启发他,经过这步做法,我们由认识而亲密,并且知道我们所站的立场,而不怀疑的来聆教起来,到了此刻,我见机可乘,日夜为之解说,并且给他们以发起人的责任,使他在村中联络。因为他们能取信村人,能了解村人,对于组织联络上,比我们出马容易得多。

凡被发起人劝导加入的人们,仍然恐怕他们不深了解,没有信心,中生疑虑,临时我就请他们到村学里来,通俗的加一番告诉。他们有了具体的印象后,这才转变到临时宣传的有力分子。法定人数的凑合,经过这度的进行,不几日够了数额;再将合作社连带关系、无限责任,对大家说明,复使之详细考核各个社员的品格、家境……才办理请求许可设立的手续。

临时宣传组织成立的时期,据联络人的报告:"信用合作社的组织,有好多人不反对,亦不加入,看看究竟是怎样一回事的时候,再去随上。"发现了这种实情以后,我又决定了"宁缺勿滥"的办法,使他们不再多求劝些社员,致影响精神不团聚。只求事情做到好处,他们有目共见,自然勇往直前的参加了。于是将二十位倾心诚服的人们成立一个信用合作社。打算先就这些少数人做起,使村人观望者看看究竟如何。不料在二次社员大会召集开会的时候,请求介绍加入的新社员,竟占总数的三分之一,他们的社股也都不待征集而都缴齐了。我观察到这种情势,凡列席指导的人们，怎能不激发起好感呢？所以邹平县政府合作指导委员会经过几度的调查及指导后，也就认为是个满意的信用合作社。从此来邹平参观合做事业的人们，往往来此惠顾起来。但在我们自己去想，并不觉得有什么可看，于是在无形中更加奋发努力增加许多勇气与信心。

在实际入社的社员们，经过这度的组织，彼此间的情感更加深了许多好感；他们在微言暗语中，常常流露些感激的语气。对于他们自己的打算：有的提到每年入股集款的办法，有的谈到兼营、购买的计划，有时说到新社员加入的最低限度，有时说到来年扩充的打算，一切的一切，多与我们商量。同时我也不客气的告诉他们在可能范围内应办的那些事，并勉励鼓舞他们。他们最可笑的盘算——也可以表现出他们热烈的希望，在年龄较长的人说：他以信用合作社的积蓄，来作本身逝世后的丧葬费，年轻的人们，就计划着预备自己儿子定婚时的聘礼，这种说法，在在都表现他们诚心诚意的向着一个理想奔赴去。

（2）促进乡村组织的工作（青年励志团的活动）——目前乡村的居民，谁都知道是散漫零乱无组织的。追求原因，的确他的背景，也可以说他是中国历代社会训练成的，处在现时世界潮流侵激之下，处处感到中国民族垂亡的劣根性，社会倒塌的病原菌。尤其青年的人们，生来就遇上时代的变局，闹得心中憧憧往来，无法可守，因此将黄金时代青年的力气，多用到歧途异道上去，这样下去，只有风俗日浇，秩序愈乱，加速国家的危急，那能谈到利用他们的力量来挽回一切的沦陷呢！？

我们下乡的要务，顶大的使命，就是"组织乡村""推动社会"，使乡下人形成一个组织力量，开出一个新的局面来。先从何处着手呢？这个问题非常严重。简直成了我寝食不忘的心头大病。经过长期的苦思，经过几度与朋友们的商讨，又屡次将民情习性加以对照，才临时想出一个办法来。我觉得似乎先从青年着手做去较为相宜。当时就开始青年励志团的活动。兹将计划照录于下：

（一）绪言

（1）励志团之训练，应将村中有力量之青年，先加以组织，使成为村学之动力团体。

（2）过去成人夜班流于散漫、随便，无法引导其成为有力团体及自动组织。

（3）本办法以全村十五岁以上三十岁以下之人为合格，余人他部，另行安排。

（二）根据

（1）本办法基于中国人生情谊伦理本位中之朋友关系而扩大之、启发之、稳固之。

（2）观察中国国势危急，不容不将有力之青年团结一致。

（3）考察现社会之真相，警觉吾人不能离团体而生存。

（三）训练目标

（1）将全村青年形成一个团体，并在大的团体中随时能顾到每个分子，每个分子能爱护团体。

（2）各分子间纯以友谊关系，彼此相约为善，齐心学好向上求进步。

（3）分为若干组，每组自由活动，但不以有碍整个团体为限。

（四）定名

（1）本组织定名为青年励志团。

（2）团内设正副团长各一，现由村组长副充任；内分数组，组内由组员选一正副组友；余名组员。

（五）组织系统

（1）本部分之安置，直属村学董会；与将来之成年团体、老人会及现有儿童部居于同等地位。

（2）训练时先将全数青年分为两队（识字与不识字），队下分组，使其自动结合，自择领袖，直辖于各该队导师。

（3）训毕安排，先选负责人员，次则宣布规约以资遵守。

（六）训练步骤

（1）初期——为心理改换、头脑更新之训练。

A. 说明乡村破坏之原因

B. 阐述团体组织之必要

C. 详说民族英雄事迹；启发其正气

D. 以古今圣哲之言行开发其理性

E. 其他关乎军事等课程

（2）中期——为充实团体内容之活动

A. 小组活动：

甲、促使各组组友与其本部各分子增进关系之进行。

乙、教师征集各组活动之要求作教材答复。

丙、以其收效之各组，作为其他组之模范。

B．全体活动：

甲、每周规定集会讨论报告数次。

乙、每集会必对团体生活详加开导，并促其有团体活动之举行。

（3）后期——为自生自长之开始期。

A．择聘适当首领，负责事务。

B．制定章规，宣布团约：

甲、会期规定及集合：

分任工作，商讨问题、贡献意见、责□过失。

乙、新职务之分配。

（七）训练方式

（1）以散漫之青年农民，养成其团体习惯，纳入于组织，宜先用较严办法，借以引入正轨。

（2）形势既定，进行就绪，宜用软和方式，使其自觉，然后始得心悦诚服。

计划办法的施行，我不便独创独行的硬来硬干，最先与本校同人作长期商讨，复召集各位学董详加解释，并征求负责人的意见，最后还得请求上级机关允许，这才实施进行。当时听说乡学有整个的计划，本想等待指导进行，不料嗣后无音信，我们急不可待，就自己不管不顾的干起来了。

初办的手续，是将应训练的全村青年由各该闾长学董代为报名，或自由报名，结果全村共计七十余人，分为两队，每队又分五组，队有队长及教导主任，组有正副组友。队长负责维持本队秩序，并担任团员考勤，夜晚分派巡逻，考查军事内堂军事训练等事。教导主任负责课程计划，教材搜集、上课等。正副组友充任与本组团员商讨、劝勉，兼管本组团员的考勤等事。此外更聘请学董及村中能任教师者担任功课。这样安排就绪，我们就活动起来。不过在活动期中每周都由我们按计划商议向一致的目标前进，如有重大问题，也在这时讨论。

初期训练的计划中，主要的在醒觉本身处事的危险，往日思想行动的错误，处处指点每个人"不能独行其是"，"独善其身"。但在讲授的时候，他们程度不齐，适于此不免有弃于彼，乃开头就分两队，经过挑选，教导时就减少许多困难。至若每组令其各自选择的用意，就在使他们能发挥朋友情谊，严密其团体组织。经过这样办法，他们认为适宜的人组成一组，就团体结合的成分上说，他们在开始分组的时候，就浓厚了许多，自然而不勉强。对于将来的活动当然没多问题，所以我们这十组的安排都是这样办理的。

中期训练的目标，在使他们如何巩固其团体力量，充实组织的能力，希望每个分子能爱护团体，各分子彼此间都发生交情，所以这时每晚规定几个统一思想的题目，命各组自行商讨，像怎样改革村风？现下为什么都感觉日子不好过？……限制他们二小时讨论完毕，书于纸面（不识字者请别人代写）。教师搜集意见，指导讨论，然后再给他们一个具体的答复。这样做法的意思，先领导他充实组织，经过自己感觉内容的需要后，自能自生自长的活动下去。

末期的规定，就是停止训练散开的乡村的活动。原初计划就序，宣布团约，使各自明了任务，在乡间成一个有实力而正当的团体；不过有时因各方的牵扯，阻碍也是不少。

经过这月余的做法以后（十月中旬至十二月底），全村的青年们都与村学有了密切关系，发生师生情谊。他们有点事情也都来村学报告，有了苦难也来请设法，有了事情也来请帮忙，彼此间的隔膜从此减削。至于少数的恶劣分子，也因为四面都有监督的力量，恶迹亦渐减少，不敢肆行无忌了。

（3）协助调解纠纷的事情——就这庄的人户说，比较算大村庄，其中分数族，事情格外得多。自我来此，协助调解的大小纠纷不下几十起，其中像族间的争执，数年前的旧事也都提出来齐付解决，是非也分辨出来。至若言语间的冲突，家务事情，也多来校告诉，请求了结。然而我办的时候，极力避免"越俎代庖"的行为，处处引向"自治"上走，所以每事之来，先邀理事学董预头去办，我退在协助的地位。但在村人的看法，他以我们纯站在公正的地位上说话，比较他们本村人似乎有更可信托的样子。在我们办事之先的计议，我们无论如何要主持真是真非加以评论，竭力避免他们往日的虚耗妄费，这样一来，他们更抬高做事人的身价，无形中更感戴钦佩了。

　　在我到石樊鲁村学半年来的工作，虽然自己觉着用力不少，但究竟也见不出什么来，原来社会就是这么一块笨重的东西呀！

　　　　　　　　　　　　二五，一，二七，写于家乡。

邹平第十一乡学导友制共学团的实验

祝超然

一 绪言

普及教育的声浪，喊的是这般的响，而师资、经费、方法、趋向、效率等，在在都成问题。为的追求问题的解决，并乘研究院训练部同学下乡实习之便，我便于本年二月来十一乡学做一种实验。到现在虽仅有四个月的工夫，而实验已得较满意的收获；对以上问题似亦有相当的解答。这是我初意所料想不到的。

此所谓导友制和定县的导生制，本来没大差别。不过总觉着"先生""学生"是对称的名词；这导生也好像站在先生立场说的。事实上既是以同学来辅导同学，不如改为导友制较妥帖些。并不是我故意立异。

"共学团"也是我们拈出的名词。我们认为社会即学校，生活即教育；我们的生活，就是应付环境、创造环境。我们都在生活着，生活时时有变化、在进展。在做教学三位一体的原则上，我们说不清谁在教谁，谁是教者与被教者。"教学相长"，都是在前进，都是被教育着。所以我们的学校就是个共学团体。（上已牵入理论范围，在此不好多说。）共学团的办法及其实验经过，让我依次写来，乞高明指教！

二 酝酿及准备

（1）同仁间的商讨　第十一乡学的教员，连我共是四位。两位是任事已久的，且颇得学生们的信仰。我们做这新的实验，第一步须使同仁间说得通，才好进行。所以我们在饭前课后，对这办法反复的来商量、来谈讲；经过三四天时间，同仁间颇有头绪了，都愿热心一试。

（2）学生观念的改造　乡学中相当于高级小学那一部分学生，是我们此次实验的对象。他们都是受过五六年的传统式教育的。现在想让他们自动自学，有组织，不是一件容易的事。尤其是小孩子以先入为主，已养成散漫无力的习惯，想冲破这难关，必须从根本改变他们的头脑和观念。我们在未行这新办法前，无论是训话、闲谈，均以自动自学，及小先生——导友——的本领等为中心。经几天的工夫，学生有了自信心，且有原来试试的兴趣，我们便开始实验了。

（3）注意学生的品行及学识　虽是在同级里的学生，其程度常有很大悬殊。共学团是个自动自治自学的组织，其首领及领导者的安排，自非审慎选择不可，稍一不慎，便会贻留下问题，将来讨麻烦。我们四人之中，幸两位旧有同事于学生的品学都已了然，为助不小。

（4）规划各种表格　共学团应用的表格，本来不能预先全规划到。而开始最需要的，却不能不规划出，我们最先准备的是生活表、点名表、整洁检查表。有的指导学生来写，有的由学生自己去油印。

（5）预备应用文具　我们事前准备讲义夹子七个、铅笔七支、开会记录本两个，皆为服务员办公用，假若经费宽裕些，能预备写字架（比写生用的画架较低）作野外教学时用，更是便利有趣。我们因限于经费，虽曾设计过，但未做到！

（6）预备团务办公处　我们因校舍窄狭，不能挪出一两间房子，乃另在教室的一角安置办公桌、信插等，就算办公处了。

三　组织

以二年级学生十八名，一年级学生四十名，合组为一共学团。内分五组。团置团长、团副、秘书各一人，均以二年级生任之。组置组长一人（如有需要可添置副组长），以一年级生任之。每组置导友三人——文化导友、政治导友、经济导友各一人——学友七八人。一切活动、管理、教学，都在这组织里运用实行。

四　工作分配

（1）团长　团长为团政会议及各种大会主席，负责处理日常团务。副团长助理之；有时并得代理主席。正副团长并得作各研究会主席，及代理导友等工作。

（2）秘书　商同团长办理全团文书，负责保管、统计、编写壁报，作团政会议、各种会议记录，并得作各研究会主席及代理导友等工作。

（3）组长　负责处理全组日常事务，做各种研究会、工作会议主席。

（4）导友　二年级生均编为导友。导友分为三种：文化导友、政治导友、经济导友。这些名词太广大，虽然觉着不合适；但他们的工作很繁杂，很难找出个恰当的名词，姑且如此沿用着。关于学科指导工作的分配，并不定照名词的内容性质，只求某种便利罢了。

A 文化导友　文化导友五人，担任辅导学生卫生；治疗疾病，经营图书馆，清洁检查，及其他关于文化方面事项。

B 政治导友　政治导友五人，担任辅导学友史地；点名，纪律，勤惰考察，开会训练，及其他关于政治方面事项。

C 经济导友　经济导友五人，担任辅导学友自然；经营合作社，指导农作，办理伙食，及其他关于经济方面事项。

（5）学友　一年级生均编为学友。在担任办理共学处时，他们即变为导友。

五　生活情形

（1）点名　在一个碧绿垂拂的院子里，横排着五个小队，每队由该队政治导友作点名记录，队长（即组长）在主领监督。点完名，由队长依次向站在对面的团长作报告，秘书随着作统计记录。这节活动，全是军队形式。每天有两次，一在早晨，一在午后。

（2）升旗　每天在旭日东升时举行升旗礼。旗由团长升起，全体整队致敬，唱升旗歌。日夕，则唱歌降旗。

（3）朝操　朝操由团长主领，本乡联庄自卫之乡队长辅导之。作打拳、深呼吸，秩序演习等活动。

（4）朝会　朝会是多由先生讲话，如对学生们精神陶炼、生活指导及其他报告事项。学生间有报告。开会闭会时唱朝会、新生活等歌。

（5）学业指导讨论会　此会每天早晨举行一次，由各种导友分别组织之。将本日所应负学业指导的事（应教授给学友的功课）都要研究妥当。这会很重要。本来学友所应受的功课，他们导友在一年前都已学习过；再重来讨论一番，更加彻底。即有不明白处，可请教先生。起初我们做先生的，每天参加指导他们教学方法，及教给他们怎样利用教学法等。经过一个月，这套技术，他们已经熟悉，先生便不指导也可以了。教学法在小学里，向来是当先生的秘钥，不愿示人。一旦发给学生，把这个秘密揭穿，小学生明白了先生并不是万能；一些笔记、参考、教法，教学法上都载得明明白白，他们看了很是高兴，很欢喜来研究。因此导友们的获益，恐怕比学友还多呢！

（6）疾病治疗　文化导友担任全体卫生工作。他们曾受本乡学诊疗所医生的医药训练。较易治疗的疾病，如皮肤病、痧眼等，都可治疗，药由诊疗所领取。

（7）饭食　学生尽农家子弟，吃的东西和在家没有两样，如锅锅，小米、咸菜等。伙食账目及管理由经济导友负责。团长副考查辅助之。每日三餐，因房舍窄狭，他们都在院里吃，按原来五组分别排列，是颇有秩序的。

（8）编写壁报　在王伍庄我们共办了三处壁纸（利用较光滑的墙，涂以黑色，用粉笔写）；每天由秘书团副编写。内容先写本乡及县院新闻或政令，多半是与本乡人民生活有关系的。次写国家大事。但须通俗具体，不好乱抄报纸。我们办的三处，有两处成绩颇满意，另一处黑墙则被小孩子弄坏了。

（9）整洁　整洁分环境整洁、个人整洁两种。环境整洁按五组划校舍为五个整洁区。制有环境整洁、个人整洁检查表，由文化导友填写之，旬终提交团政会议。

（10）各种学业研究会　我们的课程，还是照教育部所规定的。无论导友学友均以研究会形式学习之，每天占时间之大部，比较一般小学的教学时间，恐怕是要多的。

（11）经营教育用品消费合作社　我们师生共同组织一个合作社，每天由经济导友经营之，货品是由周村买来的，所以货物价格，比邹平城里商店的还便宜；我们应用的文具，都从这里供给。

（12）经营图书馆　本乡学图书馆，每天开放一次，图书管理由文化导友负责。并举办巡回书箱，划全乡为十个巡回区，所备有小学生、教师、民众各种读物。

（13）团政会议　由团长副、秘书、组长组织之。每天开会一次，讨论全团行政事宜。

（14）办共学处　共学处是给无机会入学的贫苦孩子一种教育的场合。每天利用他们吃过午饭后的一点钟，我们导友（即前所谓学友）把教育送到门上去。我们现在一共办了十一处，有七十多个学生，看情势还要继续增加。在贫困的中国，这的确是普及教育最经济的办法；且我们的乡村学在一面说是个地方团体，这是让我们和民众发生关系，也是让民众和乡村学发生关系的好机会。这事情我看非常有意义，实有扩大的必要，故愿详细写出：——

A 招生

一、召集家长谈话会　先召集学生家长谈话，说明共学处的意义及其好处，免得发生误会。

二、自由招生　学生由导友自由招生，方便很多，他可召集他要好的小朋友，不用别的，用他们的感情，就足长久维持教学的存在。我们的导友，几全不是这村（王伍庄）里人，平素和小孩不接触，招生起初有些困难。但持以毅力，第一次邀他，他不愿意，甚至走开，我们导友第二天再去；三次五次，天天如此，因此混熟了，他愿意加入了，王伍庄的共学处是如此开辟出来的。

三、自由加入　一些事情，都是开头难，只要有了小孩加入，其他小孩慢慢会要求加入。小孩随小孩，越邀越多，共学处便现活泼气象了。

B 课程

一、识字　我曾编辑了十几课文，由导友缮写装订，名曰学友读本，送给各人的学生。后来因事忙，没继续编辑，让导友自由选择教材。有次，在细雨濛濛中我去巡视，导友王振鸾便在小黑板上写"淋淋的细雨，青青的麦苗"，来教他们；这孩子竟晓得机会教学，不是个小教育家吗？

据他们教学的经验,小孩子很喜欢歌谣韵语,他们有先教给他们学生乐歌字句,然后再教他们唱的。

二、唱歌　唱歌是小孩子顶喜欢的,每天差不多都要唱唱。各处教的多少不等。常唱的如打倒天花,清洁、月亮上升等歌。

三、卫生讲话　乡村小孩子,多是不讲卫生,衣服弄的肮脏。导友给他们讲卫生的好处。有时领导整洁。学生比较是有进步了。

四、礼节练习　有时让学生做礼节练习。每天当导友到场或我们巡视时,他们都知立正敬礼。对他们的家长据说也比以前有礼貌了。

五、游戏　也有时作。

C 组织　每一个导友有学生在三个以上,便成立一处,钉上第几共学处的牌子。有一二个学生的,暂不成立。我们对这一般导友,这一般学生的组织问题,至现在还没弄好,将来是要向这方面努力的。

D 集会　有全村共学处联合大会,每十日举行一次,地点在乡学。由导友表演,讲故事,讲公民常识,公民道德等项。学生唱歌,作团体游戏,秩序演习,有时做识字竞赛等。乡学备有薄奖,间予以糖果。

E 考核　巡回导友,由团长副秘书任之,每日巡查一次。导友服务不力者,提交团政会议,予以处理。在举行联合会时,间举行各种比赛测验。

(15) 军事训练　由联庄自卫之乡队长指挥训练。

(16) 劳作　在操场的南部,经过我们一星期的努力,开辟了个小农场。在夕阳斜照里,我们挑水的挑水,播种的播种,已栽种了一部分番茄辣椒,继续栽种些茄子小葱等。几十个学生的蔬菜问题,就想从这里解决。

(17) 学业报告　这节活动,是属于导友的,每天占六十分钟。他们的功课,除国语、算术、艺术等系普通直接教学,不作报告外,余如分组直接教学——文化导友研究卫生、政治导友研究史地、经济导友研究自然——各种导友每天均须将所研究的互作报告,如有遗误,先生随时纠正补充。如此,导友为要作报告,不能不用心研究。因报告又可练习其发表能力,先生乘时亦可考查其学习程度及情形。各种导友,除其由先生直接教导者,对其他功课,仅有预习,或有不彻底处,经此度报告,便可了然,不致有偏废之弊。

(18) 晚会　晚会是偏于学生说话的场合。

（一）报告：报告团政议决案及其他事项。

（二）讨论：凡关于较重大的事情，团政会议不能解决者，在此会商讨之。团政会议议决案失当时，此会有否决权。

(19) 其他　属于临时的，不在每日生活规定之内，如：

A "五三"宣传队　"五三"纪念日，学生自由组织八个宣传队，到各村去宣传，唤起民众的注意。

B 种痘　他们先在各村作一简略的种痘调查，然后由文化导友指导着赴各村做种痘工作。

C 教唱歌　各村小学学生，多苦无歌唱。我们的学生趁每旬假日回家之便，到附近小学教唱歌。故他们是受小朋友欢迎的。

D 访问　利用旬假之暇，有时赴各村小学作访问工作。访问内容，因时事而定。例如：在办巡回书箱时，可访问图书经管流动的情形；在开学时，可访问学生到校的多少，及其他情形。有时村立小学师生问及乡学的情形，亦趁时告诉他。

六　教学情形

一般教师把儿童看得太低能了，横加干涉，一味使上脑子里装符号，把儿童创作的动机摧毁了，活泼生命损坏了。天下的事，全在消长之间，假若你给他安排下好的环境，他自己便可前进发展，便会有活力的生命泼动。所以我们的教学，是采用自学辅导的方法。分：

(1) 直接教学　导友的课程多是由先生直接教导。学友的国语、算术、艺术等科，也是如此。因我们相信导友教学的能力还不能如陶行知先生那样有把握。国语、算术是小学的基本功课，艺术导友也不好教，所以也列入直接教学了。

(2) 分组教学　除直接教学一部分是普通教学外，余为分组教学。这样便利很多；学友有发表的练习的机会；先生、导友照顾指导的精神能以集中。

(3) 野外教学　为的改变环境，给学生们以新的刺激，有时采用野外教学，湾边、柳荫、桥畔、斜坡，一组一组的活泼的儿童散列在那里，兴致勃勃，聚精会神地来研究、来讨论。看去，真是一幅绝妙的图画呀！

七　考核

（1）学业考核；（2）品行考核；（3）团体考核。

八　结论

我们的导友制共学团的实验，大致如上述，这办法，据我看，是具有四种特点：

（1）组织　中国人一切都欠组织，都少生命，是个严重紧迫的问题。共学团的办法，能让学生在组织中生活，在运用组织生活，因组织的运用更使生活充实而有力。日久成了风向，学生的组织能力团体习惯便可养成，便可造成新的分子，而后才可改造社会，而使社会向光明的前途迈进！

（2）自动　人有较高的学习能力，人有机警的感情悟性，故可以说得通、学得来；教育者只要因势利导，启发指点，使他自动，便会有优良的成绩出现。整个教育既是生活，当然别人不能替活；既是活动，当然别人也不能代劳。只有自动是教育的生命！这套办法，即能把握着这点。先生从旁用力，学生才有正面的力量出现。你把学生看得太低能，一味抑压，他便真变为低能了。

（3）生活教育化　在共学团的生活表上，课程活动都是每天生活的过程，其间并无轩轾。而这些过程，即是生活，即是教育。如开团政会议，即含着政治教育的意义；经营合作社，即含着经济教育的意义；又如朝会晚会学业讨论会等，无一不含有教育意义。我们是天天如此生活，如此被教育着，这即是生活教育化了。

（4）社会教育化　社会教育化，是不易做到的。共学团所办的共学处、壁报、巡回书箱，已将学校和社会的壁垒打通，使学校教育与社会教育合流。布置社会以教育的环境，虽做到的微乎其微，但已含着社会教育化的意义。

共学团所以能做到这点，还因为有组织；有组织才有力量，才能活动，将来能够从社会改造的立足点来教育学生，打破现在用死本子的教育，意义更高了。

  这套办法，愈是学生多的，愈显得组织运用之大，如韩信将兵，多多益善。——师资、经费，都非常经济。我们的学生共五十八人，是个事实，并不是办法容纳不下较多的学生。为的普及教育，这办法推广出去，是有几分效力的。关于初小部导友制的实验，本乡虽然有几处，其结果如何，我以前无暇用心，不能写出报告来；这又须有待于异日了。

邹平郭庄村学共学处开办之经过及其活动

徐瑞芹

一 引言

邹平实验县去年颁发了一道命令,要各乡村学一律举办共学处。在第一乡共有四处村学,(韩家坊、韦家庄、石樊鲁、郭庄。)自接到命令之日起,四处村学同仁曾开了一次会,商讨应如何办理,但为慎审将事起见,决定了先由第一乡学办十处。因为乡学学生程度比较高,在训练导友上也较容易。不过乡学如何筹备举办,如何训练导友,予以身处两地关系,均未得参与。但在乡学举办之后,予不时地去参观,情形还很好。尔时在予的用意是学方法,将来郭庄村学举办时,藉资龟鉴。至今年四月,各方面都筹备妥当,共学处才开学了。至今为时不过两月。兹将开办经过及其活动情形,赘述于后。尚希贤达诸君,不吝赐教。

二 筹备之经过

共学处这件事情,在中国教育行政系统上,邹平算开一特例。因之在乡间农民的脑纲里,老是伏着怀疑的情影。我们就不得不在此用一番功夫。关于导友的安排上,失学儿童的调查上,都是应该慎重将事的地方。在未谈如何筹备之前,先将邹平实验县设立共学处应行注意事项作一介绍,好明白我们举办的线索。

邹平实验县设立共学处注意事项

(1)设立:各乡学村学设立共学处,应参照本府颁布实施短期义务教育计划大纲办理之。

（2）调查：各乡学村学应先将所在村镇失学儿童（六岁至十四岁）数目，详细调查。如失学儿童较少者，则将附近村镇划入教学区域，合并办理之。

（3）召集村老谈话：共学处办法系新创，与旧习惯不合，乡老固多疑难。得先召集谈话，说明办共学处之意义及教者学者均不耽误时间之便宜；并须说明此种义务教育为国家所法定，为国民必受之最低限度之教育过程，除有疾病及残废疯癫之学龄儿童，均须就学，否则强迫之。

（4）导友：乡学学生及村学三四年级学生，已具教学能力，均有作共学处导友之资格。但该项学生较多者，得分任为正副导友，或选择较热心者为之。导友得设教学研究会，报告教学情形，研究教学问题，导师均须随时参加训练指导之。

（5）编制：各处编制应以学友（共学处学生称学友，下仿此）教育程度为准。人数不宜太多，恐难照顾；不宜太少，以免零散；最好每处以三人至十人为准。

（6）教学地址：教学地址不限于房舍课堂，以便利教学为原则，可由导友自行规定之。但导师须注意教学地址是否妨碍交通、卫生，或有无危险等问题，作最后决定。

（7）教学用具：每处须置小黑板一面（可用火柴箱制，每箱可制五块，合计工料洋不过五角），教杆一支，如能指导导友绘作与课程有关之各种挂图，尤为相宜。

（8）教学时间：教学时间以便利失学儿童就学及不妨害导友功课为原则，例如在午饭后晚饭前均可——应斟酌当地情形办理之。

（9）课程及教材：除用颁发之短期小学课本外，得设唱歌、公民讲话等课，但短期小学课本每日教学时间，须在四十五分钟以上。

（10）集会：各村共学处，得设联合大会，地点在乡学或村学，每两星期举行一次。内容可自由决定；例如讲话、游艺、唱歌、说故事、秩序演习等。有时可做各种竞赛及测验。此会务使导友均感精神兴奋，热烈前进，而免日久懈弛之弊。

（11）巡回视导：共学处办理之良否，于视察之勤惰极有关系，导师每日至少须对所办之共学处巡视一周，并随时予以指导。

根据以上规令，确定了我们举办的手续。不过在我心房里涌起了两个问题：一是如何握着社会核心去顺利进行。在中国今日散漫无组织的社会里，举办一件事情，要顺顺当当的办理完善，确非易事。我们如何去酝酿，使不致发生阻力，实为当前的一大问题，需要解决者。中国社会本基于散处的乡村，而乡村中的各个有力分子又操有乡村社会的重心，乡村一般农民，大有"惟伊马首是瞻"的意味。我们要与之融洽贯通为一气，不消说，要对乡村各个有力分子及一般顽固守旧的愚民下力量。何况中国自海禁大开，十数年来一切政治文化都随之转变，加重了乡村的崩溃，加重了乡间人的苦闷，凡高唱什么口号，带有什么政治运动色彩者，乡民实是痛切疑惧，不是积极的反对，就是消极的不管。自然我们深入乡村，也免不掉饱餐这种风味。我们究宜如何深入参与其中，引动他的心愿，鼓起他的志气，使向着我们的目标去进行，则事前当费一点心思。一是如何训练导友使他干着有兴趣。俗语说得好："有什么师傅就有什么徒弟。"这话拿到现在来说，就是有好教员，就教成好学生，坏教员就教成坏学生。自然在共学处里，有好导友就教的好，坏导友就不会教好了。同时更感到受过初级三四年的教育，他并没有好些教人的本领，虽然我们不能把小学生看轻。但是希望他有耐心有毅力彻始彻终的教下去，委实不易。因问题的涌起，才找到了如下的诀窍。

（一）假他力酝酿共学处——下到乡间工作，最要紧的是善假他人之力以为力，自己力量越大，事情反而无济。因我们是外来的人，一切事情都比人家隔阂得多；即是我们真心要好，人家不一定就十分谅解。自己用力越大，乡民越望着疏远。所以假他力以为力，是我们工作着手的一个办法。只要我们隐在背后把一点力量继续不断的用上去，好像拉绳一样，老是扯着不放松，自然就慢慢的引起来。因此在乡学举办之后，我曾约着副教员成敬之先生（系郭庄人）到乡学去参观过几次。当时就对他说了共学处之意义与夫导友学友教学相长之便宜，及对于国家前途之关系，将来郭庄举办，要他负全责的话。尔时彼似眉飞色舞，大有踊跃欲试之概。（这次共学处不发生阻力，成先生力量实在不少。）故于去年冬季就召集学董会开会一次，先使之明了这件事，说明邹平实验县办共学处的用意所在。也曾在晚间同学长王志源先生、村理事王世桐先生，共同计议办法，旋商定每晚召集一个间长来谈话（用意在人少说话静，可以说得通）使他在各间里预先注意失学儿童和慢慢酝酿，这一段工作，给予一般人的印象还不坏。同时使儿童部学生也加以宣传，对于他的父母姊妹哥哥嫂嫂普遍的点透共学处的利益。在这点上我曾用心思考察过；乡村妇女她在主持家政上实有她的地位，她要叫小孩子如何如何，男子实不能遏止她；真能够把妇女的心愿打动，是召集共学处学生顶巧妙的方法。在今年开学之后，又召开了两次学董会，更加上成年部学生助力宣传，共学处酝酿算成功了。在第一次会议是决定调查失学儿童数目（由各闾长负责），及置办黑板、教竿、板擦等教具（由学董负责）。这样筹备好了之后，又召集二次会议，决定每闾办一处（本庄共六闾），共计六处，地址由各闾长负责筹备，但必须注意不妨碍交通、卫生，或有无危险来决定。开学时学董会闾邻长老师全体出发，各闾长召集各处学生并维持秩序，学董会老师安排导友，这样千辛万苦的算完成了开学的纪念。

在酝酿期间，自然也有好多困难。但与乡人处之既久，感情稍渐融洽，话可以说得深透，使他不再起疑心，叫他点头，我曾记得在开学之前两天，有一个青年部学生跑到村学里来笑着对我说这个话："老师！我听得人说：邹平实验县真是实验来，不但把大人麻烦着，连小孩子也麻烦着，再就要麻烦老太婆啦！"我当时听了不觉大笑一场。但可以见出乡民虽说俏皮话，而其居心却不是反对也。

（二）训练导友之方式——在去年冬天，予曾考询十一、二两乡举办共学处的同学，多谓"导友教的日子久了就没劲，因为学友精神也不好，甚或不到。"针对着这个弊端，因而产生了我训练导友的方式。因为导友之没有耐心与毅力，是因为没有一个力量维系着他。这定是当前教育制度之不良使然。我们翻开现行的教科书里，多谈些西洋故事、游戏故事，以及牛公公、狗奶奶、猫大姐、蝴蝶姑娘之对话。以此来训练儿童，也不过使他脑纲里多子点无奇不有的东西；欲冀其天性开发，培养出他的真正力量、自立立人、自达达人之心怀，诚是终归泡影。尤足怪者，讲西洋故事，为何不讲中国民族故事；讲牛公公、狗奶奶之对话，为何不讲忠孝仁爱礼义廉耻之道理。且也讲中华民族故事，正可以把先人之丰功伟业卓绝人格，使儿童聆领之下，深基其保有先人创业维艰之心；讲孝悌忠信礼义廉耻，更可以把中国高明之至理，作人之准向，使儿童深悟之下，端造其独立作人，见义勇为之志。这样培养其爱身、爱家、爱国、爱人类之思想，启发其坚苦卓绝，悲天悯人之宏愿，比较牛公公、狗奶奶等合适得多。更看到邹平小学学生多半很呆板不活动，老师上课纯是注入式、讲演式，好像拿注射针注射药水一样，不问他容受不容受，只管注射，实难免此虽诲之谆谆，彼则听我藐藐之弊，甚或伏案而睡，鼾声如雷矣。这样叫他出去教人，实是驱之就火坑。故予把儿童部课程改变一下，作训练导友之入手：

甲、添设传习：将儿童部学生测验一下，使一部分程度较高者为低年级授课或帮助本级同学自修，加深他课本的研究，锻练他教学的能力和乐于助人的心愿。在传习时，予同朱先生轮流参加，察其教学方法、态度、声音，在课外予以纠正，使他将来出去教人不致于手足无措。

乙、精神讲话：这一点是我顶下心思的。固然是用意在启发儿童做事之耐心与毅力，也是在试探中国民族是否真不可救药。在早上举行朝操之后，接着就讲一段中华民族故事（讲话时不限于教室）。关于讲话资料，是吾临时搜集的。除了讲授过去伟大人物（如文武孔孟岳戚等），使他因过去民族光荣精神上得到一种愉快和兴奋，并使之感觉到民族覆亡之恐惧，动出前进的希求而外，还将《二十四孝》《二十四弟》两书，采来作谈话的资料。《论语》谓："孝弟也者其为仁之本与？"吾亦欲以"孝弟"之谊，启发其天良深处，透露其宏愿毅力也。这样行之匝月，看到学生对于功课秩序，日有起色。记得在讲说"文天祥以身殉国"，"岳武穆精忠被诬"的时候，予不知怎的身上的血管只是奔流，马上看到各个小朋友的脸上形色也都渐渐改变了，两只眼睛只是直盯着我，全场连声息都听不到，只听得心弦突突的在互鸣着。有时候小朋友都围绕着我，像一群小英雄样地问我说："老师！共学处什么时候办？"予答以"你们还不够教人呢。"他们都严重的不作声，只是"唔！……"在这一点小小的尝试里，证实了要复兴民族，必须从精神上下功夫。

丙、课外组织：在课外组织了一个进修团，用意是在锻练自己做事的能力（关于这一层只述大略，俟异日工作报告中另详）。儿童部学生都是团友。从团友当中推选五人组织团务委员会，负团务之全责。再由团务委员中互推一人为主席，其余四人分任秩序员与整洁检查员，负维持同学秩序及清洁检察之责。以期每个学生，对自身能自修，自治，守学规；对团体能劝善，敦睦，尽职责。

这段工作，足足施行了三阅月，现在用他们来充导友虽不敢说白璧无瑕，但亦可谓大礼不差了。

三 活动情形

　　此次举办共学处，在予还有一个用意。不但给一般失学儿童一个受教育的机会，以从根本上扫除郭庄文盲，并要借着共学处活动，与每一个学友的家庭打通气，使向着村学正轨上迈进。所以共学处活动，处处以切合农民心理，且为当前需要者，为入手之路线。试看共学处开学之前一日的会议（导友教学研究会）就可以明白我的用心。尔时在会议席上讨论了三项事情：一、注重礼节，二、守秩序，三、讲卫生。从第一点看：是针对着中国乡村里普遍的撒蛮味而来的。中国自西洋风气传播进来，有似邻花灼灼，鲜艳夺目，则不惜掇拾一枝，高炫忘形，凡沾洋味者，则竞唱时髦，稍带中气者，则目为腐败。所谓旧道德标准，失掉效用，新道德标准，没有建立，以至乡间人对于从前之父慈、子孝、兄友、弟恭、夫义、妇随，这一套东西，起了怀疑。注重礼节，是培养学友导友使他们在家庭里成一个温和谦让的子弟，在社会上成一个彬彬有礼的国民。从第二点看：是针对着乡村里的嚣张气而发的。现在乡村里最普遍的一个问题，是青年男女凑集成块，能够循规蹈矩而作有意义谈话的很少，这不能不说是中国不景气的原因，甚至两个男子因说顽皮话或乱弄手脚而演成冲突，妇女因随便说话而演成意外的事体，这统是由于不知社会公共秩序是什么而来的。严守秩序，就是要养成一般儿童们会过团体生活，明白社会国家是整个民族的结合体，不许任何人随便。次如卫生问题，也是中国现社会应特别注意的事情，不必我来多赘。吾们想借学友之讲究清洁，引起家庭之注意。总上所谓注重礼节几点，在此我须要声明，我不是在办传统教育、因袭教育，或吃人教育，的确是看到真正的事实，而对事实下功夫。兹将各项所订细目列下：

　　甲、注重礼节——

　　（1）对父母要出必告，返必面。

　　（2）对兄弟姊妹要谦让。

　　（3）对邻居长辈见面后要有礼。

　　（4）对客人要问好并行礼。

（5）对同学要和气。

（6）对老师要尊敬。

（7）对庄中领袖人物见而后要行一鞠躬礼。

乙、严守秩序——

（1）闻号声即时上学。

（2）在共学处里不要吵闹或打架。

（3）在街上玩不要随便吵闹。

（4）不要无故不到，有事须向老师请假。

（5）要虚心听从老师的教诲。

丙、注意卫生——

（1）每日起必定洗脸漱口。

（2）衣服不要沾污了。

（3）指甲要按时剪去。

（4）不要吃脏东西。

（5）手巾要洁白。

这样开学之后，不到一星期，颇得全村人的好评，尤其他的家长格外对我们恭敬。学长曾对我谈："在街上走还要留神，不知道的小孩子就给行礼。……"

再谈谈我们的课程编制和联合罢：

（一）课程及教材——所用教材系教育厅所发之短期小学课本（教材感觉深些）。授课时间在下午，从一点起至两点半止，在这点半钟内分三节教学：

（1）国语：四十五分钟，先使之认识字，再解释字意，务使之通俗明白，然后再教他会写。

（2）音乐：三十分钟，现已教会劝孝歌、再会歌、朝会歌、蝶与燕（表演）等。对于这一项尤其特别注重，因音乐是感人最深的东西，她能把人生整个生命活跃起来，借着唱歌可以宣达出心坎里最深的感情和祈愿。看着小孩子唱起歌来，他的天真味就随声流露出来，一切浮气都平息了。我们还给他一种安排，叫各间现在儿童部上学的学生，在晚饭后召集各间的学友，在街头上唱唱歌，一时他那种尖锐的歌声，激动了晚间沉静的空气，向日街头上的碎声厉语，完全变成了全村一片悠扬的歌声了。

(3) 公民讲话或算术：关于算术现在仅实行以数字促进学友的计数能力。公民讲话一项，是把我们平日训练导友所讲的故事转达于学友。

(4) 其他：游戏，各种竞赛等，不须赘。

（二）编制——上面已经说过，本村共办六处。学友共七十五人（内中有小李家庄二个，第三乡郭君庄一个，第八乡兰芝里一个），男生仅十一人，共余皆系女生。按六处分配，每处应为十二人或十三人；但为各间教学便利起见，每处人数没有分配定。每处有正副导友各一人，正导友负责教学，副导友维持秩序（预备将来做正导友）。并为联合时易于管理计，每三处作一中队，六处为一大队，每三处互推二人为正副队长，再由六处导友中共推一人为总队长，在联合时负指挥的责任，充分寓着使导友学友会过团体生活，服从领袖命令，和加密情谊的联锁。

（三）联合——根据邹平实验县设立共学处注意事项第十条，"各村共学处得设联合大会"之规定，我们也就成立了联合大会。但须要声明的，我们的联合大会，不是两星期举行一次，是一星期举行一次，这是因为学友一致要求而产生的。在联合时地点并不固定，按次轮流着到各街头空隙的地方去举行，用意在使全村民众普遍的注意。每一次联合，予必亲身参加，讲述一段与家庭有关的话或中华民族故事，然后再着导友说故事，团体唱歌，游戏或识字竞赛。每逢识字竞赛时，各与赛学友的家长，格外凑近去看，察其神情，似恐他的孩子不认识为他丢脸。在我讲话时，将学友绕成一个半圆形，席地而坐，我坐在空边的中心，导友坐在我的两旁。当我们稳稳坐下的时候，观众也悄悄的坐下了。我一时感到一切学友统是自己的小弟弟小妹妹，有说不出的欢喜他们的心境；而他们活泼快乐的性情，更使我心房里颤动着童年的回忆。

（四）指导工作——在炎炎烈日下，各处的导友领了一支粉笔，手提着一条教杆，鼓着勇气向各处迈进。我随后拿上笔记簿子，步着小朋友的勇敢情影向着我们理想的场合去，人生合理化的场合去。每到一处，"敬礼"的口号喊出，各个学友一齐攒动的立了起来，一面行礼，一面问一声"老师！来了。"霎时间把我的心怀扩大一阵，一切的麻杂郁块统统消化了，好像置身儿童乐团，有说不出的境界。每到一处必将导友教学的优点劣点或学友的精神散漫不散漫，一一记下来，在第二日教学研究会上提出来告诉大家并加以纠正，以期在事实上教，在事实上学，所获的益处大。

但是我的指导一点也没有把握，更没有一定的计划摆出来，只是在我个人尽心尽力的从方方面面来充实我自己的人生，领导着各个小朋友们向着一个新的说不出来的境界去用力。记得在联合时，有一位老太婆向我说了声"放小羊，真费辛苦！"这话我很感谢她。但如何把小羊放得好，却有待于异日之努力了。看我送给导友们的信条：

（1）对学友要看成兄弟姊妹，会的东西决不吝的送给他。

（2）有真心、有毅力，才能作出不朽的事业来。

（3）牺牲私利为社会谋幸福，任劳任怨为人群谋利益。

（4）狎亵嬉戏，遮短炫长，是人生之大病，我们宜切戒。

（5）彻始彻终的作一件有价值之事业，是好男儿应尽之天职。

（6）守时间，行计划，不推诿，不畏难，是我们进行事业的真正条件。

四　举办共学处后之所见

凡在乡下举办一件事情，由这次事实告诉我，先要造成一种空气，使熙熙攘攘的农民在吸收着紧张的空气，熏陶之，渐染之，从而运用之，不知不觉的俾之潜移默化，不感觉是另外多一回事，而是社会国家分内应这样做的，是个人分内应为社会国家尽的天职。如梁师漱溟所谓："慢慢的养成习惯"，即好像平常家居过日子一样，吃一点简单东西，不觉怎样，有时吃一点复杂美口的东西，也不觉是麻烦，反而痛快。这一点就是看到农民守旧不动，如汪洋一片大海，你投以一石，仅激起一点小小波纹，渐渐的可以澌灭下去；但他实在有潜力，如果海滨陷坑陡落，则水势澎湃奔放，不可遏止。这次郭庄举办共学处，事前就是运用这种方式，但既办之后，在农民也感觉不到什么麻烦，反而为群情所归了。此次还看到两点：

（1）家庭教育关系大——从学友的言语行动上，可以明白他家庭的大概——他父母是怎样的人物；再询之导友，就可以证明他父母是好是坏。有的学友因家庭的恶染太深，你纵把他引导着一时就范，但终免不掉露出野蛮味。即孟子所谓"众楚人咻之，虽日挞而求其齐，亦不可得也。"关于这一点，负社教的同仁应当注意。

（2）农民畏官心理重——这一点是事实。有一次一个学友正在做游戏

（跑信），偶不小心，将另一学友撞倒，在那个学友还没什么，而他的母亲则声张"哭了！……"马上领着他的学生就走了。恰巧我去巡视，学友一齐站起来同我说这个问题，并责她不对。我当时打发一个导友请第五间间长约彼学友的父亲到村学里来。我一见其形色就系不好办的人，但我不毫不客气的说了声"刻薄东西！要到县府坐习艺所去！"这样指责了一顿，他那种横气没有了，只是说谦恭话唯唯听命，到第二日将学友好好的送来了。我们下到乡间工作，自然处处要用教育功夫来启发民众自觉；但有时也要善用政治力量。

五　结语

从这短短的尝试里，知道共学处对于普及识字教育实在有他的价值存在着；而对于乡村工作与民众联络感情上显然有媒介作用和沟通调合的功能，我们不可轻易放过。另外还有一点，我可拿答复参观团的话来说明。记得是河北定县的参观团，他们问我"你的共学处办到甚么时候为止？"我直截地答复他："没有停止的时候！我们是村学，是全村的学校，全村男女老幼统是学众。现在共学处学友虽是规定六岁至十四岁，但十五十六的也让他加入，甚至七八十的老头儿老太婆也准其加入。同时我们还有妇女部、青年部、耆老部。吾们大家都要不断的向上学好求进步。教育本是与生俱来的，有生就有教育，活到什么时候就学到什么时候。"

二五，六，二四。

乡农学校专号

《乡村建设（旬刊）》编辑部

山东乡村建设研究院出版

目 录

第二区乡农教育实施报告 …………………… 杨效春（87）
在第二区山西办理乡农学校经过自述 ………… 武绍文（93）
山东乡村建设研究院邹平
　试验县区第三区乡农学校工作报告 ……… 叶剑星　茹春浦（114）
第四区乡农学校工作报告………………………… 蓝梦九（126）
第五区乡农学校概况……………………………… 时济云（136）
第六区乡农学校工作报告 ……………… 于鲁溪　高赞非（164）
第七区乡农学校工作报告………………………… 徐晶岩（187）
特别区农民生活问题与我们的设计 ……………… 马资固（228）
特别区印台乡农学校
　工作报告 ……… 马资固　漆方如　孟晓阳　徐兴五　薛鸿涛（248）
第二区乡农学校造林运动简报…………………… 赵敬璠（288）
乡农捐款救国……………………………………… 刘希章（289）
邹平南马山林业公会工作略志…………………… 刘士达（292）
贺家庄女校简报…………………………………… 刘希章（294）
乡农学校教材之一部……………………………………（297）
编者附志…………………………………………………（346）

第二区乡农教育实施报告

杨效春

本区自然环境鸟瞰

本区在邹平县治西南。面积凡三百七十方里。境内多山，簧堂岭、会仙山、老人峰、摩诃岭、青龙山、水尖顶、印台山等皆是。会仙山适在本区中央。与青龙山簧堂岭诸峰相连，南北适成一纵线，因分木区为山东山西两部。山之东有河，曰，黛溪河，山之西有湖曰浒山泺。境内树木亦不少，果木以桃、李、杏、柿、枣、苹果、酸果为多。杂木以杨、柳、榆、槐、柏、槿、松为多。邹平全邑，风景之佳当以二区为最。春回日暖之时，会仙东麓，杏花十里，视以柏青柳绿，尤为美丽。

本区社会环境鸟瞰

本区共分六里。在山之东者凡三里，即伏三、伏四、伏五是。在山之西者亦三里，即醴一、醴二、醴十一是。共计凡六五庄，六二三六户，二九、二九零口。其各里庄之户口分布如下表。

邹平县第二区各里庄户口统计（二十一年清乡调查）

伏三里		
贺庄庄	一九九户	七一五口
石家庄	二〇八	八七七
鲁家泉	八三	四一六
樊家庄	七〇	三二
义和庄	一五〇	七七三

碑楼庄	一九四	七七七
太平庄	一〇	五三
郎君庄	一二六	七〇二
抱印庄	五一	二四一
崔家庄	七五	三二〇
崔家营	九八	五八一
黄家营	四一	二一三
赵家庄	一〇	九五

共计十三庄，一三一五户，六〇八七口。

伏四里		
张家山	一四九户	五五四口
大李家庄	二五五	一一六一
张家庄	八〇	三九〇
高家庄	二五	一五三
韩家坊子	一八四	八六六
十里铺	一一四	五九四
接官亭	六	七二
聚和庄	五四	二八八
韦家庄	一七〇	八六五
刘家庄	五二	二八五
成庄	一八	一〇二
马家庄	二四	一六三
富盛庄	一一	四二

共计一四庄，一一五一户，五五三五口。①

---

① 实有"十三庄"。

伏五里		
东赵家庄	八一户	二〇四口
丁家庄	八二	三九四
太和庄	五三	二三八
樊家洞	一三	五四
孙家裕	三四	二一〇
西赵家庄	七一	二一〇
贺家庄	三八	二一九
聚仙庄	四一	二一三
亲家沟	一〇八	四四七
聚河庄	五〇	一九三
郭庄	四五	二〇〇
王家庄	一〇	三八
杏林庄	七二	二九六
上娄庄	四五	二六一
下娄庄	七六	三四八
吉祥庄	三九	一九四
象伏庄	八五	四四四
相山前	九三	四七七
芦泉庄	六四	二五〇
永富庄	四五	一九五
石家庄	九五	四五七

共计二十一庄,一二四〇户,五五四二口。

醴一里		
陈家庄	一八九户	八三八口

化庄	一二一	五三一
东窝陀	一八五	八七〇
徐家庄	八八	四二五
郭庄	八〇	四〇一
耿家庄	二〇一	八三二
刘家庄	三七二	一五二三
钟家庄	一四二	六二七
马埠店	七八	四二八
浒山铺	一三六	七七一

共计十庄，一五九二户，七二四六口。

醴二里		
西窝陀	三一二［户］	一三三五［口］
覃家庄	二〇六	九二二
贾庄	三七	二一〇
代庄	四四	二二八

共计四庄，四九九户，二六九五口。

醴十一里		
青阳店	三一四［户］	一六〇一［口］
新立庄	四四	一八二
韩家庄	八一	四〇二

共计三庄，四三九户，二一八五口。

全区总计六里，六五庄，六二三六户，二九二九二〇口。

本区教育状况，据二十年六月本县教育局调查，知本区下列各庄，贺庄庄，韩家坊，樊家洞，抱印庄，郎君庄，石家庄，鲁泉庄，张高庄，聚和庄，刘家庄，耿家庄，西窝陀，徐家庄，贾代庄，董家庄，陈家庄，浒山铺，化庄，韩家庄，刘家庄，钟家庄，马埠店，丁家庄，崔家营，冯石二庄，南洞子，下娄，郭庄，东赵庄，十里铺，大李家庄，张家山，南营，秦家沟，伏三郭庄（义和庄）碑楼庄，青阳店，各有小学一所，韦家庄有小学二所，合计凡小学三十九所。（除贺家庄，东窝陀两小学各有教师二人外，余皆为单级小学）学生一千二百二十五名。居民百分之九十五以上皆业农，家家男耕女织，有古风，因境内多山故亦有以牧羊，或推石为生者，浒山泺附近居民或以渔为副业。本区名胜古迹，山之东有伏生故里，景相大碑，唐李庵，刘孝子墓等山之西有醴泉寺，湧泉寺，范文正公读书堂等。

本区乡教服务人员

（甲）校董。统是由本区里庄长及小学教师共同选举的。计十三人，即孙文愿，李会彦，张宗和，田炳文，娄铭五，李向午，李允武，崔丰五，张毓芹，王云志，王秉瑶，王守恒，赵守谌。

（乙）常务校董。山之东都为李会彦，张宗和。山之西部为张毓芹，王秉瑶。

（丙）校长义和庄高级部张宗和。山之西部为张毓芹，王秉瑶。

（丁）区主任梁劼恒。

（戊）导师。武绍文为青阳店高级部主任导师兼西部各校巡回导师，杨效春为义和庄高级部主任导师兼东部各校巡回导师。

（己）试导员。（1）训练部五班同学全体：李树圃，赵敬溶，许之华，苏学德，张保兴，亓孝展，孟昭庆，孟广义，黄镇源，常奉铢，宗希荚，刘希章，段克信，和进一，张永棠，郝承剑，刁伟民，王光全，徐建勋，刘士达，亓润槐，张云峰，李敬业，李衍隆，王兰芬，毕同芳，尹祚礼，孙鸿亮，张庆筠，于松龄，高兰峰，吕兴业，吕有年，常风采，亓汝为，亓立贞，张延昌，王裕彩，边振衡，计三十九人。（2）一班同学派入本区服务者：赵永芳，赵怀荣，曹殿中，胡义孝，王在森，孙玉书，董继善，李治邦，马德亭，夏应义。计十人。共计试导员四十九人。在东部者二十九人，西部者二十人。

本区乡农学校概览

本区乡农学校，计有高级部二，普通部十二。共十四校。有学生七百八十六人。兹录本区乡农学校一览如下：

校名	部别	地点	成立日期	学生数	备注
第二区乡农学校	高级	伏三郭庄	十二月九日	二八	内设普通部另列
青阳店乡农学校	高级	青阳店	十二月十一日	三八	
贺家庄张农学校	普通	伏三贺家庄	十二月十二日	九二	内有女生部
下娄庄乡农学校	普通	下娄庄	十二月十日	六七	
成庄乡农学校	普通	成庄	十二月十三日	七六	内有女生部
西窝陀乡农学校	普通	西窝陀	十二月十一日	三六	
东窝陀乡农学校	全	东窝陀	十二月二十九日	五三	
刘家庄乡农学校	全	西刘家庄	十二月十五日	二二	
郭庄乡农学校	全	伏三郭庄	一月七日	四三	内有女子部
韩家坊子乡农学校	全	韩家坊	一月九日	八四	内有女子部
会仙乡农学校	全	鲁家泉	一月十一日	八五	内有女生部
韦家庄乡农学校	全	伏三韦家庄	一月十二日	四六	
南石庄乡农学校	全	南石家庄	十二月二十日	三七	
南贺庄乡农学校	全	伏五贺家庄	一月十四日	五五	

本区东部各校之教育设施

作者是在本区东部服务。主文报告仅能限于东部各校之情况，西部各校之情况，由武绍文兄报告。

学校

本区东部共设高级部一，普通部九。高级部在伏三郭庄即义和庄。普通部则在伏三贺家庄，成庄，郭庄，韦家庄，韩家坊，南石庄，下娄庄，鲁家泉，南贺庄，合计凡十校。

在第二区山西办理乡农学校经过自述

武绍文

本院自去冬在邹平试验县区试办乡村学校，我亦担任一部分责任。

今以训练部同学结业在即，结束回院。凡曾分任办理乡校者均有报告。我的报告愿从自己经验来说；于此就可以分作两项：

甲、下乡办学的前后经过，此项又可分七点来说：

1. 选举校董及与乡下人之接洽。
2. 李同学出发到乡间。
3. 开学。
4. 在办学期中我与诸同学的相勉。
5. 授课及生活时序。
6. 各种聚会。
7. 校董学生乡民对于乡校之印象及我们的活动。

乙、所得感想又可分四点来说，但不复分标题目。

甲、下乡办学前后经过

1. 选举校董及与乡下人之接洽；记得本院因为办乡农学校的事，在大家穿单衣，拿扇子的时候，就开会讨论；一直到了穿棉袍的十月末，还是在讨论；由此就可以知道，大家是如何的慎重其事。邹平共有七区，会议上按区分配了人数及工作，然后就自行与乡下人接洽办理。第二区担任办学的主任是梁劼恒先生，其次为杨效春先生及我。此区地面东西颇长，约有四十里；东北紧接县城，西部因有山横贯其北境；故虽是一区，而于办事上极不易合成一气，自然的就分作两处了。在山之东者，称山东，西者称山西。山西的地面，纵横仅十里许，比山东小得多；且其东及南为山所包围，北又为湖水所环绕，所以北东南三面交通不便；只正西一面平坦，可通济南章丘。我们起初同区长孙子仲君谈了两次话，请他代我们先传达，我们办乡农学校的意义，并代召集里庄长小学教员并地方上的绅士进行选举校董。在此时因为我们与农民不熟识，所以不能直接与农民谈话，只有先请区长帮忙，因此就觉得区长是很可亲近的了。在十一月二十二日选举校董，分为两处：山东在碑楼庄区公所，山西在青阳店小学校。是日梁劼恒先生在山东，有区长帮助；效春先生与我到山西，有县长梁劼诚先生帮助。我们于上午十时到场，稍待即已全数聚齐，共有三十余人，选举票由我们发给。并在选举之先，由梁县长效春先生及我先后讲话。三人所讲的大意是：办乡农学校不用地方上出钱，只找一处闲的房子，（不必好的）给我们住；乡农学校是趁农暇时候教大家识些实用的文字，明白为人的道理，并学些简单的农业，以及自卫等语。可惜我与效春先生是外省人，所讲的话他们多一半没有听懂。

  乡校的校董。山东选了八位，山西选了七位，都是里庄长；并由七人之中，推出两位常务校董。自此以后，我们就直接向我们的常务校董接洽进行办学的事务了。这期间，在院中是分配我们的同学，并指示下乡要如何小心规矩，不求有功，但求无过，差不多常常的讲这一类的话；在乡间，是找校址及宣传招生。我们最怕的是没有学生，因为言语不通，我们的意思，乡民很难明白，而且不敢相信，因此困难就发生了。在选举的时候，本来就看见大家都有莫明其妙的样子，不知道我们到底是干什么的，好似怕受了这事的害：他们看我们差不多也当官的看待，不敢多言，不敢发问，都极规矩；及至我们说了好些话以后，大家虽然似乎有些明白，但既不感觉办学的真正需要，又不敢相信，所以老见他们彼此交头接耳的议论推测。后来劼恒先生同他们接洽谈话，决定校址，我也与劼恒先生一同又到青阳店看了看房子。青阳店有六百来户人家，是邹平的一个镇子。我们找的这房子是一座真武庙和佛殿，在青阳店之东北角，庙的前面是联庄会住的，向后走两道小门即为佛殿，是给我们住的，极宽旷。还有操场在前面，与联庄会是比邻的；西边有一小院，内有三间西房，也是给我们住的。此两处房子与联庄会都互有小门可通，而联庄会的前院自他们自己的操场。西小院亦有前院，是本庄的小学校。在看了房子以后，我们决定了就在这里作高级部的地址。还有在其他村庄普通部的房子，校董们说也略有头绪了。因为当天正下大雪，所以也没有去看。我们一边看校址，一边与校董们谈话，请他们多招学生，一再的说，学校的主脑是学生，房子好歹倒不要紧，只要对乡间说清楚我们的意思，不要疑心，教他们踊跃地来求学就好了。

2. 出发到乡间，后来劫恒效春两先生及我三人相商，我在山西担任校务，效春先生在山东担任校务，劫恒先生则在双方照料。并决定在山西办一处高级部，三处普通部。到临下乡的时候，劫恒先生对我说，大概房子都已找好，可以出发了。于是我们就照我们的计划分头去作预备，我们第五班的同我共三十九人，又添了第一它的十位同学邹平人共四十九人。山东分配了二十九位，山西分配了二十位。内有四位是第一班的，且有三位是山西的，所以在未出发的前两天，就打发他三位先下乡整顿房屋去了。我们因为要等着连普通部的房子都找好一齐出发，所以比较其他的班下乡迟了几日。在十二月七日同学们向图书馆庶务处略事接洽，八日早晨即收拾行李图书文具以及锅碗灯油等等，上午由山西来了三辆大车，于午饭后装好了车，山东和山西即先后出发，在途中每两个学生押一辆车，余皆排队。因为山东开学要早些，所以是日劫恒先生亦随效春先生去了山东。我一人率领同学到青阳店。青阳店离县城三十里，到时已黄昏了。我由地方上招待晚饭，同学们因有先去的三位替大家安排，所以也未费事。当日晚饭后，据同学云："地方人士谓普通部因找不到房子，极不好办。教育局有令小学校办民众夜校之意，想要我们同学去帮助办夜校，不必另办普通部。又谓高级部实无几个学生，普通部亦恐没有学生。"我听到此话，与众同学极为着急。盖办学期间很短，而下乡日子又较他班为迟，此时各处校址学生尚都无头绪，不知何日方能开学。我心中徘徊许久，至次日与同学相商，总是地方上仍不明白我们的意旨，我们应当想法子诚恳的对他们说明白才是。但是对谁说才有效力呢？我记得在选举校董的时候，见过两位老先生，是王子明与刘复元。他们大家说："这两位是地方上很有声望的绅士。"我于是就出云拜访他们，适刘先生不在家，我见了王先生，谈了许久。王先生为人明达、有礼，年近六十，尚逐日看报，在山西无论老少，无一不称道的；只是不大好管地方上的事！我同他叙述了一气我们研究院的宗旨办法及办乡农学校的意思，又讲了一气我们要提倡中国的旧学问旧道德等话。我说话时极慢，深恐他听不清楚，白费口舌，不生效力；所以还又带了两位同学。有听不清楚的地方，请他们作翻释。谈的都很清楚，他也很相信我们，所以当时就决定了两处普通部，并决定在次日报名，后日高级部开学。于是我与同学们才稍稍放心了。山西大概是因离邹平城较远，又因山水阻隔，所以对于研究院的情形，不容易听到；又因近几年来，最怕官厅拿去农民当兵；而研究院一体皆穿制服，到了乡间，大家就都以兵看待，所以乡农都很疑心是拿他们当兵的。至于我们住到那里办学校，怕供给我们花钱，也自然是有的；但是究不甚要紧。还有最紧要的一个意思，是乡农最怕麻烦他们；他们常说："多一事不如少一事，少一事不如没有事。"此在我与王先生谈话时，也都很吃力地谈道：不是当兵，乃是自卫；不要地方上出钱，乃是院中自费；不是要麻烦，乃是为大家；尤其对于乡农学校与民众夜校的性质之不同，极力的加以说明。这期间我们一边预备报名的事，一边也就和校董们略略的熟习了。乡农是怕入学校当兵，所以不敢报名入学，校董都是里庄长，似乎有点把我们当作上面衙门里的官看待，有困难又不愿意直说，他们是在两头作难。他们为高级部代我们招收的学生，只有六七个人，还不可靠；至于普通部还没有一个学生。听同学说："起初因为不好招收学生，还要想的一个学生每日由地方给出二斤馒头雇的意思"。又听说："因为乡农怕当兵，所以都还是老年人报名，青年人还不敢。"可是自与王先生谈话后，我与同学们都咬定了几点意思和校董乡间人随意的谈话酝酿，我们的空气，就有点流通了。次日有几个学生报名，我又对学生们谈了一气。于是报名的也就多了，并且都还是青年人。

在这时候我极为难的是我向来无论什么事极不愿意强迫人或者要求人，我当初觉得在乡间做事非靠校董里庄长不可，而我又觉得他们也实在替我们为难，所以我们有好些事也就因我不好意思为难人的态度而自己便作了大难了！今日回忆其所见及所持的态度，都极不当。

3. 开学：因为我的态度不对，所以我临事极难有决断。尤其对于我们办乡农学校的意思，除开在正当机会里说话之外，毫不愿意作宣传的事情；所以在未开学的前两三天，对于校务极其焦急，因此差不多时时的盼望我们的主任梁劼恒先生到校。在十二月十一日的上午行开学典礼之前，劼恒先生到了，我非常的高兴。因为我高兴，同学们也就都高兴，都气壮了。兹将高级部与各处普通部开学之情形分别叙述如下：

（一）高级部开学：高级部的教室，就是佛殿；那个佛殿很大，靠神像的左右两边，用纸糊成两间小屋，作我们同学的寝室；寝室之外，一大部分作教室；又分出一小部分，作了饭厅和厨房。十二月十一日行开学典礼时，同学们于各方面均已安排停当，于十二时开会。到校的学生有三十八人，劫恒先生和我及我们的同学（即乡农学校的导友）共二十二人，校董全体七人，此外参加者有区立小学校代表，区公所代表，民团代表；地方绅士乡民来参观者，亦颇多。于是依秩序单举行开会。劫恒先生主席，讲乡农学校的宗旨，学董致词及来宾演说。有四五人大致都是称道研究院的热心，并劝告学生不可误功课等语。其中以刘家庄庄长刘息元先生的言词，最真切动人。末后有导师致词，我极力发挥乡农学校的宗旨，是孝弟农业及自卫三点道理。在散会后因为他们听到我们还是讲旧书的，讲"孝弟也者，其为人之本欤。"及"五亩之宅，树之以桑，五十者可以衣帛矣；鸡豚狗彘之畜，无失其时，七十者可以食肉矣；百亩之田，勿夺其时，八口之家可以无饥矣；谨庠序之教，申之以孝悌之义，颁白者不负戴于道路矣。"和"足食足兵"等话，他们似乎就略有欢喜的样子了。在我说话后，当场推定常务校董张香坡先生为高级部校长，王馨三先生为校董。散会后，王子明先生请劫恒先生及我晚饭。

（二）西窝陀普通部，在高级部行开学礼后，张庆笏等同学五人出发前赴西窝陀普通部，行李用具由该庄用驴马接去，西窝陀在青阳店正南山下，相距约五里许。十二日同学等与当地首事接洽，决定校址，在赵氏祠堂，房舍甚好。并推定学董王云志，校长赵子贞两先生。十三日早上我到该庄看同学时，报名者已有三十六人，诸处颇称顺利，地方人士亦极热心。即于是日行开学礼，我作主席，里庄长及首事六七人，导友五人，学生三十六人，都行到齐。此外乡农来参观者，亦二十余人。我报告毕，校董等致词。我以在青阳店开会时讲的话，能够得到，农的欢喜振奋，故在各普通部的报告大体相同，说话极慢，费时甚久。散会后，地方人士极力留我用饭，我以各处都系开始工作，不敢逗留，即返高级部。

（三）刘家庄普通部，刘家庄在青阳店正东，相距有五里多。十二日下午吕有年等同学五人出发，行李器物由该庄用大车接去。十三日我去看了一次，同学等与地方庄长首事决定校址为刘雨坡先生住宅，房舍尚好。并推定校长刘一善（即刘复元先生），校董王惠东、刘一亭等先生，同学等并扫除整理校舍，办理报名等事。十五日早晨该庄派轿车到青阳店接我去，于十二时举行开学礼，我做主席，报告如前。校长刘一善致词颇真切，大意劝学生在农暇时来校受课，总比闲游赌博为好。校董首事四五人，学生三十余人，以后继续报名至四十人，此外乡农来参观者亦不少。散会后请我及同学晚饭，菜极丰富，闻系于前数日即买办菜蔬，请定厨子，甚为麻烦，中国乡民热情有礼，于此可征！

（四）东窝陀普通部，东窝陀在青阳店东南山下，相距八里许，离醴泉寺范文正公读书处颇近。此校为该庄赵绍久先生在地方提倡自动请求设立者。二十七日下午张延昌等同学五人出发，校址为赵家祠堂，房屋颇好。地方诸人亦颇热心，凡一切用具桌凳，均极完备。二十九日行开学礼，到校长赵承惠、学董赵绍久等五人，学生三十六人，以后继续报名到五十三人，我做主席，报告如前，校长学董及导友张延昌均有致词，均颇真切，一堂朝气，殊为感人！散会后请导师及导友用晚饭，地方人相陪者甚多。

山西纵横不过十里，共十八个庄子，设立乡农学校四处；一处高级部，三处普通部，四处相距地点，尚较适中。在二十一年的一月十四日因效仿郭庄扩充学校数目，便利普通乡农识字，乃与各里庄长又商定设立三处，复有自动请求设立一处者共四处，正在整理校址抽拨同学预备出发之时，忽然本院有令全体同学回本县调查一事，所以立即停顿，预备旧历年新年后再办。不料新年后亦以事情牵掣，未能成立，殊为可惜！

4. 在办学期中我与诸同学的相勉，乡校开学后，我们就不再愁成立学校之为难了，只有注意我们自己和学生以及预备如何去讲功课了。在开学后的第二日夜间，我与同学们说，我们应当如何慎重规矩及注意学生们的心理等。因为怕他们忽略了，所以我为慎重起见，随手写成文字：一是给同学们的信，有二十余项，教他们注意用心；一是给学生们写的规约。因这两篇文字很可以代表我们当时的一点用心行事，所以抄录在下边。

一、致同学信

许之华曹殿甲等全体同学均鉴：

此次办理乡校，既属创举，本院果有信于乡农与否，真不可知；而我等才学短浅，毫无根基，是以张惶恐罹，不知如何入手；更加三个月时间短促，恐未见成效，而先有过矣！然我等只要存心至诚，放下一切，各怀深长远久之色，三月时间虽短，亦须认真努力去做则何事难办耶？地方棘手则以至诚感之，学生不来则以至诚动之，自己浅陋则以至诚求之，处处至诚，时时谨慎，则庶乎不致徒劳矣。因恐同学存心未诚，举动欠当，特行缕述所见，愿与同学共勉之：

（一）凡同学在乡校不论讲何功课，即识字一门，亦须先事预备，而后上堂。

（二）凡在乡校所讲授之功课，均须各自拟一大纲，与我一阅；学务长组长与大家，并合拟总的教授计划大纲与我阅。

（三）普通部如有不能讲授之功课，如农业问题，宜向高级部邀请同学，作巡回导友。

（四）今日乡校既属初办，期间又短，无论教者学者均难有长久之心，所以大家易于苟且松散，不似一般乡校之安定而有永久性质，此在我等只要存心踏实，即无问题。学生多半年长气衰，已无进取之志；更加办学期短，于彼恐无何功效。而其入校亦未见出于真心，难知不是被地方逼迫，或好奇心所使，故恐中途退缩。此须在开学之初，要抓着学生此种心理，勿使其畏权，勿使其退缩，亦勿使其松散。所以我等此时首要，在与之多讲为人进取向上发奋之故事与道理；次则在我等能说明院中宗旨及办乡校之意义，更能讲好功课与以实益；再次则处处要有条理，使之一见而心能安定；更次则我等只要安详自重，以和厚接之使其渐生敬重之情；更多与之谈庄稼话，就切近处指导之启发之可矣。

（五）最好慢慢能使学生之间，亦互立规约，使之有礼貌，有联络，以坚固其永久向上求学之志。相约每年冬季则继续求学，即研究院不在，亦要共同仍旧向上发愤。并告之以今年求学期限虽短，若继之以明年后年大后年三年四年必学成就也。我等此时，只要百般在彼等身上下功夫，以安定其心，激发其志，将来此间地方可赖之而有起色也。

（六）学生姓名一落报名册，即以学生看待，不能令其退出。且无论是白日，是夜间，是整日，总要使其靠实上课，不能随便不到。

（七）学生须有点名册，逐日点名。每日要清楚有几人未到几人迟到，并将名字记住。次日要一一问明原由，嘱其请假。

（八）凡对学生已教过之功课，要其温习回讲，督促用功。不然一放松，则彼茫无所得；无所得则必中途退缩矣。

（九）诱导学生：首在明白为人之道理，及对于固有文化之信念；次则明白耕畜牧之利益，而启其创造发明之心志；再次明白人群合作之意义，而激发其团结自治之能力。

（十）普通部教识字，须依杨老师所定之教法。

（十一）高级部师生相称曰某某先生，普通部以年岁之高低可称哥弟伯叔。此以一者我等诚无为人师之资格，二者我等是站在朋友乡谊关系说话，即说错了亦情有可原，不致弄出笑话。

（十二）我等无论同学相处，或与乡校学生相处，态度务要谦虚和气，安祥沈重，未出言心中先思一遍，不要杂乱无章，不要说许多名词惯语，如关系现在等都不可说。

（十三）万勿与地方人士或同学任意闲谈，凡淫语胡话，家常是非，地方间事均当一字不提；勿使人小看，失自己身份。

（十四）我等出来做事，均系年青子弟，无论对学生对外人说话勿大声，饮酒吸烟勿在长者面前，须有忌惮自重心方是。

（十五）地方上之士绅及校董里庄长，均须恭敬勿怠慢。凡良善之家，亦须暗中探听确实，以待日后鼓励。

（十六）同学所阅书籍，均系借自图书馆与朋友者。须自尊自重，不可污坏。读书人最讨厌者，即借人书不当一回事看，常常给人污黑弄坏，至无心肝，戒之戒之！又凡公家物件，不论属于乡农，或由院中带来者，一动手即须小心谨慎，勿使有所损伤。凡纸墨笔等一概不许个人私用，即办校事而不得不用，亦要爱惜慎重！笔上一毛一毫，亦不当随意损伤！我等初学为人，此等处，最要清白自重！

（十七）学款实实无多，愈俭愈好！勿要心高意大，多事铺张，校中用具，除地方人士自动给与不得已而受之外，我等万勿自己请求。

（十八）同学之间，须分配工作，各自负责。每日起来，某人作饭，某人炒菜，某人扫除，某人拭桌洗桌等等，处处须要井然有序，一点不可随便，并排定值日生照管起床上课吃饭时间，至要至要！

（十九）不论高级部普通部，均须立教室规约，学生规约。凡学生在校内之一切行为言动，校外师生相见之仪节等等，均要拟定，并讲明嘱其实行，高级部并立寝室规约，都要速速拟就，分别贴起。

（二十）校内功课表，务要整齐干净，缮写明白，速速贴于教室。照时上课下课。至于起睡饮食，亦须遵守定时，万勿大意！

（二十一）学生须择年长者，为正副学长。

（二十二）二区地图，邹平地图，山东中国世界各图，学校组织系统图，同学负责人员一览，学生姓名年岁，及曾经求学年限一览，均须速速绘就，贴于教室。都要整齐，地图简单亦可。

（二十三）校中有事都可提议开会讨论，学务长组长做主席。须作会议录，学校大事记。高级部可作教室日志，过一星期我就查阅一次。

（二十四）校事开会多，使人厌烦；开会少，则大家意思不通，容易松散。同学酌量行事，勿令人精神松散，或厌烦！

（二十五）凡发下讲义，均要保存其完整，即计划纲要图表一览规约等等亦须要保存其完整。

（二十六）以上所言，望同学万勿轻视，此虽是我随思随写，未及组织，要此二十余条，凡乡校之宗旨办法，吾人应致力之入手态度，亦略尽其梗概矣。

绍文手启旧历十一月初四日夜

二、乡农学校学友规约

（一）今日乡农学校乃本孔孟仁义治平之道，为地方与礼义，开知识；使同学能孝弟，生财，消除匪患，而度太平安乐之生活者也。故凡来校同学，第一须先明此意。

（二）国有国法，家有家法，学校乃礼义成人之所，更须有个礼法。同学均宜自尊自重，一入学校即须谨守校规，习学体义。

（三）凡一经来校报名者，即为本校同学，每日须靠实上课。

（四）同学每日早饭后，即速到校，至迟不得过九点钟。如离学校远者，可移来校中住宿，或每早自己提前吃饭亦可。

（五）早饭后到校向先生行一鞠躬礼，即依自己名位就坐，温习功课，名位不得随意移动。

（六）先生上堂授课时，同学一齐起立敬礼，先生还礼乃坐；下堂时起立敬礼，先生还礼，乃退。

（七）授课时不得吸烟，不得与同学谈笑，不得出院。

（八）同学听课如有疑难，可于下堂后请问。又同学在校时间甚短，每于归家晚饭后，可将日间功课温习一遍，如有不明白处，于次日或早来或迟退，以向先生研究。

（九）凡同学之品行功课优良者，及勤恳用功缺席最少者，有奖。

（十）农业问题至繁至巨，同学如有所见或经验，均可向先生陈明贡献，以便推广。

（十一）凡校中一切设施及讲授之功课，如有不合适处，同学均可提出理由，恭请改正。

（十二）同学如实有不得已事故，不能到校，宜向先生预先陈明请假；并酌量事情，需时之长短，是一日或一时，办完即速来校，不可优游偷懒。

（十三）同学住一天学校，亦总算学过一天礼义。今后有过者须悔过自新，无过者要更加勉励！须存心公正，容貌谦和，行动慎重！在家讲孝弟，与人讲忠信。此数言望同学不拘老幼，悉记心头，身体力行，至要至要！

（十四）同学与先生在校外相见，须立道旁行一鞠躬礼，先生过去乃行。又同学与同学相见，互行一鞠躬礼，让道而行。

A. 授课及生活时序，此项可分为高级部与普通部两层来说

（一）高级部的采取教材，是以适合当地农民生活之需要，及适合学生之程度与兴趣者为原则。同学们差不多按照自己所担任之功课名称，自行收集教材。除精神陶炼由院内供给一部分外，都无一定之课本。我们既无一定课本，又不印讲义，只在上课的开头，在黑板上抄写。所以同学对于文字方面，也有自己编的，也有在书上录的，都要精而简要，含意最广，才能减少学生们的麻烦。兹将课程之项目分别列在下面：

1. 精神陶炼此项在讲授一方面，单找古人简略之传记，以启发其善心义行，培养吾民族固有精神，诱导其热心乡村运动。在生活一方面，导师导友均立于朋友地位，与学生随时谈话，以接引其对于乡村事业之良善动机。又与之共起居，同操作，示以规矩礼节。此项在我们的课程中，是最主要的，我们以为村治的真精神全在此处用力。

2. 农业，此项以包括至多，我们只就自己之所知所能者，且于当地适合者，集众人之所长，分别担任。又以一者天气严寒，二者无经费，不能实习。都在教室讲授，（一）园艺以当地诸山为长白山，泉甘土肥，而地亩破碎，不宜耕种，如培养果树，极有厚利；（二）造林当地多山，旷

野极多，有提倡造林之必要；（三）养蜂，山岭重叠，植物繁盛，蜜源丰富，极宜养蜂；（四）养蚕，农家养蚕多遭失败，极宜改良饲养之方法；（五）养猪，农民不注重养猪，因而缺乏肥料，且奶猪皆来自外县，积极提倡并劝导与院中波支猪交配；（六）美棉选种，农家种棉颇多，以不知选种，收获不多。以上各项乃单就当地情形，一项一项的讲其要紧处，不是如讲书一样的繁杂详细。故在讲时尚有提倡性质，乃使其明白利弊，生产合作等情，以启发其建设组织新的乡村社会之力量。

3. 国学 （一）四书，使学生们明白为人之道，敬慕古人，并坚固其对于我国旧有文化之信心。（二）诗歌，关于田家的旧诗歌，文化容易明白的，使之朝夕歌咏，以感发其对于乡村生活之勤俭美满与伦理化的心情。（三）应用文以乡村间最通用之契约尺牍等为主要，此项亦极重要，与精神陶炼相同。

4. 史地 史地合为一门功课，地理就在讲历史时，就便绘图讲解；历史只讲最近百年以内之世界大势，及中国社会之转变与内战。此在振奋我国乡间萎靡锢闭之气，而启发促进其社会意识及国家观念。

5. 自卫 此项在教室中，只讲防匪应由乡村自行组织，不可依靠官方，及组织之方法与训练。在操场里，开头因怕乡农疑我们是要他们当兵，所以未敢加军事操，每日只练拳术；军事操在一月以后始行操习，此时大家已不疑我们了。此项要旨在激发其勇武之气，爱人之心，及组织乡村自求生存之精神。学生的程度无论高级部普通部都不相等，所以每处的功课都不能一律；都是把程度高的与低的分为两组，有可以合班的就一齐授课，有不可合的就分开另自授课。尤其是普通部不但程度不齐，并且到校的时间亦不能一律，有的白天有事不能到，在夜间到的，有的在夜间不能到白天到的，还有白天与夜间都能到的，这些情形都须分别教授。高级部因有六七个程度低的学生，除有可以合的班与程度高的一齐听讲之外，又加有弟子规，一边分别给他们讲授，一边又令他们熟读认字。在合班上因为我们所讲的都很接近，实在没有很高深的学理，就是不识字的农民也能听去有味，所以两组学生合班也不发生程度高低的问题。不过程度高的学生随导师及导友照黑板上抄教材，程度低的学生只抄个题目，并认识题目的那几个字，只此一点分别。此外又有由全体学生自动要求加添算术唱歌两门功课。

邹平的村学乡学

　　高级部大家的生活，因为在乡间要自然一点，要迁就乡民们的休作时间吃饭时间，所亦未能十分严整照一定的钟点行事。学生们有离青阳店远的多搬到校中，住在与真武庙比邻的西小院，那院的三间房就作为学生的宿舍，里面共住十四人，其余导师导友都在佛殿里住。佛殿不知是什么时候修盖的，我们住到那用纸裱糊的小房里面，阴气沉沉，黑暗无光，白日在里面看书写字都须点灯。而天气严寒，殿舍又高又大，即有火炉亦无暖气，学董们都替我们作难，而我们更须忍耐支持，只说没有什么，且晚间里面的黄鼠狼子极多，只一出来全屋臭气。至于一日两餐，除了饭汤是热的以外，其余定买之馒头咸菜，几乎都是冷的！即登时炒出来的豆腐，到吃时亦不大热了。导友们如此生活不但毫无难色，且怡然自乐。每日起来预备功课及做一切事情，此时回想起我们同学的那种辛苦的生活与精神，尚欲落泪！我起初因校董们怕我为难，而我也确实有点嫌苦，故住的房子稍比他们光充宽敞。然以房屋太旧，四面透风，其冷相同。至于吃饭又以同学们一再的替我着想，乃在前面联庄会里与他们出钱共吃。及后颇觉自己一人贪图舒服之不对，仍然与同学起居饮食合在一齐了。我们大家与住宿的学生每日早晨天亮六时半起床后即漱口洗脸扫除庭院，七时余照功课表或早操或庙会。八时多吃饭，我们大家吃的是馒头，并有自己炒的豆腐，学生们吃的是由家里带的窝头和咸菜。因为校董们给我们雇了一个烧火夫，我们再三的请求他们退去，但他们始终要替我们雇，所以无奈，只得用下。日常生活琐事，我们本来都是要自己作的，可是因为有了他，所以早晨给我们烧水，吃饭时候烧一锅饭汤，我们大家和学生们共吃饭汤，钱由双方公摊。到九点钟学生们到齐了，上五个钟头的功课中间休息一会儿的。至下午三时校外的学生回家吃饭，我们也预备的炒菜，吃饭。饭后导友们预备功课，学生们有的做事，有的温习功课，或与导友们互相谈话。晚间六时余再上课两小时或一小时，此时以学生不能到齐，所以只上算术或讲经书。在睡前督促高程度的学生写日记，低程度的学生习字，次日导友阅改。我们虽然定在九时就寝，但以大家用功完毕，或讲故事，或谈校务，或讲个人及地方上的种种情形，或再零碎做点事情，所以总在十时多才睡。我们的生活大概如此。至于同学们的精神，都是个个踊跃，临事决不推诿发愁！我们许多的事情，都是自己来做。孙鸿亮同学曾作过莱芜农会会长，作的很好，因校内的教桌凳子不够，自己拿上绳担，一人回城，由院内担了六个长教桌六个长条凳。诸如此类，大家都各欢喜尽力，真不知苦为何味。

（二）普通部的学生多半是不识字的，所以识字是最主要的功课。至于各普通部的那些读过三二年书的学生，则或读弟子规，或教浅近的尺牍契约及珠算，或讲些论语。此外如精神陶炼、史地、自卫、农业等，也是本着如前面所说的那些宗旨去讲，不过尤其要浅近实在而更不能全盘的去讲。只由同学们斟酌情形，部分的去谈，尤其是精神陶炼虽然也用高级部的教材，但还须带些小说故事的味道，他们听去才有兴趣。至于我们教识字的方法是由山东效春先生那里采取的，效春先生研究教育有得而为人诚实能干，他给同学发明了教识字的方法，效力特大，并且作去，学生们不但不感觉干燥，且有兴味。此方法因效春先生作报告要叙述，我这里也就不必再说了。

因为普通部既无闲的房舍，又是本庄人多，所以学生没有住宿。乡间人早晚都有事情，所以迟到早归。导友们每日早晨起来煮水漱洗扫除完毕，即做早饭。九时以后学生到齐，多者要上六小时课，也有上三四时或五时的时候。但这空时都是温习，到了三时多以后，学生们回家吃饭，同学们也就做饭了。在夜晚六时余学生到的比白日还多，再上两小时的功课。因为普通部的导友正是深入民间，学生多是不识字的种庄稼的中年人，所以便不能严整有纪律。在晚上下课后与学生们谈话时间很多，因此睡的也比较就迟了。因为他们住的房屋好，人数少，所以住居饭食都不大为难。但他们自作自动的那种精神和那种欢喜的情形，真是可羡慕的。

学校是以学生为主体，尤其是这种乡农学校，学生如果要有了变化，学校的功课时序等都须一齐变化。在旧历年前腊月间学生们因为过年要忙了，而院中也有要同学回县作调查的事情，所以放假了。假期只有二十天，正月初十日同学一齐回到各处乡农。学校的时候，于十一十二十三先后开学。因为一者农事开始了，二者各庄办玩艺儿的很多，大家有的做事去了，有的走亲戚看玩艺儿，有的也参加进去同人家办玩艺儿，所以高级部能逐日到的学生只有十四人，住学的八人，西窝陀二十一人，及后能逐日到的十余人。刘家庄十七人，后以渐少，又招收了男女小学生二十三人。东窝陀初到二十三人，同学们在正月十五日借办玩艺儿机会对女子宣传，更召集妇女班二十三人。白日妇女上课，夜间男子上课。以上数目只就平常计算，也有时候减少，有时候加多，大约加多的时候多在晚上，减少的时候多在白天。因为这时的农民确实事情忙了，除高级部照常之外，其他各普通部因为学生有如此的情形，所以有的可以继续年前的功课教，有的还要从头教。又因为旧学生的减少和距回院时间的短促，所以在年前所定的功课都有减少，白日上课的时间也有减少。

B. 各种聚会——高级部有校务会议，及学务会议，差不多校务会议，简直没有开过。凡关于校务一方面的事，都由导师导友在学务会议里解决了，与校董校长提出办理罢了。学务会议也没有一定的开会时期，凡大家感觉到有问题时，即提出来随时的聚集在一齐商量。若有重大一点的事情，即召集开正式会议。这一种有条理秩序的会议，按会议录查，差不多平均八九日开一次。普通部关于校内小一点的问题极少有正式会议，差不多都随时以谈话式解决了，所以他们没有会议录，只有学校日志。可是他们与校董校长差不多天天见面，有他们参加的必要时，也就随时请到商量的解决了。至于高级部和普通部的全体会议，因为机会很少，所以只开过三次两次还举行会餐。这一种会虽然不多，可是我们还有一种自然的聚会，青阳店在每旬二七日有大集，每到了这两天，各普通部都有二人一边赶集买东西，一边就可以互相见面商议事情。而高级部如果有议决要他们遵行的事，也就同时报告了。他们要有请示的事，也就指导了。如果要有紧要事时，无论导师导友不分昼夜马上出发，到各处或报告或商量，也都容易解决。在这种会议的地方，我很见出同学们的热心，可是责任是我自己负的。我虽然有意要他们自己出主意自己去练习而我站在旁边去照料他们，但是我自己也没有做到，因为同学们遇事多半是要请示我，要我出主意。我因为主意少，所以同学们也很替我着急。

此外又还有两种聚会：一种是我们与学生校长校董们的茶点会，共开过三次。这种会是为调和在乡间的干燥空气，为舒畅大家的心情，所以里边还有游戏；再一种是与山东的联席会议，第一次在郭庄，只我和许之华同学去参加，第二次差不多全体的导友都参加了。在会议上各乡校先作了工作报告，其次为师长训话，或有须商量的问题，亦即在会议的前后讨论解决了。

C. 校董学生乡民对于乡校之印象及我们的活动，导师导友是负乡农学校责任的，乡农学校是研究院办的，这三方面几乎是一回事。校董校长学生乡农对于导师导友好，也就是同时对于乡农学校和研究院都好了。在开头，我总觉得我们办乡农学校，是因为有县政府给他们的公事所以才有着手处，而地方上的人才给我们出力，不然恐怕极难办通的。不过到后来因为他们一者对于我们熟悉了，二者也看见我们办的事情了，所以一天比一天和我们接近。起初他们常说些夸奖的话佩服的话，我还不敢相信。后来才确实知道他们说的，都是真心话。因为彼此的感情稍稍有点朋友的味道，遇事他们也就能尽力的帮忙。过年以后，他们特给我们高级部加了一座很好的房子，年前年后花了二十来元钱的煤和煤油等，这本来是要由研究院出，并且在先还有声明。可是把款子拿去再三的给他们，而他们无论如何也不收。总是拿诸位老师来此这样的为地方出力辛苦，我们正还不知怎样的表示一番敬意的话回答我们。还有无论普通部高级部凡是校内有需要的零星东西，或给我们借，或给我们买，无不慨然即办。在高级部不论校董与地方人士，只一见了我们房屋的不好，和饮食的不合适，都为我们叹惜设法。王子明先生只一见了我，就要我到他家住，尤其感人！他们又因为感觉作老师的不应该做好多粗鄙的事，所以给高级部特别雇了一个人，无论说什么话也不能辞退。刘家庄普通部刘复元先生等，每日早晚必要差人去给烧火买东西代替做好些事，也是再三不能阻止的，至于居常时时有私人来往，请我们吃饭，尤其是西窝陀普通部在过年以后，差不多间一二日就有人请他们吃饭。在年前放假及回院时的离别，与过了年的聚会都有团体的请客。尤其是高级部在回院的前两日，山西十八个庄子联名请客，实在太隆重了！在乡间请客实在不容易，他们有好几次差不多是在数里以外请厨子，到章邱县买菜，都须在前三四日就要预备。在我们无论个人或研究院的精神，都不应该那样的奢华，而麻烦人家，心中实在不安！不过他们的心情非常恳切，所以也无法阻止他们。各普通部的校董们有年老点的，每一到了青阳店和我见面时，开头就是你研究院的学生着实好呵，怎样的规矩勤俭和气热心等等的话。更说研究院是给地方做好事正人心一类赞叹的话。他们这样很真切的赞叹上几句，更引起我心里着实的惭愧了！

学生们在开头既不疑我们是拿他们去当兵，又见我们态度的和气，所以高级部除报名有三十八人上课之外，在年前农暇时候每日早晚旁听的也不少，有时候能达五六十个人。离青阳店三里多地的钟家庄，有一位白先生六十多岁了，晚间尚点着灯笼去听，听的时候都静悄悄的，听罢都有满意之色。他们大家无论老幼对于导友们都称老师，并且极规矩亲热。好多事情毫不为难而很高兴的都替老师们做，他们感觉着老师们给他们辛苦，心中不安，所以在年前团体的极恭敬的请老师们吃饭。我们大家见他们吃窝窝头的节俭耐苦，极力不教他们花钱，不忍的吃他们的饭，但是因为在乡间他们再想不出第二个能表示他们爱敬之意的方法来，给他们说下什么苦口婆心的话也不行，他们请厨子买菜自己不容己的都做起来了，弄得大家都很不好意思，没有法子只有吃人家了。在年前放假时候，他们在事先给同学们收拾行李，同学们走后又收拾房子。临走的时候有二十多个学生一次一次的，送到庄外半里许，我们一再的阻止大家回头相视无言，心情之亲热，至于如此，回想起来尚欲落泪！今年回院时，他们十几个学生，又一再的叹惜。我不能长久在那里教他们读书！他们无论年老年幼都很用功，和我们说些离别的话，和以后要见面的话，其心情之恳切缠绵现于颜色，至今犹活跃于吾人心目之中！呜呼谁谓中国人民没有办法乎！

一般乡农，最底限度对于乡农学校总有些敬意，总不能以为我们是麻烦他们，给他们吃亏的。我们无论走到一个庄子的街上，凡是遇到三五成群的乡农在一起，多是要站起来面带喜色的向我们打招呼，闻说这是当地对于外乡人的风俗。但他们如果要不满意我们的时候，不但不如此，反而我们一走过去，他们是有意要说些不好听的话，使我们听到的，有一次我去东窝陀行开学礼，因为半途走错了路，遇一年约四十岁的男子，我问他路，他开口就是你是研究院的武老师么？我答是，他说："我们早就知道你了，还没有见过面，我送你吧，你走错了。"他一定要送我到东窝陀，很关心的怕我再走错了。我因为还骑的有车子，所以谢谢他的美意而去了。同学们因为都是农家子弟，所以很容易使农人们和我们接近。可是高级部因为校址的关系，门上有联庄会守御的兵士，不能随便令人进去，而我们住的又在后面，须经过好几道门方能进去，这与乡农接近上实在受一点影响。同学们办的有壁报，因为有两次出的迟了，农友们托学生向我们催促并且讨要传观。地方上有些会武术的，觉得乡农学校还提倡武术，他们团体的去了好几次，一边练习的给我们看，一边很喜欢亲近的意味来。他们都很希望研究院里的于鲁溪先生去和他们谈话，教给他们多打粮食的方法。他们对于乡农学校要提倡的事情，都很注意关心。

可惜我们因为时间短促，及在农业方面的技术还差的远，不能应他们的要求！有些事情本来还可以做到，只以我个人在开头是猜疑乡农的态度，不敢开展，大踏脚步的去做，又因我从来不愿带宣传的气味，所以把同学的气势也就收敛闭锢起来，我曾与全体的里庄长见过两次面，这正好是宣传的机会，但有一次他们校董教我训话，我不但训的话一句也说不出来，即连那一种态度也不敢有。因此曾举办几件事情，都没有做到彻底。后来校董对我说一切要提倡的事，只要我们在头里有预备，不必费力气，一提倡就可以行。可惜我既无才学，又无时间了！我们倡办了一个乡村问题研究会，凡是当地乡农的心理需要以及经济风化都包裹在一齐可以讨论进行。会员是我和导友校董及地方上的绅士，内分设计实施两股，又有国术会，此单为鼓励乡农养成武侠好义风气，并作办理自卫的基础。简章也都拟就，人也推定，只未及开成立会，我们就回院了。至于凿泉，造林，养鸡，养蜂，亦都有预备，与地方人士谈的都有眉目，亦只以一者时间来不及，二者本院人少事繁，没有多少精力，兼顾不到，所以也都放弃了。凡此种种事业，因为办学时间短促，我们都未能与乡农贯彻始终的去进行实现，有亏信用，着实抱歉，觉得怪可惜的！我们临回院的时候与学生们相约，择一地方每月聚会三次谈话讲书，后以院中事多亦未践约，几此种种亏欠，都只好俟之下届的乡农学校去办了。

D. 感想　我因为没有时间的缘故，所以关于感想这一点，不能详细的有系统的叙述，只好用简单的文字拉杂的写在下面：

1. 现在有志气的青年，实在渴望中国前途有出路！吾人果有创造事业之真心，不知道有多少实心人跟着走。这由同学们下乡的工作可以看出来。

2. 中国是个乡村社会，问题都在乡村。凡有志于社会事业的人，都应该到乡间来做起！二三十年来大家都想使中国有办法，但是大家不单不来乡间作，而且给乡间以很坏的影响，使乡村日益凋敝而更无办法！但乡村的人心风化，都还是旧的，并且是根深蒂固。数十年来政治文化上的运动对于乡村毫无结果，他们都还是守着旧规矩。不过我们读书人回到乡间，差不多就是乡间的领袖。因为我们入了学校以后，便成了新人物；他们见了新人物受新的压迫，不敢言语，遂至阳奉阴违。谈到这里我还想起一件事来，有一天在乡间和一位老先生闲谈，因为他知道我很坦白地，所以他说："现在好多新的先生们说话我们都须听从，顺着人家说话，不然简直不好商议事情，尤其是人家要给我们加上反革命的头衔那才真是受不了！"他又说："中国的道理还不是孝弟忠信的一些礼节么？这一般新的先生们都不讲究这些，他们把为人的根子，都去了，还说什么？有一次我这庄来了一位小学教员，因我和他老子是朋友，我就以为一切事都好和他商量办理，不想人家不认咱是前辈人，坐在那里吩咐咱们事情，咱还得站着！"他说到这里气的眼都红了！因坐着站着的关系，他就说："我一离开他，就寻他的错，不到几天寻到了，我一气就把他赶跑了。"这一类老先生差不多就是乡间的领袖，我们作社会运动对于他们若不能融洽通气，几乎在实际上始终不能给一般民众有什么影响的。国家的主体实是人民，中国的人民多是乡农，我们在这时候，还没有打动乡农的心，其他还有什么关系？徒见一纸空文，终久达不到社会的核心？至于农业方面的新技术新方法，他们并不是不欢迎渴望，只是我们无人在这上面有笃实的努力，与实在而合适的本领，直接了当地去给他们作！徒在离他们痛痒远的地方作不吃力的事情而已！无怪乎我们在上边愈着急，愈见他们嫌麻烦！最后简直就推不动了！这并不是乡农麻木，没有办法，实在是我们太不笃实太不清楚了！

3. 乡农学校最根本的使命，就是在发扬文化，改良农业。可是如果我们在农业上没有实在而合适的技术方法，则只能做文化一方面的事。但这须得有深心毅力，不然就要落空！现在人一读书就不想再度劳力生活，尤不想回乡种地，只靠一点笔墨心机，不费力气的去赚钱，故都是想占便宜。这在普通部还没有什么，要在高级部徒使学生读书，变成一个普通学校的机关，给社会上再加养一般占便宜的人，殊属不宜。

4. 村治是我们国家民族前途的一条路子，但无论做何种事业，须在下面有一段精神，这一点真不可忽略！我们做事求学不必说也要先有一段子精神才行，而作乡村事业更须要先引发出乡农们的精神来才行。这精神是一切的根子原动力，没有精神就没有一切。所谓不诚无物，分毫不错。我们的精神深、长、真，到如何地步，事业就可以有如何的成效，不然终久是空中楼阁。

现在我们大家要领导乡农作村治事业，那非先引出他们的精神来不能有所成就。那么该上哪里引发？有如一盘散沙的无数乡农该如何组织？他们向来就是住在乡村,自生自灭,各行其是,只知有身家,而不知有所谓社会国家,成为一种顽固样子——我们如果替他们组织,不但组织不动,并且替人亦是不能替到底的。我们无权无势地走到乡村,你谈什么,他们都不理你,不起动,他们有权有势的人到了乡村,村民亦另应付敷衍公事而已,有什么办法?如果要让他们自动的起来组织,那更是行动不起来的。近年来到处都吃土匪的大亏,这是切肤之痛,可是他们很难自动的有组织的共同想办法,而别人又提倡不动。至于要使他们有个大方向的转变,那更是不可能的事了。

我们已无疑问的知道中国的问题就在乡村,而乡村的问题就在要除去他们的顽固之病,使他们感觉到有大家自己团结组织之需要。可是组织不动的事实就摆在眼前,据我个人的浅见,是以为西洋社会的有组织有条理,由民众产生运用政治的这一种精神,是以"经济"作原动力的。人家的组织条理我们也未常不羡慕,可是徒徒羡慕而没有人家的那一种精神,(即原动力)是学不上来,拿不动的。乡农除了自己勤俭糊口之外,简直找不到一个有如西洋人那样的气魄去经营一种大的事业。因为大家的目的只在糊口,其最高尚的理想亦不过勤俭出力养老抚幼而已!他这养老抚幼的观念,勤俭力作的精神,固然很能做到,但对于经济上总没有一个真有雄心的大的气势。没有这一种真的雄心,大的气势,则西洋的组织条理实是拿不动的!如此看来,当真要去改变他们这一种精神,可能不可能固是问题,应该不应该去改变,恐怕这是问题。我觉的应该在我们这个老民族里面的老文化中看一看,因为这个民族既能在天地之间存在,在当初一定有通达的活跃的精神,绝不是死的推不动的。我们如同医生检查病人一样,只有两个方法:一个是去病,一个是吃补药,以增长他的元气。决不能在增长他的元气与去他的病之外,对于,他的本身有所加减的!我以为如果我们要诚心去求,则我们民族活跃的通达的精神,必被吾人发现,只不过其发端与西洋不同而已。因为发端不同,所以向前发挥去也就自然的与西洋不同了。决不能如他们那样的侵略惨杀暴恶凶狠!中国的文化教我们大家扰乱的如同有了病的一样,大家都麻木了。现在只有去病,以复其当初通的元气而已。我所求出的,说来很简单,并不希奇。我因为在乡间讲孝弟,觉的他们听了有振奋,所以我就求到两个字:一是孝,一是义。我是个深信孔子学问的人,此时因为我没有功夫不能全盘的发挥,只片段的就我之所感，写一点就是了。以后如果有功夫，我打算把这一种意思详细写清楚，并在史书中单由这两个字上找些传记印个小册。

孝是人的天性，极容易发动人，人谁也有父母，所以个个人有此天性。在这天性上动人的精神，是很容易的。可是我所谓的孝，不是愚孝，不是单守身守家规规矩矩过日子的那一种孝，乃是当初文化最通达时的大孝。礼记云："大孝尊亲，其次弗辱，其下能养。君子之所谓孝者，先意承志。身也者，父母之体也，行父母之体，敢不敬乎！居处不庄，非孝也；事君不忠，非孝也；蒇官不忠，非孝也；朋友不信，非孝也；战阵无勇，非孝也；五者不遂，灾及于亲，敢不敬乎！……父母既没，慎行其身，不遗父母恶名，可谓能终矣。仁者仁此者也，礼者履此者也，义者义此者也，信者信此者也，强者强此者也，乐自顺此生，刑自反此作。曾子曰夫孝者置之而塞乎天地，溥之而横乎四海，施诸后世而无朝夕，推而放诸东海而准，推而放诸西海而准，推而放诸南海而准，推而放诸北海而准。诗云自西自东孝自南自北，无思服服，此之谓也。……孝有三：小孝用力，中孝用劳，大孝不匮。思慈爱忘劳，可谓用力矣；尊仁安义，可谓用劳矣；博施备物，可谓不匮矣。父母爱之，喜而弗忘；父母恶之，惧而无怨；父母有过，谏而不逆。……"此一段话乃随手抄，文字也并不深，我们都有父母，稍一细思，即可明白，故我不必解释。我们一想到父母要我们做好儿子的意思，真不容易堕落；或者要一想到我们要做了父母的坏儿子的时候，也真不甘心堕落；虽杀身亦不顾惜，这种尊亲不欲羞辱父母的天性，人人都有。我很有个信心，如果日本人要来邹平时候，我们以"作孝子，作好男儿汉，不要贻羞父母的"话来动民众，恐怕与日本人打起来，虽都死了，亦无退窜之意。这一种由天性动出来的力量很大，吾人一切的好事，都可由孝的力量引发出来所谓"众教之本曰孝"。真的，吾人若于孝上有了些子亏欠，不必说其他的一切，甚至于灰心到了不知何以自存，何以为人！古人凡有真的精神而能轰轰烈烈的作出真的事业来的，未有不是孝子；而真的孝子又未有不关心国家社会的。就平常人们来看，凡是对父母稍好点的人，他的心气总好些，总振作活泼些，所谓"老吾老以及人之老，幼吾幼以及人之幼。"真是这样，我们并不是讲道理，果然大家要彻底的由此引动乡农，开头他们就能关切注意大家好的事情，只要我们作社会运动的人，含辛茹苦的去引动他们，恳切真诚的去爱护他们，则此"关切注意大家好的事情"的涓滴之真情，必可发展扩充以至于爱社会爱国家爱人类的境地的！这时候就算恢复了中国当初通达的活跃的文化的元气，而顽固之病同时也可全被消融了。这时候要领着他们起来干起来组织，就算有了精神，有了原动力了。我很敢相信我们民族的前途是有办法的！至于那个义字，是单指那些豪侠好义，一般赤心为社会而有廉耻的人说的。因为恐怕大家误会孝即是本上愚父母的意思而行的愚孝，故以此义字再补充一下。现在中国文化的正义已失，人人都是些私意小气，毫无一点正气！我们有好多读书的人，以读了书而不愿有职业，尽想以口舌笔头来占社会上的便宜！须知多一个占便宜的人，社会就要受到亏损。我们大家想占便宜，都不知耻，真惭愧死了！还说什么社会事业！凡有心人，真可痛哭！关于感想，我只好说到以上四点为止。这些都是很重要的问题，我很愿我们有志于乡村建设的朋友们，多多与以指教！好，我这篇报告拉拉杂杂实在不成一篇东西，但是有什么说什么，也只好如此了。

山东乡村建设研究院邹平试验县区第三区乡农学校工作报告

叶剑星　茹春浦

一　本区大概状况

　　本区面积计三百八十方里，亩地二万五千二百五十二亩，二十一乡镇，五十个村庄，四千四百八十九户，男女二万三千一百七十九口，地系平原，居民均务农业，间有出外经商，及在周村机织工厂作工者。近因周村工厂营业不振，作工者多半回村，田地分配颇多平均。有地多者不过百亩，（六百步亩地价每亩约三百元）少者五六亩——或租种他人地——无赤贫乞食者。因田地分配均平，故平均多为自耕农，出外村作雇农者极少。副业以养蚕为大宗，近年因茧价低落，又兼桑受虫害，（桑树当初发芽时，即生一种专食桑叶之害虫，名为蜓子，食桑叶极快，发生此害虫将近二十年，村民只知于虫子长成时用棍打桑枝，使虫落下轧死，为效极少，多数人仍认为无可如何之天灾，现在同人等发现桑枝上之虫卵，卵外包如桑皮同色之保护皮囊大如指顶，取下内包卵数十，已召集村民实行铲卵办法，将来或可减轻此种虫害。）养蚕不获利，甚至有赔本者，以故最近一两年间养者渐少。桑树均系三四十年前栽种；只见斫伐，极少添种，亦因养蚕无利之故。如七里铺一小村往年，每年可产茧三千斤，今每年产茧二百余斤。杨堤庄居民多以作爆竹为业，销售关外，近年因受时局影响，销路亦大为减少，全区均系平原地，略为洼下，掘井最易，五六尺深即见水，均系甜水，掘井甚多，故不甚苦旱。人情风俗大体近于醇厚，若七里铺村，人情风俗均极良好，多年以来即无诉讼与赌博吸食鸦片等事是其例也。

二　乡校进行情形

（甲）学校数目共设十处，其地点为逯家庄、七里铺、见埠庄、乔木庄、东范庄、柳泉庄、杨石堤庄、石家庄。内中逯家庄、七里铺、见埠庄三处，均设高级部，并附设普通部，且逯家庄、东范庄，每庄设有普通部两处。其余均设普通部一处，总办公处设于逯家庄。

（乙）学生人数　高级部共有学生一百二十八名，普通部五百九十名。

（丙）课程与教授　高级普通两部，除遵照院定章程办理外，并为适应学生之需要，加添应用文字，——如尺牍、合作章程及蚕桑讲演等项，每早七时举行朝会，每周举行纪念周。普通部不识字者，授平民千字课，第一册均已教完。间有添教日用杂字及弟子规等书者，教时均极注重复习，大多数均能记忆，东范庄普通部有一哑子名高维同，原系一字不识，随班识字，业将第一册千字课教完，均能写出。

（丁）提倡国术　逯家庄与七里铺，原来有习国术者，均系年岁较大，在四五十岁以上者。三十岁以下青年，多不知此道之重要，本校逯家庄高级部，七里铺高级部，均曾召集长于国技者，演习多次，并为剀切说明国技在自卫与国民健康上之重要，极力鼓舞各该村青年学习的兴趣。

三　发展农民生活之初步计划

本区农田不急切需要凿井，农民亦不习于种棉，在初步改进农民生活的方法上，只有改良蚕桑之一法，可以因其利而利之。现在已由院中专请青岛大学农学院主任任济民先生到区讲演改良蚕桑问题，俟本年蚕期，叶总务长拟请由院议定一实际提倡办法，商请任济民先生届期携来优良蚕种，并约请助理人员到区指导，以新法喂蚕，同时并筹设烘茧灶及拟订茧丝贩卖合作办法，此事已向农民详细说明，各农民均表示极为需要与欢迎的意思。

四　各方对于乡校之态度

同人等虽自己均认为在工作上，对于乡民，无甚成绩，而各方面对于乡校之态度，则表示好感，当初开学时，少数农民，不免有发生疑虑，因而有疑为招兵之谣传。现在因各村绅董，均认为乡校为必须办理之事，均极热心赞助，此项谣传，早已消除，现在各村普通部均已举有学董负维持之义务，同人等又复时时为说明乡校为各该村自己应办的学校，本院不过处于提倡的地位，各校董均能了解此意。

五　各校报告

1. 逯家庄乡农学校概况

本校附设于第三区乡农学校总部内，十二月九日开学；共有学生三班，该民系三庄联合，有人家六百户左右，总名逯家庄，而实际则分北逯、中逯、南逯三大部分。东西宽约里余，南北长约有三里，住户以南逯为最多，故南逯设有高级部一班，普通部一班。北逯普通部一班，共有三班。学生报名者，高级五十六名，普通南班共八十七名，但因忙于生计，多未能按时上班也，兹将进行状况详列如下：

（1）布置方面——甲、（校舍）南逯校舍，系该庄绅士张汉东先生书房，情愿让作本校办公地点。内有教室三间，办公室四间，宿舍三间，厨房三间，操场一所，院落宽敞，房舍整齐，颇堪适用。北逯校舍则系借用该校初级小学校舍充之。乙、（用具）桌凳黑板及灯油煤火等项，均系本校自备，地方毫无负担。

（2）教务方面——甲、（高级部）共有学生五十六名，年龄以二十岁至三十五岁者为最多，职业务农者占十之八。居址分南逯、中逯、北逯、小杨堤庄、董山前五庄。每日自十一时至三时为上班时间。课程分精神陶炼、国学、党义、农业问题、农村自卫、史地六门。星期日为讲演、作文、唱歌等门，每日均须作日记。乙、（普通部）南逯有学生五十四名，年龄以十五岁至三十岁者为最多。北逯有学生三十二名，年龄以二十岁至四十岁者为最多。职业务农者占十之九，每晚六时至九时为上班时间，课程分农民千字课、算术、弟子规、精神陶炼、农业问题、唱歌等门。丙、（朝会）早六时为朝会时间，除高级普通两部学生外，农民亦有参加者，在南逯操场作跑步八段锦等运动后，再唱歌，讲话。丁、（武术会）本庄从前习武术之风甚盛，近虽日见衰落，而庄中少年亦仍间习之者。本校为发扬国术，提倡体育起见，每晚在操场集合习武术者，从事操练本院同学亦参加练习。

（3）计划方面——甲、高级部晚班，本庄井水便利，村民种菜园者甚多，所出萝卜尤著名，每年秋后，肩挑车载，至左近各集镇求售，其余若推炭，拉车，每日亦均有一元之收入，故村中闲人极少，以致报名入学者，多不能按日到校。近有学生提议，拟在本庄高级小学校添设高级部晚班，如此则可免工作与读书时间之冲突，所见甚是，此后拟采择施行。乙、整顿蚕桑 本区素为蚕桑最盛之区，本庄蚕桑，亦颇可观，然近年以来，桑树虫害特甚，蚕种亦日见败坏，故病蚕极多，至桑树则因虫害之烈，不能收获桑叶，多有将巨大桑株，根本铲伐者，本校既认蚕桑为本区农家最好之副业，故对此事特别注意，到区以后，即竭力考查，遂发现桑树最大害虫尺蠖种子之所在，于是知会各庄普通班学生并约集村中首事人等，由各主任亲身率领至各桑园指示铲除害虫种子之方法，各庄闻风兴起，十余年来之虫害，不难一鼓荡平，至救济病蚕办法，则拟联合专家，改良蚕种，并择一适中地点，作育蚕之表演，使乡农养蚕者，有所取法，逐渐改良。

2. 七里铺乡农学校概况

（1）七里铺概况——七里铺距邹平城东七里，汽车路由此经过，村中共有人家七十余户，人数共有四百七十余人，七岁以上七十岁以下男子，共有百六十二人，全村人民皆业农。（自耕农）有耕田六百余亩，（六百步亩）银米共百一十余两，有旅店二，杂货店一，（因沿大路）全村教学经商及无业工者，共不满十人。风俗醇厚，村民俭朴，居此月余，未闻有卖零星食品之呼声。村民衣料，全系自织，妇女束装，颇有古风，村中张姓为大族，家庭邻里，均极和睦，尊卑有序，蔼然可亲，环村遍植杨桑等树，每年采伐，颇获利益。村中曾习过国术者有七人，惟因忙于生活，不便有团体组织。村中有小学一所，学生二十余人。

（2）乡校设立经过及现状——

甲、高级部 二十年十二月四日，同学等来七里铺，当经安置一切，同学宿舍在张子炎先生蜂场北屋,教室则在距此以东数十武张绍曾先生之房屋,因事先已有筹备,故报名者已有二十余人。五日晚召集,民众谈话,说明本院设立旨趣及乡农学校成立目的,听者颇表欢迎。六日天雨,七日茹主任赴逯家庄乡校,商定功课时间职务等事项十二条,八日发公函邀校董及民众参加开学典礼,并通告报名学生报到。九日同学等及报到学生齐到逯家庄行开学典礼,回村后即正式开班。每日十一时让课,至下午三时下课,共授四小时。十日以后,按日按时授课,学生均能用心听讲,惟程度稍差,(多数为初级小学四年级程度)故功课亦不得不取材较为浅显者。国学采取容易了解之古文,或用有关中国学术之白话文讲授。精神陶炼,除院中所发教材外,则注重讲述历史上伟人事迹及学行。农业问题,颇难取材,只临时讨论农业上需要解决的问题。史地则系略授中国各省概况,及中国近百年变迁事实等。自卫因此地不感需要,故只谈组织及办理之注意事项。党义略为说明三民主义的意义。此外添授唱歌、作文、讲演、珠算、尺牍等课。一切进行,颇为顺利,惟学生多因生活关系,报名者不能按日到校,此为事实所限,无可如何之事。

乙、普通部 普通部于二十年十二月九日晚,开始报名。当晚到者约五六十人,而报名者只二十余人,有怀疑的,有自认才力不及的,经切实劝解,并为演说国家危急,非人民努力求知识不能救亡各情形后,听众始略为明了。十日晚先作一度智身测验,并授以日常应用数目码字等。十一日晚以后,开始授农民千字课,听者初时尚觉枯燥,过数日后,均自己感觉需要,每晚到时,即各挟书本齐集教室,互相问难,每课讲后,都是反复练习。至二十九日晚,第一册千字课即授完,现以第二册尚未领到,又改授弟子规,日用杂字,兼教以珠算及缀字讲演等。普通部有一学生名张传诚者,年三十九岁,自幼即为人佣工,不识一字,自入乡校后,颇感兴趣,每晚早来晚回,路上犹喃喃不休,据彼言,夜间恒终夜不寐,梦中犹不忘识字,白天出外,囊书以行,稍憩即温习千字课,以故彼进步极速,所授之课,均能不忘。

(3) 村人对于乡校之态度——初开学时,村人对于乡校亦有一二怀有疑虑者,数日后便涣然冰释。现在全村人均能彻底了解本院办理乡校的好意,大有相见恨晚之意。每日晚村中老幼,与同学等聚谈一室,极为亲热,村中有十余龄女子十二人,均自动的要求其父兄请求同学等教其识字，此等学龄女子教育，不在成人教育范围以内，本不应代为办理，然感于其请求之恳挚，同学等乃拟定每人于每日功课余暇时，分任教授其识字，以免阻其向学之志。

（4）校董姓名如下：

一、张绪堂年三十七岁　二、王守和年三十七岁　三、张传瑜年五十岁，皆业农。

3. 见埠庄乡农学校概况

自二十年十二月九日开学，至二十一年一月三日，共经三周零三日，兹将工作情况概述如下：

（1）学生概况——（数目）高级部四十名，普通部五十二名，每值上课乡老齐集房厅，颇有人多室小之憾。（庄别）高级部：本庄二十一人，杨家寨六人，刘家坞四人，杨家庄四人，代庄二人，马庄一人，柳泉一人，小杨堤一人。普通部：本庄四十九人，平原庄一人，原籍费县流寓本庄者二人。（职业）高级部：业农者三十四人，业商者四人，业儒者二人。普通部：业农者二十六人，业工者十四人，业商者一人，为佣工者一人。（特殊情形）高级部有女生一人徐爱龄，普通部有费县流民王兰助、刘继发二人，均系赤贫，白日乞食，晚间来校识字，向学心切，颇足感动一般人求学的心理。

（2）进行概况——高级部学生能作文与记日记者十人，已作之题目，"我为什么入乡农学校""说识字的好处""说早婚和缠足之害""年节纪事"均颇知用心，明顺可观。朝会到四十余人，作精神谈话后即行跑步，并练习劈刀。二十一年元旦，学生自动开同学会，游艺项目有说书、打拳、劈刀、演新剧、说笑话，很是热闹。男女老幼，观众二百余人。高级普通两部功课均遵照院定章程教授，高级所用教材亦系按照院发材料讲授，间有由担任各该项功课者，自行选择的。普通部千字课第一册授至十九课，随时令学生复习，曾举行学生讲演一次，到者二十人，虽讲词长短不齐，然皆能按次登台，各尽其辞。中有十二岁学生马基仁讲合群，十四岁学生吕启华讲勤俭，亦能侃侃而谈，明白动人。

（3）村中对于乡校之态度——本村为区公所所在地，人民知识比较他村尚为开通，村中知识分子对于设立高级部格为热心提倡，对于同人等感情亦极为融洽，其初间有不明本校宗旨发生误会者，均经村中热心绅董自动解说，现已一致明了，毫无隔阂矣。

4．东范庄乡农学校概况

二十年十二月十日到东范庄筹划校址，预备招生，规定校舍，寓本庄后街之初级小学内，继经前街绅董之要求，在前街扩充一处，两校先后开学，兹就本校开办事实，及各方情形报告于后：

（1）本庄概况及本校成立经过——（一）本校概况—该庄民户约八百余家，外有一围墙，里面系一并，实际分三街办事，所以与三庄无异，村民大多数务农，均能自给，土地分配颇为均平，无大地主与赤贫者。民情仍有古风，其优点固为醇厚，驯良，而同时其锢蔽保守的习性，一时亦颇难改进。（二）后街乡校成立的经过—我们到村后即向各街绅董接洽，召集学生，定期开课，其初伊等言词间对于本院创办乡校的旨趣不甚了解，多有误会之处，甚有疑为借此学校抽丁当兵者，经剀切说明本院之宗旨及目的。彼等始恍然大悟，变犹豫为赞助，数日之间相继报名者有三十二人，于十三日乃开始授课。（三）前街乡校成立的经过——后街开学数日后，前街绅董感觉本校办法于该村农民不无相当的利益，乃要求在前街添办一处，我们当然照办，于十二月十六日晚，假前街初小教室，与民众谈话，参加者格为踊跃，大家了解本校办法及宗旨后，均恨成立之晚，当晚报名者五十一人，于十八日正式授课。

（2）开课后之情形——（一）校董会之组织——本校开学后，为供村中绅董明了乡农学校为其本村自己应办之事项，引起其负责的兴趣起见，乃有校董会之组织，该会系召集全村绅董及学生开会，用投票选举法，选举校董七人。姓名如下：王兴桥、张泮亭、魏茂桂、李思良、高继贤、郭以亭、李芳臣。（二）编制——前街学生共五十一名，中后街学生共三十二名，因其中有曾经识字及入过学校的，乃按其程度分为甲乙两组。（三）课程——除遵照院内规定识字、党义、自卫、精神陶炼、农业问题各课程外，另加音乐、白话尺牍、日用杂字及演说、故事等项，以期切于实用。（四）授课时间——因恐妨碍民众生活工作，特征求学生之意见，采取全体的表决，于每晚六点至九点为上课时间，两校虽在一庄，但距离约有二里，学生等因住于后街办公处，晚间分往前街学校分工合作，轮流上课。（五）校内设备——后街乡校教室三间，黑板一页，凳子十条，挂灯两个，中山像，三民主义表解，卫生挂图各一幅。前街教室三间，凳子十六条，挂灯两个，黑板两页，教桌一张。

（3）各方面对于乡校的态度——（一）校董方面——自开学以后，赖诸位校董热心提倡，学生的精神乃得始终不懈，各校董对于校内一切进行事宜，颇能尽责，尤其在精神上能与我们打成一片，共同努力，随时斟酌办法，毫无隔阂。（二）学生方面——教学之间。我们打破从前教者与受教者间的严格观念，取家庭式的共同生活，除正式课程外。大家随时谈话，互相讨论各种问题，以及生活上的需要，我们以至诚相待，是以颇能引起他们的真实情感，每逢课毕均有恋恋不舍的意味。

（4）我们课外的目动——除与来宾谈话及预备教材外，每天记日记温习所受的功课，或读于身心有益的书籍、报章。讨论疑难问题。此处初小教员刘先生对于武术颇有研究，每天要跟他学习几个式子，我们帮他教授学生音乐、算术等课，彼此合作，很有兴趣。

5. 柳泉庄乡农学校概况

（1）设备方面——（一）校址——在柳泉庄东张氏祠内。（二）校舍——教室三间办公室二间。（三）校具——黑板桌凳及一切用具大致粗备。

（2）教授方面——（一）学生共四十五人，分为两组，甲组十七人，授第二册千字课及其他应用功课。乙组二十八人，授第一册千字课及其他功课，此外尚有旁听席，不分老幼随便听讲。

（二）功课遵照院章分为精神陶炼、党义、农业问题、自卫、识字、唱歌等项。晚六点至九点为上课时间。甲组白日上课两小时，上午十一至下午一点，下课后习大小字各一篇。

（3）兴论——（一）庄长首事及一般有识见者，颇能了解本校宗旨，表示欢迎。（二）识见浅薄的农民，间有误信谣传疑为强迫当兵的，妇女之疑惑尤甚，经同学等随时解说，谣传渐息。

（4）宣传方法——甲、（已办者）召集民众讲演，二十一年元旦曾与学董学生，合演新旧有关改善乡俗，及矫正不良行为的戏剧。三十一日试演一天，一日正式开演一天，戏剧列后，新剧："不识字之害""农民的痛苦""教学""国耻双簧""当兵叹"。旧剧："送学""杀庙""大登殿""瞎子算卦""封官"。乙、（拟办者）除应下课外，拟再设一露天学校，于每周一三五日择一适宜地点，轮流担任讲演。

6. 杨堤庄乡农学校概况

（1）筹备经过——杨堤庄乡校普通部，于本院同学未下乡前，即有本区学董贾汇东先生与本院商定设普通部一处。及下乡到遂家庄后，生等即承叶主任之命，与学董贾君接洽，前后共三次，费时间五六日，方借到王君闲房一所，作为校址。计北屋五间，以三间作教室，两间作宿舍，尚称宽绰。生等乃于十二月十一日移入工作，借桌凳床张十余具，设备大致就绪，遂张贴布告，于十二月十五日正试开课。后经公推本庄小学管理员杜君云亭、王君毓扬、小学教员贾君瑞轩、吕君华轩、庄长王君德三、杜君忍堂及贾君汇东等七人为学董，由总部发给聘书。各学董虽称热心提倡，但因该庄之鞭炮作坊太多，村民作此手工者十有八九，故来报名者至今仅有二十五名而已。人数虽系寥寥，然尚多半系牺牲其夜工而来学，近又以旧历年关伊迩，各作坊工作学生亦因之日行减少，每晚实到人数不过十四五名，甚或七八名。

（2）教授与课程——普通部课程，原规定党义、乡村自卫、精神陶炼、千字课、农业问题五门及讲演、唱歌等课。上班一周后，感觉唱歌一门，既能活泼其精神，且可借以识字，并陶冶其性情，收效较多，乃每周增加至三小时。乡村自卫一门，该庄不甚需要，学生亦感觉无趣味，即行删去。

7. 周家庄乔木庄乡农学校概况

（1）该庄的大概及成立本校的动力（一）——该村的大概：该村俗名周乔二庄，两村相距不逾百步，以天然的形势，实有合作的必要，共有居民二百五十余家，村民职业大半务农。因居于兹山下，于此农隙时，以凿石谋利者颇多。（二）成立本校的动力：在本院同学未下乡之前，一般人对于乡农学校，有相当认识者实甚寥寥。该村先由张长信同学之努力倡导，继经该村二三领袖之赞成，与该村知识分子八九人之提倡，遂得成立。

（2）开办情形——（一）校董会之组织，我们初到该村，见村中领袖极怀热心，但人数颇多，责任不专，故组织校董会，以成为有组织，有计划之行动。该会并无会长或主任，但于开会时举临时主席、校董姓名如下：王聘之、辛维荣、袁锡恩、李凤吉、李守本、柏子生、张京南、贾北海、张长义、张裕来、张士安，共十二人。（二）学生报名经过及人数：

我们于十二月初七日到校，一切设置不甚就绪，至八日晚始经校董之召集，到农民百余人，我们即开会，用极委婉的言辞，解释乡农学校，对于他们的关系，及本院对于乡村建设的宗旨，听众均极表示欢迎之意，即时报名者到三十四人，三日内共计报名者五十六人，十日正式上课。（三）编制——本校共有学生五十六人，分甲、乙两组。甲组二十一人，是略通文字，半途失学的农民，他们对于补习功课均抱有相当的热心。（四）课程：遵照本院议决办法，暂定功课为精神陶炼、党义、自卫合作、农业问题、识字、珠算、唱歌等项。（五）上课时间：白天农民多忙于工作，到校学生每日仅有十余人，多以练习武术，珠算为主。晚间自六点至九点为正式上课时间。（六）设备：教室三间，凳子二十条，因人数太多，故无桌案，此外还有小黑板二页，并备有刀枪棍等武器，以为练习国技之用。

（3）各方兴趣——（一）我们在院内的时候，终日按着钟点备课，生活过于机械，而且也过于安逸，骤然来到乡间，各人分任打水、做饭、扫地、讲授功课各工作，偏重于自动的活动，也觉别有趣味，还有一点观查乡村间的大概情形，可以得到乡村间的切实问题。与农民谈话时，关于乡村风俗习惯，生活状况，得到不少的研究问题的材料。较之专求书本上的知识好得多，这是我们所感的兴趣。（二）自校董会成立以来，开第一次会时，即经议决关于校中的事务，如点查人数维持秩序……事，均由各校董轮流值日管理之。各校董均极热心尽职即非值日的校董，亦是常到校聚谈，表现他们很大的兴趣。（三）本校学生对于功课的兴趣颇有出人意料之外者，对于功课能切实用心，每晚散学时，多有不欲即去者。并且有些学生，能随时随地采集问题，提出讨论。（四）我们课外的活动：除去与校董随时谈话外，或看点书籍，或预备些教材，并于星期一三五日往初级小学帮助小学教师教音乐、算术、游戏等功课。此外我们还组织了小组讨论会，讨论问题。

8．石家庄乡农学校概况

（1）经过情形与最近工作——本校校址在三区石家庄，于二十年十二月八日，与本庄绅董商定以本庄西头朱君寿山空房为校舍，本庄器具短少，故借本院教桌十张，生等于十二日自七里铺赴石家庄，即日报到学生二十四名。十三日又有报名学生三十余人，即日开学。十四日正式上课，授课时间自下午六点至九点半，或十点半，以学生听受之兴趣而定时间之长短。每晚学生与本庄乡老旁听者，有五十余人，实有屋小人多之憾。自开学以来，与本庄乡老学董及学生感情甚融洽，乡人敬师重道，颇有古乡学之气味，本校设有按着本院规定的课程来死板板的定一个功课表，只在未上课前与同学规定某人上课教授什么，无论如何总得叫对方感觉需要，并能接受。学生要求读什么，就教给什么，可是不能离开个人实际生活，与应如何活的道理，以期引起其自动的能力与兴趣。我们的学校务须家庭化，不使乡老、学董、学生另立一个地位来批评与指责学校，使他看学校的导员与一家人一样，学校的失败与自己家庭做事失败一样。如此，教者不致于硬教，学者不致于勉强。

（2）设备与学额及分配——本校教室三间，办公三间，庭院宽阔，教室用具大致粗备，报名生四十四名，乡老旁听者八九名。学生多数识字，不识字者仅十四人，故分甲乙两组，识字者为甲组，不识字者为乙组。

（3）教授与教材——教授宗旨，以明人伦为始，从中国礼俗之大源说起，以精神陶炼为主，识字次之。精神陶炼以"弟子规""朱子治家格言""三字经"等篇为初步教材，再以"礼记""小学"做精神陶炼，教授课本。并为讲说名人事迹，以鼓舞其欣羡心，而激发其民族精神，教材虽如此定，但是我们还时常的改变，不拘课本教材，随时随地的来搜集教材问题，无论如何总得叫对方感觉需要，并且能授受。学生需要什么，我们来教授什么。以上定的几种教材，皆是学生乐意要求教我们来讲的，我们也就适应其需要。如此教之，不识字者教以平民千字课，使之明了字义与书写，并望其能实用。农业问题，合作问题，学生提出质问时方才解答。

（4）学董会——学董姓名如下：陈秀山，陈守峰，陈子恒，刘锦堂，殷怡珊。

第三区乡农学校第二次报告

本校于夏历年前，因乡间习惯，筹备过寒节甚忙，暂时停课。本院学生，利用此闲暇期间，分头各自回乡作其各村之经济调查。事前由院派人分赴各区，说明调查要点，并分给调查表等项，学生遂于一月二十三日起身回乡，开始调查工作矣。

至二月十五日，全部学生仍回各乡校，继续办理乡校事务，然因春耕之期将届，乡民已多从事于农事之预备，故乡校定于近期以内，暂行结束，而于结束之前，本院曾有所拟议，即欲就各区特有之农家副业，择其一二种，特加提倡，俾其各得发挥其所长。若第三区之农家副业，素以蚕桑为大宗，不过乡民安于故步自封，不思进取，且蚕种混杂，丝之品质，日见退败。本院有见及此，故认为改良三区养蚕事业，为提倡三区农家副业最要之图，于是特约请青岛大学农学院任济民先生、郑普一先生，帮同计划，代觅优良蚕种，任郑两先生，并亲到三区乡校数次，规划一切，由本校介绍与地方人士集会协商，决定稚蚕饲育合作办法。（另有详章）凡领取新蚕种者，均为合作社员。此外并拟在本区乡校总办公处，抱印庄，及本院农场，各设养蚕表证所一处，派专家指导，乡民可随时到所参观，借资传习。至养蚕器具，均由任先生代为借用，以节消费。又在本院农场内附设烘茧灶一处，凡关于改进三区蚕桑者，无不力求完善，乡民对此，亦极感兴趣也。

本院学生回校后，除继续办理乡校事务外，又为本县调查清乡户口数日，至三月十日，乡校结束，诸事告一段落，遂全部回院。

此次乡农学校专号之发行，以三区报告送到最早日后因乡农学校尚未结束，事务继续进行，故有第二次之报告也。

——编者附志。

第四区乡农学校工作报告

蓝梦九

一 概述

本区工作由第四班及第一班本区之同学担任,在全体未下乡之前,先由第一班同学下乡酝酿,使于区内产出一校董会,此校董会专为维持乡农学校而设。

本区校董姓名列下:

谢鸿鼎　袁宝山　袁杏山　李德林　刘永孚　邵德源　韩世桐　李式德　李秉信

校董会成立之后,遂决定总部地点及下乡日期。

四区向分河东河西,为办事便利起见,将派入第四区工作之同学分为二大组,一赴河西韩家店,由陈亚三先生领导,一赴河东魏家庄,由蓝梦九先生领导。十二月四日午后一时,分道出发,桌凳行李等,由庄中首事派大车来院拉去。到达后,即与区长及庄内各办事人校董学董等接洽谈话,同时整理自己内部,安排床铺桌凳等。晚上开会,由师长定出生活秩序,分配诸同学工作。

(一)生活秩序表

一、起床　六点半

二、朝会　七点至七点半

三、讲习　八点至九点二十分

四、早餐　九时半

五、工作　十点半至一点

六、休息　一点至二点

七、工作　二点至四点

八、晚餐　四点半

九、讲习　五点半至六点半

十、工作记事　七点至八点五十分

十一、就寝　九点

（二）工作分配

一、文书股　担任工作日记

二、会计股　负一切收支责任

三、庶务股　担任一切杂务

四、注册股　担任学生报名事项

五、图书股　管理图书

六、通信股　担任送信及情报

七、卫生股　担任扫除及整洁事宜

八、炊事股　担任炊事

九、警务股　担任打钟及夜间巡查

十、自治团长　指导工作

次日韩家店高级部报名学生达四十七名，魏家庄高级部报名学生十三名，普通部报告学生八名，随即口试甄别，并预定开学日期。是晚魏家庄总部开会，将同学分为六组，每组三人，内试导员一人，辅导员二人，以备将来派遣六处成立分校。又将乡农学校必修课程，分配于各组同学，令其预先加一番研究。

十二月八日魏家庄高级部行开学典礼，到学董学生来宾百余人，由梁漱溟先生主席，报告学校宗旨，蓝梦九先生训话，说工读的重要，学董谢鸿鼎各来宾有演说，次日开始上课；每周课程及担任者姓名如下：

科目	精神陶炼	国学	史地	农业问题	党义	应用文	作文	唱歌	拳术
每周时数	七小时	六小时	三小时	三小时	二小时	三小时	二小时	二小时	七小时
何人担任	释守桐 徐学德	徐学德	邵宜轩	段广沅	孙成之	释守桐	全体	邵宜轩	刘文成

并决定以释守桐为试导员，以邵宜轩徐学德为辅导员。

十二月十日，韩家店高级部行开学典礼，到会近百人。次日开始上课，学生四十五人，每周课程及担任者如下：

	七一八 第一时	十一十一 第二时	十一一十二 第三时	二一三 第四时	三一四 第五时	七一八 第六时	八一九 第七时
星期一	运动朝会	精神陶炼 陈亚三	诗歌 张克宽	史地 韩栋成	武术 田国权	自卫 田国权	尺牍 韩栋成
星期二	运动朝会	精神陶炼 陈亚三	古文 刘文致	合作 杨继统	武术 田国权	农业 杨继统	尺牍 韩栋成
星期三	运动朝会	精神陶炼 陈亚三	党义 张克宽	史地 韩栋成	武术 田国权	自卫 田国权	尺牍 韩栋成
星期四	运动朝会	精神陶炼 陈亚三	诗歌 张克宽	合作 杨继统	武术 田国权	农业 杨继统	尺牍 韩栋成
星期五	运动朝会	精神陶炼 陈亚三	古文 刘文致	史地 韩栋成	武术 田国权	自卫 田国权	尺牍 韩栋成
星期六	运动朝会	精神陶炼 陈亚三	党义 张克宽	合作 杨继统	武术 田国权	农业 杨继统	尺牍 韩栋成
星期日	运动朝会	精神陶炼 陈亚三	音乐 杨继统		武术 田国权		尺牍 韩栋成

自此以后，各处请求设立乡农学校者，络绎不绝，释家套、旧口、姚家庄三处成立于前，魏家庄普通部成立于后，不久小店乡农学校亦告成立，西言礼、崔家庄、毛张庄亦派人来请求，又各设一处，学生均甚踊跃，学董尤称热心。在韩家店方面，前后共成立八处，全区统计共有十七处之多。兹将全区乡农学校列表于次：

第四区河西乡农学校一览表

校址	班别	人数	学董	开学日期
韩家店	高级部	甲班二十名 乙班三十八名	孙捷三　韩俊三　李淑孚 韩士彬　韩士通　杨德恒	二十年十二月八日
仝前	普通部	四十七名	仝前	二十年十二月十日
小王驼庄	普通部	三十五名	王乐亭　王聿云	仝前

续表

校址	班别	人数	学董	开学日期
萧家庄	普通部	五十九名	夏方舟　夏兴源	二十年十二月十二日
颜家桥	普通部	甲班十五名 乙班二十六名	颜承耀　颜承义　颜心齐	仝前
邱家庄	普通部	四十九名	李秉信　梁士修　孙继曾	二十年十二月十六日
滕家庄	普通部	二十八名	腾建贞	二十年十二月十八日
王家庄	普通部	四十五名	孙聿广　刘连升　王子安	二十年十二月三十日

第四区河西乡农学校试导员姓名一览表

校址所在	试导员姓名
韩家店	韩栋城　张克宽　田国权　杨继通　刘文致
小王驼庄	韩兼坤　刘世功
萧家庄	司兆瑞　江启和
颜家桥	刘凤治　范鸿章
邱家庄	杨文元　张鸿彩　张法盛
滕家庄	郭清岫　王殿金
王家庄	刘凤台　高培兰

第四区河东乡农学校一览表

校址	班别	人数	学董	开学日期
魏家庄	高级部	三十五名	邵其峰　袁保山 袁杏山　韩世桐	十二月八日
魏家庄	普通部	三十名	仝前	仝前
小店	普通部	三十五名	李德麟	十二月十一日
崔家庄	普通部	三十七名	崔宗贵　崔和斌	十二月二十三日
西言黑庄	普通部	三十六名	徐杰轩	十二月十四日
旧口镇	普通部	三十六名	李梅儒　曲馨朴	十二月十日
释家庄	普通部	三十八人	谢鸿鼎	十二月十日
姚家庄	普通部	三十六名	张以元	十月十日
毛张庄	普通部	六十名	韩子丰　毛虎臣 张千臣　马荫堂	一月四日

第四区河东乡农学校试导员姓名一览

魏家庄总部	段广沅　孙成之　邵宜轩　释家桐　张承汉　徐学德
小店分校	王和卿　赵育基　王润德
崔家庄分校	董子涵　刘文焕　李肇谟
西言黑分校	李庆元　洪宗洵
旧口镇分校	东敬山　赵立庭　释修儒
释家套分校	张疏南　赵元若　释秉明
姚家庄分校	孙耀庭　陈景义　房庆璧
毛张庄分校	鲁善靖　周骧　陈义动

各处普通部之课程，除精神陶炼与识字必修科外，有应本地需要及学生请求，酌加拳术、唱歌、史地、应用文、经学、农业常识、算术、时事报告等科目者。各分校功课从略。

二　一日的纪实（一月十三日韩家店乡农学校）

我校学生分三班，（一）特别班；（二）高级部；（三）普通部，共百一十余人。形式虽似普通学校，而实际欲打破学校之界限，与农民常有接首的机会，故每晚召集农民谈话时，不分老幼，均可到校参加，恒有屋小人满之患。一切功课，大抵皆注重农民晓得为人的道理，并有正确的知识，不与其他民众学校，徒使农民认识几个单字，就算完了。其工作步骤，除学生每日各作日记一则外，约分三段，晨起为一段，早饭至午饭为一段，晚上为一段。兹将其每段实际工作情形，遂述如下：

（一）晨起段，晨六时起床，盥漱毕，师生齐集操场跑步，并做拳术运动，意欲养成农民早起的习惯，锻炼强健的身体，为将来办理自卫之预备。继作朝会，讲授礼之重要，教材原文是："太上贵德，其次务施报，礼尚往来，往而不来非礼也，来而不往，亦非礼也，人有礼则安，无礼则危。"等语。

（二）早饭后，第一小时，是精神陶炼。特别班与高级部合堂，讲侃母之善于教子，及交友之道。当劝善规过，切磋琢磨。教材是："晋陶侃母湛氏，生侃而贫，每纺绩资给之，使接胜己者。宾至，辄款延不厌。一日大雪，鄱阳孝廉范逵宿焉，母乃彻所卧新荐，自锉给其马。又密截发，卖以供肴馔。逵闻叹曰：非此母不生此子。侃为浔阳县吏，监鱼梁，以一坩鲊遗母，母封还，以尽责侃曰：汝为吏不廉，是吾忧也。

读诗见鸡鸣，妇人欲成夫德，至解杂佩，陶母爱子，锉荐断发以延客，不更切哉？子也何以慰母心，友也何以答母意乎？世之爱客如陶母者诚希，而号称契知者，果能益人之子，足以当一母之情否耶？吾欲为之流涕。"第二小时，对特别班讲授："君子小人之辨，君子喻于义，小人喻于利，君子以善恶是非为利害祸福之标准，小人则反是。君子思义，不言利而利自在其中；小人怀利，利不可得，而害或遂之。为君子则尽为人之道，为小人则沦于禽兽之域，君子小人之界限若此，人当认识清楚。"等语。继对高级部讲党义，其讲演大意，略谓："今天开始来讲党义，欲知党义，应当先明了党义二字之意义。党就是中国国民党，义就是主义，党义就是中国国民党的主义。中国国民党的主义，包括国民党总理孙中山先生全部的著作，如三民主义，建国方略，建国大纲，及第一次全国代表大会宣言等，皆在其内。然其中尤以三民主义为根本。其余全是根据三民主义所制订，今天先从三民主义讲起：三民主义，就是民族主义，民权主义，民生主义，因为三民主义，系促进中国之国际地位平等，政治地位平等和经济地位平等。使中国永久适存于世界，故三民主义，又名救国主义。"第三小时是史地，特别班与高级部合堂，所讲者为："略谓党军北伐，山东战局变化，日本以保护侨民为名，突出兵济南，并分布胶济沿线，意在挑衅，阻碍中国之统一。五月三日，大起冲突，惨杀我交涉员蔡公时，军民死伤枕藉，不可胜计，我军隐忍退避，日竟在济南盘踞一年。山东殆陷于亡国状态，日本之蔑视中国，至此极矣"一段。第四小时，教授国术，第一式劈刀及八段锦。

（三）晚饭后，第一小时，高级普通及庄中一切老幼农民，约百四五十人，齐集一堂，讲十三妹之义侠可风。忠孝格言。并借作与农民接首的机会，以探讨其痛苦。第二小时，对特别班，讲授"君子敬以直内，义以方外，言近旨远，足为修身之要道。盖内者自衣自闻之地也，隐险慝恶，易于发生。如能敬以直内，则恐惧乎其所不睹，戒谨乎其所不闻，道德，积于中，英华发于外，而内里充实矣。若就外面言之，人之处世接物，往往同乎流俗，合乎污世，老奸巨猾，模棱两可，跑到乡愿的路上去。若义以方外，则知故通情，一举一动，皆不离乎正轨，外面之行为，得其正矣。外面行为得其正，内里之道德充实，虽古圣先贤，亦不外乎是，故曰："敬以直内，义以方外，可为修身之要道也"。继又对高级部讲尺牍，教材是"诚贪饮"一篇。普通部是精神陶炼，教授者田国权同学，说明忠孝二字之意义。第三小时，对普通部讲农民千字课（第一册第二十课）。第四小时，对普通教授珠算（乘除应用问题及定位的方法）。

我们的学校，既不欲农民空空认识几个单字，所以一切功课，除农民千字课，珠算外，其教授方法，都不寻章摘句，务使农民明道理，增知识，养成良好的习惯，把社会的恶风颓俗，熏陶观感，慢慢地转移过来。这是我们的目的，也就是我们办乡农学的深远意义。

三　新年演剧纪要

我们为了要借着新年的机会，做些唤醒民众的工作，经过了多次讨论，于是选定了演新剧的途径。一切编剧、演剧、扎台、布置等等复杂而烦难的工作，统由总部的六位同学担任起来，每遇到事情繁忙不能开交的时候，高级部的学生，也尽力来帮忙。

会议多次，决定元旦日排演新剧四驹，其他琐碎的游艺，为双簧、小学生歌舞等等，从中穿插之，俾游艺程序不失于枯爆。新剧的名称：一、下乡。二、自救。三、不识字的痛苦。四、五三惨案。兹将各剧之本事，略述于下。

下乡：

先述一大学毕业生，困于逆旅，谋事不成，债积如山，于终日奔走权门失败之后，迭遭店主无礼之讥刺，于是深感现今教育之错误，及人才集中都市与乡村凋零之弊。后到某县公署求谒县长，适值县长受某省政府委员之逼迫，强勒军费，预征丁粮，正不得已间，又有多数之失业工人，及爱国学生捣毁贩卖日货之商人，与遭受水旱匪蝗各灾之农民，蜂集县府请愿。于是县长在种种环境压迫下，而突悟国家衰弱之总因在于乡村破坏，非联合各界共同下乡工作不可，于是以所见转询诸请愿人，农工商皆欢呼同意，该大学生深为感动，亦欲同去，县长乃辞职与农工商学共同下乡。

自救：

有老者携其甥某，出外卖布，见日货充盈市场而感慨无限，嗟哦返家，不意途遇二救国会员，痛述东北同胞在日人淫威下之痛苦，劝其多所捐助，于是二人倾囊予之，不意老者因事折回，见二会员将所捐资在日商店中尽购日货，大怒，揪辱之。二会员怀恨于胸，乃于日人处购手枪赴老者家，绑票复仇。其甥急到军营中求救，而军官竟谓："我们有我们的事，哪能管你们这些小子的闲事，不要在那里嚷嚷，滚出去！"等语。其甥深愤农民以血汗换来的金钱，养着许多兵士，不为民用，乃归而联络该处农民兴办团练以自救焉。

不识字的痛苦：

内写父子二人皆不识字，父在家穷苦度日，儿子在外工作，一日子汇父洋数十元，父接信后，寻邻某代阅，不意邻某见财生心，没收其钱，而改变信词以欺之。老人抑□以返继又托人代写书信，促其子归，谓不然时，则"想死老父了"等语，适逢其会，执笔者，亦非大通，意将其辞误为"父死"。子接信后大恸，带孝回家。老人候其子兑钱回家，仅获一空函。而家粮已尽，不得已，将家中所剩一鸡，持至集上卖去购粮，又因不识字，卖鸡得一假票。枵复归家，愁闷欲绝！突见其子穿孝匆匆入篱，大惊！互相诘问后，方知前后始末，其痛苦皆由不识字来。于是父子相商均入吾等所办之乡农学校半读半工焉。

五三惨案：

此剧系描写民十七年国民军北伐时，日帝国主义以兽性的暴力阻挠我国革命所发生之惨案，此剧范围过大，且不易排演，故仅将该剧中最动人之蔡公时惨被杀戮一段，注力描出，使民众对于爱国之公时与暴日之残酷，均有深刻认识。

元旦日的早晨，我们还未布置完毕，成群的乡农，满脸堆着很快乐的笑容，都挤在院子里来。不一时，一个面积很大的操场都拥满了。来参加的，不但附近的农人，还有十余处小学校的学生都穿上制服，持着国旗校旗，和庆贺元旦的种种标语，很整齐的来到我们的剧场前面，这时我们就开会。开会的秩序如下：

1. 开会
2. 全体肃立

……

5. 主席恭读总理遗嘱，全体循声朗诵

6. 本院同人与来宾相向行贺年礼

7. 静默三分钟

8. 主席报告开会宗旨

9. 自由演说

10. 进行游艺

a. 唱歌

b. 武术（本校高级部）

c. 下乡（全体）

d. 笨贼（全体）（临时加添的滑稽剧）

e. 相声双簧（徐学德　段广沅）

f. 五三惨案（全体）

g. 不识字的痛苦（全体）

h. 舞蹈（本庄小学）

i. 自救（全体）

11. 散会。

陈亚三先生开学训词（十二月十六日至邱家庄）

今天得来贵庄参与乡农学校的开会典礼，觉得非常的高兴。前几天也常到各村去参行开学典礼，如小王驼、颜家桥等村都曾去过；并且见各村人士，对于乡农学校，都很信仰，知道是他们所需要的事情，所以极力来帮助。在这种情况之下，我们来替大家举办这件事情的人，是如何的快活啊！但是，今天来到这村里，更特别的高兴，为什么呢？因为听说贵村有四五十户人家，邻里和睦，风俗很好，又加上梁士修先生及诸位学董，都是办事忠诚，热心教育的，所以这边一切的设施，都很完备，即较诸大的庄村，也并无逊色。贵村诸先生对于大家的事，这样负责，这样尽心，贵村一定能一天好一天，一年强一年，这是我特力高兴的一点。

大家差不多都是贫寒之家，或无力求学，或年长失学，这都是极可怜的事情。但在农忙之时，大家又没有闲工夫，所以想在每年冬天农隙的时候,来办乡农学校,教给大家读一点书。不过大家要知道,读书不是光为的认识几个字,最重要的还是在于明白为人的道理。人不识字,就和瞎子差不多。从最浅近处来说,连一本账也不会记,一封信也不会写,一张告示也不能看,这是多么闷人呢?想着免除这种痛苦,那就只有念书。若单是念书而不明白道理,也很容易走错路,做错事,这样不只被人家耻笑,也实在害了自己。古人有两句话:"盲人骑瞎马,夜半临深池",就是说不念书不明理的人,胡闯乱碰,是很危险的。又如三字经上说:"蚕吐丝,蜂酿蜜,人不学,不如物",也就是说人不念书,不明白道,净走错路,光做坏事,还不如昆虫哩。其他如弟子规朱子治家格言等书,关于对待父母兄弟亲戚朋友邻里乡党的道理,讲得都很清楚,都很详细,我们要熟读他,要实行他的道理,要学着去做人。一家子若能父慈子孝,兄友弟恭,夫义妇顺,这样一定是能兴盛的。古人说"忠孝传家远,诗书继世长",这两句话真是对得很!至乡农学校里,除去要识字明理以前,对于本国及各国的情务,也要明白一点:对于古来忠臣孝子的事迹,也要知道一点;对于种棉养鸡的法子,也要晓得一点。这都是将来要讲的东西,此时不必多说。

乡间坏事情的发生,多半是在农隙的时候,冬天办乡农学校,不惟可以教给大家多认识几个字,多明白点道理,并且还可以减少坏事情的发生。这个样时候长了,陋俗也就可以变成美俗了。我们乡农学校的课程,如精神陶炼,就是将古代的嘉言善行,说给大家听听;像关公岳飞的忠义,刘宽韩琦的宽厚,和在家待父母处兄弟之礼节,对宗族待邻里之法则,这些道理大家能明白以后,自然就知道怎样为人了。知道怎样为人,自然就不愿做坏事,也不肯做坏事了。人人都成了好人,村也就成为好村了。

俗话说:"若要兴,看后丁",要知道后丁是跟着大人学的。如果我们村庄的人,都明白道理,不作坏事,蔚成一个很好的风气;并且农隙的时候,都能使子弟来上学读书,如此则后丁自然有所取法而不致入于下流!照这样做下去,庄村还有个不兴盛么?所以我们办乡农学校的意思,就是想教大家识字明理,学点技能,人民变成好人民,庄村变成好庄村,社会变成好社会,国家变成好国家,这就是我们办乡农学校的目的。

第五区乡农学校概况

时济云

一　概述

　　吾国以农业立国，文化起于太平原，周代教育最发达，政教合一，文武合一，农兵合一，士为民众表帅。人伦导师。故孟子曰"庠者养也。校者教也，序者射也，夏校殷序周庠，学则三代共之，（校序庠皆乡学，学则大学国学也），皆所以明人伦也"，中国文化之特长，即在伦理政治，在政教合一之下，以学统政，本乎人伦实践，而成礼教，因政教分离之后，私人讲学，根于人性实证，而成理学，亦时代使然也，"由仁义行，非行仁义"，而明人类相对性的绝对精神，如伦常之亲，义、序、别、信等是也，"正德、利用、厚生"原属一贯精神，利用之中有正德，厚生之中亦有正德，正德亦必不离开利用，不离开厚生，故孝弟力田，敦本善俗，为政教实行之方针，在今天社会主义渐昌明时代，乃知古人对于农业生产，社会经济，非常重视，秦汉以后，政教分离，政治纯在消极的控驭人民方面用力，教育于人民生计相云渐远，故酿成现世社会农不知学，而故步自封，学不知农，而空疏无用，工商失学，不明大义，不知正信，只靳靳留心于利，而蔽于自私，故未流谲诈欺罔，渐趋于做法自弊。我国出产，渐渐使价格低落，丧失信用，皆教育不良之罪过也。现在中国乡村农民，有资产者，因不明正义，只知谋利，故社会事业，公益组织，最不易办，而贩卖敌货毒品，受外国帝国主义经济侵略而不自知，尚以诈计得利，窃窃自喜，由是而农民经济愈窘，毒品流毒愈烈，浪人日多，匪寇遍地。现下固有吸食毒品，暂不为匪者，万无匪类而不吸食毒品者，然毒品来自敌国，而上等农户，因有资产，而与奸商相通，杂乱军队，及汽车浪人，嗜利柱法，多为敌人转运贩卖，故在此禁绝毒品之时，而内地毒品价格较前反形低落，是何等的可惧可耻，是皆政教不良之罪恶也，下等农民，稍有才智，幼年失学，因无正当职业，生计日迫，浪漫苟且，或为匪类走使，或为奸商贩货，或入杂乱军队，地方民兵，而与匪类勾结，破坏社会秩序，此皆现在社会乡村之最重大最急切之问题也，而乡村贫民，其子弟无力求学，无读书之机会，而富饶之家，能读书者，只是学知识，求资格，转升学，由乡村而趋于都市，而享受欲太发展，贪婪恶习潜长，毕业之后，不能返回乡村，在都市谋事，卒至人数过胜，则因享受贪婪，而富于好奇，好动，好生不平之感，为某种党派所利用，变为肆无忌惮之浪人，投入军队，化为横逆残暴之匪类，其他乡村成人，只有自私自利，昏昧无识，农隙时则染于恶习，多渐成败类，此乡农学校试办之动机也，不过本院此举实属创举，社会固有此需要，农民多不明真情，更加之以同学出发之时，负枪带刀，（因五区不时有土匪出没，故带枪刀以自卫），身穿制服，故初时农民多望而生畏，以致猜疑横生，莫肯相信，有谓为训练壮丁以打日本者，有谓为名为办学而实为招兵者，谣言纷纷，莫衷一是，此第一次到乡村后之困难也，后经派人分途宣传，讲明此次下乡之意义，与夫乡农学校之办法，复请各村小学教师代为解释一切，于是群情焕然，疑云顿消，斯时诸同学则积极筹划，各庄村亦纷来接洽，总计第五区前后所成立之乡农学校共有高级部两处，普通部九处，共有学生三百十人，此第五区乡农学校大概之情形也，至于总部原拟在明家集，后因房舍不敷用，且属市场，乃移至许家道口，此外各乡农学校之概况，则有如以下各校工作人员之所述者，此不多及焉。

第五区乡农学校工作人员姓名表

主任	时济云			
导师	王湘岑	崔浦孙	闫寿亭	
试导员	刘功魁	宋传江	李元贞	翟汝霖
	马佩芝	王维新	任怀珍	刘开泰
	张敬先	张宪璟	孙生元	董咸桂
	宋业丰	刘毓檀	王敬文	张宗孟

续表

	孙宝增	田秉纶	徐乃繁	毛尊训
	赵振机	赵永华	苏殿槐	萧振厚
	马书政	孟宪彩	曲遵程	纪豫森
	李兰九	胡炳业	薛振峒	齐文津
	张赋三	王伯善	王秉惠	李芳五
	彭万玉	王尊三	崔凤桦	赵玉才
	刘广德	陈立生	杨任昌	王有孝
	李士彝	智乃荣	陈文新	李森
	王传瑞	王允汉	李乃仁	许介之

庄名	部别	学生人数	学童姓名	工作人员姓名	开学日期
许家道口	高级部	四十二	赵子祥 刘献亭 张书堂 刘笃莼 刘怀钧 刘倬云	时济云 崔浦苏 阎寿亭 曲尊程 赵振机 张赋三 萧振厚 胡炳业 李兰九 薛振峒 田秉纶 杨仁昌	十二月十一日
	普通部	三十九	宋善亭	刘开泰 王秉惠 纪豫森 宋业丰 任怀珍	
仓廪庄	高级部	三十六	王毓芹 王传玉 王凤 王传绅 韩广珠 王懋统	王湘岑 孟宪彩 王维新 智乃荣 陈文心 李乃仁	十二月十六日
	普通部	十六	王守田 李守善 贾丕基 郭基凭	王传瑞 王允汉 张宗孟	
大王驼庄	普通部	四十九	李玉书 王乃强	孙保增 高书政 李士彝 王伯善	十二月十三日
张家庄	普通部	三十五	张永观 张学谦 张天序 张继斌 张步青 张继宗	张宪璟 张敬先 王尊三 王敬文	十二月十六日
孙家庄	普通部	二十七	孙殿相 孙会云 孙兴郁 孙殿楹	翟汝霖 马佩芝 陈立生 刘广德	十二月十二日
成家庄	普通部	二十七	成玉田 成作仁 成延诰 成延刚 成心齐	宋传江 苏殿槐 李森 毛尊训	十二月十五日

续表

庄名	部别	学生人数	学董姓名	工作人员姓名	开学日期
韩家庄	普通部	二十九	刘金章　韩现琯　赵俊　赵琚　赵宗义　苏永庆	彭万言　李芳五　李元贞　齐文津	十二月十八日
颜家集	普通部	二十四	牛笏亭　张寿山　张子和	刘功魁　刘毓檀　崔凤桦　孙生元	十二月二十日
柴家庄	普通部	二十三	柴念信　柴念沣　柴念良	赵玉才　赵永华　董咸桂　王友孝	十二月十二日

甲、许家道口乡农学校概况

一、成立之经过　本校为第五区乡农学校之总部，故特设办公处一所，系借刘猷亭先生之闲宅，主任室教员室及炊食部餐厅均在焉，此外又有寝室二所，系在别院，校舍借本村寨外青龙庵，该庵分前后二院，后院堂房作办公室，东西两房作教室，前院作游戏场，当吾同学初到之时，房舍均久无人住，凋敝污积之状，自不待言，师长亲率同学协力修葺扫除，虽不十分整齐，尚亦清洁堪用，房舍既稍就绪，高级普通两部学生之来报名者亦逐日加多，既至相当人数，遂定于十一月十一日行开典礼，届期附近各村庄长及本校学董高级普通两部学生均列席，此乡之年高有德者，亦多来参加，行礼后，时主任讲演下乡创办乡农学校之旨趋，及现在乡村应行改革之事项，王先生亦略述现代教育之弊病及纠正之方法，以后本庄学董致答词，约三时许散会，翌日即正式上课。

二、学生之人数及程度　高级部学生刘怀杰等四十余名，多附近各村之农民子弟，而半途失学者，亦有既入商界而今又欲求学者，高级小学毕业者虽有数人，而曾在旧日家塾读书者，尚居多数，然皆粗通文理而已。普通部学生刘允阁等三十余名，多为年壮失学之农民子弟，或十五六岁之无力求学者。

三、上课时间与教授科目　教授时间——晨五点半起床，早操后时主任训话，本校职员亦全体参加，早饭后九时上课，至十一时止；过午二时上课，四时止，课后由闫先生教导国术或枪法，及各种有趣的游戏。晚时主任讲话，教授科目，高级部：党义，农业常识，农村自卫，中国近代史，精神陶炼，珠算，国学，音乐；普通部：党义，国学，珠算，精神陶炼，农村自卫，音乐，农业常识。

四、教材之选择与教授之方法　教法——多取谈话式以引起学生之兴趣，惟于较深道理间取演讲式。

教材之选择——除精神陶炼由院里供给，国学由时主任选择外，余皆同学自选。

五、工作之分配，及每日工作之情形，分述如下。

工作之分配分：

文书股　经管每日之工作日志，来往信函，与讲义之收录及分发。

事务股　统筹功课之进行，及图书之收借。

事务股　经管本校之钱项，校内物品之购置，兼管炊食事项。

训育股　管理学生之秩序，陶冶身心方面之修养。

每日工作之情形　每日值日三人，担任炊食扫除打铃及校内一切事宜。每晚开会一次，划策翌日之工作。

六、进行概况　全体同学初到该村，一般民众见我们束装整齐，行列严肃，未免心神怀疑，感觉不安。不过数日之后，他们又见我们师长态度和蔼，同学举动谨慎，和起居饮食勤苦耐劳的精神，那种怀疑不安的隔阂，不觉涣然冰释矣！校内事务方大致就绪，高级普通两部之学生报名者已足法定人数，而各村之来接洽欲设立普通者亦逐日加多，卒以同学人数之不足分配，而谢绝之，虽出于无奈，然亦辜负了他们这番热诚，吾同学亦难免无□，不数日同学都纷纷赴各村负务，本校之负责职员，亦大致确定，遂分各股，分任校内各项事务，组织虽不完密，大致亦堪进行，学生亦莫不欢欣鼓舞，精神奋发，附近各村之年高望重者，亦多来校听讲，尤以晚上为特多。一月之后，年关将近，乡间异常忙碌，人数稍减于昔，然亦未有无故请假者，该乡距城二十余里，治安问题，难免鞭长莫及之虞，自卫问题，殊感必要，稍一提倡，莫不乐从。于是乃为之组织忠义社自卫团，乞收永久治安之计，昔日一般民众之视为畏途者，今日莫不踊跃参加，经闫先生及各位同学用心指导，步伐进退，枪法攻守，莫不井然可观。不到半月之训练，而以散漫无纪之民众，成然成了整肃之军旅，此可见民众之热心受训练，勇于设自卫矣。废历年期间，学生请假者渐多，同学亦必须回家实施调查本村户口及本县情况之工作，于是暂告结束，闫先生籍贯河南，本欲回籍，无奈本村人民以自卫团教导无人，坚不放行，故留居校内。及过年后民团益以整齐。这时农家多已开始工作，同学亦多分组赴各村实行指导清乡户口调查，入学者多老幼无工作之闲人，此亦自然之趋势，无容讳言，不到月余，即结束回院。

乙、许家道口忠义社成立之经过

第五区许家道口庄，位置于邹平西北三十里，青龙山之西际，浒山浦之北滨，土地瘠薄，居民勤朴，因此文风教育在邹平县区中为最不发达之庄村。始至其庄，情意不相洽，言语不相投，居诸坐视，袖手复诽者，频频然也。幸有刘君献廷，刘君怀钧，刘君笃菴，及三五老成等，竭力斡旋于其间，遂得设立乡农学校总部于该庄。校舍教室以及设备情形，虽不完备，而大致尚可。高级普通两部学生，均跻跻满堂。齐云时主任于是与在许各学员约：凡许家道口之老幼及附近乡农来访者，无论任何时间，皆须以谦诚之态度与之接洽，诚恳之心意与之交谈，如有所问，则竭诚以告之，如有所求，则尽力以应之，以资联络感情，而免隔阂。行之终月，感情日密，长幼日附，遂乘机告以当此国事蜩螗，盗贼繁滋之际，莫如乡村有团结互助之精神，而团结互助之举行，又莫如办忠义社与自卫。庄人闻之，无不欣然乐从，皆自恨听闻之晚。庄民遂自告奋勇，组织忠义社，并邀同庄长首事，来请求忠义社之规约及其组织法。时主任见民众已起，知其可有为，于是又将五区有普通部之各村庄长及其董事等，同行召集来许，开临时大会，讲论忠义社之意义及办法。略谓：忠义社之组织，完全师取古人成立乡约之遗意，欲使入社者，顾名思义，发心立愿，以正义相砥砺，以忠信相切磋，借此以改良风俗，而维持世道人心。易词言之，亦即欲使大家借此团体之夹持，不作非为，不行坏事，进而能出入相友，守望相助，相亲相爱，不相陵套，以维持地面之治安，而培养社会之正气；此实适应社会之组织也。后公推时主任拟定忠义社简章及规约，许家道口即于一月三日票选社长及干事等，开成立大会，正式成立。全庄一百三十余户，几无户而不入社者，自该社成立后，即由社制造枪刀四十余件，先办民团，训练团丁六十七名，昼则持枪操练，晚则入校听讲，精神秩序，颇为可观。迨二月初旬，昼则实习野操，晚则施行防守，其他若戒酒，戒烟，戒赌等事，亦次第举行，此许家道口忠义社成立之经过也。忠义社简章规约及详见于后。

又按许家道口忠义社成立之后，继而成立者有惠家辛庄，因其办法大致相同，不再赘述。此外在许家道口以先成立者，则有孙家庄，详孙家庄乡农学校进行之情形内。

丙、许家道口庄忠义社简章

第一章　总则

第一条　本社定名为许家道口庄忠义社。

第二条　本社以互相规劝，忠实做事，改过自新，培养自己人格，明辨是非，主持正义，改善乡村之风俗为宗旨。

第二章　社员

第三条　本社入社之手续如下：

1. 凡乡村中十五岁以上四十五岁以下之男丁，有社庄，公正人作介绍者均可入社。

2. 凡入社者每年须纳储蓄金一元，分两期缴纳。

3. 凡入社者须恪遵本社规约，违犯规约者经本社职员忠告二次不能改正者，即令其出社。

4. 凡青年入社者，须得家长认可，有相当介绍人作保证者方得入社。

5. 凡以前染不良习惯，现在确能改过自新者，亦能入社，但须有相当介绍人。

6. 凡不能遵守规约退社后改过自新者，有相当介绍人，仍可复入社。

第四条　本社社员有不得已之情事而出社者，须通知介绍人，代领储蓄金即可退社，其他退社情形，本社临时斟酌规定之，总以宽厚和平为指归。

第三章　组织

第五条　本社设正副社长各一人，干事四人，会计一人，社长总理本社一切事务，干事听从社长指挥，襄助办理社内一切事务，会计管理本社账项。

第六条　本社正副社长及职员均由社员大会选举之，任期为一年，但连选得连任。

第四章　集会

第七条　本社社员大会每年开常会二次，遇有特别要事时，得由社长召集开临时会议。

第八条　本社暂定旧历腊月十五及六月初一为常会会期。

第九条　本社由社员大会制定规约共同遵守之。

第五章　附则

第十条　本简章如有未尽事宜，由本社社员五人以上提议，经社员大会通过后，得随时修改之。

许家道口庄忠义社规约：

（一）规约

1．提倡"孝弟力田"，戒免"横暴游惰"。

2．崇尚"节俭诚朴"，戒免"浮荡奢华"。

3．尊崇"敬老慈幼"，戒免"傲慢欺诈"。

4．奖劝"急公好义"，戒免"赌博窃盗"。

5．保存"善良风俗"，改正"不良习惯"。

（二）永久遵办之事项

1．凡本社社员，有作急公好义特别善行者，用本社息金购备纪念品奖励之。

2．凡本社社员家有婚丧大事者，赠送礼品或祭品，及助理一切，一概不受招待酬谢。

3．凡本社社员遇有争讼事件，无论对内对外，本社职员须主张正义，秉公处理。

（三）永久戒绝之事项

1．赌博。

2．欺诈。

3．吸食毒品，或贩卖毒品。

4．其他不合理之言语行为。

许家道口忠义社箴言

要凭自己本心，改正不良习惯，立志忠实明义，实行孝弟力田，敬老慈幼济贫，爱家亲乡尊贤。

丁、早起歌

（一）黑夜过去天破晓，朝日上升人起早，扫庭院，修道路，要内外整洁，清光无限好。

（二）黑夜过去天破晓，朝日上升人起早，勤俭孝友，慈幼敬老，乡村风俗自好，力田而食，布衣亦尊，天下将太平了。

孙家庄乡农学校概况

（一）成立之经过——本组于国历十二月十日，分发孙家庄，创办乡农学校，校舍暂假孙氏之宗祠，虽不宏敞，然大致尚可，于翌日即开始报名，并拟定十二日上午十一点，举行开学典礼，是时，参加者：有小学教师，本庄正副庄长及民众等等五十余人，颇极一时之盛云。

（二）学董会之成立——由我们提倡，经该庄民众，公推正副庄长及小学教师等四人，为本校学董，并组织学董会，规定每星期开会一次，讨论进行办法。

（三）学生之人数——本校学生，照常到校上课者，其二十七名，晚间农民来校听讲者亦极多，有时，竟达五十余人云。

（四）上课时间与教授之科目——本校上课时间，每日共六小时，上午自九点半起，至十一点半止，下午自二点起，至四点止，晚上自七点起，至九点止；所授科目，因学生资格不齐，科目分甲乙两班规定，甲乙除千字课、精神陶炼、农业、习字、乐歌、军事训练相同外，甲班特加尺牍、日记、珠算作文等科。

（五）教授之方法——因学生资格不齐，分甲乙两班，用单级复式制教授。

（六）工作之分配与每日工作之情形——功课方面，按同学自己之所长，来分别担任；炊食方面，亦由同学轮流负担，每日除正式上课外，多是和大众谈话，或与学生共同作各种游戏之工作。

孙家庄乡农学校进行之情形

乡农学校，为本院之创举，此次施行于试验区，又为开头之第一次，故其进行情形与民众态度，前后迥有不同。在初成立时，除庄长学董及少数之知识分子外，一般农民对乡农学校之意义与宗旨均无相当认识，不能不对之抱怀疑冷淡态度。故此时校中每日除学生出入外，几无他人足迹，学校与村人，不能融洽，对本村事，当无兴革之可言。十余日后，学校之义旨，同学之态度，其由讯问观察，渐有明了，因而亦渐能按进，同学亦将乡农学校之意义与此次下乡之主旨，随时为之解释。且态度和易，应接谦恭。如是月余则向之怀疑，完全冰释矣。一村农民，日间或问难质疑，或随班上课，晚间则老幼盈室热心听讲。讲话已，则大家在一块谈些本村风俗，农业问题，与大家应与应革之事件，熙熙攘攘雍雍穆穆，宛然一公共家庭焉，一月五日时师至，对民众讲话，会言其本村农民有结社之组织，众闻之则欢欣鼓舞，感觉需要，于是师去后，遂组织一忠义社，以戒酒戒烟赌改过互助为原则，社员共五十余人，吾同学则从旁鼓励之，辅翼之，指导之，于是不数日而组织完成，且渐臻实行矣，又同学平日谈话，恒言及女子教育之不可忽，于是阴历年后又有女子小学之成立，其用心之苦，办法之妙，尤令人难以意度。以六十户之小庄，已有小学一，乡校一，其于女学经费自没办法。故一切皆尽义务。校舍三间，为孙氏闲院。教员七人，为乡农学校程度稍好之学生，每日轮流上课，然其热心情形，工作兴趣，真莫可以语言道，是以种种方面，进步极速，迄成立以至同学回院，计不过月余，其于学生之训练，学校之整理，已居然可观矣。

韩家庄乡农学校概况

（一）成立之经过——本院为促进邹平之建设起见，全院师生，乃分发各区创办乡农学校。吾第二班与邹平第五区同学，分担第五区乡农学校之工作。二十年十二月四日，全体向许家道口出发，抵该庄后，由时主任分配同学，下乡宣传，与农民说明创办乡农学校之意义。本组四人（李元贞齐文津李芳五彭万玉）赴刘聚桥，牛官庄，韩家庄，作宣传之功夫。而刘聚桥牛官庄无效。惟韩家庄深表同情，极欲成立。至十四日外受韩家庄绅董之聘，内奉师长之命，遂赴韩家庄创办乡农学校。到后，与该庄庄里长等筹划之结果，暂借本庄初级学校南房三间为教室，西房三间为同人宿舍；所用之桌凳，或系初小之闲余，或由农家借来，虽不合适，亦尚勉强能用。十二月十八日行开学典礼，列席者有庄长刘玉堂先生，里长赵秀卿先生，小学教员王霭廷先生，与夫民众学生四十余人，开会如仪，后由彭万玉同学报告创办乡农学校之宗旨，刘里长亦以勤学勉励学生，礼成散会，次日即正式开课。此韩家庄乡农学校成立经过之大概情形也。

（二）学生人数——正式学生二十余人，大半都是失学青年与不识字之壮丁。晚上听讲之民众，有四五十人，来云不定，大致亦皆感觉不识字之害热心读书者。

（三）教授时间及科目——上课时间，午前九点至十一点，午后二点至四点，晚上七点至九点。科目，精神陶炼，党义，农业，自卫，识字，后因学生之需要又添尺牍珠算等科。

（四）教材与教法——教材除精神陶炼平民千字课由本院供给外，余皆自行选择，以适合学生程度与应用为宜。教法完全取谈话式。

（五）工作之分配——每日轮流值日，作一切炊食洒扫等事。至于功课则就个人所长分别担任，每周开校务会议一次，以讨论一切进行事宜；又每日必须填写工作日志，每周必须向总部报告工作情形，如有疑难问题，则求师长指导解决之。

（六）进行概况——乡农学校原为教育农民而设，与农民颇有利益，在理思上似很顺利，及至实际工作之时，不意发生种种困难，兹就本校进行之情形略述于后。本校成立之初，村民多数怀疑，不甚相信，其间虽有少数人对乡农学校之意义与宗旨。有相当之认识，但不足以解众人之惑。斯时仅有学生五六人，村民不相往来，同人虽甚着急，然亦无可如何也！嗣经庄长学董暗中宣传，又加吾等随时以谦逊和蔼之态度，与之说明乡农学校之意义，与我们此次下乡之主张，约十余日后，群疑渐释，感情亦趋融洽，因之学生亦逐渐增多；至晚间听讲之民众，亦恒至四五十人之多，大有讲学结社之风。自此以后，诸事进行较前为易矣！迄近废历年节，学生均忙于年事，而同学亦急于回县调查，于是暂行放暇。至二十一年二月十五日（即废历正月十日）复行开学，初以闹灯节，后以春忙故，学生较年前减少，至三月十日奉院命结束。此本校进行之大概也。

第三普通部乡农学校概况

本组同学，于十一月十五日，自许家道口总部出发到张家庄，兹将办理乡农学校之经过情形及办法，略述之于下。

（一）成立之经过——校址系借张继宗先生之闲院，院内有北房三间，作吾等之寝室及自修室，南房四间，作为教室，东屋三间，作程度较高学生之自修室，西屋二间，作为厨房。桌凳虽系村人之集合，亦颇整齐。当吾等自总部至该村后，当晚即召集庄排长，作一次谈话。翌日上午八时许，行开学典礼，列席者有庄长排长及学生数十人，拥拥挤挤，同聚一堂，颇有欢欣踊跃之气象。首由王尊三同学，报告本院之宗旨，及此次下乡创办乡农学校之意义，后各同学皆有恳诚之讲演，至十一句钟乃散会。次日即开始上课。

（二）学生之人数及其程度——本校有正式学生三十五人，年龄在二十四十之间，程度受旧学五年以上者，有二十余人，余则为不识字者。此外白日在家工作，晚间听讲之民众，为数亦恒至三十人之多。

（三）上课时间与教授之课目——上课时间，头午自八点至十点，过午自二点至三点半；晚刻自八点至十点，课程则有精神陶炼，国学合作，农业常识，珠算，自卫，农民千字课，军事训练，党义。

（四）教材与教法——教材除精神陶炼，及农民千字课，由院内供给外，余则由个人斟酌选择。国学，则选取历史中名人之嘉言善行，及农民化之诗歌；自卫，则选取农村自卫研究及曾胡治兵语录等书，他如党义，合作，等等，亦皆有参考之书籍。教学之方法，或取谈话式，或取讲演式，课程钟点之多寡，全以学生之需要而定。总之使课目就学生，而非学生就课目，校内熙熙攘攘，俨然一大家庭也。

（五）工作之分配及工作之情形——本校学生分甲乙两班，功课之分配，均按个人性质相近者担任之，余正式钟点外，任精神陶炼者，则有朝会训话，以指导学生之生活；任自卫者，则有劈刀及操法训练，以实施自卫之方法。更因晚刻人数特多故，对于中国固有之道德，民族之精神之讲述，时常有逾钟点处，然听者皆乐而不倦，钟点之延长，有势所必然者。吾等除负责功课外。而炊□汲水等事，轮流负担。炊□汲水，似乎一苦事也，而吾等不但未觉有痛苦，尚有痛快之感焉。

（六）进行概况——于初到校时，村长等人，虽明了本院办学之意义，而一般民众，被近几十年来政治之欺骗，复加余等有军人气象，恰巧中央又有训练壮丁之通令，对于工作进行上，不免枝节发生。吾等除时常开会，与本庄学董共谋进行外，亦只有平平实实，努力以尽个人之责任而已。十余日之熏陶，而学生心理上大有变化矣。始定每周有校务会议一次，以讨论一周之得失，及后日之进行。王师湘岑，时师济云，亦时常巡回指导，不但专指挥吾等，每至校时，则召集全村民众，讲述中国固有之忠孝仁受信义和平等美德，对于民众之指醒处，不为不大也。进行一阅月，旧历年关将近，是节为乡村最大之节之，学生多忙于筹备，余等即于一月二十一日，召开学董会议，一月二十二日，停止工作。在此机会，吾等奉到本院通告，各自回县作调查工作，于二月十五日，调查完竣，复归乡农学校，继续进行工作。逾二十余日，农民之工作开始，吾等于三月十日，一同回院焉；乡农学校，至此暂告一段落。此吾等此次办乡农学校之大概情形也。

颜家集乡农学校概况

（一）成立之经过　在本校未成立之前，由里长及庄长向总部接洽一切，嗣于十二月十八日吾同学四人始来此筹备，校舍假庄东关帝庙，内有大殿三间，东西屋各三间，以西屋作教室，东屋作同人宿舍，木器皆系该庄初小之闲余破桌，虽不甚合适，亦颇堪用，为经济困难起见，设备极为简单，无处不系因陋就简，宿舍床铺乃两页破门页已，其余不言可知，十二月二十日行开学典礼，参加者有里长牛笏亭先生，庄长张寿山先生，小学教师王波亭先生，及民众学生五六十人，此外时主任济云，王先生湘岑，亦届时莅会，行礼后首由王先生报告创总乡农学校之意义，次由时主任讲演中国古代教育之精神，约二时许散会，次日即正式上课。

（二）学生人数　正式学生二十余人，除二三初小毕业者外尽为年长失学之壮丁，每晚旁听民众不下五十余人，但各困于生计，来去不定，故不数计，所可嘉者，有学生二名以木工为业，每于工作之暇辄到学识字，勤苦刻励，始终不懈云。

（三）教授时间及科目　因乡人日多两餐，上课时间，上午自九点至十二点，下午一点至二点，晚八点至十点，科目精神陶炼，党义，识字，农业，自卫，体操，故事，唱歌，因应学生之需要，又添有尺牍，珠算，劈刀各科。

（四）教材与教法　教材除精神陶炼由本院供给外，余多自行选择，对于程度较高之学生，还有短篇时文，及名人列传，晚间谈话多取处世为人方面之材料，至于教法多取启发式，惟晚间用谈话式。

（五）工作之分配　为工作便利起见，除每日炊食汲水洒扫轮流值日外，于功课方面则各就所长而分任之，但于每星期六下午三点开校务会议一次，以讨论进行事宜，此外每日必填写工作日志，每周必向总部报告工作情形，遇有难题则求其解决。

（六）进行概况　当本校初成之际，进行困难，不堪言状，民众则视为邪说异端，不堪相信。五日之久，无锅炉无床铺，昼则食馒首饮白水，

乡农学校专号

无甚蔬菜，晚则宿于门板之上，总之，一切什物皆自行筹备，听学董之自便，绝不强索。而学生亦仅有十余人，因之愈挫愈坚待人愈厚，教人愈勤，谦恭诚恳，以解释误会，久之意气渐洽，感情日密，而学生亦于是逐渐增多，晚间来校听讲民众，应有屋小人满之患。可见人性皆善，触之无不觉，叩之亦无不应，端恃乎感化力之大小耳。及废历年关将近之时，学生因忙于年事，无暇求学，于是遂暂行停止，同学等亦各旋里从事调查工作，年关过后，复于国历二月十五号继续开学，惟人数不如以前之多，因旧俗灯节，乡人皆赶办娱乐各事故也，况又值春忙时节，殊有碍校务进行，本院有见于此，遂定于三月十日一律结束回院，而本校亦于是日如命办理焉。

甲、仓廪庄乡农学校概况

（一）成立之经过　本校之筹备，完全经诸学董之手，房舍则借用王氏先词，计有堂房三间，东屋三间，西屋四间，高大宽敞，殊为难得。器具因乡间缺少，乃改用本院之铺板（用砖架起）以为桌凳，虽不雅观，亦尚称适用。十二月十六日开学之日，参加者除本区赵区长（子祥）王里长（子鸣）及各村庄长首事外，孙院长陈主任于主任时主任亦届时莅会，行礼后，首由孙院长报告乡农学校之宗旨。次由陈主任讲演为学之意义与需要；于主任时主任亦各有简要之演词，历三时许，始行散会。听众莫不欢欣鼓舞，喜形于色，翌日即开始上课。

（二）学生大概之情形　本校共分两部：一高级部，二普通部。高级部共有学生三十六人，大部分来自附近乡村，其程度除少数为高级小学毕业者外。大多数为肄业于私塾；且有两三人已讲过五经，普通部共有学生十六人，亦多入过初级小学或私塾；至于不识字者，亦不过四五焉，除高级部有六人至校寄宿外，余皆住于家，此学生大概之情形也。

（三）上课时间与教授之科目　上课时间，旧历（因乡间仍沿用旧历故此地亦以旧历作标准）年前兴旧历年后不同，因旧历年前农民多每日两餐，旧历年后缘应酬繁忙，都改为三餐也，兹分列如下：

旧历年前上课时间表

晨　六点半——七点半

午　九点半——二点半

晚　六点半——八点半

旧历年后上课时间表

晨　六点半——七点半

上午　九点半——十一点半

下午　二点——四点

晚　七点——八点

因两部学生之程度不同，故所教授之科目亦略有差异，兹分列于后：

高级部教授之科目

　　党义　经学　精神陶炼　农业　自卫　史地　文学　音乐国音
　　讲话　应用文

普通部教授之科目

　　党义　识字　国音　农业　自卫　精神陶炼　歌谣　音乐

（四）教材与教法　本校所用之教材，除精神陶炼，史地及平民千字课，由院中供给外，其他各科，则斟酌学生之程度，自行选择。例如农业则选自农业常识，自卫则选自农村自卫研究，经学则讲授论语，文学则选讲诗文，其他若尺牍，若讲话等等，亦莫不如此。要皆以合乎学生之程度。应乎社会之需要为准则也。至于教授之方法，则注意诱导与启发，冀以引发其向上之精神，使渐趋于合理之生活。至于晚上之讲话，尤注意民族精神之唤醒，与民族信力之培养，一因晚上听讲之民众极多，再则因吾国数十年来民族之精神已衰落到极点，民族之信力亦丧失殆尽，此时非唤醒民族之精神，坚定民族之信力，决不足以起衰振废而推进乡村也。总而言之，我们之教法，是想从唤起民族之精神着手，而渐引入于乡村之各种实际问题也。

（五）职务之分配及每日工作之情形　本校为办事便利起见，分为教务及事务两股，每股推两人负责，教务股则统筹两部功课之进行，事务股则理全办校之事务，惟炊食汲水等事则由同学轮流担任之。

每日早晨有早操，早操后即为庙会，（早课）在此时间，或讲诗歌格言，或提示应注意之事项，借以提撕其精神，减免其错误，纳其生活于合理之中。上午两班以后，有半点之休息，或在校内，或在院外，或共同谈话，或练习音乐，借以恢复其精神，而畅快其身心。午后课完，即率领学生作校外之游戏，（五十分钟）或习拳练刀，或畅谈高歌熙熙融融，亦殊饶乐趣，晚间讲话除学生列听以外，而农民来校听讲者亦极为众多，甚或室内过于拥挤，有伫立窗外而听者。故白日上班完全为训练学生之工作，晚上讲话则实变为整个的农民之运动矣。

（六）进行之概况　本校为校务进行便利起见，每星期开校务会议一次，以讨论各种问题；派人赴附近乡村接洽一次，以交换彼此之意见；每两星期赴总部报告一次，以陈述各种之情形。总之本校当初办之时，农民多疑惧观望，学生亦半信半疑。一星期后，彼渐明了本院之主张与夫乡农学校之意义，于是乃大放心，父诏其子，兄勉其弟，而皆以来校听讲为要事。学生由此亦逐渐增多，竟自二十人，增至三十人。（高级部）每晚农民来校听讲者，亦常有屋狭人满之患，甚或有一二里路以外之老先生，每晚必持灯而至者，其心之热诚，殊可感谢也！后至一月十九日，将近旧历年关，农民多忙于年事，同学亦将有修学旅行回乡调查之举，于是遂暂告结束，迨年关过后复于二月十五日，继续上课，附近各村虽因闹元宵而有各种游艺之举行，但本校之功课，则仍旧照常前进，且此期之学生亦较前加多三四人，且有自六七里以外之庄村特别送来者，不过因同学之结业期太促，不能长作乡间之留，故院中命于三月十日一律结束回院，及回院之前一日，学生则亲制馓醴，以与学董同人等共同聚餐，气味融融，大有家庭之风味，情意依依，又有不忍远离之情形，此则使吾人感激难过而无可如何者也！次日早饭后即整装回院。

乙、仓廪庄乡农学校工作说明及高级部功课进行概况

工作说明

本院此次下乡办理乡农学校，最重要的意思，我们认为是要在乡间培养出几个乡村运动的人才，开创出一点乡村运动的风气，树立下一点乡村运动的基础。本乡农学校的设立与进行，就是根据这个意思而来的。

说到培养人才，开创风气，树立基础，这真不是一件容易的事，想着完成此使命，第一就非把一般农民的信仰培养起来不可。但欲培养起一般农民的信仰，就应当从两方面用功；一方面以真实的心肠，诚恳的态度，去感动他们；一方面以民族的精神，固有的道德，去诱导他们。如果能这样去做，那一定能有效果的。不过于此我们有应当特别注意而不可忽略的一点，就是一般农民的心理是如何？现在一般农民所崇拜的是孔孟，所尊重的是伦理，所服膺的是孝弟，所看重的是忠信；他所最痛心的是人心的日下，最疾首的是风俗的日坏。（此点尤以乡间之老先生为最甚）能认清楚此点，而以中国固有的学术思想，—孝弟忠信礼义廉耻的道理—来接引

他，指点他，那一定能受他的欢迎，而见寺他的信仰，只要能得了他的信仰与欢迎，那事情便好办了！然后再按地方上的情形，而引入于农村教育，农村经济，农村自卫之各种实际问题，自然就能左右逢源，无往而不宜了。然后再择学生中之优秀有志，诚朴能干者，使知乡村运动之重要与不可缓，及所负责任之重大与无旁贷，如此则乡村运动的风气庶几可开，而乡村运动出之础亦庶几可立矣！不然的时候，农民的疑虑未除，而遽语以乡村自卫之实施，农民的信仰未立，而骤告以农村经济之改进，鲜不闻而却走望而生畏，那怎么能有效果呢？

基于上述之理由，所以我们此次工作主要之意思，就是想培养地方上的人才，以树立乡村运动之基础，沟通彼此之情感，以养起一般农民之信仰。因此我们特别注意精神陶炼与讲话两科。精神陶炼为训练学生，讲话则为接洽一般农民也。试行以来，尚不无效果。除此以外，对于地方上之实际问题，应兴革之事业？如忠义社之组织，贫民贷款所之举办，各种弊俗之改革，—亦随时加以指导，加以提倡，总一句语说，我们认为这种乡村运动，—办乡农学校—根本的精神，在于唤起民族精神之觉醒？培养民族固有之信力，由此进而谋农民知识之进步，技能之增加，次解决农村间的各种问题。至于各种功课进行之概况，则如以下所列，兹不多赘。

高级部功课进行概况

（一）党义

　　三民主义大意　时事报告

（二）精神陶炼

（甲）恢复民族自信力性是兴国的唯一要务

　　国民应有的精神智、仁、勇

　　中国固有的道德忠、孝、仁、爱、信、义、和、平

　　孔子　孟子

　　李离尽忠　豫让死节

　　文王之化　举案齐眉

　　勤俭爱敬（汉鲍宣妻桓少君的故事）

　　尚义恤贫（范纯仁以麦舟助石曼卿的故事）

　　乐正子春

　　公明宣

　　　　王孙贾报国

　　　　范张践约

　　　　迷信与理信

　　　　习俗与礼俗

　　　　邪巫当禁

　　　　论纪泽

　　　　吕新吾论存心

　　　　陈述古先生教民

　　　　陈肃忠公论幼学

（乙）家庭须知

　　　　第一章　绪论

　　　　第二章　家庭礼节

　　　　第三章　家庭教育

　　　　第四章　家庭卫生

　　　　第五章　戒缠足

　　　　第六章　戒早婚

　　　　第七章　婚聘祭丧

　　　　第八章　家庭古训

　　　　第九章　家庭格言

（三）经学

　　　　上论讲完自学而至乡党共十篇

（四）文章

　　　　郑伯克段于鄢

　　　　曹刿论战

　　　　司马迁报任少卿书

　　　　李陵答苏武书

　　　　杨恽报孙会宗书

　　　　柳宗元捕蛇者说

　　　　苏轼留侯论

　　　　苏老泉辩奸论

　　　　梁任公学问之乐趣

　　　　宋濂阅江楼记
（五）诗歌
　　　　衣铭　越谣歌
　　　　古谚　乌鹊歌
　　　　古怨歌　乐学歌
　　　　求信吟　言行吟
　　　　咏良知四首　答人问良知二首
　　　　正家箴　归田园居二首
　　　　游子吟　紫柏老人诗
　　　　义利吟　君子吟
　　　　睡起偶成二首　山中梦母
　　　　尊农吟　四时读书乐
　　　　忆舍弟　忆母
　　　　勉学诗　兄弟歌
　　　　春日偶成　春日
　　　　江南春　燕诗示刘叟
　　　　感事示儿孙　田家
　　　　清明　淮南民歌
　　　　七步诗　古诗二首
　　　　古诗为焦仲卿妻作　一千七百四十五字
　　　　十九路军血战抗日歌
　　　　血战行　戒从子诗十二首
　　　　僧志安绝句　游小园不值
　　　　庆全菴桃　再游玄都观
　　　　滁州西涧　花影
　　　　村庄即事　乌衣巷
　　　　送使西安　西湖二首
　　　　观书有感　棉花
　　　　君子行　张思淑座右铭
　　　　中国古代政教歌　中国古代文化之精神

（六）应用文

　　尺牍称谓　书札须知

　　尺牍举例

　　催同学来校　约叙谈

　　约同应试　约游玩

　　还代购书款　允戒赌

　　与弟论交友　与表弟论早婚

（七）农业

　　农业之意义

　　五谷选种法

　　庄稼施肥法

　　土地整理法

　　农畜育种法

　　庄稼除虫法

　　各地农谚

（八）史地

（甲）历史

　　世界人种及中国民族之说明

　　中国民族之发源

　　上古史讲完自盘古至南北朝

（乙）地理

　　世界大势　五带之划分

　　五大洋及五大洲之位置

　　中国地理之大势

　　重要山川之位置　各省位置及其重要物产

（九）自卫

（甲）自卫之缘起

　　历代自卫组织概况

　　现在自卫组织及训练之方法

　　忠义社之提倡及其组织

（乙）劈刀

第一、二、两式及整齐法
（十）讲话
　　　　乡农学校之意义及其主张
　　　　中华立国之精神　孝弟忠信礼义廉耻
　　　　孝弟为人之本
　　　　我们应当保守的一点信念　孝弟力田忠厚传家
　　　　我们怎样去作人　本良心存公道
　　　　暴日之蛮行及我国民应有之觉悟　力行与日本经济绝交实行全国总动员
　　　　中国社会之组织伦理化
　　　　中国农村的三大问题（贫愚弱）及其解决之方法
　　　　中国历史上几个伟大的人物
　　1. 诸葛武侯
　　2. 岳武穆
　　3. 文天祥
　　4. 史可法
　　　　平凡伟人
　　1. 布衣周小泉
　　2. 樵夫朱光信
　　3. 陶匠韩乐吾
　　4. 田夫夏叟
　　5. 丐者武训
　　　　吕新吾省心纪
　　　　好人的责任　主张公道尽心公务
　　　　贫民贷款所之重要
　　　　训世箴规
　　　　第一篇　总论
　　　　　　吕新吾好人歌　吕新吾收塞北论子
　　　　　　王中书劝孝歌　八反歌
　　　　　　朱伯庐劝言　孝弟勤俭　读书积德
　　　　　　杨椒山遗嘱

　　　　徐节孝先生语录二则

　　　　邵康节诫子孙

　　　　阳明先生论俗二则

　　　　阳明先生论杨茂

　　第二篇　立身

　　　　共六十四则

　　第三篇　待人

　　　　共三十三则

　　第四篇　处事

　　　　共三十七则

　　第五篇　居家

　　　　共四十六则

　　　　附注——训世箴规之后三篇有一部分未讲。

（十一）音乐

　　　黄族歌　满江红

　　　农夫歌　吊周瑜

　　　燕朋友　苏武牧羊

　　　四时读书乐

（十二）国音

　　　国音浅说讲完

丙、仓廪庄乡农学校高级部学生的几页日记

曲百芳

（一）今早我回到家中，正在吃饭，忽听魏君方仁叫我上学。我因吃饭，没出屋与魏君相见，遂说："没吃完饭，你先走吧"！他走后，我心中觉着非常不安。想起古时周公那样贵重的人物，还下白屋，一沐三握发，一饭三吐哺，如此有礼。何况我这无知的白丁就此等自大，岂不可耻的很吗？我劝诸位同学，不要似我这样的行为方好！

（二）今天我读了一篇孟郊做的游子吟，他用二三十字能把母亲待子的亲爱心肠，处处的挂念，都活活写在纸上，叫我看了明白父母对子的情形。但是现在为子的不但不报父母的恩，反而好似眼中之钉一般！想想我们在小的时候，父母提携捧负，畏其不寿，至于成人，如不报父母之恩，岂不如豺狼一般吗？但是我们报父母之恩，用什么东西为最好呢？依我看来就是一个"孝"。

（三）今天上午上音乐时，唱了一个爱国歌，我觉得很有趣味。但是因为什么唱歌？就是因为音乐能增长人的精神，扫除人的乏倦，活泼人的脑力，减少人的私欲，处处都对我们有很大帮助。依我的眼光看来，音乐这一班，很有价值，我们不可轻轻放过。

（四）天寒风紧，湖中溪上，都满遮着一层层的坚冰；树也枯落了，赤条条一叶不挂，此时只有狂风长啸，在这种枯寂无聊的世界中过活，岂不凄凉吗？今天上午回家吃饭时，见四方的苍柏翠松，亭亭独立，傲骨天生，抱着不折不屈的精神；看那当春夏茂盛的树木，现在已完全凋零了！那松柏在春夏时，不与万树争荣，独与霜雪争胜，古人有云："不受磨炼不足以显英雄"，从这两句话中，可以推想松柏的性情了！

王允德

（一）我国在亚洲东南部，开化最早，是东亚文明先进国。土地宽广，人口众多，气候温和，世界各国都没有比上我国的。但是教育不能普及，实业不能振兴，政治很不完善，以致弄得国民虽众，不能充分发挥其能力，土地虽广，不能充分利用其宝藏，因此使各大强国，得用侵夺之伎俩，以经济作先锋，以武力为后盾，屡加我国以重大的压迫，使我国常在他们羁轭之下，痛苦难堪！你看微小的日本，已强占我东三省，杀人无数，横行已极，这实在是我国民最可耻的！我想国家要强盛，全靠咱们乡农能吃苦耐劳，有勇敢的志气，奋斗的精神，不畏惧，不退缩，去打破不平等的界线！同胞志，努力呀！努力做去，贯彻始终，才能保住堂堂的中国领土！

曲本善

（一）

今天听讲论语四段：首段"人之过也，各于其党，观过斯知仁矣"！人之邪正难知，行事之差失易见，即差失之中而邪正判焉！君子存心怨，行事常过于厚，小人存心刻，行事常过于薄；其党类固不同也，其意可由见矣。三段"士志于道，而耻恶衣恶食者，未足与认也"！夫人心欲求道，志在道而已，又何以恶衣食恶为耻哉！足见好学之人，不为外物夺其志也！

（二）

在学校之间，不可饱食终日，无所用心，当自奋发有为，日进乎高明；不当自暴自弃，日就乎卑下。我欲进，谁能阻我之向往；我欲退，谁能止我之怠惰；人无自限之弊，终至圣贤之域。圣人虽生而知之，贤人亦可学而知之，常人亦能困而知之，及其知之一也。

人当孩提之时，饥不能自食，父母乳哺之，寒不能自衣，父母怀抱之，父母之恩，昊天罔极，终身报之不尽，可不孝乎？

李居邠

天下之事物，皆一本而万殊。譬如树有干，由干而生枝，枝有大小曲直之不同；由枝而生叶，叶有圆不圆之殊；由叶而生花，花又有颜色深浅之不同；由花而结果实，果实又有大小歪正之不同；如此可为万殊。这些东西从何处而来？若考其实，则又从其根所有之生机发生而得焉，岂非一本乎？又好比水泉，从山始出曰涧，再曰沟，又曰溪，曰湖，曰江，曰海，其最大者曰洋，名各不同，是为万殊。而究其实，亦一源之所出，岂非一本乎？由是观之，木有本，水有源，皆能以一贯之，圣人之道，亦何莫不然？今王老师于"吾道一以贯之"一章，既讲而复述之，盖此关节系紧要。恐道理渊深难懂，故详其精微，推其奥妙，欲学者深思玩索而有所得也。吾虽不敏，亦略有所会焉。夫人人皆可以为先舜，人人各有本然之心也。此心是人与尧舜所同者也。然而尧舜终为圣人，我且不免为愚人者何也？盖尧舜能推而广之，渐渐而至于高明者也；我则为私欲所蔽，渐而荡然泯灭者也。故书云"人心惟危，道心惟微，惟精惟一，允执厥中"。此十六字者历代圣贤之心传也；故为圣贤者亦皆以是为学也。是故尧传舜，舜传禹，禹传汤，汤传文武周公孔孟诸圣，其所以为圣者皆不外乎此，又岂徒求之书哉！故阳明先生曰"圣人之学心学也"，岂不深信然乎！若心存天理，即是固有之良，用此良心即能孝父母，敬兄长，以及于仁民爱物，而后谦温恭让皆备于已，是万殊也。然推其所以能孝弟仁爱谦温恭让者则此心而已矣，故一贯之根，只是一点良心，又何疑哉！而曾子又答门人以忠恕者何哉？盖中心为忠，如心为恕，以忠为体，以恕为用，凡存其心，中正光明，即忠也；本此心应万事即恕也，故曰道理则一岂有许多？人之所以为人者，在乎此心，存心能善则万理自出，非一贯而何？

魏方仁

（一）王老师演讲孔子为不仁而用礼乐者曰："人而不仁如礼何？人而不仁如乐何？"余觉得很有趣味，盖礼乐所以表仁心，仁心足而礼乐亦遂之而足，是以车笠相揖，自有慈祥之色，蒯桴土鼓，自有和乐之音，苟人而不仁，开僭越之风，生乖张之气，虽貌行礼乐，其实于礼乐何有哉！如此虽三牲之礼，不敌苹藻之菜，黄钟之音，不如孺子之歌！

（二）求学之道，贵乎自治。自治之法，侵晨而起，夜半而卧，知一字，行一字，言无失礼，动无失容，即独居一室，所用的书籍，所用的笔砚，陈于桌案，必要整齐。至于隐微一念之动，一意之萌，父兄不能窥，师友不能睹，亦自尽其慎独之功。

（三）说话容易实行难，越小人越会说，我要认清楚见人善当学，见人恶当戒，谁人不是老师，何处不是学问，克勤小物，乃可日起有功！孔子曰："三人行，必有我师焉"，全在反省自身。

晚王老师讲读书之道，余方知古人读书，注重得之于心，见之于行，不然徒记古人话头，凭空辩论，如望风扑影，有什么益处呢？

大王驼庄乡农学校进行概况

导友　孙保增　高书政　李七彝　王伯善

我们的乡农学校，不仅是作新民的机关，同时也是改良农村经济的民众机关，由农民生活的增进，做到文化水平线的总提高，这是我们办农校的根本意思。

（一）成立经过——召集本村董事，谈了几次关于农校的话，于是由促动而自动，由自动而乡农学校出现了。村东大庙做了校址，神台，破门做了书桌，在总理像下，集了一群忙人——农民——由几位野老宣布正式成立，指导人——同学——做了正式教员。

（二）学生情形——我们是全民教育，凡来学的，不论男女或坏人，都尽心教他。但此村学生都是农民，都是能生产的成年大众，布衣敝履，凑满板凳。程度固然不齐，精神则颇见踊跃，每日约五十余人。

（三）上课时间及教授之科目：

1. 上课之时间如下：

晨、六点半——七点半

上午、九点半——十一点半

下午、二点——四点

2. 教授之科目如下：精神陶炼，识字，农业常识，农村自卫，党义，珠算，唱歌。

3. 晚谈话，隐输正义之气，却其怕事之心，及劝其无逸与孝弟力田。

（四）教材——所取教材，都根据农民的需要，自然的现象，社会的情形，凡与农民生活有密切关系的，统是教材，都斟酌教他。他不需要的都不教他，他不懂的，都不硬教他。总之，我们是拿教材去适应他的环境，并不是教他们不关环境来求智识。

（五）教法——纯用谈话式，诱导式，启发式，用朋友的态度相对，不用指挥愚民的眼光，尤重意好习惯的养成，与环境习惯的改正。都慢慢的云利导他，全校使有家庭气味，朋友气味，相规相劝，身体力行。

（六）进行情形——每日早晨，有早操，课前课后，或练习音乐，或练习武术，皆无师生隔阂情形。每周开校务会议一次，董事，学生，都全体参加，讨论校务进行，及应兴应革事宜。同学亦每周轮流向各校参观，以资观摹。

（七）结语——我国近来农村，因国际环境的变易，皆受波及。旧日人物，管不了，新式人物，不能管，旧教化破坏，新教化没有，人无重心，上下扰动，旧经济组织分化，新经济组织未成立——决不能成立，如无人救济，行见我民无昭苏之日，言之痛心，思之堕泪，吾乡农学校，即此应运之产物。我们的乡农学校教育，完全是适应农人的生活，道德的提高，劳心劳力，融合为干活求学，谋生求智，都同时并进，普通化，不断化。需要，精神，都面面顾到，都面面提高，使农民做到老，学到老，活到老，做个农村好子弟，国家好公民。

柴家庄乡农学校概况

（一）成立之经过　先期接洽该庄长，筹备一切，房舍则假庄东首庙中之公共房屋，以北屋三间作教室，宿舍则与小学教员共之。校具则因陋就简，虽不甚整齐，亦尚堪适用。至庭院之宽阔。屋宇之高大，都殊难得。本校于十二月二十一日开学，是日除同学及本庄初小教员霍贻堂先生外，尚有本里里长于俊林先生，庄长柴念沣先生，学董柴念信先生等皆莅会。行礼后，首由赵玉才同学报告本院此次创办乡农学校之宗旨，次由王友孝同学讲演农民读书识字之重要，其后里长庄长及学董亦均有精要之演词，历三时许，始散会。大有兴高采烈欢欣鼓舞之情形。

（二）学生之大概情形　本校共有学生二十余名，究其程度，多为受

161

过一二年之教育者，（多在从前私塾中读一二年书，亦有在初小读一二年书者）而一字不识者，尚属寥寥。后为授课之便利起见，又按其程度之高低，分为甲乙二组，此本校学生大概之情形也。

（三）上课时间与教授之科目　每日上午自九点至十一点半，下午自两点至四点，晚间自六点至八点，为上课时间。至于教授之科目，则有识字，农业，自卫，史地，党义，精神陶炼，珠算，音乐。

（四）教材及教学法　本校所用之教材，除农民千字课及精神陶炼由总部供给外，余则按学生之程度，各自选择。教授之方法，则用谈话式，启发诱导，俾能开发学生向上之精神，使其生活日趋于合理化。

（五）职务之分配及每日工作之情形　本校的一切事务，全由我四人负责，功课则按个人相近者担任之。午后课毕，则群集院内，或唱歌，或游戏，或习国术，或谈故事，欢欣鼓舞，直似一大家庭焉。

（六）进行概况　本校为进行便利起见，每周开校务会议一次，讨论一切进行事宜，遇有困难问题时，即派人赴总部陈述，并请代为解决。再则本校当旧历年前，学生按时上课，精神尚属整齐。迨旧历年后，因闹元宵，忙农事，学生渐就减少，旋亦奉院命于三月十日，即行结束。

成家庄乡农学校进行概况

（一）成立的意思——先是成心齐先生自动发起，召开村公会，议决成立一乡农学校普通部。听说他抱两层意思：一是借以教本村失学少年；二是整顿村风。氏怀此两种要求，乡农学校遂以诞生。

（二）成立之经过——自十二月十四日（国历）到该村后，即乘筵席之下，召开村民大会，布达来意，及本院举办乡校大旨。立即推定董事五人，成心齐先生总其成。校舍系成氏家祠，西屋是本村初级小学，本校即与对立，因陋就简，设备方面亦不过略具桌椅。置办完毕，即公布校名为成家庄乡农学校；并拟定翌日即行开学，此事完毕，我们即行分头接见村农，访问本村农民生活状况，以及历年大事，期为改进之目标。

（三）学生人数——正式生盖二十余人，至于灯下来听讲之民众，往往有拥挤之患，但以来去不定，故不计之。及后半期，又有外村来学者五六人，其程度除极少数读过四书或进过几年学堂之外，大多数是不识字的，故我们把他分成甲乙两组，以便学教。

（四）上课时间之规定——本村逼近泺水湖，农产多芦苇，村民多忙于生计问题，白天故不暇上学，所以"行有余力则以学文"的时间多在晚上。凡事决不可固执一端，须随时随地而制宜，故本校为环境所使，大部分都是夜课（约占十分之七）。

（五）教材与教法——教材除本院供给者外，又于故事俗说五种遗规……斟酌取材，但总依社会之所需，学生程度之高低以定取舍其余各科，亦皆本此宗旨。

教学方法盖用所谓启发式者，以引起动机而因势利导之。故本校课程表不供诸大家，就我同人各人性情之所好所长分任之。用谈话式与之讲述讨论，但各人于上课时，须自行设计自度尺寸。

（六）每日工作情形——我同人每日总有一人，专负汲水做饭扫除之责，其余三人则轮流上课，或接见村农。设有余暇，或各人搜集教材，或关阅书报，但写工作日志，或个人日记，须于晚课散后，方能执笔。

（七）进行概况——本校除特别情形之外，照常每星期四开会一次，（本村初级小学亦在内，因为两校合作其实是一个）会名为自新会，无论师生，尽可以把自己一周的所行所为不合者于开会时自动说出，向大家忏悔，事不避琐碎，尽可叙述，历一小时后，即可谈谈故事，或说说笑话而散会。

星期五是同人开讨论会，商确学务的进行，或下周应做事项。譬如预备下星期把学生分成甲乙两组，甲组添讲论语珠算，或帮助开辟校园预种花木……

至于校务会议，则临时召集，星期六至总部做周报告，星期日仍如本院规定照常上课。各种情形大致已如上述，不过我再总括起来说几句。在以先同人方面都听到些冷话，或看到些冷面孔，所以人来人往的原因，大都抱着看看卖什么货的意思，故完全他们都是"支吾""对付""招应故事"的态度。但我们视为当然？因为这是做乡村运动定不少见的事情。可是自从对心齐先生说："中国人本来应该种中国地，吃中国饭，穿中国衣裳，学问有中国的一套。况且孔夫子所讲的仁义道德，已经有几千年的历史，我们是文明古国，洋东西那是靠不住的……"以后，学校气味便由生疏而转向亲切。因此我们曾经会同各董事召开村民茶话会，到会者约有四十余人，谈话间，他们要求我们演讲。先是李森同学讲"礼义廉耻"，继而苏佃槐同学讲"古之为学者为己，今为学者为人"一题，他们以为道其所欲言，欢声称赞！次则毛遵训同学，讲武训先生的为人，他们又是称赞不已！因为历时已逾三小时，我遂讲了几个故事乃散会，这是旧历年后的事情。

第六区乡农学校工作报告

于鲁溪　高赞非

一　六区概况

邹平第六区，东界长山，西接齐东，南邻本县四区五区，北联本县第七区，旧行政区，划为十里。凡五十八村。居民普遍是自耕农。土地大致还算肥沃，惟南部地势洼下，每年秋季多为水淹，因之作物收成很受影响，地价亦大致较北部为低。作物南部多是普通谷类，中部及北部，则可说是一棉业区，几乎每个农家，都要种棉。种棉本较种谷利益为大，然而因为自来的销路几乎全是日本的纱厂，自去年东省事变发生，对日经济绝交，于是棉的销路大减，农家的生活，因之大受影响，这殊为六区经济上的一大问题。农民性质大致尚忠厚，惟乡间聚赌及吸食毒品之风，近年来亦颇滋长，影响于乡村之秩序颇重。教育则小学全区有三十九处，成绩亦高低不一。兹附各种简略之调查表于后，以作参考。

二　乡校之酝酿时期

自从去年院中决定以乡农学校为乡村建设之基础，且定于本年冬间全体学生下乡实习以后，本区的乡农学校，便已开始酝酿了。全院学生实习区域的分配，是将训练部七班学生，分配于全县六区之内（第一区为城区除外）第六区是第六班学生的实习区，当时议决以鲁溪、赞非董其事。因为这件事是一种创举，不易得到乡间人之了解与同情，我们乃不能不于事前作一番酝酿的功夫。在九月三十日，院内会约金陵大学农业推广员阎先生，到各区放射农业改良的电影，我们会借着这个几会，把办乡校的意思，顺便对集会的乡人说了一下。相距不久，我们又往各村内拜访六区有声望的领袖，又向他们详细说明乡校的意义，当时还很得他们的同情，并且很希望我们去办。又因为小学教师训练班已经办了两期，这些教师，是散布于全县之内的，他们对于乡农学校的意义，亦都有相当的明了，因此他们对于所在的村庄，亦很帮着我们来解释鼓荡此事。至此，我们觉得乡间人对于此事，已经有了相当的了解与同情，于是我们即着手于全区学董会之促成了。

三　全区学董会的成立

学董会的意义，在本刊关于乡农学校之理论文字，已有叙述，兹不多赘。成立的手续，是事前请本区区长张逊堂先生，先通知全区各里庄长定日开会，开会的地点是在王伍庄小学内。当时因鲁溪忙于筹备农品展览会，未能与会，去的是赞非和院长孙廉泉先生，前试验县区主任梁劼诚先生。到会者二百多人。当时我们三人即先后向大家讲解乡校的意义和开会的目的。讲解后，大众似都颇有欣喜之意，当即推举学董。推举的结果，是区长为当然学董，余是十个里长，和全区有声望的许佩五、石锦堂两位老先生，共十三人，结果还算很圆满。散会后，即邀众学董讨论乡校的地点问题，当时因他种问题，未能即时决定。在农品展览会闭幕以后的第三日——十一月二日，我们又特别召集学董开会，讨论这个问题。开会时孙家镇和辉里庄两处都想先办，我们都允许了。开会以后，我们即先后到辉里庄、孙家镇看学校的地点，并且商酌我们下乡的日期，以及其他的一切问题。结果是决定两处都在十一月九日下乡，两处都派大车来院迎接。至于其他的问题，亦都有很满意的解决。

四　出发的情形

决定出发的日期以后，回来我们便积极为出发的准备。我们把全班学生分为两队，一队往孙家镇，一队往辉里庄，第一队由鲁溪带领，第二队由赞非带领，尚有孙子重、马培萱两先生，亦分于两处助理，每队一切事，俱以学生之自治为原则。其学生之自治组织如下：

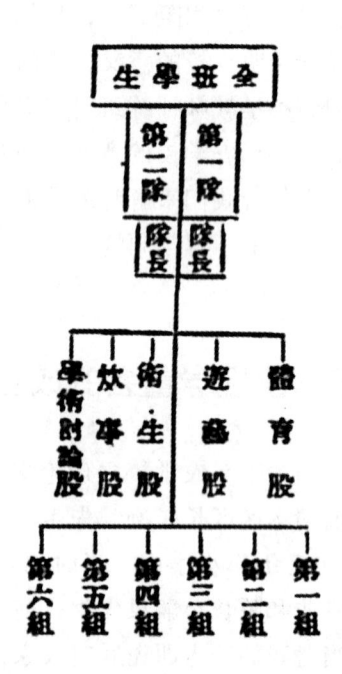

```
                    ┌─────────┐
                    │全班學生│
                    └────┬────┘
              ┌──────────┴──────────┐
          ┌───┴───┐              ┌───┴───┐
          │第二隊 │              │第一隊 │
          │ 隊長 │              │ 隊長 │
          └───┬───┘              └───┬───┘
              └──────────┬──────────┘
        ┌────────┬───────┼───────┬────────┐
      學術    炊事    衛生    遊藝    體育
      討論     股      股      股      股
       股
        │        │        │        │        │
       第       第       第       第       第
       六       五       四       三       二    第一組
       組       組       組       組       組
```

在十一月十九日，我们果然下乡了。那天的情形，第二队的学生王少逸君，在他所记的工作报告中，记载得颇为详细，现即抄录于下以当叙述。

今天是我们到乡间去的佳期——六区来车欢迎的一天。不意不做美的雨，不紧不慢的终日下个不停。我们的轻便行装，早已整顿妥当，好比行军的模样，只待命令一发便走了。但恐来车为雨所阻不来了。

头午本院开欢送会，各位先生对我们，那一种诚恳的态度，谆谆告诫，切切叮咛，真令我们永不能忘。陈主任说大家下乡好比女儿出嫁，她临登彩舆前，他母亲心里不知怎样才好。"必敬必戒，无违夫子"，愿大家体贴这个意思，而谨慎从事。接着孙院长向我们讲创办乡农学校的意义，以作下乡宣传的资料。王平叔先生，以易经上的"山上有木渐君子，以善化风俗"二句见赠，并勉以热烈的去干，慎重的用思。茹先生训话，下乡的唯一要务，是和农人打成一片……高先生训话，在这下乡前兴高采烈的情形之下，要有冷静的头脑来观察事实要把气来含蓄着，以处理事物。武先生训话，一要居处恭；二要执事敬；三要与人忠。时先生训话，做事第一要有好动机；第二要有好方法。这些话都是金玉良言，要牢记在在我们的心头，或不致将来大有陨越。

不料欢迎的车，如期而来，过午二队便分头出发。由队长带着，在雨丝濛濛之下，踊跃的走着。留后几人监视辎重车。我们走出二十里，被黑幔罩住了，地理既不熟悉，暗中摸索，风雨又来侵袭，衣湿体寒。地上泥泞，步履维艰，饿火中烧，腹中雷鸣。这是我们下乡，第一口嗜的味道！但大家不但不出怨言，并且还欢笑的谈着，以为我们作乡村工作的人，应有这种劳苦的严格训练！这点小小的辛苦，是有代价的。约至夜内十点才来到目的地——辉里庄小学。村人欢迎着极尽东道之谊。该校的小朋友们，也忙着烧火为我们洗尘。不多时车已赶到，便在村人给我们预备的房子里大家一同安息。

五　初到乡间的工作

我们初到乡间，因为常接近的，只是村庄的领袖，虽然他们很了解我们的意思，而一般真正的农民，则大多数尚不明白我们的目的。因为我们穿着黑色的制服，于是他们便以为我们是"兵"一类的人，因而常呼我们以"老总"，呼我们所住的地方为"局子"，而不敢很和我们接近。不过这些老总却和气得异乎寻常，乃使他们惊异不止。在这时，我们不能向每一个人都有所解释，只有谨慎的作我们应该做的事。在最初的十天以内，我们做的事情，主要的有下列各事：

（一）开学董会——我们的办法，是除了全区学董会以外，每一村的乡农学校，又要有一个村学董会，以勷助办理这一村的乡农学校。孙家镇的学董会，在上次看学校地点时，已经推举出来。在下乡的次日，即召集各学董开了一度的会议，商讨同学们食宿及其他的问题。辉里庄方面，则在下乡后的第二日始组织起来。在开会时，并向各学董重新解释了乡校的意义，因为这村读书的人很多，心思比较开展，故很容易了解。而学董兼校长之忠直刚毅的村长李北辰先生，对这件事尤其表示热烈的赞许。

（二）问题的研究与讨论——关于乡校的教材及教法等等问题，每个同学都不能不有一番深密的思考。因此，每日都不能不有所研究讨论。在辉里庄方面开头几天，每日同学的工作，是如下表所规定：

	6	起床
第一段	6—7	朝会拳术
	7—8	小组讨论会
	8—9	研究
第二段	9—10	早饭，休息
	10—12	讲解
	12—4	研究
第三段	4—5	晚饭
	5—7	研究
	7—8	全体讨论会
	8—9	记日记
	9	就寝

（三）整理住处——在孙家镇的同学，是住在南门外的娘娘庙里。庙虽不破烂，却是污秽得很厉害。下乡的次日。孙家镇的同学，便全体下手大扫除，不到半日，已经整理得很可住了。辉里庄的同学，本是住在该村的小学内，在村东头李氏宗祠内办公吃饭。因为感到两处跑很不方便，乃同学董商好，完全移居于祠堂之内。移居前，村人帮着我们用棂子门把祭棚的前后廊都镶起来，当作办公厅，更把院子里的碎砖烂瓦，修垒了两个花池子。经过了两日的整理，也居然使房院焕然一新了。

（四）往各村调查宣传——为了想着了解各村的情形，两处乃分使学生往各村作户口地亩等概况之调查。并带着招生方告和标语，分贴各村，更借此机会向各村村长说明乡校的意义，以期一般农民，对此事普遍的了解。

六 开学情况

孙家镇和辉里庄因为两处村人热心的讲劝，学生都招得很不少。在十一月二十八日，孙家镇的乡校即行开学礼。参加的人，除本村学董及本院师生外，计有学生八十五名，尚有旁听者多人，合计不下一百三十余人。由学董马仁村先生做主席。行礼后，由主席报告乡农学校之宗旨及意义，对乡校学生，亦多勉励之语。后复由鲁溪作长篇之训话。散会时听众莫不欣然有喜色。辉里庄是在十一月二十九日开的学，学董学生和旁听的亦约有一百一二十人，地点在本庄小学楼前的院子内。村人推赞非为主席，行礼后，亦作了较长的演讲，继则学董李北辰先生和小学校长李会堂先生，亦先后对学生有勉励的话。开会时，阴云四合，寒风凛冽，但各人的精神仍然很好。礼成后，诸学董又极诚恳的要款待我们一下，都以为却之不恭而叨扰了。虽不是给我们以美酒佳肴，但地方人士对我们的敬意，却实在是异常的隆重。

七　各分校的成立

因为全区只有孙家镇和辉里庄两处学校，力量不能普遍，乃即以此两处为总校，而分使学生往其他各村筹办分校。本来在上次下乡调查时，已经把这个意思向各村里的人说过，因此，再说办公校，已算有了根据。我们把每处的同学分为数组，每组认定几个村子，分别接洽。经过了半月的时间，能成功的分校，已经成功。计全区，有十一处，其所在的村庄为：王伍庄，周家庄，东郭庄，赵家庄，冯家，蔡家，大时家庄，大陈家庄，东白家庄，霍家坡，西苇家庄，分校组织，大体与总校相同，不过办事的人较少，要受总校的指导而已。

八　教材与教授时间分配

乡校的教材，本无定书，全待我们自行搜集。又因为最初即顾虑到学生程度之不同，而有高级部普通部分别授课的决议，因之适当的教材，寻求更不容易。本区的乡校，孙家镇和辉里庄，是高级普通两部都有，霍家坡是单一个高级部，其余都是普通部。各处的情形不尽相同，因之教材亦不甚一致。课程则大体两部的功课是可归为四大门类就是：

（一）精神陶炼——包括党义，历史及小说故事，社会常识，唱歌等。

（二）国文——普通部为识字，高级部为国学。

（三）农业问题——包括农业改良，农家副业、合作等。

（四）自卫

至于每日上课时间的分配，则多是一日上课两次：自早饭后九时至十二时是一次，晚饭六时至八时是一次。但亦不固定，因为乡间人的生活是没有规律的，其人数之多少与来校时间之早晚，绝不能一定。各校授课的次序亦不很相同，不过大体上是把精神陶炼，放在每日最后一时。因为在一日生活将要结束之前，使学生之精神有一个奋发的机会，觉得这样办是颇有意义的。

九　各种活动

在最初，各校开学后，多只是按着时间上课。但我们的根本意思，却绝不以这样为满足，我们是希望把我们的教育普及于农人整个之生活的。因此，各方面的活动，我们是必要相机进行的。在这短促的三月以内，我们申及于乡村其他方面的活动，觉着有意义可以报告的，有下面这几种：

（一）朝会——为了唤起乡村间的朝气，各校开课不久，多半提倡来作朝会。有几个村庄，参加不单是乡校的学生，并且还有学董和小学的学生，集会时，跑步、唱歌、游戏、军式操、讲话，隔日间错的轮流着，以使乡人不感觉着机械，在每日晨光曦微时，各校早起的警号——钟声或号声，便开始响动，继则村前或村内的"场"上便聚了很多大人小孩，或是紧张的跑着，或是悠散的唱着，那时真使我们感到乡村的优美，和乡人的可爱了。

（二）拳术训练——为了想着锻炼农民的身体，以作自卫的准备，各处乡校，多积极提倡乡人练习拳术。有的是在朝会时举行，有的则在每日特别提出的时间举行。这一件事，乡间人多半很感觉有兴趣。辉里庄且单组织了一队人来练习，且制大旗一面，题曰"国术团"。

（三）自卫指导——自卫问题是中国多数乡村所感到的最切迫的问题，这个问题不解决，则多数乡村一切改进的事，便完全谈不到，邹平近年来虽然尚称安静，然而抢劫的事，冬季仍是不免。因此乡间自卫之组织与训练，实非积极注意不可。虽然各校亦有军式操和拳术的训练，可作自卫技术方面的预备，然而只是这样，却仍无济于事，因为根本乡村尚没有组织，不过这件事指导着办起来，却太不易。因为多数乡村是不能合作的，而乡人又好敷衍,这恰是办理自卫极有力的障碍。因此,虽然多数的村庄,以过去本有自卫组织的基础,经乡校之指导,能组织成功,有的如辉里庄之彻夜轮班站岗,要口令,其组织尚颇有精彩,而少数乡校所在的村庄,这一件事终未能倡办起来。

在孙家镇方面,还举行了一次自卫联合会,尚颇有可述。那日开会的地点,是在孙家镇南场内。参加的,除各村庄农学校的学生外,其他农民亦复不少。彼等各持军械,本镇公安局及各商家,亦均加入开会。鲁溪和区长等都有训话。后复依次在郊外演枪助兴。是日到者凡七百余人,团旗飘扬,颇极一时之盛。

(四)乡校学生大集合——除了孙家镇方面举行的自卫联合会以外,又曾举行过他种意义的大集合。一次是为着欢迎江问渔、卢觉绵两先生,和本院的梁院长,两个总校及附近的各分校,都曾分别在孙家镇,辉里庄,为盛大的集合。一次是为辉里庄开新年同乐大会,而有辉里庄方面各分校学生之大集合。每次集合,并有各庄小学校的学生参加,合计每次不下有四百余人。乡校学生每次集合时,都是肩着枪,炮和其他的武器,以助声势。

(五)集市讲演——这一项不是对乡校学生的活动,而是对于一般农民的活动。这项活动,孙家镇于今年一月十六日曾作过一次,其情形如下:(录自孙家镇魏华亭君所记之生活日志中)

"上午十时,于主任领同本部试导员,在孙家镇十字街西端,举行讲演。预备有鼓一面,锣一面,小桌数面,凳十余张,有棉业标本农业图表,均分别陈列张贴。首先敲打锣鼓,锣鼓喧天,观众云集,甚形拥挤。蔡家庄乡农学校自卫团六十余人,各持枪械,环列周围,维持秩序。锣鼓声□,由本部试导员,依次打拳劈刀弄枪以助兴。次由于主任讲种棉之利益及种棉之方法。再次则由各试导员轮流讲演养猪养蜂之方法,及现在东省之事件。至下午二时方住"。

(六)卫生运动——卫生方面,我们并未指导做出多少事,只有在辉里庄,曾与乡校学生举行了街道的大扫除一次,扫的是本庄小学门前一条东西街,把多年来拥积的垃圾,都一律清理了。

(七)凿井推广——凿井本是华北农业改良问题中之一个极重要的问题,一到乡间,我们即竭力推广此事,尚颇得孙家镇辉里庄两处学董之赞许。不过他们却都想先凿吃水的井。这件事，久已下手了。但却因为两处甜水层太深，流沙太多，故未能速即成功。在辉里庄，现在方得遇到甜层水，即积极下管安机。孙家镇则暂停工，拟俟辉里庄井成功之后，再集中力量加速完成。

十　短期的影响

自下乡到回院时，匆匆只三月有余，真难说对乡间有何重大的影响。不过有些情形，较从前似乎是进步之象，尚觉可以一述。有乡校的村庄，今冬的治安似乎都有显明的进步。在蔡家庄，偶有一夜，有土匪十余人，潜入村内，意图抢劫架票。因该庄已有乡校，乡校学生以及本村民众，已有组织之组织，夜晚各户轮流巡逻，既发现土匪，乃一面由巡逻人发放土枪轰击，一面鸣锣敲钟，庄人于是各持器械，蜂拥而出，乘兴而来的土匪，乃急急鼠窜而去，有几个且几为土匪所执。又据各村一般老者言，每年至农暇时，尤其是冬季，村内之青年农民，多偷闲饮酒聚赌，结果则耗费钱财，败坏风俗，一切纠纷冲突，多由此而生。自卫校成立后，一般闲暇农民，无业青年，率多入校就学，既无时间可乘，复受到相当教育，交相沽酒聚赌者，已极少见云。

十一　回院以后的活动

乡村事业，绝非短暂时间所能推动，因之乡农学校，亦非永久继续于乡间不可。我们只为目的是在实习，不能只在乡间，所以在三月十一日，便已结束，除了凿井的同学，都一律回院了。不过虽然回院，而对各村间的关系，却仍然不使之断绝，因为这样才能使乡村间已提发的热气，不致再冷静下去，而得逐渐使乡村有所进步。回院以后，除凿井一事尚积极活动外，我们继续活动的，最重要的尚有下列两事：

一是棉业表证农家的提倡——六区大致可以说是棉业区，所种的十九是美棉，但因为农人对于选种及种植法之不知讲求，所以棉的生产便日形退化；又加以今年销路停滞，乃愈便农人的生活窘迫，这实在是六区最大的问题，解决的办法，惟有一面加以指导，使之知道选种，改进种植的方法，一面积极倡导，使之有运销购买之各种合作组织，始能对于生产及运销问题有充分的解决。不过这当然只有一步一步的指引，绝不能一时都做到了。我们颇想先从生产方法之改进起以促进其合作之组织。具体的办法，则是想在各乡校，选推学董及学生为表证农家，发给优良棉子，并指导其一切种植方法，使之将改进办法逐渐推广。由各表证农家之共同组织以作合社之基础，而先及于本年之运销事宜，优良棉子的来源，是青岛大学的农学院，和齐东的第二棉业试验场。这件事在许久便酝酿着了，回院以后，不久即分派学生赴各乡校所在地促成此事，且把棉子都分缴完毕。计表证农家。十三个有乡校的村庄共计有一百四十三家，其姓名及棉子的分配，亦俱附表于后。

二是新法种牛痘的推广——乡间对于种痘，素来是用旧法，既不卫生，费用亦大。我们为推广新式简易种牛痘的方法，曾择一日，使各乡校之主办同学，分赴各乡校用这种方法种牛痘，这件事很得乡间人的欢迎。计各同学在乡间种的人数，总计有二百八十七人。

十二　感想

这一次试验，真不能说有多大的成绩，并且一加回想，还觉得缺陷重重，很多足使吾人自愧自省之处。不过虽然如此，对于我们自己，却与以不少的启发和帮助。很重要的，是使着我们对于乡农学校的意义，和乡村运动的性质，不敢不以虚心为较深切的体会和认识。我们觉得，乡村运动根本可说是一种文化运动，这就是说，此运动之本身，不只在乡村事的方面之建设与改革，最中心的，还是乡村人的生活本身之开发与指导。盖惟此乃是乡村运动的基础，一切具体改进之方法，如合作，农业改良，自卫等事，惟有附属于此根基之上，始能得其长养。乡农学校，其真正的意义盖乃在此。以惟有此乡农学校，乃能与乡村运动之性质相适应。然亦惟有这样，我们乃不能求近功，走巧路，惟有深心诚毅以对之，以期其生机之自发。若出之以粗心浮气，则其不落于助长之途者几希。凡吾同人，当亦同具斯感欤？

十三 六区学董姓名表

姓名	年龄	籍贯	住址	履历
张逊堂	三十九岁	邹平县	本县城内	曾任党务整理委员会宣传干事现充第六区区长
王家铭	五十一岁	同上	王家庄	现充六区梁一里里长
赵恒业	四十三岁	同上	郑家寨	现充六区梁二里里长
李笠扶	五十二岁	同上	辉里庄	现充六区梁三里里长
马豢书	四十二岁	同上	孙家镇	现充六区梁六里里长
李凤烈	五十一岁	同上	打鱼里	现充六区北梁七里里长
何崇泽	六十岁	同上	何家庄	现充六区南梁七里里长
韦凤宝	五十三岁	同上	东韦家	现充六区长六里里长
李星文	三十五岁	同上	信家庄	现充六区东长八里里长
时尚璧	六十岁	同上	时家庄	现充六区西长八里里长
成立宝	五十七岁	同上	成家庄	现充六区九里里长
石锦堂	七十四岁	同上	霍家坡	曾充崇实高校校长现任县志委员会委员
许佩五	六十五岁	同上	周家庄	现任县志委员会委员

乡农学校专号

十四　六区乡农学校一览表

校名	校址	部别	校长	董事	学生人数	开校日期	校具	校舍	试导员
孙家镇乡农学校	孙家镇	高级部	马文齐	于瑞林 韩林竹 李冠三 张逊亭 马仁村 周省三 李裕卿 张化明 王子美 马敬桥 刘之田 张思丰		民国二十年十一月二十七	以板为桌坐凳黑板俱全	七间	苗增琨 时尚常 魏华亭 姚泽润 张玉田 钟昭煜 于魁书
同上	同上	普通部	同上	同上		同上	同上	同上	同上
冯家庄乡农学校	冯家庄	同上	赵克平	林兆祥 冯汝能 马逢吉 冯汝乂	四十名	民国二十年十二月五日	号桌十五张黑板俱全	四间	高锡农 程立身 赵青选
蔡家乡农学校	蔡家庄	同上	蔡守坦	蔡子勋 王家铭 蔡辉亭 刘景峰	三十三名	民国二十年十二月十三日	桌凳敷用	三间	马庆麟 王凤蓍 薛士杰
时家乡农学校	大时家庄	同上	时裕平	时常浩 时玉川	三十三名	民国二十年十二月三日	黑板桌凳全	六间	庞连信 韩青峰 邵凤岐
陈家乡农学校	大陈南庄	同上	于广普	宋念五 刘本会 信来宾 张石三	二十七名	民国二十年十二月四日	桌凳黑板挂灯俱有	七间	李敬民 林志岗 陈秀口
白家乡农学校	东白家庄	同上	王启尧	王闻训 王启兰	五十六名	民国二十年十二月十六日	桌灯俱全	六间	王怀玫 娄士林 龚鸿祥
霍家坡乡农学校	霍家坡	高级部	石锦堂	王开训 赵守德 韦凤宝 王志高 霍树阀 李武魁 夏贯通 张汝训 霍明林	三十五名	民国二十年十二月九日	齐全	十间	毕耀东 李兰村 石深山

175

续表

校名	校址	部别	校长	董事	学生人数	开校日期	校具	校舍	试导员
辉里庄乡农学校	辉里庄	高级部	李枢庆	李可怀 李教常 李恩荣 李涧常 李文常 李保常 李经常 李恕常 李笠庆 李可震	十八名	民国二十年十一月二十九日	齐全	四间	冯宝铭 司玉之 朱玉岗 李恩聪 王少逸 李善德
同上	同上	普通部	同上	同上	六十二名	同上	同上	同上	
王五庄乡农学校	王五庄	同上	徐次昌	马之田 李文常 王开明 徐华亭 徐方起 李恩荣	二十七名	民国二十年十二月十四日	敷用	四间	田玉椿 赵钧 王淼林
周家乡农学校	周家庄	同上	徐建勋	徐佩五 崔凤仪 朱守田 郭成佛	四十名	民国二十年十二月七日	同上	五间	张寿元 李振声 董天良 陈履浩
车郭庄乡农学校	车郭庄	同上	刘佩三	何昌明 刘瑞峰 刘光汉 刘汉卿 刘中信 王作英 潘建英	三十九名	民国二十年十二月四日	同上	六间	龚献治 李松林 史作卿 韩浩
赵家乡农学校	赵家庄	同上	张爱吾	张存德 李汉杰 徐方岱 李建堂	七十名	民国二十年十二月六日	同上	七间	赵贤一 牟毅生
西韦家乡农学校	西韦家庄	同上	李武魁	赵长春	六十名	民国二十年十二月十八日	同上	六间	李耀荣 张树檀

十五　六区村庄概况调查表

号数	村名	里名	村长	绅董	户口	地亩	主要姓氏	有无学校	距城里数	调查人
1	大白家	长六里	赵守德		六十户	四百亩	赵	无	十五里	王怀玫
2	小白家	同上	商玉生		二十户	二百亩	商	无	同上	赵青选
3	西韦家	同上	李兴五		八十户	二百亩	赵	有	同上	娄士林
4	波踏店	同上	夏贯通		六十三户	七百亩	夏	有	二十	庞鸿祥
5	东韦家	同上	韦凤宝		二十户	三百亩	崔	无	十五	韩青峰
6	东白家	同上	王开勋		七十户	五百亩	王	无	二十	李松林
7	霍家坡	同上	霍明达		二百户		霍	有	三十	史作卿
8	时家庄	长八里	时常修		八十户	四百亩	时	有	同上	钟昭煜
9	安祥庄	同上	刘维钧		四十户	二百亩	苗	有	三十五	邱凤岐
10	南刘庄	同上	张明德		三十五户	九百亩	张	无	同上	张玉田
11	信家庄	同上	张运臣		一百二十户	一千五百亩	张	有	同上	庞连信
12	陈家庄	同上	于广普	刘本会	一百三十户	二百六十亩	陈	有	同上	钟昭煜
13	罗家庄	同上	张玉平		三十户	六百亩	张	有	同上	庞连信
14	道民庄	同上	张冠英		七十户		张	有	同上	娄士林
15	陈王平	同上		韩纯一	一百七十户					
16	王五庄	同上	韩继会		一百七十户	一千八百亩	韩	有	三十	田玉椿
17	周家庄	同上	许佩五		一百户	一千八百亩	许	有	同上	张寿元
18	小陈家	梁一里	李恩荣		五十户	五百亩	王	有	三十五	林忠岗
19	小张家	同上	魏振銮		八十一户	六百亩	张	有	同上	魏华亭

续表

号数	村名	里名	村长	绅董	户口	地亩	主要姓氏	有无学校	距城里数	调查人
20	蔡家庄	同上	蔡辉亭		二百零二户	二千五百亩	蔡	有	三十五	钟昭煜
21	高家庄	同上	高加俊		六十户	七百五十亩	高	有	三十二	苗增琨
22	王家庄	同上	王家裕		四十户	三百亩	王	无	三十五	李大举
23	刘家庄	同上	刘景峰		三十户	六百亩	刘	有	同上	陈履洁
24	党里庄	同上	孙清义		九十户		李	有	三十八	吕受田
25	袁家屋子	同上	袁仲华		八户	二百四十亩	袁	无	二十	吕受田
26	五户	同上	李光辉		七十户	六百亩	王	有	三十五	张树檀
27	陈家庄	梁二里	陈子正		三十二户	五百五十亩	陈	有	五十四	牟毅生
28	安家庄	同上	王玉印		一百户	七百亩	王	有	五十	李恩聪
29	要庄	同上	李子厚		一百四十户	一千七百亩	李	有	同上	赵钧
30	赵家庄	同上	张存德	赵子久	七十户	一千亩	张	有	四十五	司豫知
31	郑家寨	同上	赵公业		九十户	七百五十亩	赵	有	四十	陈履洁
32	打渔里	同上	李汉杰		一百一十户	一千四百亩	李	有	四十五	赵贤一
33	大三户	梁三里	张象太		一百户	七百亩	张	有	四十	马庆麟
34	小三户	同上	李昌林		三十户	三百亩	李	有	四十	张树檀
35	潘家庄	同上	耿日祥		十五户	一百二十亩	潘	有	四十五	李口荣
36	刘家庄	同上	刘贵三		四十八户	三百亩	刘	无	同上	张树檀
37	曹家庄	同上	何允卿		二百五十户	四千五百亩	何	有	四十二	李大举
38	辉里庄	同上	李北辰		一百户	三百亩	李	有	三十五	冯宝铭
39	车鄂庄	同上	刘佩三			七百亩	刘	有	四十	隆惠占

续表

号数	村名	里名	村长	绅董	户口	地亩	主要姓氏	有无学校	距城里数	调查人
40	孙家镇	梁六里	马文齐		四百五十户	二千四百亩	李马	有	四十	苗增琨
41	范家	同上	范维纯		八十户	八百亩	范	有	三十五	赵青选
42	大里庄	同上	孙士先		五十七户	四百三十亩	李	有	四十	姚泽润
43	北辛庄	同上	谭兆信		三十八户	二百七十亩	孙	有	同上	王怀玫
44	何家庄	梁七里	何宗泽		二十三户	二百亩	何	无	同上	王森林
45	于家庄	同上	于管学		四十五户	七百五十亩	于	有	三十八	冯宝铭
46	徐家屋子	同上	徐立中		十户	一百亩	徐	无	二十五	韩浩
47	王家屋子	同上	同上		十二户	一百五十亩	王	无	同上	张树檀
48	成家庄	长九里	成立保		二百户	一千五百亩	成	无	三十五	娄士林
49	张德佐家	同上	张立亭		八十户	九百亩	张	有	同上	庞鸿祥
50	孔家	同上	孔庆桢		三十五户	四百亩	孔	无	同上	同上
51	潘家	同上	潘兆元		三十七户	二百二十亩	潘	无	三十	苗增琨
52	古家台	同上			三十二户	一百八十亩	李	无	三十	李敬民
53	仁里庄	同上	张树德		三十二户	三百七十亩	张	有	四十	同上
54	长怀家	同上	张贵分		二十四户	二百八十亩	张	无	同上	林志岗
55	孟家坊子	同上	王士信		四十户	二百五十亩	王	有	三十	郎凤岐
56	岳家官庄	同上	岳化文		二十户	二百亩	岳	无	同上	马庆麟
57	冯家	梁一里	赵克平		一百二十户	一千亩	冯	有	四十	高锡炎
58	杜玉平	梁六里	王玉浩		五十五户	三百三十亩	王	有	三十五	韩青峰

十六 六区教育概况调查表

号数	村名	学校名称	校长	学童	教员	开办年月	学生人数	学生出路	校舍	校具	经费学费	学费
1	蔡家庄	初级小学	李振声	蔡惠亭	李振声	民国十八年二月	二十五名	升学	四间	齐全	按银两摊派	每年每生一元
2	郝路平	同上	霍淑润	王玉浩	霍淑润	同上	二十名	学商农	六间	简陋	同上	同上
3	冯家	同上	王复登	冯子杰	王复登	同上	四十二名	升学	同上	敷用	同上	同上
4	小陈家	同上	杨鉴三	杨鉴三		民国二十年三月	十三名	农	八间	齐全	同上	无
5	刘家庄	同上	孙魁鹏	刘景峰	孙魁鹏	同上	十八名	农	三间	敷用	同上	每年每生一元
6	张家庄	同上	马尽臣	魏鉴三	马尽臣	民国十八年	十五名	学农	三间	简陋	同上	无
7	时家庄	同上	杨渐臣	时长修时象西	杨渐臣	民国三年	二十六名	农	五间	敷用	同上	每年每生一元
8	大陈家	同上	许宗汤	于广谐	许宗汤	民国二年正月	三十六名	农	六间	敷用	同上	每年每生一元
9	安家庄	同上	张功均	刘维均	张功琴	民国十四年	十六名	农	五间	简陋	同上	无
10	信家	同上	王汲	信连元	王汲	民国三年正月	二十五名	商	四间	同上	同上	每年每生一元
11	孟家坊子岳家官庄	同上	成兆清	王振汉化文	成兆清	民国十九年一月	十六名	学商农	九间	敷用	同上	无
12	西旨家	同上	石芳春	赵长怀	石芳春	民国元年四月	三十名	学农	六间	同上	同上	无
13	波渣店	同上	张芳圃	韦凤保	张芳圃	民国元年三月	三十二名	同上		齐全	同上	无

乡农学校专号

续表

号数	村名	学校名称	校长	学董	教员	开办年月	学生人数	学生出路	校舍	校具	经费学费	学费
14	成家庄	同上	曹子房	成立玉	曹子房	民国五年	四十名	学农商	十二间	同上	同上	无
15	霍家坡	同上	霍民义	霍树阁 霍树森	霍民义	民国十八年	三十五名		六间	同上	同上	每年每生一元
16	东郭庄	同上	刘中源	刘中信 刘光汉 刘芳田	刘德斌	民国二年正月	二十八名	农学商	四间	敷用	同上	同上
17	潘家庄	同上	耿日祥	潘建英 刘贵三	耿日祥	民国十八年正月	十六名	学农	五间	简陋	同上	无
18	小三户	同上	李梅馨	李长麟	李梅馨	民国元年正月	三十六名	同上	三间	敷用	同上	无
19	曹家庄	同上	刘俊亭	曹守田	刘俊亭	民国五年正月	十八名	学农商	六间	同上	同上	每年每生一元
20	于何二庄	同上	李佰预	于观友 于观学	李佰预	民国十八年十一月	同上	学	三间	同上	同上	无
21	党里庄	同上	李恕学	李永盛	李恕学	民国元年	二十名	学农商	五间	同上	同上	无
22	王伍庄	区立第六完全学校	张韶亭	徐佩五徐汝营	宋子衡 霍书齐 蔡洋亭 李兴文		一百五十名	学农	二十五间	齐全	由教育局领	无
23	郑家寨	邹家公立初级学校	赵佰业 钟志元	钟志元	李昌荣	民国二十年	十九名	学农商	三间	简陋	按地亩摊	每年每生四元

续表

号数	村名	学校名称	校长	学董	教员	开办年月	学生人数	学生出路	校舍	校具	经费学费	学费
24	辛集子	初级小学	陈瑞生	孙墨恒	陈照儒	民国八年	三十名	农	四间	敷用	同上	无
25	五户	同上	霍明校	李光辉	霍明校	民国十年二月	二十一名	农	同上	同上	同上	每年每生二元
26	周家庄	同上	郭俊荣	许佩五	郭俊荣	民国五年正月	四十三名	农	五间	齐全	同上	每年每生一元
27	高家庄	同上	高荫亭	高家亭	高荫亭	民国元年二月	十六名	农商	三间	敷用	同上	每年每生二元
28	赵家庄	同上	徐方坤	徐芳岱	徐方坤	民国二年	二十五名	同上	同上	齐全	同上	无
29	打鱼里	同上	刘春林	李汉杰	刘春林	民国五年	二十四名	同上	四间	敷用	同上	无
30	耍庄	同上	孙连登	李淑宽	孙连登	同上	二十六名	同上	三间	同上	同上	无
31	道民庄	同上	释守礼	张冠英张子民	释守礼	民国十六年一月	同上	农	六间	同上	同上	每年每生一元
32	大三户	同上	高印五	张魁三	高印五	民国七年一月	三十名	学农商	三间	同上	同上	每年每生八角
33	辉里庄	同上	李会堂	李佩之李棠庆李醴庆	李北辰李子时李佑廷	民国元年	九十六名	同上	七间	齐全	同上	每年每生二元
34	张德佐家	同上	李绪华	张立亭张子厚李义堂	李绪华	民国三年三月	二十名	商	八间	敷用	同上	无

182

续表

号数	村名	学校名称	校长	学董	教员	开办年月	学生人数	学生出路	校舍	校具	经费学费	学费
35	安家庄	同上	霍明经	王凤芝	霍明经	民国四年	同上	农商	四间	同上	同上	每年每生一元
36	陈家庄	同上	禚景岳	陈履瑞	禚景岳	民国六年	十五名	同上	三间	同上	同上	同上
37	北辛庄	同上	马潍俊	谭立贞	马潍俊	民国二十年	十六名	同上	三间	同上	同上	无
38	大里庄	同上	张学成	李有忠	张学成	民国十五年	二十八名	学农	五间	同上	同上	无
39	孙家镇	同上	韩竹林 马维杰	张思谦	马维杰 韩竹林	民国十六年	八十七名	农	九间	同上	同上	无

十七　推广美棉试验区计划草案

邹平县北境。向系产棉区域。近因品种退化，产量不丰，品质低劣，农村经济大受影响。乡村建设研究院，特联络青大农学院，及省立第二棉场。在第六区合作推广纯良美棉，以期改进棉产，而裕民生。兹将拟行事项，略举于下：

（一）目的　提倡普及种植纯良美棉，代替一切不良棉种□造成美棉纯种区。

（二）区域　推广区域，现因纯良种子数量之关系，先以孙家镇附近庄村为起点，渐次扩展。

（三）棉种　规定以脱里司棉为推广品种，其种子均经训育多年。第一年先贷给表证农家种植、秋后所收之种子，用作翌年供给普通农家种植，普通农家，连续种植数年后，经鉴定种子已退化时，再行更新。

（四）表证农家　就每一庄村全棉田地积所需纯良棉种数量之多寡，择定表证农家若干户，其户数以所蓄殖之种子。足供本村普通农家作种用为标准。表证农家之择定，须以中产集约之农家，棉地接连成片段者为合格。表证农家择定后，逐年贷给纯良棉种，俾其栽培蓄殖，秋后所轧取之种子，除照原领数归还以便续增表证农家外。余者议定价格，供给本村农户作种之用。

（五）栽培及选种　领种农户，每户发给种植浅说，及选种浅说一册，以作参考，指导员随时巡行乡间，实行田间指导，表证农家如遇棉作上问题，并当协助解决。

（六）轧花及运销　各村表证农家所产之籽棉，为保持纯洁起见，以各自轧花为宜，所轧出之花衣，共同运销之。俟其全村普及美棉，而一村之美棉合作社组织成立时，各项问题可共同办理之。

（七）种子交换所　各表证农家所产之优良棉种，照议定价格，悉数送交其本村，种子交换所收存，种子交换所，将此项种子，照公议办法分配本村各农户种植，各普通农户所轧出之棉种，经鉴定尚属优良者，代为出售，供给他村种植之用。

（八）宣传指导及调查　春季赴乡村宣传种植纯良美棉之利益，择定表证农家，登记需用纯种之数量。分发棉种后，宣传植棉方法，并指导粒选棉种法。播种时，巡行田间，实地指导。五月调查各户出苗情形，指导补种及匀苗手绪。六七月间，指导除草中耕及试用新式农具，与驱除病虫害法，并施行去伪去劣手绪。八月指导打尖，整枝，及选种，拾花等手绪，并调查棉作生育状况，估计产量，同时宣传运销合作之利益。九十月指导苗种，合作轧花，并棉业贷金之通融。十一月指导合作轧花，保存纯种，并介绍纯良花衣之出售，同时调查各户确实产量。十二月将各户栽培状况，详查填表，比较研究其成绩。

（九）棉产品评会　秋收后，征集各植棉农户之产品，开棉产品评会，参照田间调查表，评定优劣，择优给奖，以资鼓励，并借此扩大宣传改良棉作之方法。

（十）取缔乡镇轧花户及棉商掺水作伪等弊端，年来各乡镇轧花户及棉商，为侥幸牟利计，花衣中掺水混棉等恶习，甚为盛行，以致市场无干纯真货，棉价贬低，纱厂棉农，多受其害。各地改良棉业，成效难着，此实为重要原因。拟在本推广区内，对于轧花户及棉商，随时宣传掺水作伪之流弊，并指导其组织公会，共同设法取缔，以期挽回市场声誉，而利棉花销售。

上列各项，不过略举大概，实施时，须体察农民情形，酌量变通，以求适合需要。如遇临时发生棉作上问题，尤须随时妥谋解决，因势利导。连年继续办理，务期达到全区棉田尽种纯良脱里司棉，栽培合法，能自行选留种子，而轧花运销，均能合作，以求生产增加，农民能自动改进为旨归。

十八　山东乡村建设研究院农场表证农家领取棉种办法

（一）表证农家领取之棉种以脱字美棉种为限

（二）领取棉种表证农家暂以邹平试验县区第六区各村乡农学校成绩优良学生为限，其他普通农户欲作表证农家者须向本场另行接洽，由本场审察认可后方行发给，但包装费及转运费由领种人自备。

（三）凡领得棉种之表证农家须声明原照本场种植方法实行，当下种除草等重要工作时本场有派员指导之责任表证农家亦有服从照行之义务。

（四）本场开农品展览会时表证农家有出品陈列之义务成绩优良者酌给奖品或名誉奖励。

（五）表证农家得享受请托本场轧花及代销花衣之利益。轧花不取工资只保留棉子借补损失。但另由本场发给更良棉种足备下年种植之用。

（六）表证农家所收获之新棉种除偿还发给之种量外余种由本场备价购买或代为设法销售以便推广。

邹平县第六区全图

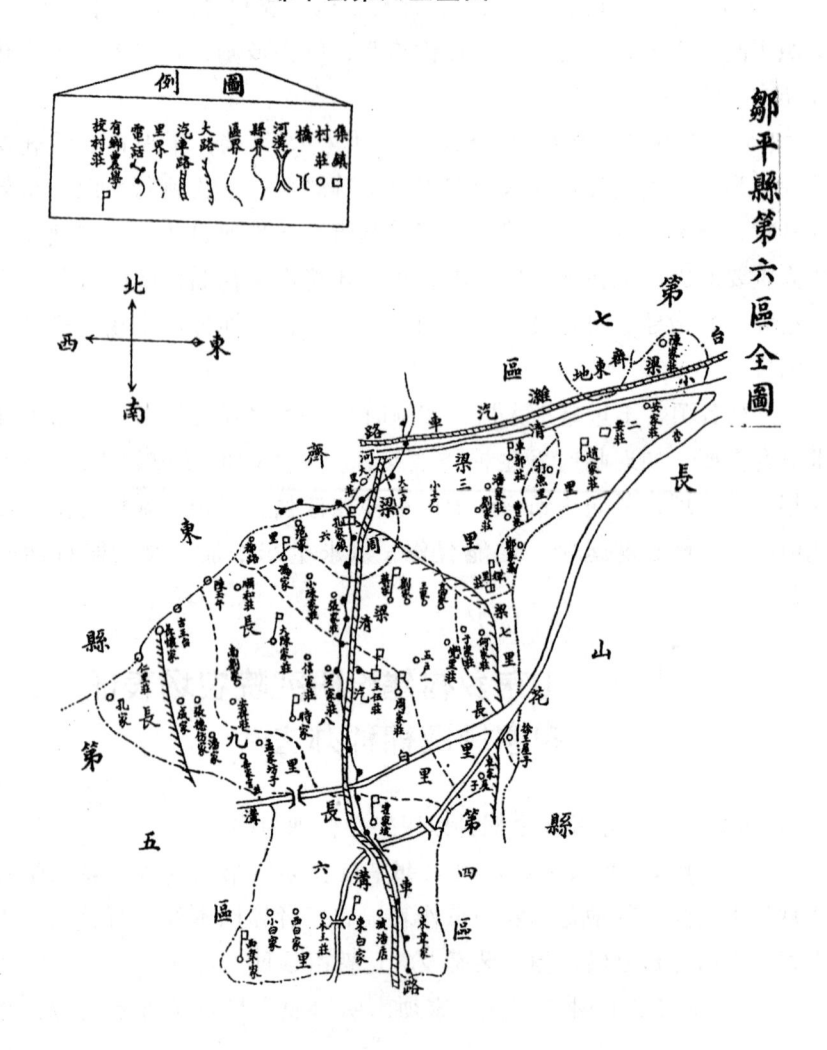

第七区乡农学校工作报告

徐晶岩

一 第七区的情形

俗话说，"入国问禁，入门问俗"。这句话的意思，是说到一个地方，要知道一个地方的情形，何况我们办乡村事业，是直接与老百姓发生关系，若是不知道他那处的情形，那不但没法着手，还恐怕说话说不对，办事办不通，有几条子小事顶了板，就把路塞住了。所以我将到第七区，我不能不先把七区的情形，端详一下。

邹平的县区，是西南，东北，很长，县城偏于西南。县城东至长山境，仅二十里，西至章邱境亦仅十二三里，城南群山环绕，辖境亦至窄小，独东北方面，距边境七十余里，而第七区者，实为最东北之一部；且有小清河横贯东西，将七区完全隔在河北。距城既远，又有河流阻隔，所以和城里往来很少，有终身没到过城的。俗话说的"山高皇帝远"，离城远的地方，当然政令教化的力量，要小一点，所以七区人自己常说，他那一区，是邹平的"外蒙古"。又加上北界滨县，西连青城齐东，东邻长山高苑，就是田镇一村，都知道是三府四县交界的处所。离城这样遥远，情形这样复杂，他那知识的锢蔽，风俗的朴野，地方的不靖，当然在人意中。民国十七年，匪势横行，人民迫不得已，多起而加入红枪会自卫。有的村庄，赖以保全，有的村庄，亦因而受害，可是他那民气的硬健，由此亦可见一斑。全区分十二里，五十六村，四千余户，人口二万余。人民几全系务农为业，旧日纺织颇盛，近因洋布充斥，土法织布，日形不振，这是第七区的大概情形。

二　全区学董会的成立

人身的组织，要有个脑部中枢，以为思想运动之总机关，国家的构成，也要有个中央政府，以为发号施令的总枢纽。我们去办乡农学校，对于乡间零三零四的村庄，成千成万的人民，谊不相通，权无可用，若不找到几个中心人物，由他们去联络，去号召去领导，我们从哪里着手，从哪里推动？旁的不说，就单是校址一项，我们凭空就可以有屋住吗？人家对我一面不识，就可以借给屋子吗？何况这是地方事业，将来非从地方插根不可，换句话说——就是非把地方人引上这个道路，让他们去走不可。所以未到第七区之先，就先从各方探询他那地方上的优秀人物，并亲到该区实地考察，然后由该区推选本地素孚乡望，热心公益之人，为全区乡校学董，以为组织乡农学校之中枢。计推定学董为王汇东，李幼山，襟静齐，郭子英，刘熙年，高梅村，何子明，韩星三，张陶庵，崔逊乡，襟际可，王德亭，李正科等十三人。最堪令人钦佩者，为王汇东老先生：年已七十三岁，为乡校招生借物等事，四出奔走，劳瘁不辞，有时风雪满天，泞泥载道，甚至夜晚漆黑，老先生竟或携灯而行，出村办事，像这样的热心公益，老而强壮，真是叫人敬而且感。

三　出发的筹备

我们这次下乡，如其说是去教，不如说是去学，因为我们是主张教学做合一的。所以要亲身下乡，钻到农民队里，一面去教；一面叫我们同学，真正得到学着做事的机会。由前一项说，是要叫农民信仰我们，由后一项说，是我们同学学着做事的场合。我们这次下乡，实等于一个大搬家，若是搬得乱七八糟，茫无头绪，叫人家看着乱哄哄的一个集团，那不但惹起农民的轻视，就是我们做事，要学着有条理，有秩序的精神，也无由表现，至于物件的损失，那更不用说了，想着免去这种弊病，完全要在出发以前的筹备做起，就是一要筹备得齐全，一要筹备得有序。为着要筹备齐全，所以就把应用的物品，分门别类，详细开列，比如炊食用的东西，寝处用的东西，扫除用的东西，教室用的东西，都一一把它开出来，但是搬运不易，应用的固然要用，而但可不用的，还是不带。所以开单以后，又和同学会议过数次，得删去的尽都删去。物件筹备好了，若是负责无人，必定还是弄得乱七八糟，所以就把同学原有的自治团扩大，管伙食的管器具的管书籍的，等；各项，各有专司。还恐怕在路上的时候，车上无人照顾，或致遗失，或损坏物件，所以又指定跟车的人，每车两辆，叫他们专跟着车走。至于在路上午饭，茶水，及过河应用的船钱，都一一有人专管。所以到了起行的那一天，是由乡间来了六辆大车，将那些零星物品，装载满满的，到了卸车后，一件也没缺少，一点也没损毁，并且是始终有条不紊，这是出发筹备的经过。

四 初到乡间的安点及工作

第七区的乡校高级部，第一个在石门，第二个在胡家店，第三个在花沟。这三处是陆续成立的，第一个在石门，离城稍近，并且是最先规定的，所以我们一出发就到石门。石门——是分前后石门，后边是郭家坊，稍东是否行，一共四个小庄，距离甚近，和一个大庄差不多。他庄里没有很大的房舍，所以我们一到是住在两处；一部住前石门，一部住后石门。初次离开了本院，抛却了有秩序的生活，搬到诸待安点的地方去。屋子得要扫，卧铺得要安，厨灶得要修，盆锅得要刷，庭院得要整理，真是有点不惯，真是有点忙乱；尤其是七区只是我自己照料，一面要和村中诸位先生们谈话，一面还得照顾同学的各种事情。更真有点感觉到分身无术。幸而同学们各负专责，安点的安点，整理的整理，一天的工夫，就有点头绪，也就壁垒一新了。这是安点的大概。接着就开学董会，商量收拾教室，分头招生，组织本村学董会各事。同学们分组到附近各村，接洽村里长，小学教员；张贴招生广告，标语，并附带着作点调查，——调查的事项，只限于村名，庄长，户口，有无学校，地亩若干，距离本村里数，六项。是很简单的。并且说定，只用无意中询问的办法，不用书面记载的形式，以免惹人之疑，这是工作的第一步。接着将同学分为教育、卫生、体育、庶务、传信五股，教育股专管派定功课，分送教材，收查报告，记载工作日记教学日志，及收借图书等事；卫生股，专管乡校整洁，及庭院洒扫等事；体育股，专管早操整队及拳术枪操等事；庶务股，专管伙食器具及零星杂事；传信股，专管本区各分校及与外区各校通信等事；以上各股均推定一人为主任，其工作则同学轮流担任，并由本村学董会，亦按股推举，每股推选学董一人加入办事。这是工作的第二步。接着就规定开学日期，通知报名的学生行开学典礼，附近各村里庄长小学教员及一般农民参加。又函请孙院长、于主任、韩先生莅场。其开学典礼的秩序，上班日期及教课时间，亦即议定。在这个时候，东南四庄、大官庄、任马寨的三处乡农学校，也都定规了，各村的学董也都推定了，因为距离不远，就通知他们带领学生一同来开学，这是工作的第三步。

五　乡间父老的接洽

我们一到乡间，当然是都觉着很新鲜，很奇怪，所以不断的有些老先生们来看看。我们总是以很诚恳的态度，很谦和的礼貌，来接待他们，并且对他们说明，办乡校的意思，（一）是叫不识字的，有机会识几个字，已经识字人，可以有机会多念点书。（二）不但只是识字，还要讲点为人的道理，处家庭，处乡邻的榜样。（三）农业的改良，家庭工业的指导，也要常常研究。（四）乡间的不平靖，是个极大障碍，关于武术及自卫的方法，亦要设法提倡。总之是要求乡村的教育经济平均发展，以达到人人有知识，人人明道理，人人能吃饭，共同走到康乐和平的境域。乡间父老们，对于我们这种见解，是很接受的。有年高望重的老先生，出门不易，我们就先去看他。所以乡间虽然不熟，但是因为各村父老们很表同情，所以对于进行上，得到好多的帮助。

六　各村乡校的成立

自石门高级部普通部及大官庄东南四庄，任马寨同时开学以后，后陈家、双柳树，西南四庄也就渐次成立了。这都是属于第七区南部的村庄。南部各校安置就绪，即马上带同一部分同学到了北部胡家店，成立了高级普通两部，随着贾王庄，李星耀，花沟，田镇，宋家套等村，都推人到胡家店高级部接洽。花沟系区公所所在地，户口三百余家，田镇居邹境极北，全镇约七八百户，分属邹平高苑青城滨县数县，宋家套村之周围，凡全为长山高苑县境，均远道推人，来校磋商，虽觉照顾难周，但以各方盛意，只有派定同学前往组织，并均亲到各村接洽布置，第七区北部的乡校，也均渐次开学了。所有全区各校，均系本村自动来校磋商、得到同意后，即一面分配同学，一面推定学董，至所有房舍木器招生等事，全由学董筹划。各校开学时，均前往参加，并随时巡赴各校，以便视察同学态度，及各校情形。

统计本区乡校十四处，高级部三，普通部十四，学生共五百九十六名。惟各处乡校，并不能像正式学校那样的严格限制，所以人数上有时微有出入。

七　乡校的教学方法

我们的乡农学校，不是教他认识几个字，读几句书就算了，我们想着拿乡农学校，为解决整个人生生活的问题，整个乡村建设的运动，不过事情没有那样容易的，更没有那样迅速的。况是以中国人的知识低下，风俗蔽塞，几千年传下来墨守故常习惯，我们以几十天的功夫，就要把他们的问题解决了，风气改变了，天地间哪有这样马到成功的事，漫说这个问题，这么重大，就是通常的小事，也不能看得那样单纯。但我们的目的既与普通教育不同，虽然不能求其速效，而试办教学的方法，也当然记载下来，作个参考！

1. 高级部分——党义、国学、农业、史地、精神陶炼五科。

甲、党义　用讲授式。择三民主义中，关于民族民权民生各方面，最显明最切近部分，向他们说明。

乙、国学　用讲授式。选择文字之浅近切用，或有益心身者，为之详解。

丙、农业　用讨论式。就本地农业上最普通的问题，探询本地旧用的方法，证以学理研究。其关于选种施肥去害虫各问题，亦均随时讲授，但总是讨论的方式。其土法之善者为之推广，不良者为之纠正。

丁、史地　用讲授式。取由近及远主义，历史从近百年史讲起，地理由本县本省挨次渐推。关于失败割地各项国耻之事，尤为特别说明。

戊、精神陶炼　用讲授式。就持身处世方面，择古今之名人传记，故事轶闻，或嘉言遗训，总以有益于人心世道者，为之详细解说。

2. 普通部分——识字、农业问题、精神陶炼

甲、识字　注重能讲能写能用，总求其识一字即有一字之用。

乙、农业问题　就平地农业应行改良，择最易行最确实之方法，为之解说。

丙、精神陶炼　就故事小说中，择其有益人格，及居家处世者，为之说明。总求其精神上确能感动。

以上为各种课目及教学之大要。至关于国术自卫家庭副业各项，均时时设法提倡。虽是有的地方，已经有具体的组织，有的地方，还没有切实办法，但是这种空气，总算渐形弥漫了。

八　各种事业的提倡

我们的乡农学校，既不是仅仅教农民识字的，是想着借他为整个推进乡村的策源地。所以我们除了办学校以外，还有其他较为深远的目的，较为重大的使命，较为切实的种种事情应该去做。但是乡间民气是何等的销沈，乡村民智是怎样的固陋，尤其是我们下乡未久，对他们的感情方面，信用方面，都说不到水乳交融契合无间的地步。所以对于提倡事业，总是取渐进主义，就着他们最愿意，最相信，最不难办的去做，不敢有丝毫的轻进，不敢有丝毫的勉强。因为若是偶一不慎，至于失败，他们不推求失败的原因，就借为口实，举一例百，收为乡运前途很大的障碍。同学临出发时，王平叔先生，曾向他们说，易"山上有木渐。君子以居贤德善俗"。因为山上的树木，是必须慢慢的长起来，移风易俗，也是以渐而进，不是一朝一夕所能办到的。我想这道理很对。所以我们对于乡村各种应办的事业，说总是说到，而办与不办，还靠他们的意愿，他们自己的发动。虽是想提倡的很多，而实际上真办的，也就是东南四庄的乡村改进会，郭家坊的凿井，石门附近各村的机织合作社。各项的详细情形，均另文叙述。

九　各村乡校的结束

　　这次下乡办理乡校，是第一次的试办。因为种种筹备，出发得晚一点，到乡以后，接洽布置，又需用相当的时日，所以开办不到两个月，就到了废历年关。城市的机关固均照常，但乡村旧习，总是牢不可破。他们收账的收账，忙钱的忙钱，做小买卖的做小买卖，若说在那个时候，还叫他们来上学，那在事实上是不可能的。本院，就利用那个时期，令同学回县作各种调查，调查后仍各回原校，照常工作。自过废历年后，各同学均自回原办的乡校。但乡间闹玩之风颇盛。又因春气萌动，农人出粪整地各事，也渐渐开始，所以乡校的人数，不免稍微受点影响，而本院原定三月十日一律回院的期限也就到了，我们就如期回院。当回院的时候，各校都开了个学董会，一面报告本院的期限，一面归还借用的物件。各学董都想着多待几天或是继续办理，不过那是没有办法，我们除归还借用的物件外，仍将原带书籍器具，分类查点，开列清单，由同学分别专管。一到院后，即按单点交院内负责保管的职员。

十　同学的努力

　　这次下乡，自出院以至归来，一切一切的大小事情，无一不是同学自己来做。所以在乡村的时候，每日早起朝会后，就做打水，扫地，做饭，上班，送信，读书，习字，练习拳术，整理宿舍，教室等等工作。真是无一刻的闲暇。乡人看见我们同学，这样的吃苦耐劳，操作不懈，他们不知不觉就表十二分的同情。同学对这次办的乡校，虽然是绵薄自愧，很觉着贡献于乡村的有限，偶一提及，统是抱歉得了不得；但对于乡村的认识，做事的经验，确乎得到很大的助力，而同学们勤俭谦和自治自爱的精神，也很可以表现一点。

十一　乡人对乡校的感想

　　以我们学院的学生，大批的分到乡村去办乡农学校，这总是破天荒的创举，乡人的惊疑当然是应该有的。尤其是我们的同学，经过军事的严格训练，服装行动，自然不同，又因为提倡自卫，还带着枪刀等各种武器，所以初到的时候，乡人很疑惑是招兵的，又疑惑是派捐的，种种疑问，总觉着不是好事。这个然是他们的无知，也是向来叫机关的人欺压惯了，所以他们认为凡机关的人下乡，不是要钱，就是要人，反正是没有对他们有益的。后来看看我们的行动，听听我们的讲解，才渐渐的有点认识，渐渐的有点醒悟，终至于对乡校的意义大为明了了。但是说他们对乡校的明白则可，说他们对乡校打成一片则不可，说他们知办乡校是为求乡村好则可，说他们认乡校就能够把乡村办好则不可。这固然是相处日浅，也是事实使然，在一时之间，没有深厚的陶融，没有整个的办法，是不易有显著的成效可睹。

十二　个人对乡校的感想

我对第七区乡校的成立，办理乡校的经过，都已叙述了一个大概。我因此而想起几句旧话来，旧日不是说"民为邦本，本固邦宁"吗！又说"霸图多小补，王道无近功"，又说"彰善瘅恶，树之风声"。我想这些话，虽理是很新，是谁也不能否认的，国家的根本，不是老百姓吗？老百姓都不得安生，国家能够安宁吗？证诸历史，验之近事，这是的的确确的现象。所以在现今四海扰攘，混乱了几十年的当中，除非不求安定，若想求国家社会的安定，除了正人心，厚风俗，提高知识，增加生产，力求乡村的安定之外，还有什么办法呢？所以乡村建设，实在是现今唯一的道路，现今根本的要图，恐怕是任何方面所不能不承认的。我们的乡校，我们就是想着用他为建设乡村的主要工具。三民主义上，不是说到要恢复旧有的道德吗？不是说到社会平等，是始初起点的地位平等吗？不是对于衣食住行，都要解决得很满足吗？想着恢复道德，想着实现始初起点的平等，是必定由经济上着手；想着衣食住行都解决满足，是必须由经济上着手。所以我对乡校的主旨，就是一面用教育来推广他们的知识，培植他们的人格，一面发展经济，来解决他们的生活。且乡校所主张的教育，不是空泛的教育，是以教育来解决生活，生活就靠着教育，他是相须相因而不可离的。教育的人格修养，是立定一种标的，始终一贯的向上培植；经济的物质改良,是因势利导,因地制宜,一步一步的往前推进。这确是不像一般的立个章则,行个制度,马上就可以看到形式的。所以有些同学,到乡间办了几天,就想要有若何若何的成绩,这不免太求速效了,也不免把乡校看的太浅了。要知道乡校的内容,固要实际去做;而修养人格,发展乡村经济的方向:是愿意大家的视线,都向这里集中,大家的精力,都向这里贯注,群策群力,共趣一途,风声所树,不可以走到衣食足而知礼义,乡村自然安宁的路上去吗?丹麦的教育发达,农业之盛,是为全世界所重视,他起初还有什么赫赫之功吗?"嘤其鸣矣;求其友声",现在注重这种乡村工作的,已经一天多起一天了,将来努力进行,当可为乡村辟出一条大道。我因想到,"庶则富之,富则教之",以及"不患寡而患不均"的,孔氏遗训,是确有意义。我又想到石门乡校开学的那天,校董李幼山先生致训词,他说道"五亩之宅,树之以桑"的一节,解释他栽桑,养猪,养鸡,力田,而继之以谨痒序之教,申孝弟之义,拿来比照我们的乡校,是很受听众的欢迎,我又想到本院北门上的匾额,是"孝弟力田"四个大字,这都是些乡校的小影。拉杂繁芜的写了许多,就此作结吧。

第七区乡农学校石门高级部教学日志之一页
第七区杏行乡农学校高级部教学日志

项目 \ 月日时间	科目	教员	课程概要	到堂人数	缺席人数	备考
一月五日 第一节	染织	禚际可	改良家庭染织	三二	二	禚、李两先生均本区学董特别约请者
第二节	国学	李幼山	自治精神	三二	二	
第三节	农业	张同和	养猪之方法	三三	一	
第四节	精神陶炼	任承周	孝为百行之原	三三	一	
第五节	拳术	宋誉周	弹腿	三三	一	

民国二十一年一月五日　填表者张同合

第七区乡农学校东南四庄普通部教学日志之一页

第七区东南四庄乡农学校普通部教学日志

项目	月日 时间	科目	教员	课程概要	到堂人数	缺席人数	备考
一月十日	第一节	识字	王来臣	甲级填充 乙级默写 丙级识字	五人	二	
	第二节	精神陶炼	盖廷训	（破除迷信）河伯娶妇的故事	五四	六	
	第三节	珠算	王来臣	复习加减法	五六	四	
	第四节	农业	盖廷训	棉的病害虫及其治法	五二	八	
	第五节	讲演会	王来臣	讲村内应兴应革事宜	五四	六	村人加入旁听者二十余人

民国二十一年一月十日填表者王来臣

第七区乡农学校第一周的日记

十一月三十日　微阴

本班于上午九时，从院里出发，各同学整队先行，只留押车人十二名，下午二点至孙家镇，该部六班同学，及在辉里庄诸同学，整队相迎，同学相向行举手礼，于高马孙诸位老师亦迎于郊，彼此相见甚欢！午饭后，六班同学及各老师送至孙家镇北门外，本班主任勉励六班同学尽心服务等语，遂相别北行。下五点到石门，所有行李用具，分卸二处；一为前石门姓刘宅，一为后石门董庄长宅。当晚整理卧铺，同学亦分宿二处。是晚因锅灶未安，由校董代备茶水并豆腐白菜汤，主任力辞不获，只得领用，但心殊不安也，主任卸装后，即与校董商议如何进行法；又有胡家店校董高梅村先生，早在本庄候等，邀主任于明天往胡家店视察校址，并称胡家店校舍已收拾停当，高级部报名者五十余人，有高级小学毕业者；有补习学校及初级等毕业者，并带来学生姓名册。本日同学步行五六十里，又忙碌整理一切，主任令明晨朝会暂免。站岗各处轮流。

十二月一日　阴寒

早六点起，支锅烧火洗脸，洒扫庭院，七点早饭，所有起居时间，照常如在院中。是日胡家店来车接主任前往查看校址，主任虽极为忙碌，但以该村远道来车，且又来校董三人，热心盛意实不可却，随即前往。临行时分配工作于下：

1. 文书股——将所用账簿标语书籍目录逐件收拾完毕。

2. 炊食股——安锅灶。

3. 卫生股——将院里所有秽垢拉杂，一律扫除清洁。

4. 其余各人，将西车棚间作看书及饭堂用室。

同学在工作时，俱各踊跃争先，打水合泥抬坯，校董恐不能建筑锅台，要找人来做，张同学慨然应允，自己能办，遂大家一起下手忙到下午才竣工，晚上自己已能做饭吃。但是早饭午饭，仍因锅灶未安，讨扰村中父老烧汤燎水，真是抱歉！午前本庄刘同往码头卖炭，借本庄大车，回来已是下二点了，请御车的人吃饭，坚不肯来，强之再三始至，又觉废人的工夫，使人的车，想给御车的人，拿出壶酒钱，坚辞不受。乡中校董的热心，及地方人极力帮忙，真令人不胜感愧！

晚七点，主任由胡家店回，言该处村长崔先生及牛瞻岐（七十岁）崔玉龙（五十岁）诸老先生，极热心帮忙，并牛老先生慨然以新修之房屋相借，作为校址，至为宽广。主任因只一人来此，分身无术，故对该处之设立，虽与规定必设，但尚须稍过数日。是晚除师生讨论急急当备事项外，又令同学各填所欲担负之功课，以备便于预备材料。九时半就寝。

二日　阴　头午微雪

早六点起，往村外跑步，主任训话。1. 同学应守规则及当注意之点，2. 各部所有分配工作，当尽心负担。本日各部工作。

1. 文书股——填写招生广告及地点，作简单之调查表。

2. 传信股——由值日王存仁、宋誉周，往孙家镇送信，并买铁钉盐等物。十二点即回校。并请马先生明白来此，同各同学往大官庄。

3. 卫生股——分组轮流洒扫宿舍及天井。

4. 炊食股——分组轮流忙饭，每日三人，今天由李增德、刘士衡、王炳琨三位同学值日，正式开□。

5. 由一班同学三人，各同二人分赴各村庄贴招生广告，借以宣传本校宗旨，并作简单调查——庄长姓名，及各庄距离里数，各庄总人口数，及总地亩等——所有调查表，另有表册，兹不赘述。据同学说；各村小学极力帮忙，民众亦极欢迎，多想成立。是日主任往大官庄查看校址，十二时即返，关于该庄乡校，业已拟定设立普通班，派同学三人前往筹办，现经与该庄校董商定，于四日派大车来接。派往之同学为王遵阳、张履德、李寿亭。晚间将同学所讨论之功课，分组担任。其组织于下：

1. 农业组——张承镛、崔肇兴、王哲贤、李振昆、李芳远、王克己、张谅元、胡玉机、刘士衡、王炳昆。

2. 史地组——韩凤岗、盖廷训、林树棠、周世华、邱立经、张同合、李增德、崔兆祥。

3. 自卫组——宋誉周、宋传周、张振业。

4. 凿井组——王存仁、刘砚田、刘景春、杜功士。

5. 国学及精神陶炼组——刘明哲、孙传经、任承周、魏晏清、王来臣。（此两组合并为讲故事组，专用故事讲授）

6. 党义组——阎鲜廷、虑宝珂。

三日　晴

晨起往庄北跑步，主任训话：1. 起卧时间，及出入规定，逐日一切秩序，都宜与在院时同。2. 关于明日往大官庄之分部，应于今天将所用器具等物，筹备一切。3. 饭后打扫教室，晨餐毕，各股分配工作。

1. 传信股——由值日韩凤岗、张承镛往孙家镇送信，并由刘景春伴往买小菜等物。

2. 文书股——写标语　填写招生广告。由一班同学作乡导，分派两组往附近各村贴招生广告，宣传乡农学校之意义，并作简单调查。

3. 其余有合作于者，有急急预备所担任功课者，有忙饭者，工作极为紧张。

八点开校董会

时间——十二月三日上午九时

地点——

出席者——高惠五、王筱峰、董启彬、董启鹏、刘和凯、张俊锡、刘熙年、王惠东、郭子英、李幼山、李丹辰、王耀堂、黄贡臣、贾德溥。

主席——徐主任报告开会宗旨，及应讨论事项。

议决事项

1．推定 刘熙年、王汇东、董启彬、郭子英、张俊锡五人为校董会常务委员。

2．由各学董，亲赴各村召集普通班学生。

3．东西四庄东杨庄老鸦赵等庄分校，由张毓庆筹办；张魏岳三庄分校，由张陶庵筹办。

4．举行开学典礼时，由校董李幼山先生担任训话。

5．通知附近各村学董及各村里长，行开学典礼时到场。

6．上课时间——高级部上午九时至十二，下午三至五，普通部下午二至五，晚七至九。　十二时散会

下午一点半，高老师由辉里庄来校，言该校扩充分部三处，并谈功课进行等情，即回校。

四日　晴

晨起往前石门同学住所集合，主任训话：1．同学行动务宜谨慎，不要给乡人以不良印象，把村运的路子，由此塞绝。2．对于日常工作宜勤，对于费用宜俭。3．住院及食堂宿舍内，务宜保持清洁。4．乡人对农校如此热心，对我们又有最高盼望，宜自警自励，把各人所担任功课，尽量去预备。训话毕，往庄南跑步，至河而返，练习拳术。饭后主任赴辉里庄，请马老师，往大官庄指导分部。九点大官庄来车两辆接同学，并来校董一人，十时出发，同学排队，送至庄东而别。下午有贾庄学生六人，报名（普通部）。任马寨来校董二人，言该处办一普通班，学生校址均已备好，特来见主任，商量如何安置，候至主任回校，向晚方去。晚开师生讨论会，讨论事项如下：

1．明天传信股值日，赴孙家镇与该学互换两方搜集之教材。

2．小组讨论会自明天开始讨论。

3．明天赴孙家镇，抄霍元甲一份。

4．明天上午，各组讨论各组教材纲目。

5．明天各人担任题目拟出后，于下午最低限度，须预备教授两小时之教材，抄写一份，送给大官庄分部。

6．各科时间的分配：

（甲）普通部　自阴历十月二十八日起，至十二月十八日止，共计四

十八日七星期。每日五小时，其分配各科如下：

（一）识字四十八小时（二）自卫每周内堂三小时，外堂四小时；共四十八小时（三）农业六十二小时。1. 凿井十小时。2. 棉业五小时。3. 养猪四小时。4. 养蜂四小时。5. 养鸡两小时。6. 养牛四小时。7. 养马一小时。8. 林业四小时。9. 土壤肥料四小时。10. 害虫两小时。11. 选种一小时。12. 养蚕种桑按本法六小时。13. 果树图艺二小时。14. 小麦大豆五小时。（四）合作六小时。（五）党义七小时。（六）卫生三小时。（七）普通常识四小时。（八）精神陶炼四十八小时。（九）唱歌七小时。（十）珠算七小时。

（乙）高级部 时间与上同其各科匀配于下：

（一）民事调解及息讼会办法七小时。（二）史地四十八小时。（三）国学，精神陶炼四十八小时。（四）卫生五小时造林科学常识十小时。（五）合作十小时其余农业自卫党义同普通部。

7. 派定搜集精神陶炼材料六人：

张同合、刘明哲、王来臣、宋传周、孙传经、崔兆祥、虑宝珂、魏晏清

五日 晴

晨起往庄南跑步，至河涯方回，饭后炊食干事周世华、孙传经赴龙桑树购买咸菜傍午即返，传信值日崔兆兴、张谅元赴孙家镇，下午一点半回校，带来本院学生自治团，提倡国货实施办法及本院联组会议决案摘要各一份，下午二点开学校董常务会议，出席者，计有常务委员五人，讨论事项如下：

1. 定于六日上午整理教室由同学担任工作

2. 由本校通知南部六里校董参加开学典礼

3. 由校董会通知各村长参加开学典礼

4. 关于家，工业农业问题授课钟点增加

5. 推定王汇东先生担负总务股，郭子英先生担负教育股兼文书股，刘熙年先生担任教育股兼会计股，张俊西先生担负武术股兼庶务股，董启彬先生担负武术股兼庶务股。

1. 关于接木方法，多加讲解。

2. 农业问题，宜注意实际方面，如棉花五谷，多讲授一点自卫问题

宜注重防御方法，不必拘于形式。

3. 害虫

一　蝗虫

二　蝼蛄

三　蛴螬

此三项为本地最普遍之害虫极愿讲授除治的方法

三点半散会晚饭时孙院长偕同韩先生苏助教来校。

六日　雨

晨雨蒙蒙，暂免朝会。早餐后，孙院长在办公室训话，兹志大概："现在观察各方农民，对于本院，极表欢迎，足征乡村之待建设，如饥如渴，果能用上全副精神，努力工作，定可得其爱戴，但恐材料缺乏，不能事事解决，很是可怕，惟有小心谨慎，与乡人打成一片，要知村野农民，其实皆系富有阅历之经验家，与之谈话，要有领教态度，能解决者力为解决，不能解决者想法研究，须要有条理有秩序养成自己处理支配事务之能力，方能单马独枪，自己往前干，总之今次创办乡校，大家对于言行以及其他各方面，不可有忽"。

山东乡村建设研究院训练部第七班学生在乡服务生活时序表

生活	时序	备考
起床	六	
朝会	六、三〇——七、一〇	
扫除	七、二〇	
早饭	八	
上课	九、三〇——一一、二〇	高级部上课
午饭	一二	
上课	一、三〇——四、二〇	高级部上课
晚饭	五	
上课	六——八、五〇	普通部上课
就寝	九	
息灯	九、三〇	

第七区乡农学校前石门普通部功课表

来复科目时间	午后——一点半至四点半			晚——六点半至八点半	
	第一小时	第二小时	第三小时	第四小时	第五小时
一	识字	农业	自卫	识字	精神陶炼
二	识字	卫生	拳术	识字	精神陶炼
三	识字	农业	唱歌	识字	精神陶炼
四	识字	自卫	拳术	识字	精神陶炼
五	识字	农业	凿井	识字	精神陶炼
六	识字	自卫	拳术	识字	精神陶炼
七	识字	农业	自卫	识字	精神陶炼

第七区胡家店乡农学校高级部功课表

来复科目时间	上午			下午	
	九、五—十、五	十、五—十一、五	一、五—二、五	二、五—三、五	三、五—四、五
一	国学	精神陶炼	党义	农业	造林
二	国学	地理	历史	农业	唱歌
三	国学	精神陶炼	造林	农业	历史
四	国学	地理	凿井	农业	造林
五	国学	精神陶炼	历史	农业	唱歌
六	国学	地理	凿井	农业	精神陶炼
七	国学	精神陶炼	历史	农业	造林

第七区大官庄乡校报告书
第七班学生李寿亭

校名——山东乡村建设研究院邹平试验县区第七区大官庄乡农学校

地点——山东邹平第七区大官庄

部别——普通部　特别班——在特别班的学生，共有七名。就其资格程度而论，较普通部稍高，故设此班。每天除去同普通部学生上课外另外讲点国文，并作日记。

同事三人。我同林树堂，王遵汤。

组织（自己担任工作）——分教务，事务，传信三股。虽名目划清，而校中一切工作，我们三人轮流担任之。

学生人数——四十六名：最少几人—二十七名。在素日上班者，总在三四十人左右。

年龄——最大者—五十八岁。最小者—十五岁。众数—二三十岁上下。

招生——当我们初到大官庄的时候，因身着制服的缘故，农人们一见了，极为疑惑，以为是要招兵。在这时，我们极力说明来办校的意义，以解释他们的误见。可是，我们无论如何恳切，他总是不信的。最可巧的事，是正逢着南京学生请愿。因此更加大他们的疑惑了！我们处于无奈，便把招生的事情，托给学董同小学教员。这样，才把招生的事情，完成了。因所有学生，是从附近五官庄来的。所以在每庄的学生中，选一组长。在五庄的学生中，选一总班长（管理教室秩序及清洁等事）。我们对于他几个，特别加以训练，加以指导。使他们回庄后，能说明办校的宗旨，是为农民着想，并无别的意味；关于本庄学生的行动，及来校或因事不来等事，都由组长担负责任；我们要提起，农人听讲的兴趣，在未上课以前，有一人，先到课室中，作家庭式的谈话。至于教材的选定，更是因事转移，使他们不生倦心，这是我们主要的方法。

上课时间——上午—九点至十一点—（特别班教授课）下午—自二点至五点；自晚七点至九点。

每周各科时数——精神陶炼七小时；自卫二小时；农业问题三小时；识字十四小时；珠算二小时；党义一小时；唱歌一小时；常识五小时。"共三十五小时"。特别每周各科——国学十四小时。史地二小时—（此外与普通部同）

校董会——我们到了大官庄后，首先成立的，就是校董会，共有七人——分校长——主持校中一切，——总务——管理一切杂务——其余为本会干事；每两星期，举行常务会议一次。如有特别事故，可临时召集。

费用——校中一切费用，皆由本院供给，共用八元三角。地方人民，并无一点负担。

筹办经过——自十二月四号，到了大官庄，我们便一面整理教室及筹备用具；另一面，便接洽校董积极招生。到了八号，便同校董及学生，赴石门行开校典礼。直到九号，才正式上课了。

大事概述——（一）自卫（联庄会）——因七区距城太远（在东北），县府力量，实有鞭长不及之势。所以不免有盗事发生。时逢孙院长来石门，见此情形。便设法救济。因此，便有联庄会之举。并拟出公约十二条，以便进行。其中的组织，是每户中远出壮丁一人，以便各处巡察。每到十天，全区总合一次，其中的训练事情，由同学担任。（二）植树——在乡校将要结束的时候，我们便同着实行植树，以作将来的纪念。但这次的植树，多是在公共地点（一百四十八株）。在私人地方的。仅植了一小部分四十五株。

自学时间——每天除去三小时的功课，便是记日记，抄录教材。除去这些事情，还轮流做饭、传信等。其余的时间，便忙碌的预备教材了。

乡农对学的态度——当才去的时候，一切农民们，对我们是冷淡的，漠视的，渐处久了，便由冷淡而亲近，由漠视而爱重了。

感想——（一）农民的心理，是守旧的。（二）农民的情性，是不喜进取的。（三）农民的自信心，是稳固的。（四）农民的行动，是受习惯支配的。

困难及问题——八乡校的学生，多是程度不齐。所以对于教材的选定，实是一大困难。如教材的进行，及听受的感应，颇有难决的问题。我们再进一步想想；如何去做，才使听授者有兴趣？如何适应教材，才能同农民的生活合一？如何做法，才能同农民精神打成一片？这三大问题，必须要设法解决，才能做去。

改良意见——（一）做法：a. 适应社会实况——要从旧的社会里，顺着人民的自然，慢慢的改造新的社会。b. 适合农民的知识程度——要从农民的日常生活中，改造他的蒙昧，增添新的知识。我们做事，不要将理想看得太高，因为所理想的，往往不合事实。所以我们最要紧的，是抓着农民的心理，先作心理建设。因为得着他们的信仰后，才有力量，我们要知道，乡村中的农民，对外的接触很少。所以，信我们的力量，还不如信自然界的一切。在这时，我们要顺着自然的接触，将他旧有的幻想，及愚昧的心理，顺着自然，慢慢的崩溃下去。这样做法，自然有美果。（二）方针——我们一方面，由学术上积极开发精神。使他们有服务乡里的热心；另一方面，要积极实施教育原则。使他们在家，能做孝顺子弟，在外，能做健全公民。这便是我的一点意见。

第七区石门杏行乡农学校报告书

（一）校名地点及部别　石门分前石门正石门二庄，东首与郭家坊杏行紧接。总部办公处设在正石门，于此共办乡校三处：1. 杏行乡农学校高级部，校址在杏行；2. 杏行乡农学校普通部，校址杏行，和高级部同用一教室；3. 前石门乡农学校普通部，校址前石门。

（二）同事人数及组织　同事共七人，学校行政组织分教务，文书，庶务，会计（兼理炊食事务）四股，兆祥担任文书股，兆祥和同合担任教务股，同合和宋誉周同学担任庶务股，至于送信造饭等都是同学轮流负担；惟刘景春同学与张履德同学，他们是负凿井专责的，故不上课。

（三）乡校学生　在我们还没有下乡以前，校董已经把学生都招收好了，等到我们下乡后，重新设下报名处，同学们分往各庄贴招生广告及标语，附带着作一点调查的工作，继续来报名的也不少。高级部的学生，并没有经过考试的手续。就是凡报名的都留下了，自然到上课时也有不来的，更有未报名而来上课的。普通部的学生，有的虽报了名却不去上课，有的只去上课却不愿报名，所以每天的人数，颇无一定。高级部出席人数最多时三十七人，最少时十六人，学生年龄最大者六十二岁，最小者十四岁。杏行普通部学生。最多时四十八人，最少时二十人；前石门普通部学生，最多时一百余人，最少时二十六人。普通部学生年龄最大的六十五岁，最小的十岁。三校中最多数人的年龄是在二十岁与三十五岁之间。

（四）上课时间及每周各科时数　1. 杏行高级部的上课时间是午前九点半至十一点半，午后一点半至四点半，共五小时，每周的功课是：国学四小时，精神陶炼三小时，史地六小时，自卫七小时（内堂三小时，外堂四小时），农业改良七小时，党义一小时，卫生常识一小时，凿井一小时，染织五小时。2. 杏行普通部原来规定的是午后随高级部上课，但实际出席的人少；晚上以前是两小时，后来改为三小时，自晚饭后六点起至九点止，每周功课：识字九小时，精神陶炼六小时，农业常识二小时，珠算一小时，卫生一小时，唱歌二小时。3. 前石门普通部开课稍迟、原先的上课时间是午后一点半至四点半，晚上六点半至八点半，每日共五小时。后来因为天气渐暖，农人各有工作，无暇来受课，遂与杏行普通部同时把下午的功课去掉，晚上改为三小时，每周功课和杏行普通部一样。

（五）校董会　校董八人，分总务，文书，教务，庶务四股。

（六）乡校费用　乡校一切费用，如洋油纸笔等，概由院中供给；惟教室炉火费，系归学生自备。

（七）筹备经过　自从本院决定了创办乡农学校以后，孙院长和徐主任就到第七区去组织校董会，筹划校址。等到我们下乡以后，过了六七天的工夫，学生也召集了，教室也整理好了，遂在杏行行开学典礼，开始上课。最先开课的是杏行高级部，继之是杏行普通部，最后是前石门普通部。

（八）大事概述　1. 凿井——凿井机是院里买的，大木轮是当地制的，地址在杏行，由刘同学和张同学负专责。在旧历年的时候，已凿有七丈多深，曾一度下好木桶，后来因为水质不好，现正在继续穿凿中。2. 联庄自卫——在去年十二月间，因为附近常有小股土匪出没，孙院长遂约各村村长会议，商酌自卫办法，决议各村于夜间轮流巡更，并制定联庄自卫章程，规定每十日于龙桑树或大官庄集合一次。第一次集合于龙桑树，到者四五百人，梁院长亲临训话。3. 机织合作社——这也是孙院长提倡的。于本年一月间从济南购到织布机一架，运往石门，并请来技士一人，教乡校高级部学生及近村农民织布。后来开会商议买机，近村农民个人或合伙报名的共有五十多人，买机二十一架，至二月底从济南运到石门，并聘来技士三人，分妥后即开始学习。为公共利益及持久计，组织合作社，定名邹平信义机织合作社，成立干事会，每庄干事一人至二人，共举一人为干事长，负召集干事会及社员大会之责。4. 乡农同学会——乡农同学、为将来负担乡村建设工作之队员、应有团体组织、彼此切磋。成立乡农同学会，以期精诚团结，共同推动乡村建设。

（九）自学时间——除每日上课两小时外。填写表册、记录工作日志、做饭扫除、轮流送信，每日自学时间、不过二小时、曾看丹麦民众学校与农村、爱的教育、礼记、左传、孟子、中国近百年史等书。

（十）乡农对校态度——我们初到石门、穿制服、荷枪刀、因武装之故，引起农民疑惑之心，以为招兵，颇为歧视，稍过时日，渐与农民接近，彼此情谊相通、明白我们确为办校而来、是领导他们走好的路子、故对乡校深表同情。

（十一）我们对乡校感想——此次我们钻在农民业中、办了三个月的乡校，也有点认识和经验。1. 农民心理——喜故厌新，好守旧法。2. 农民习性——苟安现状，不求进步。3. 农民精神——萎靡散漫，毫无纪律。这三点都是农民的病态。所以我们采取精神陶炼教材，特别慎重。选择有趣的东西，启发他，鼓励他，使他们有向上的精神。总而言之，乡校是农民生活改进的工具。将来乡校变为"生活的学校"关于乡农的智识，健康，技能，品性，参政……的活动，都以乡校为指导中心。采取教材，就地取材，适应农民生活环境，解决实际问题为原则。以农民的做上学，学上教，走到教学做合一的地步，庶不无相当的功效！

第七区东南四庄乡农学校报告
第七班学生王来臣

本院为推进乡村建设起见，特于去冬令各班分赴邹平各区，创办乡农学校。本班——七班——赴七区兴办，首先集中石门。规定以该庄为第七区乡农学校办公处。主任派余与盖廷训同学到东南四庄办理乡农学校。兹将本校办理经过报告于下：

一、校名——本校定名为山东乡村建设研究院邹平县试验县第七区东南四庄乡农学校。

二、地点——第七区东南四庄。

三、部别——普通部。

四、本校组织——同事二人，所有功课，分配担任，对于校务及工作，亦是分任担负（自己担任工作）农业常识，珠算，常识，自卫，党义。

五、学生人数——学生到席最多人数六十人，最少人数二十八人，学生年龄最大者五十岁，最小者十七岁。

六、招生——初时先在大街上张贴招生广告，说明本校设立之宗旨，与农民的关系，使农民自由报名。该庄距城较远，地处僻陋，风俗锢蔽，他看我们身着制服，行动纪律，疑系招兵。故初到时，上课人数颇多，而实在报名者，尚属寥寥。数日以后，见我们讲些农业常识，道德故事，为人道理，以朋友和蔼的态度与他交接，遂逐渐明了，逐渐认识，并踊跃报名，已达六十余位，他们热心听授，态度诚恳，很与本校打成一片。

七、上课时间——每天五个钟头，下午二点起至五点止，晚七点起至九点止，课毕并有学生讲演会，时间半点，自由报名。

八、每周时数——精神陶炼七点，识字十四点。农业常识四点，自卫三点，常识三点，珠算二点，党义一点，唱歌一点。

九、学董会——学董会，每星期开常会一次，讨论本校应与应革事项和进行方针，如有特别事务，得临时召集之，校董八人，内有常务一人，训育一人，协助本校各事。

十、筹备经过——初到时，先召集董事会议，商讨本校进行事宜。教课的分配，上课的时间，经众公决，每日上课五点，下午和晚间，并召集全庄农民举行开学典礼。

十一、大事概述——本校组织乡村改进会，宗旨以革除不良习惯，力谋一切建设为原则，并订立戒烟，戒酒，戒赌，自卫，救火，丧葬等公约，共同遵守，并购机织三张，加入机织合作社，于放学前率领诸同学，在该庄公地实行造林共植杨柳二百余株。

十二、自学时间——除每日担任功课，料理本校事务写工作报告和日记外，余采取各课的教材，看点书，农业常识，乡村教育，故事俗说，公民常识，以及本院所发的教材。

十三、乡农对乡校的态度——初到时，我们身着制服，言语谨慎，行动纪律，引起农民招兵的怀疑，日子渐久，他们认为我们是办教育，为农民谋利益的，他们逐渐与我们接近，日益加多，情谊浓厚，凡本院提倡事务，学生都竭力协助，他对于本校信仰笃实，态度认恳，深表同情。

十四、感想——今次办这乡农学校，更看出乡村建设的必要，感觉乡村风俗，真是锢蔽，农民智识，真是缺乏，习俗守旧，苟安现状，不求进步，精神涣散，团结毫无，见眼前小利，不愿将来大害。

十五、困难及问题——农民年龄不等，程度不齐，教材搜集，颇属困难。还有乡农或因工作上课间断，功课方面，颇难进行。

十六、改良意见——此次所办乡农学校，微觉呆板，要改为家庭式的教育，教从做上教，学从做上学，使身心有所养，智识技能有所增进，以乡校为指导中心，搜集实际生活的教材为标准，适应农民生活为原则。走到学做教合一的教育方向。

第七区花沟乡农学校报告书

第七班学生宋傅周

校名——山东乡村建设研究院邹平县第七区花沟乡农学校。

地点——邹平县第七区花沟镇。

部别——高级普通二部。

组织——本校同事三人，分为三股：一、教育股：担任教务及训育方面事务，二、庶务股：任会计及一切事务，三、传信股：任工作报告及传信等事，我自己担任教育股，事务方面有教学日志及高级部学生日记。功课方面担任高级部精神陶炼，国学，党义，珠算等。普通部精神陶炼，识字。

学生人数——高级部人数二十八名，年龄最大者四十三岁，最小者十六岁。普通部人数三十三人。年龄最大者三十一岁，最小者十四岁。

招生——初到的时候，先接洽该村里长，说明本院办乡农学校的宗旨，张贴招生广告，报名处设在里长处，及各村小学。本校的学生多半是由各校董劝导联络而来的，在刚开学的时候，上班不加约束，教材适合他的心理，感发他的兴趣，彼此情感日厚，学生自然亲我爱我不忍离去。

上课时间——高级部上午九时至十二时，下午一时半至三时半，共五时。普通部下午二时半至四时半，晚上两点，共四点。

每周各科时数——高级部精神陶炼四时，国学四时，历史四时，地理三时，农业五时，农家副业三时，凿井三时，造林三时，自卫三时，党义一时，唱歌一时，珠算一时，普通部精神陶炼五时，识字十四时，农业问题四时，唱歌一时，常识四时。

校董会——由该镇公选校董十人，组织校董会，由校董推出常务校董六人，每星期开会一次，商议本校一切进行事宜，如有紧急事情，召集临时会议。

大事概述——七区位居县之北部，治安颇成问题，所以在该镇组织武术团，每晚练习武术二小时，各持枪刀以便自卫，每夜轮流五人巡更。

本镇是四九大集，每逢集日，我们轮流到集上演讲，关于改良乡村，农业、风俗、自卫等。这种社会式的教育，颇受一般人的欢迎。

乡农对乡校态度——可分两个时期来说：一、当才开学的时候，乡人见我同学，都是武装整齐，殊属怀疑，说我们办乡农学校，是牢笼乡人，所以他们都踯躅不前，后来他渐渐知道乡校的宗旨，识透我们的真意，明了讲授的功课，他们又非常重视。又有一位，宋香圃先生（现任潍县建设局庶务主任），因事旋里，到本校和我谈论到乡校的意义，他非常赞许。便很诚恳的捐上了八十五本平民千字课。这是第二个时期。

感想——一、欲达到乡村建设的目的非从教育入手不可，二、欲得到农民信仰必须注重道德，三、乡人墨守成法改革极为困难，四、农民习性苟安现状，不求进步，五、农民精神散漫，缺乏团结纪律。

困难——乡校学生多因家务牵累不能同时到校，而忽作忽辍，功课不能画一进行，此困难者一也。学生年龄不齐，程度不齐，心理亦异，以致教授不能画一，此困难者二也。无一定教材，一面选择，一面讲授，此困难者三也。——功课方面缺乏实际方法，有的长者乐受，而幼者便觉干枯，正宜设法补救，还得想法使学生与乡村打成一片。

我自己的意见，是以乡校教育推进乡村建设，必须本政教合一之精神，定出纲要，还得有丰富的乡村知识，握住乡村问题，这样乡校的力量才算充实，再即乡校附近，采表证制度，（家庭学生田地）教师作评判指导，优者加奖，劣者勉励，学生不分年龄，不分程度，不分职业，是有普遍性的全民教育，学生要分团制，优劣得以充分发展，学校要社会化，不必拘于教室，课程采取活叶，按其需要而定，上课时间亦不必限制，使学生一面作，一面学，教育与生活合一，才能有继续性，这样似为比较合适。

到乡间去的前一页
第七班学生魏晏清

城市挤不动的事实，驱使着人们回顾乡村，因此作乡村运动的呼声，便一天高似一天，实地去做的，也大有人在。然如何去作？却各有各的见解。有的主张用政治力量，有的主张用个人力量，有的用教育或其他事业，意见分歧，不一而止，但用政治力量来推动乡村，推则动，不推则不动，乡村完全是被动的，失之于机械没生机，没永久性；用个人来作乡村原动力，失之于太消极没力量，难免障碍阻滞，或仅限于零星的改造，并没普及的可能；用教育及其他事业，又极难与农民接近普遍到乡村。本院有见及此、遂筹想积虑，想打破此种难关，找到比较完备的办法，故再三讨论，定出办乡农学校的办法。以乡间素负重望的人组织学董会，自动的来办理；由本院督促，使整齐普遍，以乡农学校作中心指导补助不逮，以三种力量，实现政教合一的乡村建设，达到教育，经济，道德一并解决的整个农民生活，这样的大体粗定。又想作第一次的试验，以教即是学的态度，取得老农经验，既可充实同学的书本内容，又能提起同学教学做合一的志趣，主义既定，便要来筹备下乡，第一办暑期讲习班，使各村小学教师明白本院宗旨，打成同学关系，以便作我们下乡的先锋队向导官、第二费许多经营，开农品展览会，以接近农民，使多数民众对本院了解，免得下乡后对我怀疑，这是下乡前的大概准备、当通知各区实行要到乡间去的以先主任同孙院长，曾到七区接洽数次，组织总学董会，把校址安排好了，同学方面便急急预备下乡，首先与七区讲习班同学，开一谈话会，搜集当地问题，及风土人情概况，次由同学会联次讨论解决问题的办法，及下乡应有的态度准备，真的"有事嫌天短"，仓促来到筹备的最后一日，清晨起来就忙，想留下这个，又想带着那个，直到忙的接我车来了，就如出嫁的姑娘，听见彩轿到了一般心境，正不知初作媳妇，从怎样着手才对。

乡校组织及行政
第七班学生魏晏清

全区组织的大概，取首领的委员制，这话似乎有点矛盾，首领制是独裁的，委员制是公开的，这二者并用，如何能行得通呢？但详细的分析来说，自易明了了，全区有总学董会，凡关全区应兴应革事宜，由总学董讨论议决之，既决之议案、由区主任负责施行，各部各自组成分校董会、凡关于本庄或地方事之，属于一部分者，由分会讨论议决之，议决后，由常务校董协助分部各股执行之，故事之有讨论商确性质者，则取委员制，事之主持进行，则取首领制、作乡校组织行政图如下：

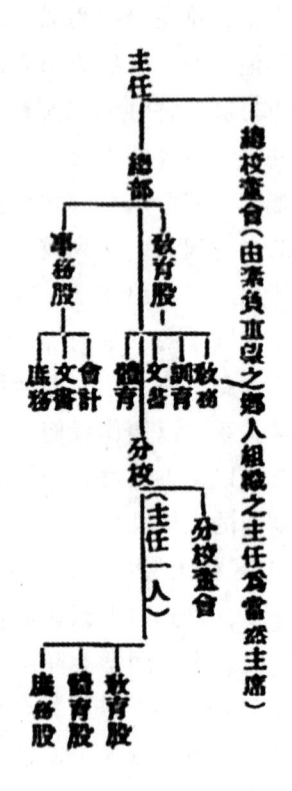

```
           主任
            |
      ┌─────┴─────────────────┐
     总部                  总校董会（由素负重望之乡人组织之乡人组织之主任为当然主席）
      |
   ┌──┴──┐
  事务股  教育股
   |       |
 ┌─┼─┐   ┌─┼─┬─┐
 庶文会  体文训政
 务事计  育告育教
 股               |
              ┌──┴──┐
             分校   分校董会
              |
           (主任一人)
              |
          ┌───┼───┐
         庶  体  教
         务  育  育
         股  股  股
```

参加胡家店自卫团往田镇放哨的一段谈话

第七班学生魏晏清

胡家店在民国十七年，曾有红会的组织，故自卫颇有根基，更加本庄极能合作，人心厚道，自卫颇有组织之可能与必要，加以本院提倡自卫，于乡校成立后，即在小胡家集召集旺王庄宫旺庄胡家店小胡家各庄，开一联合会，组织联合自卫，由大众议定章则，规定半月为会哨期，即以小胡家为集合地址，于十二月二十六日作第一次会哨。到者二百三十二人，林林总总甚为整齐。余与周同学参加，高级部学生，偕往者二十余人。沿途与自卫领袖崔瑞三谈话，谈到从前成立红会的根由，记得有一段话："在民国十七年本地土匪猖獗已甚，日日逼捐索款，焚掠残杀，人无生路，实在不堪其苦，不得不出于自救，作'野兔反噬之举'，故在六七月中，各庄暗暗组织红会，一庄成立，各庄相应，遂与土匪争持，抗不纳捐，但红会所到，行动逾轨，往往为人所不满。"本庄有见及此，故仍不想立红会。

孰意红会因本庄不立红会,据捏造黑白,谓本庄通匪,送给养不收,声声要来胡家店剿匪,本庄受双方压迫,遂于十月成立红会,刚刚成立几日,而土匪大肆其威,向红会猛烈进击,声称非灰烬各庄不止!于十一月二十四日,竟把邻庄李星□焚毁,枪杀数人。此时全庄惊恐,家家大叫小号,思欲他逃,吾等见此光景如令其他逃,全庄必空,有谁与守,遂与大家约,逃则共逃,守则死守,有逃者全庄即与之为敌。这时虽如此安慰众人,但也度量自己不能与土匪争锋,遂一面严备,一面外请救兵,至十二月九日,请到红会三十余人,心较前安,待十六日一战而败,心中之惊怕更甚,十九日援兵大至,遂于十二月二十三日,赴匪穴剿捕,至此(田镇)与土匪遇,枪林弹雨,相持竟日仅持三尺长枪,如何能伤土匪分毫,二十四日红会大势危急,如不死里求生,眼看危险万分,大家遂相邀同死,日夕竟把土匪攻出田镇,追之黄河岸杀匪多人,凯旋而归,自此民气已壮,见野有形迹可疑者,便在追捕,闻邻庄有匪人藏匿,立刻搜捕,今岁虽静,如有惊报,夜间枪声,亦往四野寻觅,毫无畏惧退缩之心,余听后见其胆气可用,遂称赞之,并劝于平时要加以组织训练,自然运用灵敏,遇事可靠,不至仅为乌合之众。同时与各庄约,明年春和日暖,大家实行练习野操,胡家店共团丁百人,分作五组,团长一人,组长五人,每晚二十人上班,并在普通部听讲课毕由同学共往庄外巡察,借以守夜。

乡校结束后的回顾
第七班学生魏晏清

事实是事实,理想是理想,理想有时与事实相符,有时不符有时竟大相反背,因此以后看事,自己觉得要放活些,切不可太呆板或执拗了!在今次下乡之前,都感觉到七区处邹之极北,鞭长不及的边鄙,民气闭塞,风化难开,如去办乡校,一定有好多的困难!真的他知识幼稚,对我毫不量解,无味的怀疑我是募兵劝捐劝教,其较开化的镇店,当先接着风头,较偏僻村庄好办得多!结果不是这样的一会简单事,不开通的庄子,安乡校后,他时时来窥测我的真情,他见我拿出真诚好意待他,他便很表同情的来接受,当然有信仰便生力量,因此乡校的感召力很大,得的结果很好!他看着乡校或者就是现在的顶好不过的一会事,如能得在本庄设立一处,就是全庄的幸福,拿乡校作了一庄的依仗,拿乡校教师当作了极信仰的同情者，使出十二分的敬意，好像是感恩莫及的样子，他相信乡校是忠心待他，绝没有害他的事，因此计听言从，就很庸易办任何的事情。且感中形外，见同学汲水送信洒扫就很不安，处处跑到头里去替我做，他这样柔嫩易感的心，我虽不敢接受，却是使我十分心喜，有了乡村能够接近的自信力。

所谓镇店的开化去处，他的好说话，是应付事的，办过去以后就算告了完结，他的好说话，正是他的刁滑，过此之后，你用至诚心待他，他也是物来顺应，不能信任你，重视你，只是唐唐毛毛作添上一处礼拜堂观，所以去感动他纠正他就很难，如何能鼓荡起民气呢？因此我想幸而中国还有不开通的乡村，假使中国都成了文明大进的上海、天津，那就不必作乡村运动而且实在不能作乡村运动，如不相信，请到上海、天津去试一试，绝不会有人理会你，并且如对他说说"你们要忠诚！不要做不正当的坏事！"敢说你无论如何说，如何的去以身作则，是不发生效力，不敢听从的。

这是什么一种道理？就是乡村镇店的背景不同，自然他的现象也就不同，镇店的人，多数带点营业的性质，是以赚钱为目的的，所谓"有利就干，无利就散，"对于如何忠诚才好，如何吃苦耐劳才好，他都根本不相容洽，因为忠诚了没钱花，吃苦耐劳，反不若作假的混钱多，安逸些，至于改良农业增加农民生产，办合作，免去奸人剥削，更是不需要或完全与他利害冲突（镇店多营商不务农，又多牙记市侩，如办合作，其饭碗破矣）有了这样客观的事实，如何不发生办不通的问题呢。

偏僻的村庄，就与此大大相反，他的生活，本来是勤俭治家，能吃苦能耐劳，做父兄的都以此告诫盼望他的子弟，所苦者地内生产少，粟贱伤农，因此本院所办的事业，都暗合他们的需要，初虽怀疑，久而密切，这不是最先理想，与结果适得其反么？

三，一五，回院晚日记

石门庄附近的农民问题
第七班学生张同合

此地民情朴实，土地广沃，所以穷人很少——我到石门四十几天的功夫，从没见过一个讨饭吃的人。到我们那里就大不然了，每天一家人家里不知要有几起去讨饭吃的人。——本乡校附近庄村，农民自身感到的问题是什么，我不很知道，今仅将我自己看到，和想到的几个较大的问题，写在下面，并附带着说一点我自己想到的解决方法。

（一）匪患　此处附近虽无大股土匪，然每至冬季，亦时有二三不肖之徒，起而乘间刧□与绑架肉票，户口比较少的庄村，常被其害。此地在先本有红会的组织，但因快枪甚少，所以实力极薄。若能就此而加以组织与训练，严定纪律及联庄自卫办法，再按地亩多寡分买枪支，是很可以高枕无忧的。

（二）旱灾　此处土地虽肥沃，但我相信，他们必然是患旱灾的，——因为这里春季雨水很缺乏，而他们的田里都没有井，虽靠近小清河，亦不知利用，且不能利用。要想解决这个困难问题，顶好是在乡校中挑选几个热心凿井的学生，训练他们凿井的技术，并积极提倡凿井，使每家田中都有井可以灌溉。并且庄中常没有甜水吃，亦可借以补救。若能设法利用小清河的水灌田，则更好了。

（三）家庭副业　农民于农暇时无工可做，不但虚掷了许多宝贵的光阴，且因此常有不规则的行为发生，这就不得不提倡家庭副业了。说到家庭副业，本来种类很多，在此地比较相宜的，差不多就是织布了。此地原来就有很多织布的人，但所用皆旧机，很不便利，所以前几天孙院长一提到买新机织布，乡民都非常欢迎，踊跃参加。现在，他们已在孙院长指导之下买到新式织布机二十张，成立了邹平信义机织合作社，若能继续的乘机辅导和鼓励一定能有很大的成功。至于买线及布匹出卖等，也可用合作办法，并且希望他们能发展到自己纺纱与染色。

（四）赌博与吸食毒品　这是和家庭副业的有无，很有关系的这是伤风败俗，地面不静的大原因。但是无家庭副业固易有此恶风发生，即有了家庭副业，亦不能不防其出于偶然；所以在办乡农学校的人，对此宜多注意，应随时提醒他们。最好是指导他们成立戒毒会与禁烟会，详定规程，切实遵行，利用奖惩办法，鼓励他们自动的互相监视。

（五）作物病虫害　这是一个很普遍的问题，不只此地如此。应该多和他们讲一点防除的法子，或是介绍一点关于防除病虫害的药剂给他们。此外家畜的卫生，也很重要，可附带着对他们讲一点。

（六）农产输卖问题　交通既不便利，而农作物的出卖，又都是各自为政，毫无联络，因此农民于无形中受很大的损失，这是各地的普遍现象，石门当然也不能例外；所以运销合作社的组织，也是不可不提倡的。更如利用合作社的置备新式农具，也是增加田地生产，发展农村经济的重要工作。

（七）文盲　这是乡村的大问题。假如农民识了字有了知识之后，不但于他的日常生活有帮助，即各种社会事业之举办，亦能减少阻碍。所以努力识字运动以减少乡村文盲，是乡村建设的重要工作。

（八）提倡武术　此地以前学过武术的人很多，而且都非常热心，这是一种很好的风气。既能健身，复可自卫，应该鼓励他们继续不断的做下去。

第七区乡农学校一览

庄名	班别	学生人数	开学日期	校董姓名
杏行	普通部 高级部	三十七名 三十四名	十二月七日	杏行石门两村距离甚近校董会系合并组织 王筱峰高惠五董启彬董启鹏张俊锡 刘熙年王汇东郭子英李幼山李丹臣
石门	普通部	三十六名	十二月七日	王耀堂宝贡臣刘和凯贾德溥
胡家店	普通部 高级部	三十名 四十三名	十二月十四日	崔玉龙崔瑞三崔逊卿牛颁五胡辑五 高金泰张相甫牛学海
东南四庄	普通部	六十名	十二月九日	张善符王杰三张贯三王凤文王金岳 高凤林张佩久王星阁刘爱南
双柳树	普通部	三十二名	十二月十六日	贾福远祥景山祥承仁祥景岩贾来远 贾在葵贾可凤毛会凤范兆元
李星耀	普通部	三十一名	十二月二十五日	李晓峰李俊峰蔡玉珂李瑞玉李琮玉
任马寨	普通部	二十九名	十二月七日	张玉佳张同昇张建臣张守慎张万岗 张守诚张建信张建镐
花沟	普通部 高级部	二十九名 二十八名	十二月十八日	宋云升纪益三王梅村王级三李子明 李瑞章李光三王茂山孙德甫韩润章
宋家套	普通部	二十八名	十二月二十日	李竹林高凤昌孟继善于广文郑锡光 刘传义
陈家	普通部	二十二名	十二月十四日	刘凤鸣高宗耀吕景慎王建五王玉□ 李长文李茂堂王玉林

续表

庄名	班别	学生人数	开学日期	校董姓名
西南四庄	普通部	五十名	十二月二十五日	李丹宸李景衍李树杭杏树珍李毓珠 耿大彬李景怡寇会齐张怡亭李景
贾王庄	普通部	三十二名	十二月二十四日	贾子修贾廷甫贾善谋段义堂何子明 王道中霍彰五
大官庄	普通部	三十三名	十二月四日	王德亭韩星三刘士安孔笸静张式堂 王镜五秦兴荣
田镇	普通部	四十二名	十二月二十五日	帅庆春崔继傅田洛三孙斐卿孙维铭 孙积义孙守先孙宝铮蔡介忱崔献南 翟吉堂刘律元田华亭
全区校董姓名	王汇东　郭子英　际可　高梅村　李幼山　刘希年　韩星三 何子明　张陶庵　李正科　静齐　崔邀卿　王德亭			
附记	以上共计乡农学校十四处高级部三班共学生一百零五名普能部上四班共学生四百九十一名所有学生数目均就现有人数计算			

邹平第七区东南四庄乡村改进会成立之经过

自本院各班分区赴乡以来，各处的乡农学校渐次成立，各村的农人，对于本院办理乡农学校的意思，也渐渐了解。不过能说不能行，明知故犯，是人的通病，尤其是乡村农民，故步自封，狃于故常，更为一般最普遍的现象。没想到东南四庄，竟逃出了这个通例，毅然决然，大胆的起来前进，这真是难得的很。听说东南四庄，从前有小济南的称号，他的风俗习惯，稍微带点浮华的风味，也就可想而知了。他村的首事张贯三王清三张善甫诸君，很感觉到乡村之急宜改良，所以本院同学一到七区，他们就很欢迎，在他那村里成立了乡农学校一处，他们对于乡村的道德，应该怎样提倡，不良的习惯，应该怎样铲除，公共的事业，应该怎样互助，家庭的生产，应该怎样增加，因受着乡校的熏陶，惹起了他们深刻的注意。他们不但注意，不但猛醒，并且的的确确起来实行了，他们立即组织了个乡村改进会，立有劝戒公约，戒烟酒赌公约，救火公约等，并有王泽孟等九人，自行集资，买新式织布机，加入本院在第七区所提倡之机织合作社。该村共有八十余家，加入改进会的，始为四十余家，继为五十余家，又继为七十多家。他村里向来赌酒很盛,自有了改进会,赌局完全没有了。向来有两个卖烟酒的小铺,因为改进会成立,烟酒几乎没有买卖了。将来机织逐渐扩充,他村的经济,也必可日见充裕。乡村中有这样的急先锋,能够团结起来,整齐步伐,迈开大步,一致的向前跑,真是好不容易。他们的机织合作,在第七区机织合作社里说明,这里不说他。他们的乡村改进会,已经在县政府立案了。现在把他的简章公约,记在下边。还有一点,也附带说在这里就是他乡村里有个既聋且哑的小孩,名叫王春圣,是王树屏的儿子。今年十七岁了,自进了乡农学校,他居然认识了四五百字,并且多能写出来,不但不是个废人,而且成了一个很有用的人了。因为他是东南四庄,所以也就在这里提到。

简章公约附列于后:

邹平县第七区东南四庄乡村改进会简章

第一条　本会定名为邹平县第七区东南四庄乡村改进会。

第二条　本会以改良风俗,革除不良习惯,力谋一切建设为宗旨。

第三条　凡本庄农民均有加入本会之资格。

第四条　本会设正副会长各一人,依据本会精神办理本会一切事务。

第五条　本会正副会长由全体大会公选之。

第六条　正副会长每年改选一次,连推得连任。

第七条　凡本会应兴应革事宜,由全体公决办理之。

第八条　全体大会每月开会一次,由会长召集之,于必要时得召集临时会议。

第九条　本会无经常费及入会费。

第十条　本会为实现本会宗旨起见,由全体大会订定公约共同遵守,其各项公约条文另定之。

第十一条　本会会员如有违犯公约者,正副会长及各会员皆有劝导纠正之责。

第十二条　本简章如有未尽事宜,得由会员三人以上之提议,经大会议决修改之。

第十三条　本简章自大会通过后施行之。

邹平县第七区东南四庄乡村改进会劝戒公约

劝

一要尊敬长上

一要亲爱和睦

一要协作互助

一要勤劳俭朴

一要听从规劝

戒

一不得谩骂围殴

一不得奢侈懒惰

一不得沾染嗜好

一不得欺凌孤弱

一不得背弃公意

邹平县第七区东南四庄乡村改进会戒烟酒赌公约

一　本会为力求戒绝不良习惯，特依本会简章第十条，议定戒烟酒赌公约。

二　本公约以戒烟戒酒戒赌为目的。

三　本会会员均有遵守本公约之义务。

四　本会会员如有违犯公约，吸饮烟酒一次者罚大洋五角，如有特别情形者罚大洋一元，犯赌一次者罚大洋二元。

五　本会会员如有违犯本公约逾三次者，即革名出会。

六　本会会员俱负有互相监察纠正之责。

七　本公约如有不适宜之处，得由三人以上之提议，经大会议决修正之。

八　本公约自议决之日施行。

邹平县第七区东南四庄乡村改进会救火公约

一、本会为防止公共危险，依据本会简章第十条，议定救火公约。

二、本公约以救护火灾，防止公共危险为目的。

三、本会会员均有遵守本公约之义务。

四、凡遇有火警时以鸣号为令，本会会员一闻号声均须立即前往扑救。

　　五、凡遇有火警，本会会员以四分之一在四外巡查，以资警备。

　　六、凡遇有火险扑灭后，应排除点名以资查考。

　　七、本会会员如有违犯本公约点名不到者，公罚大洋一元，其有特别情形者免罚。

　　八、本会会员如有违犯本公约逾三次者，即革名出会。

　　九、本公约如有未尽事宜，得由二人以上之提议，经大会议决修正之。

　　十、本公约自公决之日施行。

邹平第七区胡家店优厚之风

　　胡家店在第七区的东北，距城七十里，为邹属最北村庄。村东里许即高苑，村北十里为三府四县交界之田镇。村旧有圩，近多倾圮，村人议于今春补修，如能实现，在守卫上，自有莫大之便利。村内设小学一处，学生三十余人。居民百四十余户，多为崔牛两姓，西半为崔氏，东半为牛氏，虽系两姓，而向来义气和睦，无论办何事项，均能一致进行，不分彼此。人皆勤苦习心，除务农外，业砖瓦窑者甚多，每三谷既登，则四出在砖瓦窑上工作，每人在秋冬之交，约可获二三十元或四五十元之收入。其次则多从事贩卖白菜，夙夜即起，赴长山桓台等产白菜区域，用大车运载，每车亦可获三数元之利。村人类皆勤劳如是，故村中无一不能吃饭之人。至其村人勇于击匪，则尤堪钦佩。村南地势低洼，南抵长山之陶唐口，东界高苑，计南北长约二十里，东西阔约十五六里，一片旷野，漫无居民，经其地者，一望即生戒心，而地势辽阔洼下，亦每为盗匪出没之区。连年以来；时有杀人越货之事。村中一闻有警，或得到报告。即携械群起，尽力追捕，匪即开枪射击。亦毫不畏缩，前仆后继，伏地猱进必获而后已。匪经数次重创，遂不敢复在此截劫。前数年匪气极盛，附近村庄，多被蹂躏破坏，该村巍然独完，职故是也。而其风俗之最优厚者，则为凿井盖屋之通力合作。村中自昔相沿，凡本村有人盖屋或凿井，则邻人均前往协助，不需工资，尽力工作。其景况较好者，供备饮食；如景况不裕，则邻人可自备伙食，前往助工，此种优厚之风，互助之力，至不多见，如能本此精神，因势利导，扩而大之，其对乡村事业之合作改进，应有不可限量者，故特为志之。

邹平第七区四里自卫联合会成立之经过
崔兆祥记

邹平第七区，位在县城东北，东邻长山，高苑，西接齐东青城，北近滨县，为五县所环抱。而梁二，梁四，官庄，任二，四里，共计二十七村，形势散漫，守卫毫无，每届冬令，时有盗案发生。日前坡庄，辛庄；曾被架票；划劫旅客，亦有所闻。当此伏莽欲动之时，适孙副院长莅七区石门乡校，观此情况，思谋解救，并以此时提倡自卫，为至好之机会。遂于一月五日，召集四里各村庄长及乡校学董会议，组织自卫联合会，并拟乡守公约十二条，兹录于下：

一、本乡以亲爱和睦，互助团结之精神，共谋地方之安宁。

二、本乡范围为梁二里，梁四里。官庄里，任二里之各村庄。

三、如遇匪警，擂鼓为令，各村闻鼓声，立即出发援助。

四、防剿土匪，如有阵亡者，每人给恤金三百元。其受伤者，须视伤之轻重，酌给养伤费。恤金及养伤费，均由各村摊派。

五、各村枪械，须查明数目，修理整齐。

六、各村须轮班守夜，每班举班长一人，负统率巡查之责。

七、守夜人数，每村占全村丁壮五分之一；但在特别戒严时期，可斟酌情形增加之。

八、本乡所属村庄，每十日总集合一次。地点——为龙桑树或田家官庄。所需给养，由各村自卫备之。

九、各村丁壮之分配，组织，训练，以及其他设备事宜，由村长及乡校学董负责办理之。

十、本乡乡民，如有违犯公约者，公罚大洋二十元。

十一、本乡乡守公约，如有未尽事宜，得经大会议决修正之。

十二、本乡乡守公约，自议决公布之日施行。

以上十二条，经大会议决通过。印刷分发各村，共同遵守。十三日，四里所属各村丁壮，齐赴龙桑树集合。计到曹家庄，双柳树，东南四庄，前陈家，后陈家，郭家坊，后石门，吕家龙桑树，西南四庄，中南四庄，辛庄，杨家庄，前石门等村，其丁壮三百五十九人。各持枪械，精神踊跃！观者如坊，人山人海，约千余人。先由梁院长训话略谓："我今天早五点，从本院出发，赶快到此，与诸大家谈话，诸位的兄弟姊妹，也有的被匪架去；诸位汗血换来的籽粒，也有时被匪抢去？我们目前最大的仇敌，便是土匪，无论贫富，均受其害。但贫的以为土匪于他无害。其实不然，如庐山县因守城不力被匪陷城，杀贫示众，以作赎票的警告。至二次守城，贫富咸集，城遂未破，这就是合作有力量。如若大家，团结一致，土匪岂敢架票？如若散漫，毫无组织，正是给土匪抢架的机会。我希望大家，彼此互助，加心自卫，本院指导你们自卫的方法，是想着使大家得到安居乐业。"次由王平叔先生训话，大意是——我是四川人，三年以前的四川，也是乱得了不得，如今四川团练办的很好，不但土匪不敢骚扰；就是军队也不敢胡闹。你们要知道。土匪是个人，我们也是个人，一百个土匪敢抢我们，我们一百个人，就不敢抵抗吗？何况百姓比土匪多呢？你们在乡里都是亲朋的关系，为什么不联合起打土匪？现在敝省所以平安，只是民众有自卫的好办法。你们想得安居乐业，非办团练不可。况且办团练，也能习勤去懒。这个懒字，就是本身上的土匪。吃喝，嫖，赌……种种毛病都从懒中生来。这个懒字比土匪还厉害也，得打掉他，你们的家产才能保得住。梁劼恒先生训话略谓："你看日本占了东三省，又攻锦州，大有入关之势。凡日军占领之地，杀人放火，无所不为，是何等的可怕！你们办自卫，不但打土匪，还要打日本。侵害我们的一切的一切，都要防御他，铲除他。但是你们的武器，非常练是不足以应用的。俗说：'功到自然成'。那么，练好了枪刀，武力雄厚，国土可保，家产可守，自卫与你们有切肤之痛，万不可疏急懈怠"！除主任训话大意是——诸位的精神很好，来的很踊跃。你们或者说："现在没有土匪，何须自卫。"其实不然，俗语说得好："年年防旱；夜夜防贼。"前天坡家，辛庄，不是架票吗？无论贫富，一旦遭遇匪患，即刻倾家荡产，俗话说的："常将无事防有事。"你们应当天天有防盗的心肠。我告诉大家两句话："要记着——一要齐心；一要持久。大家齐了心，长久不懈，团结一致，还怕有土匪吗？地方上平安，你们才得安居乐业的过日子。"经过各位先生训话完毕。丁壮数百人，齐集野外射枪，一时枪声隆隆，气象雄壮足使土匪闻风胆寒！至午后一时许，各村丁壮返回本村。

邹平第七区信义机织合作社成立之经过

本院各班同学分赴各乡，办理乡农学校，一面从教育着手，想着扩充他们的知识，提高他们的道德，纠正他们的不良习惯；一面从经济着手，想着改良他们的生产，增加他们的收入，活动他们的金融；这是唯一的两条大道，是一定而不可易的。但是教育方面，固然从教学上做起，而经济方面，究竟从哪个地方办呢？农业改良是不能求近功的，信用合作是不易有资金的，所以我们觉着发展乡村经济，最好是从各地所固有的家庭工业，因势利导，加以改良，比较是容易见信，亦比较容易收效。

七区方面，向来织布的很多。当洋货未侵入时，织布为地方大宗的收入，所有龙桑树田镇各市集，均以土布为极大买卖。惜近年以来，洋布充斥，土法织布，法子既笨，布面又窄，当然渐归淘汰。而村人墨守旧法，不知改良，不但不能与洋布竞争，并渐渐的不能存在。本院同学，一到七区，经调查研究所得，觉七区的织布，实有急行提倡改良之必要。适有校董禚际可先生，系工业专校机织科毕业，对于本地机织改良事，热心赞助。遂拟用各家旧机，改用手拉机，速率稍快，布面加宽，盘算着用渐进的方法，从事改良。继与孙院长磋商，又觉如其改造旧机，不如一直购用新式织机，聘人教授，组织合作社，收效较速。遂由孙院长向乡校高级部，说明新式织机之价值，购机习织之利益，及组织合作社之优点。说词大意是——今晚功课暂停，商量一件事情。今晚商量的，是学着织布的事，本来织布我是不会，但我知道农人在冬间的时候，织布很赚钱，禚先生是工业专门毕业，学的机织很好，所以就请他来上班，教大家织布，今更从济南聘来一位很有经验的张先生，实地教我们，昨天我在前石门曾说过以前我在我的家里办过工厂，但失败了，因为那时是开土工厂，雇了工人，买下机器和材料，所以学的人很多，但是开支太大，织的布不好，卖不出去，不二年就倒闭了。后来我又在菏泽办，是教学的人，自己去买机子，初时人多不乐意，后来有个姚家庄，庄上的人有十几位乐意学，自己买了十几张机子，从衙门里请一人专教，自十七年到今，已非常发达了，也非常赚钱，后来本地人见赚钱很多，所以学的人愈来愈多了。我们到工厂去学徒，他不愿教给你，只教给你做些杂工作，今趁张先生在此，我们赶快学才好，若是乐意学的多，张先生明年还能来。织布的人若是多，本院很能帮忙，所以今天我们就是商量一下，决定谁学谁买机子，这也不用诸位操心，本院可以代劳替诸位去买机子，或者还便宜一点，在明年正月十日以后，就开始工作，将来组织个机织合作社，共同买卖，是很相宜的，自要好好去干，是必可发达的。合作的详细办法，过天再说，现在就看一看，谁有决心学和买机子。说完后听者极为动容。当时决意集资购机，学习织布的，有三十余人。继而辗转传说，不逾日而加入者，又三十余人。计东南四庄王秀正，高凤洲，王清俊，王泽孟，王泽平，郭永之，张恩庆，张俊庆，王承明，合购机三张，大轮一架；前石门刘玉堂，刘淑恩，张玉蓉，合购机一张，王振声，王振亭合购机一张，董敬祖，王经茂合购机一张；前陈家吕德福，董殿元，高云瑞，高云卿，合购机一张；后陈家王殿邦，王殿鳌，五玉玺，合购机一张，高家山，李占荣，合购机一张，李仲廉，李化绪，合购机一张，王景春，李德馨，王玉璧三人，各自购机一张，全村购大轮一架；吕家庄吕开泰，吕树斌，吕树康，合购机一张；西南四庄李毓珍，李毓珠，李乃华，李树玉，王光华，郑士元合购机一张，齐东县王家寨子朱允诗，蔡立臣，刘砚田合购机二张，任居杰，王宗和，李宗典，陈点时，王家林合购机二张，全村共购大轮一架；周家庄周全祥，自购机一张。共计四十九人，定机二十一张，大轮三架，此为机织合作社组织之始。

购机既定后，遂即托人在济南郭天成，将机件购妥，由山东厚德贫民工厂聘技师三位，一为丁君一为孔君一为许君，押运机件，并线二捆，在小清河雇船，运至陈家桥卸货。运到后，由各购机之家，各自出车，分别将机件运回。当卸船时，机上各件，及外带零件，散置满地，堆积如山，是时日已傍晚，北风大作，天日阴霾，河口冷风刺骨，寒不可支，故运机者，均争先装车，急欲早回。幸技师及同学数人，不辞劳苦；悉心照料，虽以零零碌碌几千几百之零件，仓促分装，亦未出错。即此一端，一可见乡人之携取不滥，一可见办事之不容苟且。但犹恐零件不齐，日久交涉不易，故于翌日清早，即由丁孔许三位技师，分赴各家，详细查点。零件查清后，即开始分途按机，各家按好后，即开始桨线，牵线，络线各工作，是为机织工作的开始。

工作开始以后，机价之如何交足，线价之如何筹措，及一切将来进行各事如何计划，均有急需解决之必要。故迭次会议，共同讨论，将机价线价,均定期交足。并为办事便利起见,先组织一干事会,由每村购机各家,推选一干事,其一村机数之较多者,则加选一人。计各村选出机织干事,前事石门——刘玉堂;后石门——王克礼;吕家——吕树宣;后陈家——王殿邦,王玉瑛;前陈家——董殿元;王家寨子——李宗典——刘砚田;周家——周连胜;东南四庄——王泽孟,高凤洲;西南四庄——李乃华。各干事选出后,因开会召集。须有人负责,遂公议选举一临时干事长,以为负责召集之人,当选者为刘玉堂。干事会定为十天一次,如有特别事故,则开临时会。合作社之名,议决为邹平信义机织合作社,并推人起草,拟定合作社章程,以便大会通过。其他一切进行事项,均于干事会讨论之。此次合作社,系先购机而后组成,即系以机为单位,且各机均散在各村,故与通常合作社之先集股而后成立者,情形微有不同,是以拟订章程,有不能不迁就事实之处。兹将简章列后。

邹平信义机织合作社简章

第一条　定名　本社定名为邹平信义机织合作社。

第二条　宗旨　本社以办理社员机织上之购买及运销事宜,促进乡村工业之发展为宗旨。

第三条　责任　本社责任为无限责任。

第四条　区域　本社以邹平第七区石门村附近各村庄为事业区域。

第五条　社址　本社社址暂设于石门村内。

第六条　社员

(一) 凡事业区内品行端正,勤苦耐劳,有志机织者,皆可为本社社员。

(二) 本社成立后请求加入者,须有社员二人以上之介绍,经干事会同意,提交社员大会认可后,始得为本社社员。

(三) 凡社员有下列情形之一者,经社员大会之议决,得予以除名:

(甲) 不遵守本简章之规定者!

(乙) 破坏本社之名誉及信用者;

(丙) 假借本社名义以图私人利益者;

(丁) 沾染不良嗜好,妨害社务进行者。

(四) 本社社员之自请出社,应于事业年度六个月前,请求本社干事会，经干事会提交社员大会认可后，始得出社。

（五）凡除名及自请出社社员，须将对于本社应负之责任完全终了后，始得与本社脱离关系。

第七条 资金

（一）本社社员购机购线应用资金，均由各社员自行负责筹集。

（二）本社社员织机，如抵押或转让时，须经干事会提交社员大会认可。

第八条 职员 本社设社长一人，干事若干人，其规定如下：

（一）凡本社织机所在庄村，每村推选干事一人，其机数在三张以上者，得酌量情形，加选一人。

（二）社长干事均由社员大会选举之。

（三）社长干事，任期均为一年，但连选得连任。

第九条 会议

（一）社员大会，为社务决议之最高机关，每两月开会一次，如有特别事故，得由干事会议决随时召集之。

（二）干事会 干事会由社长及全体干事组织之，每十日开会一次，有必要时，得由社长，或干事二人以上之提议，随时召集之。

第十条 营业

（一）购买事宜：

（甲）凡本社社员机织事业需用物品，皆出本社社员共同集资购买之。

（乙）购买货品时，货价之凑集及缴付方法，均由干事会随时规定之。

（二）运销事宜：

（甲）凡社员机织物品，皆须交本社共同出售。

（乙）社员所交机织物品，应由干事会评定等级，以为货品售出后物价分配之标准。

（丙）本社机织物售品出后，所有货价，除扣除各种费用及公积金外，余俱依评定之标准分配之。

（三）事业年度，本社自每年，月日起，至月日为事业年度，每年度结算一次。

第十一条 公积金

（一）本社公积金按照纯利百分之五提充之。

（二）本社公积金，由干事保管，其用途由社员决定之。

第十二条　附则

（一）本简章自社员大会通过后施行之。

（二）本简章如有不适宜处，得由社员三人以上之提议，经干事会同意，交大会议决修订之。

按自机织开始以来，起首初学，自然心手不应，腿脚不灵，眼亦照顾不到，不免稍难。且机价总数，约洋八十元，买线亦须价款，统共计算，每机一张，约须洋二百元，乡村穷苦异常，筹此款项，自属不易，故开办之初，经济与学习均稍感困难。迨学习日久，手术日熟，布匹亦可售卖，其畏难与拮据情形。均渐减少。各村之愿学者，亦日见其多。惜以技师太忙，无暇教授，故后来愿学者，只有俟第二次扩充时，再行加入。盖类此家庭工业，房屋伙食人工，均可不费开支，与工厂比较，费用自系至少，成本当然较经。故同一物品，同一价目，在工厂不赚钱，而在家庭工业，则确可赚钱。且家中之小孩妇女，亦均可学习。山东之□县，河北之高阳，织业均极发达，地方亦极富庶，其主要原因当由于此。若能就地之宜，力加扩充，其有益于乡村之经济者。当非浅鲜。近除第七区外，其他波查店韩家店等处，继起组织者已大有人。将来应可逐渐发展也。

特别区农民生活问题与我们的设计

马资固

　　特区者，乃郎君庄，抱印庄，崔家庄，李家庄，景家庄五庄是也，该五庄在邹平县城南，其在行政区上，属第三区者二，属第二区者三，我们以其距本院较近、（六七里）而该五村相离亦不甚远，（各村距中心庄至多不过二三里），以及其他种种便利，故得选为试验特区，我们于选定该区，及校址等后，乃于十一月二十三日实行到乡间去，一月二十二日因公返院，中间恰恰两月，在此两个月间，除初赴乡时的筹备开学，归院时的安排，还有因院内的公忙，有须时时回院，为我们自己的生活问题，时时赶集，以及与农民接洽意见，领导村民实施凿泉，练习射击，与筹备各种大会等事，除此外，我们每人须照顾一班学生，天天还须给他们作各种理论方法技术等之说明，及教其识字，在人地生疏，言语隔膜的我们，还有这许多的事情催迫着，于这短短六十天的期间。不要说作改良改进事业，实在对农民隐痛，乃其生活上的重大问题，我们连调查的工作，就无暇去作，现在所提出的问题，不过只是就我们在谈话间，得到一点材料，和我们观察的大概罢了，在我们的心中觉得，恐怕还有许许多多关于农民的隐痛，及生活上的问题，还没有被我们发现。

　　关于我们的设计，是由于问题中产生出来，不是从学校中带的药方，像该区因有最重要的桑的虫害，与荒山等问题。所以才有造林治青子的设计；如果我们到霍家坡。（城北）那我们至少要注意它的排水，土壤改良（因其土壤多咸土势洼下）等问题，其距离虽不过十数里，然它的问题，确各有不同，问题不同，设计当亦各异，所以我们的设计是由于它们的问题，它们有一种问题，我们就有一种或数种的设计，因一个问题有非一个设计所能解决，至我们设计进行之快慢，亦完全视农民之急需与否？急需者则进行亦急，否则进行少慢，更有因时令关系，有非冬日所能办者，那也只有待诸来日了（注）但是问题是随时变迁的，所以我们设计也不是死的，这不过是就我们两月来观察探索得到的问题，而规定了这几种设计，又因问题的性质不同，我们又给他分成农业方面的问题，该校今春仍在继续进行此文系就前段而作农村社会问题两种，兹分述于下。

一　农业方面的问题

我们所谓农业问题，并不是单纯的农作物的品种问题，也不只是作物的病虫害问题，它包括农民生活上所仰给的一切物质资料，及其生产上之诸种问题，如食品，燃料，荒山，水旱，天灾等，都是与农业有莫大关系的问题，如是则特区五庄的农业问题，就我们观察探索所得，有十四种，为使大家明了起见，兹将其问题之性质及我们的设计略述于下。

（一）食品问题

这个食品问题不是粮食问题，也不是馍馍问题，乃是食品之调和问题，即油盐酱醋等之问题，这项问题，在我们的家乡是不成问题的，因为我们乡村家家都会做，而这地方却不会做，都是购之于邹平城内，这在旁人看着或者以为也不成什问题，在我们看来实在不是小问题，我们试就醋一项说，如以谷酿之，邹平斗每斗至少可得好醋二百斤，在邹平城内购每斤需洋一角，以二百斤算，每斗谷做成醋则可卖二十元，而每斗谷价至多不过四元，加人工一元，则每斗谷之纯利已有十五元，特别区共有四百余户，加以每户每年用醋四十斤，则共需一千六百余斤，即需八拾斗谷之醋，以每斗十五元纯利计算，则此五村每年因用醋须浪费一千二百元之数，此数目虽不甚大，然俗语云，（日子不能长算，）这样年年的下去，其损失亦非小可，是以有酿造合作组织之设计，该合作组织，专从事于酱油醋，酱油之酿造，至收积利用农民剩余残馍（此地无乞丐故残剩之馍块甚多，）以作酱，为废物利用，事虽小，于农民亦不能无裨益也，至食盐则非土产，海盐则在奸商抱卖制度之下，前为此事，农民曾要求组织食盐消费合作，后因此种关系，未果；此已足证其渴望之甚也。

（二）燃料问题

在这个问题中包括重要的两件事情：其一为燃灯用的石油，此为普遍的问题，盖石油乃家家离不了的东西，不论贫富都要用的，而尤其贫农为购石油而多浪费钱，因为他没有许多的钱，去购买大批的石油，而向在商业上多则价钱便宜，少则昂贵，贫农既有许多钱，只有零星的去买半斤四两去了，这其中实不知浪费了多少，第二为煤炭，在该区五庄中，烧煤炭者，冬春两季，其四百户中有二百户以上，以煤炭为主要燃料，此煤炭概由淄博购来，其购买之方法，则多用牲畜负或人力车推，其每次有限购买，费价亦高，我们为解决此两种问题，使得廉价之燃料，固有燃料消费合作组织之设计，然事非切身痛苦，是以在我们设计进行的程序上少为慢些。

（三）棉花的弹轧问题

特区五庄地临山基，土质多坚固，本非土棉所宜，（美棉则较适宜）然以棉为其衣料之必需。故每家亦不得不少为种植，既植棉矣，我们不能不注意其加工情形，我们知道棉花加工上的第一步便是轧弹问题，本来此地从前之棉花轧弹多用手工，近年则因人工高昂，及简单轧弹机之输入，随停止其手工的轧弹，而代以简单机器，但该种机器，价值较高，非一家所能购，是以现在特区五村棉花的轧弹，多负赴乔木庄或城内，其往返十数里，其中时间既不合算，又不经济，此其目前最能感觉到的问题，是以我们有棉花轧弹机利用合作组织之设计，盖并非止于此也，我们第二步进行组织织机合作社，而我们所以不急急组织织机合作社者，有三问题在焉，其一技师问题，其二旧机之废除问题，其三为棉纱的来源问题，前者尚易解决，后者则有持探讨，因此地纱多出自青岛日商富士公司，（手工纺纱用铁机织则非所宜也）是我们踌躇者也。

（四）农产品之运销问题

此所谓农产品者，包括有田产，园产，畜产，以及家庭手工产品等而言，此等产物，不但各农家衣食住之所仰赖，即农村之金融之流通，市场之交易，亦多利赖此等物品，是农产品之销售，为农家金钱上收入之要宗，特区五庄地距邹平城不过六七里，其主要产品之销售者，除粮食蚕丝之外，则有鸡蛋布匹等，夫粮食蚕丝鸡蛋布匹四者，乃特区五庄金融流通之命脉，农家完粮纳捐，及家庭日常零星用项，皆仰给于此四项产品交易之收入，邹平城三八（每旬之三日八日）大集，为其主要销售之市场，其交易情形，布匹鸡蛋则多系妇女提篮携包，每逢集日，则成群结队，有提鸡蛋三五七八枚者，有携带布一匹者，赴集售买，鸡蛋价目多操之于贩卖者之手，布匹则多为零售，是以往往有一匹布数集始能售罄者，至粮食则系男者负担赴集，集有粮食市，专为粮食之交易，无粮行。有司斗者，每量一斗须纳用钱若干，粮食之销路，多为由周村来之小贩，运去，是市价亦操彼之手，有时无贩者，则粮必迟迟难销，亦有因不能售而负归者，蚕茧价钱则操于日人之手，商人之垄断市面，使农产之不得善价而售也，天天赶集于工作时间，及人力等之不经济也，诸如此等现象，农民在物品之销售上，感莫大之痛苦，所以我们有各种运销合作之设计，此等运销合作之组织，先由义务轮替的方式作，渐扩而为大规模之运销合作社，即转卖的形式的运销合作社也。

（五）庄稼的病害问题

庄家的病直接影响庄稼的品质与产量，这些事情在农民往往注意不到，即或注意到，亦是束手无策，坐观其蔓延，盖农民既无科学头脑，又没有试验的精神，只是"听天由命"，任天然的摆布，所以作物的病害，其势则日甚一日。作物因病害而减少之产量，实不可以数计。此地作物病害之最甚者，为高粱子之黑穗病，与谷子之白发病；此种病害，最易借细菌胞子而传播，如不设法防除，农民受其损失实非浅鲜，是以我们有作物之混合选种，热水浸种，及药剂治除等三种设计。前二者一方面系防除病害，一方面为除作物之劣变；后者则专病害之治除，今春已将此种药剂散布农家试用，成绩如何？来日再为报告。

（六）庄家的虫害问题

虫害为农家所最痛恨，此地虫害中之最著者，第一为蝼蛄，此虫盛行于春夏两季，此地情形，春夏雨水缺少，蝼蛄则横行田间，喙食苗根，如行查于田间，则常见满陇（苗条播之行也）青苗皆为喙食枯死，酿成一片荒原，第二为蚜虫，（即此地米虫之学名）此虫盛于秋季之豆科植物，禾本科植物则次之，如六月天气连日阴雨之后，则见茂旺作物，叶皆卷缩，色则变黑，不能开花结实，此种虫害在田间多形圆状，即受虫害之作物，多成轮形之一大片，亦此地虫害中之最要者。第三为蝗虫，据土人请蝗有二种，一为土生蝗，其喙食危害田苗甚小，一种为飞蝗，乃由别处成群结队飞来之蝗，此种蝗虫往往经过一地，则苗叶尽为所食，作物因之不能结实，是亦此地害虫之一也，第四为青虫，此等虫非年年皆有，乃年有年无，其为害有甚于蝗，此四种虫害其为害作物如何？我们不能用表示出，但就农民所言，实干百倍于病害也，我们有见于此，乃有驱治蝗虫，捕杀青虫，诱治蝼蛄，及毒杀蚜虫之设计。以我们之观察此等设计实施后，农品产量可增加四分之一，其于农家之利益可想知矣。

（七）桑树的虫害问题

蚕桑为此地农家的主要副业，亦农家余钱收入簿上的一笔大款，不论其家庭之大小贫富，每年都要饲养一些蚕，但近年来，桑树上发生一种害虫，俗名之为"青子"，蚕叶因之大受影响，大有日形衰退之势，该种害虫发生于春桑树发芽之际，喙食叶芽，使桑叶不能成长，当其发生之时，则满树如蚁，不数日则见叶芽尽为其喙掉，农民为此常搔首痛恨，然无良法，或有用木棍敲打树枝，使之震落，但亦无济于事，是以我们有治除"青子"之试验设计，今春已开始进行，所拟作者为诱杀虫蛾，搜杀卵子，毒杀其成虫等方法，成绩如何？乃系试验设计，尚不敢言有把握。

（八）蚕种之改良及饲育问题

蚕业为特区农家副业最重要之一种，近年来则因种种关系，渐渐有动摇衰退之现象，其原因之最大者。饲料固为其中之一，然除此外，尚有两种原因：其一为蚕种之不良，蚕丝之不佳，至影响其销路，我们考察特区之蚕种，乱七八糟的杂色蚕种，没有单系纯种，是以其结之茧黄白参差，大小不一，其茧之状态，形圆者有之，形长者亦有之，两端大中间细，成细腰状者亦有之，可谓各色各样，无不俱全，我们有见及此，故有蚕种改良之设计，该设计现正在进行，详情当于蚕业合作中报告之，第二种原因为饲育之不良，使蚕之成长不齐，百病杂出，至影响其茧之产量，就我们之所知，此地养蚕之地址，多于堆杂之室，其室内之不洁，空气之不良，常影响蚕之发育，其饲养之人，则男女交错，老幼毕集，闲时人头集集，忙时则无人照顾，饲育失时，影响蚕体之成长，更因男女老幼来往参差错乱，易引蚊蝇之飞入，亦能危害蚕之发育，至蚕蛆病，微粒子病软化病，亦因之加多，此皆为蚕业失败之最大原因，是以我们有合作催青共同饲育及合作烘茧之设计，此设计现亦正在进行。并请有本院蚕桑教师前往指导。

（九）家畜病害及畜舍改良问题

畜舍括有马厩，牛羊之栅，及鸡猪之舍等，特区之家畜以养牛者为多，约占十分之八九，驴骡马等次之，鸡则无家不育，羊则亦复不少，养猪者则不过半数，而此数种家畜中，以牛与鸡之病害为甚，其病切多为传染之病菌，往往一家发生，则余皆受其影响，常见其病之发生，则死去一空，此诚农家之一大浩劫，农家往往因之破产；此种病因，多由于畜舍之不洁而致，如厩舍之粪尿充塞，潮湿过甚，日光之不足，空气之不流通，致使病菌丛生；最易使害病发生者，则为夏秋之季天气酷热，舍内潮湿过甚，是以我们有畜病治疗，畜病预防，及畜舍改良之设计。治疗则系征集乡村之有效旧法，普使农民有畜医上的知识，预防则为实施血清之注射，畜舍改良亦系从小处微处作起，使农民之经济上，不发生困难。是以我们畜舍改良中之第一个设计，为鸡舍的改良设计，此设计既所费者少，切甚急需，盖为我们下乡时，适置其鸡发生传染病之时也。

（十）荒山问题

特区五庄之西南里许，有长白山余脉，印台山，卧牛山，簸箕掌山，陈山，洪岭山，及东西双山等；面积有两千余亩，山上多小粒砂石，及红色之□土，每年夏秋则野草丛生，树苗荆棘满山，远远望之，俨然一大好田园，冬春间亦有放牧于其上者，但大半之树苗枯草，多为顽皮之孩童，或纨绔子弟，放野火所烧去，亦有为放牧者自行烧去者，山每着火，往往一发燎原，数日不息，因山势崎岖，凸凹不平，故于晚间远望之，闪闪烁烁，犹如庙会上灯光然，火熄之后，则满山之树苗枯草，以变而为一大灰堆，朔风一起，则灰烬飞扬，遮蔽了大好日光，我们看到如此情形，将一大好财源，白白抛弃，实觉可惜，乃有垦山造林之设计，该设计现正在进行，先于每村组织林业大会，合组林业联合会，将山丈量划分，除已垦植田禾者，归私人经营外，余则归各公会自行造林，联合保护，详细情形，当在林业公会中报告，兹不多赘。

(十一) 水患问题

我想一提水患，大家一定要疑问，一定要这样想，此处不是临山吗？临山地势当然高，高地还有什么水之可患，如说城北杏花沟一带，水患成大问题则可，如说特区五庄水患亦成问题，恐是臆造的吧？其不知特区地虽不洼下，田苗无被淹之患，然每逢秋季大雨，则水势倾山而下流，因田亩多为阶级形状，随有被冲坍塌之虑，冲塌田苗之损失甚小，而将平坦之田亩，冲成高低起伏不平之状，甚则冲成深沟大渠，大好田亩，不复再能耕作矣；我们有见及此，故唤起村民，疏浚旧有沟渠，将山上之水，导入黛溪河内，并拟将渠之两旁，植树盖地，虽亦不使其荒弃，此我们浚渠之设计也。该设计已于冬春进行，由印台山下，经抱印庄，至郎君庄之渠，已大致浚疏成功，此外我们为防山水之突下，更有于山腰砌池之设计，该办法既能节制水之流量，又能将蓄水灌田，可谓一举两得也，余如山中造林，以涵养水源，减水之流速，亦我们防水患办法之一种也。

(十二) 旱灾问题

旱灾恐怕是华北一带农业上的一种最大危害也，是农业上最重要的问题，我们特区当然不能逃出这个圈来，我们在特区住了恰恰的两个月，在这两个月中，同村里的农民，也曾谈到过这种问题，据他们说，他最怕的是二五八月没有雨，(废历) 二月没有雨，往往易起大风，携带沙土，麦苗因以受损，更因无雨则蝼蛄虫易生，麦苗多被嚼死，五月 (此概论也) 为忙种无雨，则秋禾不能种植，八月秋禾已收获，乃待雨种麦，也是以这些时候最怕无雨，然这些时候，却往往十之七八无雨，我们知道农业的生产，是受天然制约的，老天不下雨，农民的庄稼就不能种，过了这个时间，即再落了雨，那就时过境迁，事已晚矣，而农民则不知与天然作战，以人工制约天然，甘受天然的制约，我们观此情形，乃有凿泉之设计，(凿井则非所易也) 在去冬曾领乡校学生考查泉苗，得五六处，因乡农之请求，于腊月严冬之际，即举行试凿，后以天气太寒，未能竣工，不久当继续工作也。

（十三）农暇的工作问题

农民是全仰靠着体力的劳动生活一年，不种五谷，便是种麦子，不然便是中耕除草，收获庄家，如果一天工作停止，生活马上就感觉窘迫，所以农民到冬春之季，虽不劳动了，而生活上确发生恐慌了，这是农村中一般的现象，在我们特区，农民的生活上，比较少为裕如，贫穷一点的，壮年人则可借农暇推起山石，每天已可挣洋一元，但是这其中有一种病状，就是一般青年人，和老年人，因生活不发生问题，没有受适当的教育，又没有适当的娱乐，于是走入歧途，一切伤风败俗，不正当行为出现，更有许多少年女子，因机器将他手中的纺纱车打碎，他们也就没事可做，所以到冬春之季，男女小孩，满街乱跑，乱打乱闹，我们观此情形，一方面有伤风化，再则恐将影响其将来的生活，所以我们有编织草帽辫，与提倡刺绣之设计，编草帽辫与刺绣之事，可使男女老幼有所事事，一方面不致发生浪漫不正当行为，一方面则从事生产事业，亦一举两得之事也。

（十四）其他的小问题

除以上农民切身痛苦的问题外，我们对于农业还要作进一步的改进，使农作物产量增加，使农家收入富裕，所以除以上诸种设计外，还有玉蜀黍摘穗设计，棉花改良与栽培设计，桑树之栽培与整枝设计，猪种改良设计，鸡种改良设计，提倡养蜂设计，肥料之保存制造，果树接木设计，果品罐头设计等；总之以如何使农民之生活裕如，不发生窘迫的问题，以巩固农村经济基础，为我们乡农学校工作之一重要部分，孔子云："衣食足，而后知礼义；仓廪实，而后知荣辱。"盖生存问题，为其最大问题，我们本"学以致用"的原则，故多着力于生计教育也。

二　社会方面的问题

（一）烟赌恶习问题

我们开始下乡的时候，就注意这个问题，常与农民谈话时，借以询其烟赌之风如何，然以事关法禁，多隐瞒而不敢言，因农民心目中的我，乃一官厅机关之小官，恐言之受法律之裁制也，但居时日久，人亦日熟习，其赌风尚能明了大概，吸大烟之风，则尚无正确之之调查，旱烟，水烟，纸烟，则甚普遍，就赌风一项言之：现在特区，可谓盛极一时了，李家庄一庄，赌者在其成年男人中，几占四分之三，其余四村，一时有赌局，此种风气，不但有败坏风俗，影响经济，易养成懒惰奢华浮荡之民性，更为酿成土匪之诱因，知此之故，我们一方面讲说烟赌等习惯，与民生利害之关系；一方面有组织励志笃行会之设计。该项设计计划。乃先从高级学生做起，次及普通部，后于全特区，然以客冬时间短促，未能正式成立，实为憾事，至赌风较前，已大杀威声矣。

（二）息讼问题

特区乡民，多为小农，识字者少，是以性多率直，每一事之争，辄牵涉兴讼，此非其民之好讼，乃因其识浅，不能理释于心也，我们在乡两月，曾见发生争执之事有六，（就我们之所知）其发生于村内三，村与村间三，此中又在特区内者一，与他村者二，涉讼者一，官厅和解者二，经劝解和者三，推其争执发生之原因，多由于两者间之隔膜，声息不通，致起误会而生争端；盖乡村情形，善者洁身隐退，对乡事不闻不问；好事者，则闻风而趋之，从事刁唆离间，随至无事而生事，生事而大事，彼则于中满其欲壑，我们为免除此种不良现象，故有组织乡事调解会之设计。我们的办法，乃将乡中旧有之德望素孚者，拉出使其专负乡事调解之责，他犹之一村之监察员，有监察全村人民不正当行为，家庭间纷争，及争执斗殴等事之责；关于这些洁身独好之士，如何使他们出面问事，确是件难事，在我们是一方面用教育的力；一方面用组织的功能，乡事调解会就含有这两种作用。

（三）领袖问题

上面我已略提，近年来之乡村情形，所谓善者洁身隐退，对乡事不闻不问，好事者则闻风而趋之，是以乡俗日下，而一般少有知识者，则趋于都市，乡村间现出一种不良气象，至乡民的"各人自扫门前雪，莫管他人瓦上霜，"的门禁政策，更使乡村零落，没有生气，特区中除抱印庄为一姓的大氏族庄村，余四村则姓多复杂，乡事更多难为，我们为使各村有生气，所以扶持培养领袖的办法，我们的办法，乃对旧有领袖施以精神训练，与以乡村建设计划，使领导村民督促村民办理之，如旧领袖有恶劣行为，则由高级学生选品学兼优者，加以组织，（造领袖之组织）施以训练，对村中长者，毕恭毕敬，有事当先与以计划，使领导乡民办理，并从旁为之吹嘘，使人民信仰集中，关于这件事情，我们已有相当的成绩，但因种种关系，不能向大家详细报告。

（四）交通问题

特区五庄，临印台山麓，地势较为不平，是以此地马车特少，五庄只有马车六辆，崔家庄则一无所有，其收获庄家，及运送肥料等，则赖牲畜负载，或人担挑，此为特区农作上之一大障碍，道路则多羊肠小径，高低崎岖，近山之处，石粒又多，行走亦觉不便，此特区交通上之两大问题也。然前一问题之发生，系由于后者，如无以后之问题，当不至有以前之现象，即道路平坦，当不至用畜负人担，是以为便利交通，第一步有修筑道路之设计，在不识者，或以为劳民伤财之举，非民之所需，亦非建设之所当急谋，盖此人所见甚浅耳，就我们之所知，此地人民，因交通之不便，农作上实不知耗费了多少人力畜力，耽误了多少事情，是修筑道路，对农作上有莫大之助力也。

（五）自卫问题

地方治安，在特区似不成问题，自梁县长署理本县后，土匪渐被肃清，而尤以特区地方较为平安，以其地距城较近也；但此乃局部一时之苟安，齐东章邱临界之地，时有土匪出没，而全国则匪患弥漫，政治不上轨道，此一小小乐土，恐难免被海波大浪卷入紊乱旋涡之中，再则鲁东近日，当此中日挣扎最烈之时，日如西侵，此为其咽喉之道，我们为预防于万一，故有自卫之设计，其办法：一方面注意消极的练拳；一方面留心积极的实弹射击。我们在两月中，除每日出外打猎以作射击之练习外，曾开有两次射击比赛大会，乡民参加者数千，其踊跃状况，更出我们意料之外。

（六）文盲问题

文盲不但是我们特区的问题，恐是中国的大问题。而特区文盲的情形，那是言之□人，特区五庄，共有男女两千零九十八人，识字者仅三百七十五人，即识字者占人数百分之一七，八七，而不识者则占百分之八二一三，而在此识字者中，除一部分少年外，真正能应用者，（如记账写信写红白帖启及文契等乡村应用文字）实寥寥无几，就学童言，则五村有二百一十人，小学虽有四所，但入学者则不过百人耳，诸如此等情形，不要说使乡民参与国家大政，即与日常家事中之来往，账目等事，亦难应付，至言由政府的力量，实施普及教育，在国难方殷，则政渴竭，农村凋敝之时，则谈何容易，我们为使乡村事业，要乡民自己去干，故有设立乡村图书馆，及义务民众学校之设计，所谓乡村图书馆，乃由各村之人民现有图书，收集加以整理，公开阅览，所有权仍归本人，不过一方面代为保存，不使损坏；一方面互相借阅，使书之效力扩大，不致物业于地，民众义务学校，现已在景家庄办有一处，仍系高级学生王傅茂李乃义贾汝河三君所办，据言有学生三十余人，于废历正月组织就绪。

（七）金融问题

农村金融之流通，多赖农产品之交换，而农产有限，故金融常有现于停止状态，在特区各村，既无许多富农，又无多量资本，在郎君庄与景家庄，虽有三四家较为富裕，每年的钱向外出揭，但资本寥寥，故常有向周村或邹平城内转借情形，是以利率特高，我们为倡节俭之美风，及使乡村金融流通，故有组织节俭贮蓄会，以过渡到信用合作之设计，其办法：一方面收集乡民各种存款；一方面积谷，即于麦季收麦，秋季收秋，待善价以售，作信用合社之基金，以巩固其金融机关，所以不投股金，乃因乡村金钱来源之不易也，此设计因时间关系，未克组织成功。

（八）卫生问题

此问题可分两方面去说，其一为乡民的健康问题，在村中之年老者，多有痨病，（肺病）即气息咳喘推其所因，乃由于体力劳动之不平均，有以致之，为避免此病，故有练习拳术，跑步之举，除每日练拳外，我们在两个月中，还开过一次健身运动大会，次则为小孩的卫生，中国儿童死亡率之大，乃是一种普遍的现象，特区当然不能例外，然其死之原因，一切幼儿之带□□，三天疯等病，一为痘疹天花等病，前者多由于产婆之不清洁，收生时将病菌传入，后者则由儿童体内免疫性之弱，为免避此种病，故有产婆训练与种痘之计划，前者则因事情复杂，我们只做到其中之第一步宣传工作，即授乡民以"产婆须知"，与"儿童看护须知"，罢了。后者我们在春季已由院内购大批痘苗施种矣，第三为妇女的病，即赤白带下等之血气病，此亦乡村女子普遍现象，其因以月经带不洁为主，因是以村乡民有家庭卫生须知之训练，总以上诸事，为我们的乡民健康设计，其二则为公共卫生的问题，如街中之粪堆，夏季之蚊蝇，这些事情，除授普通卫生常识外，我们曾拟有清洁扫除运动大会，提倡乡民卫生，余如医药常识，生理常识，按本区情形，都有相当讲述，但为教学方法，不在本文范围，总之为我们的卫生设计。

（九）娱乐问题

乡民的生活劳苦，乡村文化的低落，所以一时少有余暇，则赌博吸烟，及一切不正当不道德行为发生，而彼等之娱乐，则为其各村所有之土调，俗谓"邹鼓子词，多淫荡，"有伤风化，是农民终年劳碌，暇时无正当之娱乐，亦使农民行为不正当之一大因，我们有见及此，故有组织乡民同乐会设计，以乡农学校为农民俱乐部之所址，一方从事剧情之改良；一方教音乐演留声机，射电影，致定期召集谈话会，聚乐会，会集乡中乐器，使乡民吹拉弹唱，说故事，滑稽语，猜谜语，变戏法，会各献其技，以尽其乐，我们于娱乐之中，施以道德教育，不使逾越正当娱乐之范围，我们在两月间之国历一日，举行过娱乐会二次，得乡民不少的欢心。

（十）民俗改良问题

特区位于山脚之下，交通闭塞，是以迷信与缠足之风甚盛，一些鬼魔妖怪，神仙的观念锢蔽着乡民的脑壳，这切是乡间一切不进步的总原因；我们知乡民日浴于乡村乱俗之中，形成了他们的观念意识，养成了他们脑壳中的思想，为改进乡村，所以不能不对于农村礼俗，乡民思想，下一番功夫，以决定其所应兴革，是以我们除竭力恢复中国固有的忠义信爱和平等旧道德外，更力从事于探索冒险试验等科学精神的训练，以弥补民气之所缺，谋乡民心理的建设，这我们方有乡俗改良社之组织的设计。

（十一）乡村改进的动力问题

以上是特区农民问题中的零零碎碎，我们只是就问题决定办法，但问题不是固定的，地是随社会转变的，而我们确不能常常给他们作计划，固然在我理想中是以乡农学校为推进，乡村的动力机关，以乡村教师为改进乡村的参谋，以乡村领袖为执行者，但是在教育行政系统，尚未完全改革之际，乡村教师还没有受到适当训练，我们的乡农学校，又因国家行政种种关系，不能负起这大使命，在此新旧交替之际，不能不有人负起谋划乡村的改进之责，所有组织，乡村改进会之设计。该会由高级部学生组织之，为该区乡村建设之设计，几即代乡农学校而为乡村改进的参谋处。该会注意学术的研究，及乡村建设的计划，为乡村改进的动力机关。

拉拉杂杂把特区的农民问题写出来了，而我们的设计确说一点，不能把设计办法的步骤详细的报告，一来因为原有设计草稿遗失，再则因为我们的事情特忙，未克将设计的前前后后重新的写一遍，至有许多因时间关系，未能办到的，使着我们工作报告的先生看了一大篇计划，恐怕有些失望，但是我们声明我们的计划，是由我亲身试验中得来的。我们想如果我们继续下去，或者也有实现的那一天。

特区乡校试验琐记

（一）试验纪实

这真是我们意料不到的事情，我们理想中乡村教师的任务，不但教小学生，要教一般民众，不但教男人，还要教女人，不但教他人，还要教自己，不但教识字，还要教做事，不但教小孩，还要教老头子，不但教文，还要教武，要能领导民众作改建乡村，这个理想现已在我们实验的乡农学校中试验了。为使社会人明了起见，将我们经过的情形，作分析的报告，而因别种关系，不能作有系统的说明，只能作个体的解释，这是请大家原谅的，现在将我们开设童班，及试验情形写在下面：

乡农学校专号

一、怎样使深居闺阁中的女子到学校中去

此次乡建院乡农学校之试验在专注重在成人教育，但敝人于课业之暇，不免到街上看看，在个人观察的结果，感觉乡村儿童，天天成群结队，在街中乱吵乱闹乱骂乱打，确有教诲之必要，（注）于是便有招开儿童班之意，在一天晚上下课时间，向乡农学校学生（全村农民）宣布了这个意思，劝他们将他们的儿子于早饭叫到校中。（注）这是先天的事情，次天我在门前等候，不错确到了三四十个小孩，我说人数太少，令一个大孩打锣。喊着乡校内变戏法，结果又来了几十个；合起来有五六十人，但女子确寥寥无几，于是给他们玩了玩绊结绳，和空中从墨等戏法，说了些王小放牛，（国语上的谎说）刘秀走南阳的故事；认识了王刘等字，又用小纸黑板画了些手足耳目形状，认识了手足耳目等字，这一天他们的功课完了；临叫他们走的时候，问他们明天联合几人？并叫他们的姊妹都来，还要给他们玩许多戏法，第二天女子人数多了，单只女子有三十多人，于是又玩了些八仙过海，棒打金钱等戏法，又说了些故事画了些衣帽鞋等花，认了十几字，走时因出门拥挤，女子男子排了两行；第三天照例又玩空箱取物，口中接纸等戏法，唱了月明之夜小朋友一段歌，说了些小故事，还唱几句鼓书，学了些鸡狗之声，小孩子欢喜极了，又画了些日本兵中国各色女装，及鸡狗，牛，羊，花草，用具等东西，附带认了十几个字，他越发高兴，这时因人数太多，不只令一个人一个人复习所识之字，于是方想男女分班的事情，第四天，分班的事情实行了，又给他们演留声机，唱河南歌谣，这是我们无意中成立了女子班，这才给他们起名字，每天早饭后给他们上，十天他们认识了八十多个字：并且每天晚上，他们集在一块，去请我们教他唱歌唱曲，后来他们要求买平民千字课，这真是我料想不到的事情，当先每天在院中太阳下识字，后来移到一所房子里去了。

附带有几句应该说明的，就是每次识字，每人问到他身上三五次，不然他便因为大注意他，就要离去了，结果由六岁到十七岁的女子，都去认字了。

（注）该村百三十户，有小学一处，男生二十余名。

（注）村民通为每日两餐，我们的学校座是街中破庙不是重地，而是农民随意入游的俱乐部。

二、怎样教乡村儿童识字

我们所说的乡村儿童，系指乡村中散居的男女小孩，不是已入学的学生，因为已入学的儿童，有教师教他，有许多小学教育家研究实验出许多很好教学方法，用不着我们在这里多费笔墨，我们要说的是怎样教乡村社会中散居的儿童认字；这些儿童，在一方面我们不能用学校去约束他，他本身方面，亦因经济困难，为家庭所不许，所以只有用社会教育的形式了，教学的形式决定了；但如何集合他们如何教他们认字？的问题来了。关于召集的问题，我们已于前节中说过，现在单说怎样教乡村中年龄大小不等，性别不同，天资各异，许多散漫的儿童认字；不过我不是研究教育的，对于所试的方法，难免浅薄，可是虽无奥妙理论的根据，而自觉这方法，确发生不小的效力，现在把我们试验的方法，简单的写出来，以供热心民教同志的参考。

我们知道教学的第一步工作，在引起儿童学习的动机，但用什么方法才能引起他们的动机，普通小学校有一定的课本，课文，引他们的动机，必与课文有关。我们所教的，是他们急于用的学，没有课本，至关于教他们那些字，当另节说明，现在单说我们用以引起乡村儿童识字动机的几个简单法子，就我们来用的有四种：第一是画花，儿童有爱美心，我们如画许多美丽的画给他们欣赏，当然可以引起他们阅览的兴趣，我们于此用问答以启发之，指导之，使认识所画物品的名称，此法用以识名物字，第二唱歌，与说歌谣谚语，歌及歌谣，乃有韵之文字，为儿童所最爱听，最爱唱的，我们于教儿童学唱之时，用问答以引起儿童求知之心，令其认识歌中之动字，及形容字。第三讲故事，关于历史的事实，现在的时局，寓言的故事，通俗的小说，以及新编童话。通俗字谜，都是儿童所最爱听的，我们于讲故事之时，也可引起儿童识字的动机，第四现时问题，与表演关于现有的实物，现在正在进行的事情，以及过去事情的表演，都是可以引起儿童识字动机的因素，以上四种方法，都是很容易办，而很能引起儿童兴趣的，也是我们试验有成效的。

我们教学的第一步工作完了，接着便是第二步，教儿童明了字义，与认识字的构造，即学习与记忆的问题。我们教学的顺序，第一解释字义，凡认识一个字，必须使明了其意义之所在，是以释字义，是我们教学的一步工作，第二剖字体，即解释字之来源，与构造，（多以六书为范围）以求便于记忆,且能使写,第三多施问答,即桑氏所谓反复法,使儿童与字接触的机会多,便于熟记。是以有群谈,分组谈,个人谈,比赛谈,一字一字的问,一人一人的问等等方法,第四改正错误,为恐儿童对于相同字体含混,而写许多相同的字,使之辨识,以求其认识之正确,第五奖励与处罚,此桑氏所谓效果法,即使其因刺激之不同,而得不同之效果,熟记者奖励之,(其法甚多)使其更熟,不熟者处罚之,使其强于记忆,第六联字为词,使其知各字之用法,以助其记忆,第七指地作画,使儿童练习写字,些余教乡村儿童认字之大概也。

我们的教学法简单大要说完了;附带有两句要声明的话,就是我们的方法,只是教儿童怎样识字,所以我们用的名词多是事实的,不是抽象的,为的是免去引用了许多教育心理上的名词而不能使大家明了,关于理论上的根据,也因我们偏重事实而把他删掉了。

三、教乡村儿童认识些什么字

字本来是传意表情(空间性),代脑记忆(时间性)的工具,我们教儿童所认的字,当然以他传意表情所常用的,及日常行为所见东西之类的名字为主。固然有许多农民课本,民众课本,小学教科书,可借教他们去认,但因农民经济力所不及,自己生活尚难维持,那有钱给小孩买书,由省府去办,全国人口太多,尤非巨款难举,再就教育原理上说,教育第一个原理是需要,如专教儿童以固定的死书,认些不相干的死字,不但教之效力小,记之不易,即便用尽力去记,只有造成一个书呆子,私塾教学便是最好的例子。由以上种种原因,所以我们主张不用书本,但是教他们认些什么字呢?那是由各时各地各种环境之中,各教学者着量情形,以安排教学的顺序,现将我们教学大纲,写在下面,以供大家参考:

1. 人身各部名称如耳目手足心肺等字
2. 衣服及化妆品名词如褂鞋帽耳环手镯等字
3. 家用器具名称如桌椅锅炉铁盆之类的字
4. 农田用具名称如犁锄镰刀碾磨等字
5. 学校用具名称如笔墨书籍等字
6. 姓名常用字如一村人之姓名用之最多之字先教
7. 地位及地址如东南西北乡名县名省名等用字
8. 财产名称如房屋田地之类用字

9. 家畜名称如鸡犬牛马等字
10. 农作物名称如麦秸玉蜀黍秆等字
11. 花草果树名称如葡萄杨柳李梅月季等字
12. 天时气候之类用字如风云雨雪日月时刻等字
13. 度量衡之名称如石斗升合斤两长短秤尺等字
14. 社会组织上的名称如农工商教员学生各种机关名称
15. 亲属称呼如父兄姊妹姨舅姑侄等字
16. 日常动作所用字及形容字承稍借拿用大小上下轻重好坏之类用字
17. 记账用字如支付钱文等字
18. 便条用字如发取凭据等字
19. 请客帖摇会帖礼单用字
20. 钱票用字如钱银米票纸币上常用文字
21. 红白帖启事用字
22. 文书契约用字

以上是我们儿童班两个月教学的概况，我们教学的参考的用书，有各书局农民，民众，平民，等千字课识字课本，及千字文必须杂字之类的东西，至关其他社会活动，及成人的教学，当另文报告。

（二）试验记趣

一、恐怕是当兵的吧

一天晚间，大约是七点钟，我刚到堂上，一般学生（老农）谈话的余音，尚未完全静止下去，忽听天井中一声叫喊："邹平子"（注：邹平习俗小孩子的名字下边多带子，如获了石子荀子之名很常见不鲜。）。一位二十左右的青年，从听众的座位中站起来，说一声："老师！有人叫我"。便悻悻然而去了，少刻，又听院中有吵嚷的声音："不叫你来你要来，谁叫你来啦"，我细细听，好似四十以上妇女的声音。这事情过去，我也不会留意他；可我们乡农学校生，却一天不如一天踊跃，什么原因？我们不能不去考察一下。但总得不到一个确切消息来，事过去到二三天，我们向一个人询问，迫得他不得已，他方说："他恐怕去当兵"！

二、上三天学能做官吗

"上三天学还能做个官吗？拾点粪，还能肥田；拾点柴，还能熟饭；……"

这是我负着枪率着一班学生作野外射击——打牲——时,从景家庄街中穿过,遇见一位年约六十左右的老先生,向着我们高级部学生王君这样说。

三、老总和老师

第一次到乡间去,寻找我们特别区试验的庄村时,我们穿着黑白的制服,当走到一个村庄附近,有两位老者,正在那里收获庄稼,他见我们走至近前,现出几分畏惧惊惶的模样,很不自然地说一声:"老总上哪里去的呀!催什么捐的呀?"我答说,不是催捐的,我们不是警察,就走过到村里去了。

光阴流水般的过去,我们到乡间将及一月了,这天是邹平县东关集日,为购买我们生活上必需品,由乡回院,走至东关街头,见人头集集,车马辐辏,余刚要进街,听旁边一声叫喊:"老师!来赶集的吗?"我回头一看原是六十多岁的一位乡校学生崔君,他看我便脱下帽去,行了个九十度的鞠躬礼;我也只好让他到院内坐坐喝茶等话去应酬了,在街上同样有识有不认的遇见许多,使我大有应接不暇之势,及到院中,遇见一位庶务股的同事,他开口说:"现在买东西,再不要还价钱了,满市乡校学生,口口都是老师,还怎样讲价呢!"

四、跑步与打拳

许多人总是说,乡间人天天在旷野中,吸新鲜的空气,身体已很强健跑步运动在乡村农人是用不着的。可是我们这次下乡之后,看见许许多多的老农,都有痨病!肺病,而且很厉害,他们还很害冷,所以我们决计将跑步打拳提倡起来,一天晚间,快要下课的时候,我向他们讲的好多跑步可以治肺病驱寒气,打拳可以健身体,御外患等道理,并且说如果你们愿意,明天可于早六点时,在余住之门前集合,(因为我们六点起床,是要打庙中的破钟的),说完后,就下堂去了,在我下堂回宿舍的路途中,心内不住想着,恐怕这话不容易发生效力吧?天如是其冷,他们如何能起得来呢?恐不容易吧!次日我们正在睡梦,被门外喧嚷的声音惊醒,睁眼一看,天色明亮,急忙起来打钟,开门看见老少四十多人,在外等候,言已来多时了,既而抑视天空?星云未落,原来是一轮皓月照的大地如同明画,再察视钟表天未五时,于是乃集队一、二、三、四的喊着,跑有一时余,又练一趟拳足,天到八时方散,这是我们乡农学校跑步的第一次,以后一天一天继续下去,直到年终放假未曾间断。

五、老农也会自动集会了

我正在静坐深思，一位老农从门外进去，鞠躬如也，说声："老师请你参加我们的会议，"我以为他们开会一定有事情也没问开会干什么？我就同他去了，一进他们议场，见人数颇多，室内已拥挤不堪听他们说："谁再不上学去罚钱五串，（二吊五百）议决了，都没有不赞成的吧"？见我进去便说："老师好了，我们已议决了"，于是拿出一把纸牌（赌具）："请老师与我们写名牌吧，我们决不再赌了，谁每天上课都得将名牌代在校内，挂在教室墙上，不去名牌不到者，以赌博论，罚钱五串"我不由得喜从心上生，觉着他们居然由瞒我，而自己开会裁制去赌风了；更觉着不用政治力量也足以改造乡村，增加我以教育改造社会的重心之自信力。

六、一月一日的乡饮赛会——乡校学生日记之一页

今天吾印台乡农学校，开一乡饮竞赛大会，往观者实繁有徒，弱者强勉□往观，老者执杖而赴视，襁褓其子者有之，提携其孙者有之，村村不知男多少，总总不知女若干；时十句钟，忽听乡乐齐奏锣鼓喧天，视之则四路之上旌旗招展，耀武扬威；鱼贯而来；至十一时，抱印庄，李家庄，崔家庄，景家庄各庄毕至，少长咸集；郎君庄集乡校同学于一处，即举行开会典礼，由主席报告开会意义，后实行竞赛先练国术，景家庄因素日学习少差末克与赛，其余四庄，以郎君庄练者为最佳，抱印庄次之，李家庄又次之，次行举重，各村之虎背熊腰，力举百钧者，莫不奋男当先举试，惟抱印庄赵华义左右臂各举八十余斤重石十数次，面不改色，气不发喘，观者无不鼓掌喝来；继而跑步，众皆风奔电驰。腿健足捷。后决定李家庄为第一，抱印庄为第二；最后打靶，凡素日不谙枪者，发辄不中，惟李家庄中靶心，郎君庄中三环，胜负既决，乃张榜示众，奖品依次而发，胜者领赏，败者饮酒，赛毕，时已日暮，乃散会归，乡叟之识者曰："乡饮酒，杖者出，斯出矣。长末出，不敢先；长既出不敢后；极言敬长之道也"。众曰："何以负者饮酒"叟曰：论语曰："君子无所争，必也射乎，揖让而升，下而饮，其争也君子"。皆尊古时孔子之制，使人重礼教，实近年未所罕闻者也，汝者宜勉励为之，负者宜日日练习，以期再赛争先，胜者更加勉励，勿再赛时居后，我乡之农人，个个知竞争，人人知勉励，身体强健，脑筋更新者，皆研究院众师之教化也。兹记之。

七、废历元旦

我们在废历元旦，本拟在乡组织乡民正当娱乐团体，后以院事羁身归院，刚元旦那天，为事出院门！自西飞奔似的跑来两位少年人。到了跟前说声，"老师！哪里去？都拜年来了。"这原是乡校两位学生，言未了，那边锣鼓喧天的来了七八十人，于是我们在院中设茶点招待，不少时又来了一起，续来者有三起，院中大有人满之患，我们无法招待，于是请他们练拳比武，少用茶点，事罢而归。乡村人不远六七里而来，其长者五六十岁，少者十二三岁，皆为我们贺年，这实是乡村人的诚恳恭敬态度，这一方面代我们汗颜自己识认薄弱，一方面觉一般作乡村运动者，动者辄以乡民顽固守旧，不易改变，其实自己不能以诚恳相见，不能扶助农民，如真待之以诚扶之以法，乡民未有不俯首听从者。

（附识）以上两节文字，原是琐碎小事的记载。写出的时候是在废历年节归院时，曾在教育日报披露，现因专刊辑稿，敝人忙于公务，无暇作有系统的报告，只有把这点杂七八糟的东西写出来，但塞责字句亦无暇修改，请阅者原谅！

特别区印台乡农学校工作报告

马资固　漆方如　孟晓阳　徐兴五　薛鸿涛

敬写给乡村运动先辈及关心我们的朋友们：

　　乡农学校，为吾人对乡治主张之一种具体办法；农村自治，自卫，经济，教育均依是为出发点。本校成立，其试验中一小叶耳；历时三月，愧无多得；然心血精诚所聚，其中亦未必一无是处，今逢全县乡校结束之便，叙其经过情形，敬献于乡村运动先辈及关心我们的朋友们之前，以就正焉！教之教之掬诚敬祝：

一　概况缘起

　　先是本院试验县区设计委员会拟在本县各区逼设乡农学校，其议既已定矣。此举也，系乡治建设之第一次正式试验，国家前途，民族生命系焉。全院师生，踊跃参加；大义所在，无愿后人者，我河南村治学院同学留邹平者，不下十人，集议独办一所，借资经验，请之诸师，亦嘉可。筹备进行，时经弥月，特区乡校，于焉诞生，辛辛至今，辄得辄失，为编述本校报告之便，叙其缘起如此。

二　筹备经过

（一）校区之选定
1. 选定校区之标准
a. 全区纵横须不过十里。
b. 庄村三个以上六个以下。
c. 庄民人在三百户以上六百户以下。

d. 环境复杂，能为各种试验（如附近有山可以造林）。

e. 职业大致相同。

f. 各庄间交通便利。

g. 出产大致相同。

h. 自然环境（如地势，土壤，旱涝等）大致相同。

i. 社会，政治，经济各方面之习惯大致相同。

j. 各庄领袖及居民间向无仇隙。

2. 选定校区之步骤

a. 参看地图。

b. 实地考察。

c. 熟悉地方，情形者之访问。

以上考察及访问须根据前项标准。

3. 选定之村庄

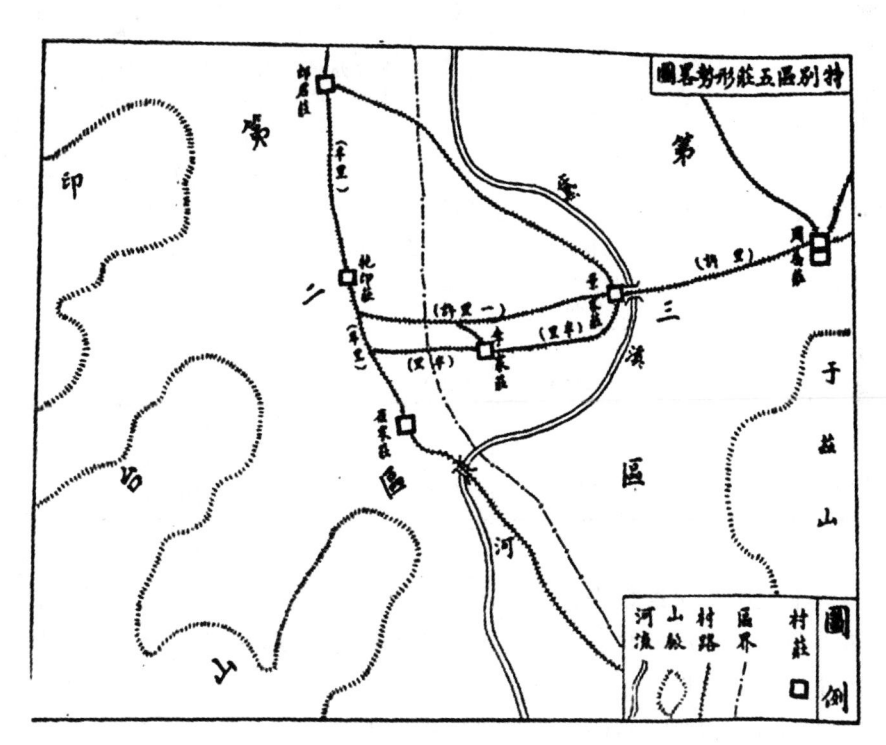

五庄形势图

选定之村庄共有五个：
    a. 抱印庄。
    b. 郎君庄。
    c. 李家庄。
    d. 景家庄。
    e. 崔家庄。
    4. 选定各庄之说明

以上选定之五庄，即系根据前项步骤与标准曾作四次之实际考察及小学教师详细之访问而始决定者。抱印庄位居正中，郎君居其北，崔家居其南，李景二庄则住在东南，其形势距离如上页图。

更把各庄调查之情形列表之：

庄名	户口	庄长	小校	教员	成人教育	公有间房	其他
抱印庄	五十余户	赵振德	一所与崔家庄合办	孙聿全	前曾办民众识字班一所现停学学生二十名	二所计四间者一、二间者一	该庄长前曾任二区区长颇有声望
郎君庄	一百二十余户	刘明仁	一所	成振甲	无	前义学五间一所及闲庙二所均三间	
崔家庄	六十余户	崔守怀	与抱印庄合办	无	无	无	
李家庄	五十余户	韩淮西	一所	张宗贵	无	一所计三间另闲庙一座房二所各三间	
景家庄	一百三十余户	郭一胜	一所	张培田	无	闲庙一座内三间房二所	

以上五庄，除景家庄，李家庄，属三区伏二里外；余属二区伏三里。合办乡校，于政治习惯上或有不合，但询诸地方人士，字为此数庄向常共同办事，无大隔膜云。

（二）中心村庄之选定
  1. 选定中心村庄之标准
    a. 位置中心。

b. 房舍宽裕。

c. 住户较多，能为各庄之领导。

d. 庄中领袖威望较重，而能领导其他各庄。

e. 经济充裕。

f. 有集市为经济之中心。

g. 庄中领袖较为热心公益。

h. 不背乡人习惯。

2. 选定中心村庄之步骤

与前选定校区之步骤同，不多赘。

3. 选定之中心村庄

吾人选定之中心村庄，为抱印庄；以其具备前项标准中 a、b、d、e、h 各条件故也。

（三）乡村领袖之接洽

1. 乡村之领袖

a. 乡村中庄长以下之办公人员。

b. 乡村小学教师。

以上两种人，尤其是后者在现在乡村中占有重要的地位。种前者名负乡村导师之任，实不过不敢说话，顺风使船之"乡愿"而已。事实如此，不是我们在刻薄他。不过我们在乡间办事的时候，先得他们的同情赞助，那是要顺便得多。所以我们对于这两候人，都不能忽略的。

2. 接洽之经过

a. 各庄小学教师之接洽——各庄小学教师，是我们于他在本院受讲习训练时，已经接洽好了的。

b. 各庄庄长以下的办公人员之接洽——我们对于各庄庄长以下办公人员，前后接洽共有三次：

（甲）第一次：亲到各庄访问他们的庄长，说明我们乡农学校的意义、办法及乡区，征求他们的同意；结果圆满。

（乙）第二次：定期召集各庄庄长以下办公人员，在抱印庄（即我们选定之中心庄）开会。届期各庄具集，有到三四人者，有到五六人者，多少不等。首由本院代表孟晓阳、漆方如两先生说明乡校之意义及办法后，决定三事如下：a. 本校之成立。b. 中心庄之确定（抱印庄）。c. 下次开会选举校董日期。

（丙）第三次：选举校董会会期既定，届期开会，五庄办事人及小学教师均到。本院到席者，有本院院长及同人薛洪涛，漆方如，马荫堂，马中立，王耀辉，孟晓阳诸先生。首由景家庄代表贾连三报告开会宗旨。选举校董，每庄三人，并以各庄庄长为其中之当然校董。再就各校董中，互选常务校董一人，即以中心庄之常务校董为本校校董会当然董事长，其结果如下：a. 抱印庄：校董赵振德、赵文俊，常务校董兼董事长赵儒林。b. 郎君庄：校董刘汉元、王启贵，常务校董刘明仁。c. 李家庄：校董刘公辉、韩万亭，常务校董韩淮西。d. 景家庄：校董郭以盛、贾在源，常务校董李六德。e. 崔家庄：校董李春清、崔守美，常务校董崔守怀。最后并决定各庄校舍于最近期间整理就绪。

以上两次会议实为各庄之干部联席会议，亦即吾人意中之发起人大会是也。正式校董会既已产生，即于十一月二十一日（即废历十月十六日）上午十一时假抱印庄小学校开会，首先选举本校校长，李家庄韩继信当选，由五庄公请之。次则提出招生办法及广告征其同意，即决定于十一月二十五日（阴历十月十六日）本校正式开学。

十一月二十五日开学上课之日期既定，吾人乃于前两日（十一月二十三日）携带衣服用具等于大雨中离院来校；由校董会派大车两辆往接。越两日各庄校舍布理就绪，开学上班，乡农学校之筹备工作，乃于是告一段落矣。

三　开学典礼

（十二月十三日纪实）

（一）发端

特别区印台乡农学校，本已于十一月二十五号实行上课，同人及学生方面，虽早拟举行开学典礼，以昭慎重，徒因上课以来，天气阴晴不定，加以高级部应否设立问题，迄未解决，致迟迟半月之久，开学典礼，究于何日举行，未能决定，直至本月初旬，经连日接洽之结果，始决于郎君庄设立高级部；并定月之十三号，即在郎君庄举行高初两部开学典礼。

（二）事前之筹备

计议已定，即进行筹备，十二号上午，由晓阳赴研究院请研究部主任梁漱溟先生及邹平试验县区主任梁劼诚先生参加，午后，同人复开一筹备会，分担工作，决请本校校长韩维信先生任主席，晓阳任招待，与五中立布置会场，洪涛司仪，方为记录，是晚上课，各庄主任，即分向所属五庄同学宣布，于明日各带锣鼓枪刀等项，整队赴会，诸同学无不欢欣鼓舞，乐于参加。

（三）开幕之前

十三号早餐毕，同人即由抱印庄（在郎君庄南半里，为本校之中心庄，同人寄宿于此）齐赴郎君庄布置一切，郎君庄同学，多事先赴会场等候，锣鼓喧天，庄上妇孺，亦都来看热闹，须臾，抱印庄同学及该庄庄民亦整队而至，继至者为李家庄；又次则景家庄，崔家庄，均鸣锣击鼓，扶老携幼而来，所谓："从之者如归市"一语，或犹不足以形容当时之盛况也！五庄同学毕至后，即挨次坐定，会场很拥塞，少顷，漱溟先生，劼诚先生及高级部主任马资固先生亦到，略事休息，即宣布开会矣。

（四）大会情况

十时许，大会开幕，会中仪式，和普通集会情形，无多出入：不过第一项为"乡乐合奏"，是其特点，所谓，乡乐，即乡校学生所带锣鼓是也，所属五庄，各有锣鼓一套，司仪人号令一发，则金鼓齐鸣，好不热闹！此等乐器，如令文人学士观之。虽不免有几分士气，而够不上"雅音"之资格；然乡村娱乐，只此即占其重要地位，命名"乡乐"即所以别于雅乐也，惟第五六两项主席报告开会宗旨及校董致辞时，本校校长韩继信先生及董事长赵儒林先生虽均属五庄老成，且极热心校务，而此次竟未发言，只请各本庄小校教员张孙两君代表讲话，是盖由于乡老之太拘礼节，县长在前，故不敢多事喋喋也，是又一般乡人之普通心理也！次为二梁先生致辞，辞意恳挚，会场为之静肃，又次为师长致辞，由孟晓阳先生代表讲话，至吕洞宾断指点金（大会讲演另有记录）一段故事，听众无不欢欣鼓舞，昂首点头，虽讲演时间极长，而伊等仍是精神百倍，最后学生答辞一项，高级部学生代表王君传懋讲话，条理清晰，语中并涉及五庄合作问题，且解释合作之意义，是盖由伊在普通部授课时，同人曾授以合作、训练也，又普通部有崔君金栋者，年逾六旬，识字虽极少，而求学心热，本日上台讲演，大意是劝人要知大小，要孝父母，要听师长指导；语中有"天为大，地为小；父母为大儿女为小……"等句，反复解释，备极恳挚，听众无不动容，孔子曰："观于乡而知王道之易也"一说，不其信欤！本日大会，本拟于余兴一项，请各庄练习拳术枪刀等玩艺助兴，嗣以时间太促，未克如愿，摄影散会后，劼诚先生又召集附近民众训话，随即回城，漱溟先生更至抱印庄少息，即同子固回院。

四　学校概况

绪言

"学校概况"一词所包甚广；尤其是我们这以全庄作学校，以全庄庄民作学生的乡农学校的，它（学校概况）含有学校进行的整个情形。而我们在此节所说，似乎有点狭义，只就学校本身用横断的解剖，平面的视察，换言之，也就只是在说明学校的静态情形罢了。至于动的方面，关于筹备，计量，及一切的进行，都另有说明。本节所述，概括的可分学校所在，学校组织，学生情形，校内生活等四项。分别分述如下：

（一）学校所在

特区五庄，即抱印庄，郎君庄，崔家庄，李家庄，景家庄，是我们学校整个的范围。他（全特区）生活上唯一的指导中心，是乡校高级部，本应设在他的中心地点（中心庄即同人集居处）抱印庄；不过因为校舍的关系，实际上不得不移至郎君庄了。自然的划分，特区共有五部（即五庄）。各部生活上分别的指导，有各庄的乡校普通部。合计起来，特区五庄共有一个总的中心（高级部），五个小的中心（普通部）；那么，一共是六个中心，是有六班了。这六班的校舍：郎君庄高级部是个小学旧址，有四大间的房子；郎君庄，景家庄普通部，都是庄上的旧庙，各有三大间大房一所；李家庄普通部，抱印庄同人集居处，都是公庄的闲房，各三间大屋一所；至抱印庄，崔家庄的普通部，都是民房，亦各三间也。在我们学校整个范围内的居民，统共是四百零七户，男女共二千零九十八口。西据印合山，南靠于兹山，东临黛溪河，北距县城五六里。大车，两手车，骡、马、驴、牛为交通利器。出产以小麦、谷、豆、高粱为四大主要作物。蚕丝占副业之第一位，丰收之年，可出茧一万八千斤之谱。五庄之中，以郎庄为最大，户口最多，抱印庄最小，户口亦最少，列表比较如下：

庄名 项目	郎君庄	景家庄	崔家庄	李家庄	抱印庄	合计
户数	一二六	一〇二	七五	五三	五一	四〇七
人口	七〇二	五三七	三二〇	二九八	二四一	二〇九八

（二）学校组织

我们学校之组织，大体上是依据本院规定之简则，以校董会为学校之行政之最高机关。我们为使特区五庄组织计，故不用每庄一校，而令五庄合组为一校，取名印台，特划乡区者，此也。全校校董定为十五人，不论庄之大小，每庄各选二人，更加各庄长为当然校董，其数足矣。再由三校董中互选常务校董一人，即为各该庄之常务校董，并以中心庄之常务校董，为校董会当然董事长。校董会每月开常会一次，必要时可由董事召集临时会，决定学校一切进行事宜。兹为明了起见，将校董会之组织及各庄校董表列如下页图。

前表发起人大会，何日能变作乡民大会，甚至乡民大会；是吾人最上之理想也。校董会外，就是学校内部的组织了。我们全校高级普通两部一共六班，这是前面已经说过的；我们同仁亦是六位，分负其责。在开始之时，为科任制；后为便于指导，改取班主任制（或谓庄主任），每班设主任一人，负各班学生（即各庄庄民），整个指导之责。在教学方面，设课程教学研究会；由高级部及中心庄，普通部主任主持，各班主任共同组织之。调查设调查主任一人，负五庄概况调查之责。图书设图书主任一人，管理院领图书。事务设事务主任一人，负学校用品同仁饭食之购领及银钱出纳等，至饭食，洒扫及厕房之清洁等，则由六人轮班值日。为明了起见，列表如下页图。

邹平的村学乡学

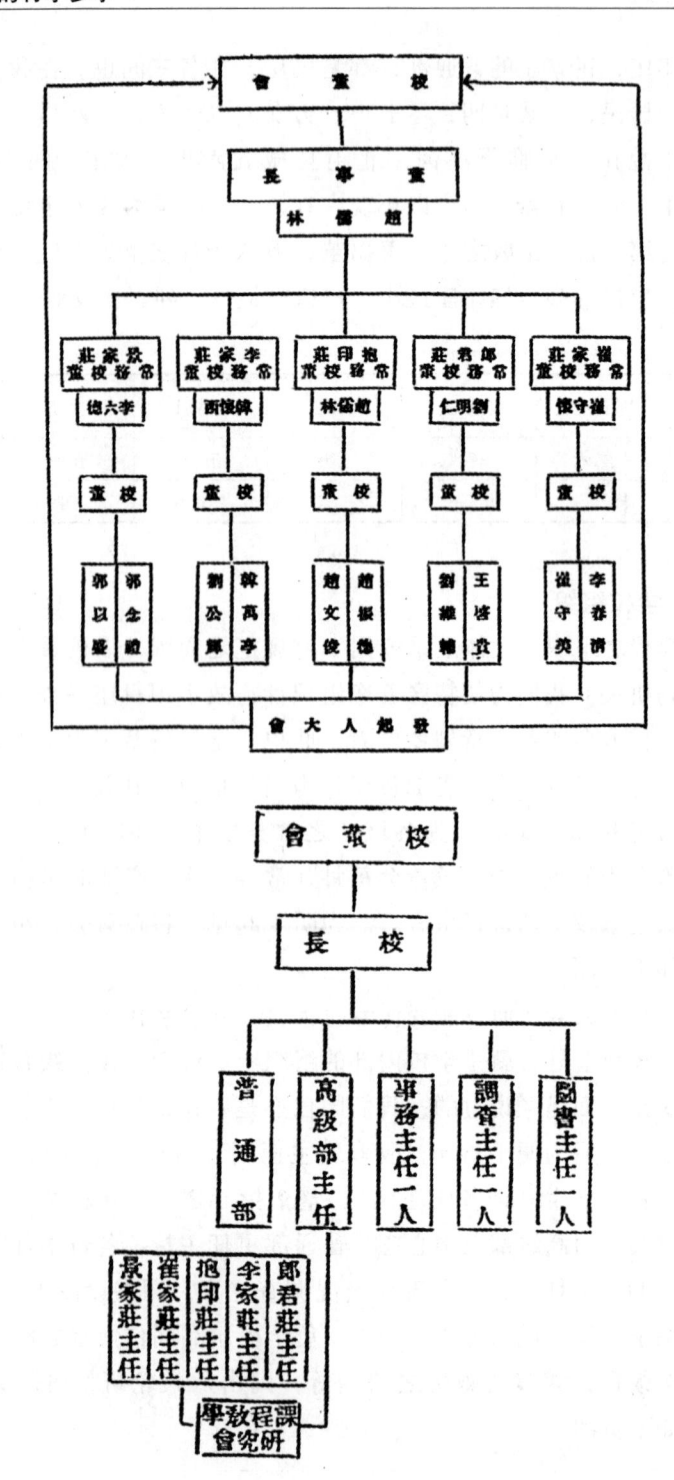

```
                    ┌──────────────┐
         ┌─────────→│   校 董 會    │←─────────┐
         │          └──────┬───────┘          │
         │                 │                  │
         │          ┌──────┴───────┐          │
         │          │   董 事 長    │          │
         │          ├──────────────┤          │
         │          │   趙 儒 林    │          │
         │          └──────┬───────┘          │
         │   ┌─────┬───────┼───────┬─────┐    │
         │   │     │       │       │     │    │
       ┌─┴─┐┌┴──┐┌┴──┐  ┌─┴─┐  ┌─┴─┐┌──┴─┐
       │常 ││常 ││常 │  │常 │  │常 ││    │
       │務 ││務 ││務 │  │務 │  │務 ││    │
       │校 ││校 ││校 │  │校 │  │校 ││    │
       │董 ││董 ││董 │  │董 │  │董 ││    │
       │道 ││郎 ││抱 │  │李 │  │孫 ││    │
       │家 ││君 ││印 │  │家 │  │家 ││    │
       │莊 ││莊 ││莊 │  │莊 │  │莊 ││    │
       └─┬─┘└─┬─┘└─┬─┘  └─┬─┘  └─┬─┘│    │
       ┌─┴─┐┌┴──┐┌┴──┐  ┌─┴─┐  ┌─┴─┐│    │
       │崔 ││劉 ││趙 │  │韓 │  │李 ││    │
       │守 ││明 ││儒 │  │懷 │  │六 ││    │
       │懷 ││仁 ││林 │  │西 │  │德 ││    │
       └─┬─┘└─┬─┘└─┬─┘  └─┬─┘  └─┬─┘│    │
       ┌─┴─┐┌┴──┐┌┴──┐  ┌─┴─┐  ┌─┴─┐│    │
       │校 ││校 ││校 │  │校 │  │校 ││    │
       │董 ││董 ││董 │  │董 │  │董 ││    │
       └─┬─┘└─┬─┘└─┬─┘  └─┬─┘  └─┬─┘│    │
        │     │       │       │     │     │
       李 崔  王 劉   趙 趙    韓 劉  郭 郭  │
       春 守  啟 維   振 文    萬 公  念 以  │
       清 英  貴 輔   德 俊    亭 篤  祖 盛  │
         │     │       │       │     │     │
         └─────┴───────┼───────┴─────┘     │
                ┌──────┴───────┐           │
                │  發 起 人 大 會 │←──────────┘
                └──────────────┘
```

```
                ┌──────────────┐
                │   校 董 會    │
                └──────┬───────┘
                ┌──────┴───────┐
                │   校   長    │
                └──────┬───────┘
      ┌────────┬──────┼──────┬────────┐
    ┌─┴─┐    ┌─┴─┐  ┌─┴─┐  ┌─┴─┐    ┌─┴─┐
    │普 │    │高 │  │事 │  │調 │    │會 │
    │通 │    │級 │  │務 │  │查 │    │計 │
    │部 │    │部 │  │主 │  │主 │    │主 │
    │   │    │主 │  │任 │  │任 │    │任 │
    │   │    │任 │  │一 │  │一 │    │一 │
    │   │    │   │  │人 │  │人 │    │人 │
    └───┘    └─┬─┘  └───┘  └───┘    └───┘
               │
         ┌─────┴─────┐
         │郎君莊主任   │
         │李家莊主任   │
         │抱印莊主任   │
         │崔家莊主任   │
         │孫家莊主任   │
         └─────┬─────┘
         ┌─────┴─────┐
         │課程教學    │
         │研究會      │
         └───────────┘
```

256

（三）学生情形

高级部学生共二十一名。其中郎君庄十一名；景家庄三名，李家庄三名；抱印庄，崔家庄各二名，年龄之最大者为五十九岁；最少者为十六岁。其年龄分配情形如下。

年岁	十六—二〇	二一—二五	二六—三〇	三一—三五	三六—四〇	四一—四五	四六—五〇	五一—五五	五六—六七
人数	8	2	3	2	1	0	3	0	2

普通部学生以郎君庄为最多（盖因其庄大户多故也），有五十六人；李家庄次之，四十二人；崔家庄又次之，三十五人；抱印庄二十六人外，并有不定性之妇女旁听十二人；最少者为景家庄，只有二十三人。合计共有：男百五十六人，女十二人；其年龄之最大者为五十五岁，最小者为十五岁。其年龄之分配情形如下。

庄名＼年岁人数	一五—二〇	二一—二五	二六—三〇	三一—三五	三六—四〇	四一—四五	四六—五〇	五一—五五	总计
郎君庄	19	6	6	8	7	5	4	1	56
李家庄	5	4	10	6	7	4	2	4	42
景家庄	3	4	4	3	4	3	1	1	23
崔家庄	3	3	3	2	11	8	4	1	35
抱印庄	6	3	5	4	1	3	1	3	26
总计	36	20	28	23	30	23	12	10	156

他们的职业，多数为农。有为小炉匠者四人，厨业者二人，在冬季开作坊者六人。小贩商四人；但此均系副业性质，非永久者也，此外各庄尚有儿童班，系附带性质，只于每天上午抽暇教两点钟的识字，唱些歌曲而已。其中以女子为多，男子较少；盖男子性多浮躁，未若女子之稳静耐久也。只就其常到校之人数，列表如下。

性别 \ 庄名 人数	抱印庄	景家庄	崔家庄	李家庄	郎君庄	合计
男	5	0	0	15	0	0
女	8	15	13	0	23	59

他们的年龄最大者为十六岁，最小者六岁。郎君庄，李家庄，崔家庄，无正式调查，只就抱印庄，景家庄列表如下：

庄名 \ 年龄 人数	六——〇	——一五	一六—二〇
抱印庄	4	9	0
景家庄	9	6	0

（四）校内生活

特区村民在冬季每日概为两餐，我们为适应环境，每日亦定为两餐；同仁分班轮流负责。每日早起，领导抱印庄，郎君庄（盖同仁居二处也）学生习拳跑步。上午分赴高级部、儿童班上课；暇则作露天讲演，开课程教学研究会。午饭后除高级都须改日记，大字，率学生作清洁扫除外，暇时则作野外射击练习。夜晚高级，普通两部完全上班，同仁一无余暇矣。兹将我们作息时间表列下。

生活	起床	早操	早饭	上课	午饭	讲演或研究会	上课	就寝
时序	六点半	七—八、三〇	九点	十一—二	四点	四、三〇—六	六—十	十一—三〇

五　教学概况

我们的学校，既名为乡农学校，自然和其他一切学校不无差别，因为不仅只办教育便算了事，盖欲以教育为手段，去改良乡村社会厉行乡村自治，增加农民生产，使乡村生活合理化也，故乡农学校，即为吾人改良乡村社会的中心，在原则上，全体乡民，无论男妇老少，均为乡农学校之当然学生，然于下乡之始，即欲如此办去，实难做到，且亦无如此作去之必要，因将本校所属五庄——抱印庄，郎君庄，景家庄，李家庄，崔家庄——各设乡农学校普通部一所，并于郎君庄另设高级部一所，各庄人数由三十人至四五十人不等，（因五个庄村都不很大，所以学生人数不算很多）高级部学生二十余人，系五庄程度较高之优秀分子，将来之乡村领袖也，故吾人对之亦特别重视。

学生年龄，高级部大都十七八岁以上之青年至三十余岁之壮年分子，普通部则除十八岁至五十岁之男子外，各庄之妇女小孩及五十岁以上之老先生亦多有旁听者，（后因特于各庄附设儿童班，收失学之男女儿童日间上课，至于程度更是参差不齐，有不识一字者，有略识知无者，亦有读书至五六年以上而能看普通小说者，其职业则大都是农人，间有手工业工人及小商贩商，上课时济济一堂，各人有各人的兴趣，真令教者难于应付！

我们功课的担任，先取科任制，六班均由六人轮流，后为专责起见，改取班主任制，由六人分任各班主任，抱印庄为本校之中心庄，同人寄宿于此，主任为孟晓阳，郎君庄主任马中立，景家庄主任薛洪涛，李家庄主任漆方如，崔家庄主任徐兴五，高级部主任马资固，各人包办一庄，以专责成，惟高级部功课，仍由六人分别担任，至上课时间，高级部日间四小时，夜晚二小时至三小时，普通部初为日夜各二小时，嗣因各庄学生日间多以推石推炭为生，工夫特忙，后遂将昼间上课时减去，只夜间上课三时至四时，每于六时上课，迟至十时前后下课，学生亦都能支持，惟吾人于夜间下课后，恒食夜饭一顿，殊于卫生有碍耳。

我们所讲的功课，计高级部共定课程五种，即1. 精神陶炼（内包括乡村建设理论，乡村礼俗，乡村服务应有的精神项）2. 国文（包括古文，应用文及诗歌）3. 农业问题（包括合作，农业改良，造林及各种农家副业）4. 农村自卫（包括自卫理论，军事操及国术等）5. 史地常识（包括中国历朝变迁概况，近百年史，本国地理概略及世界大势），每日并写大字及日记，普通部课种略同高级部，惟国文则代以识字，精神陶炼及史地则特种故事之叙述，并另加珠算，这些教材，都系自己挑选因为院里虽也会发给我们一点材料，但是太少，不敷使用，故不得不另寻门路，先由大家将各门功课的内容商量一个大概，竭力搜集材料，由各科主任（或班主任）斟酌取舍，每次所讲题目，事前均列有大纲或写一篇简单的文章，彼此讨论一番之后，再去和学生讨论，不过这些业已讲过的题目或大纲，如在本文内一一写出，讲为篇幅所限，只好从略，普通部所用教材，事先原打算各庄一致，后因各种关系，不能如愿，只大体上，还算无大差异罢了。普通部所用教材的来源，除院里所买农民千字课和几篇"忠"字的故事，及孔子精神而外。关于精神陶炼者，多采自各种小说，如今古奇观之三孝廉浪产，吴保安弃家赎友，聊斋上之张诚，宣讲拾遗之爱女嫌媳，此外则陈文恭公五种遗规，吕氏四礼翼弟子规，百孝图。公民图说，中华故事，诸书亦取材不少，其余各门功课，取材上都无一定的课本，故书本制度，也就不打自破了。

  再说到我们的教法，大都是先引起他们的兴趣或先从闲谈和故事拉起以引起他们的动机，因为兴趣有了，他们自然会来和你亲近；兴趣没了，即要逃之夭夭，动机引起了，他们便会诚心实意的和你讨论；动机没有，你即便竭力的注入，他还会还你一个格格不入，这大概是一般办民众教育者所常见事，所以我们对于这两点非常注意，在上课之前或和他们说笑话，或令他们自己说笑话；崔家庄于上课之前，则先鸣锣鼓为号以广招集，亦引起兴趣之一种也，兴趣引起之后，则慢慢和他们间谈故事，或就当地实际情况说起以引起他们的动机；动机引起了，随着便和他们讨论问题，我们谈故事亦不是突如其来的，如李家庄姓韩的是大户我们便从韩家的老祖宗说起，如韩信受胯下之辱，韩伯愈泣杖，韩蕲王湖上骑驴。抱印庄姓赵的是大户，我们便从赵家的老祖宗说起，如赵子龙单骑救主，赵匡胤黄袍加身。郎君庄姓刘的是大户，我们也是如法炮制，并由韩信的受辱，说到张良的进履；由韩伯愈的泣杖，说到闵子骞鞭打芦花；由赵子龙的单骑救主说到关云长岳武穆的精忠报国大义包天，故事是这样说，问题也每每这样讨论，如我们农业问题所讲防旱与灌溉，谷类选种，玉蜀黍摘穗，草帽辫的编法，酱油醋的酿造法，催青合作，造林与开泉问题，无一不是就本地实际情况去和他们讨论，因此他们都极高兴，不愿听讲的，只是极少数分子罢了，识字的教法，先由一个字推到几个字；少数的字，推到多数的字；如教一个"菜"字，便可将白菜，芹菜，韭菜，青菜，黄瓜菜……几种出来，天资高的可把许多的菜都记住了；而天资笨的，对于一个菜字,则万无不识之理,有时或用记账或写信的方法,使他们识字,顺便教他们记账或写简单的书信,他们也极愿意。史地的教法,则利用挂图或在黑板上绘图给他们看,使得着深刻的印象,此外则年龄小些的,多教给他们许多的儿谚或唱歌,或教他们将有趣的歌曲加以表演,手舞足蹈起来,这样不惟儿童们自己高兴,年纪长些的看了听了,也每每欢乐得了不得!

我们无所谓特别的训育,因为精神陶炼一科,已将训育包含在内,"孝弟力田","敦睦乡里"二语,实可作为我们的校训,"出入相友,守望相助"二语,亦为我们训练学生的良好资料,无论上堂授课,及下堂个别的谈话,无不以此为旨归盖欲使乡村风俗,不致日渐浇漓也!上课时秩序的维持,则由各村的校董及班长负责,灯油茶水均事先布置,并由伊等自己订定规约,不许喧哗,不许迟到早退,李家庄且备有学生名牌,归各人自己保存,到上课时,各挂于教室墙壁之上,表示他已到了,亦足以见其精神之一点也。

除了上面正式六班之外,日间各庄还有儿童班及露天讲演,儿童班本非我们现在所欲办者,不过村中一般为父母者,欲其子弟识字之心,每较其自己求知之心为尤切,我们因于各庄成立儿童班一班,加以训练,故村中特别欢迎,而儿童班中,女孩又居其大半,女太太们,亦多于暇时前来听讲,并且热心,以故受感化的,亦颇不少,(内中以中心庄之受感化者为最多)这或者也可算是能够深入乡村了罢?

我们这次下乡之初,乡中大都不知道我们来干什么,有的认为是传教;有的以为是要招兵打日本;有些人因为我们穿着制服和大氅,竟认为和洋鬼子差不多,他们互相谈话之中,曾有人这样地问"研究院是洋鬼子吗?如不是洋鬼子,为什么却穿洋鬼子的衣服呢?"此可见当时一般人的心理了,直到一个月以后,便渐渐的和我们发生情感了,知道研究院和一般专以欺诈为事的团体,大相径庭,至第一段将要结束的时候,彼此之间差不多都有些恋恋不舍的形势,旧历正月初一二三几日各庄更成群结队到研究院来给老师拜年,这便全归功于我们教学的力量也不为过。

关于教学的大概情形,已如上述,我们这次所得的经验,亦略具于上面了,便是办乡村教育应具备下面几个条件,即要有改革乡村社会的决心,要能有接近民众的态度,教材要合乎农民的需要,要由具体到抽象,由已知及未知，由眼前的事实及较远的事实，要能引起农民的兴味，讲解时忌用不必要的名词，事前要有相当的预备……能如此去办民众教育，即便无功或亦无甚大过了，这便是我们在短短两个月期间中，所得的一点小小经验，也可说是我们受了一点的教育，很拉杂的写了出来，给大家作点参考。

再本院乡校第一期结束后，各区乡校目下均已停办，惟本校今春尚在继续，并组织蚕业合作社及林业公会等团体多种，另有专篇纪述此不多赘了。

附　崔家庄儿童班之设立及其概况

举办乡农学校的宗旨是："家家有饭吃，人人明道理，在家做个好子弟，在国做个好国民。"根据这个理由，我们不但帮助农民建设事业，还要教导他们向开明的路上去，在我们学校开办没有几日，当事同人，便感到村上失学的儿童太多，因有儿童班之设立。这些儿童所以失学，多是由于经济所限，或为父兄的嫌疑学校，不令其子女就学，我们觉得儿童在其家庭方面，与其尊长，有亲若一体不可分解之关系，今以最经济最合于他们需要的办法，教导他们的子女，他们再没有不愿意而乐为的了，印台乡农学校以五个庄村为实验范围，每庄设主任一人，负领导之责，余主崔家庄事，乃约同全庄儿童家长，商酌开办儿童班一班，收男女生共十八名，择定庄东首空院一座为地址，空阜房一所，作为教室，内设方桌一个，吊灯一个，炉子一座，黑板一条，长方丈余木板数条，用砖架起，作为学生桌凳之用，教学课程分识字，习字，算术，唱歌，工艺，谈话，游戏等科，名义虽分，实际即为他们整个生活的指导，识字教材采中华平民教促进会出版之农民千字课本，算术乃为临时编定，先以中国数目字，教他们算账的方法，渐渐引入算术数目字，教以简易加减法，习字以儿童初学未拘一定帖式，就每日所教之字，随时用草棍在地方摹写，或用粉笔在黑板上练习，唱歌多为歌舞剧，如麻雀与小孩，月明之夜等，工艺则教他们编草帽辫等，谈话如故事，谜语，笑话种种，都以激发他们的感情，纠正他们的动作，多含训育之义，游戏乃以他们常玩的毽子，线球，利导使其有秩序些，有方法些，比乱闹乱打较为合理，这课程的大概如此，再说教学方法：全班学生，分作两组，智力高，情趣热的分作一组，天资鲁的分作一组，同时间同课程而分别教授，并注意个别训练，用口讲解而或用身手表达，以使学者有兴味，肯用功，与其生活有进境为旨归，学者对其每日所学，必须明了，随时练习，优者更加勉励，不入路者，多多讲解，使其多作练习时时刻刻用观察研究的态度，随时而有变通，期得教育上之效用，达教学的目的，教学方法，大致如是，关于训育方面，全任其个性的自然，促其自动的向上生发，观察这庄的儿童都很能信师亲师（乡村儿童或皆然之）。居儿童而有真情，而以真情感之，拿真情灌溉其身心，叫他们自自然然地行为不错，生活合理，才算得到训育的效力，儿童时期，可型性，模仿性，很能支配他们的行动，为师的关系至巨，一切身心的表达，动作，确可转移其生活，故为师的应该不断地设种种的方法，培植他们的德性，自己还要精神一贯，免失落我们训育的标准。此已将课程，教学方法，训育三方面的概况，统说了一遍，还要提出的是关于他们自治问题，关于他们的自治，是以教师暂提出两个比较灵动聪明，热心功课，好发言，好做事的儿童，作领导全体的中心学友，教以维持一班秩序，照管扫除一些工作，而补自治之不足，我们所困难的，观察刚刚入学的儿童，一些言动行为，都没从相当的训练，要他们自治，而更有组织，是不大容易的事，比较还是慢慢地向自治方面引，待入路的时候，再丢开手，让他们自动，他们自自然然地自己可以走动，这时候才有敢要他们自治的可能，否则形式上或者可以要他们有自治组织，实际在教育上是没甚效用的。

由上述说，可以知道崔家庄儿童班概况，及我们的意思，可以说是我们一点小小的试验，也可以说是我们一点兴趣，成立期短，未见成绩，且余对于教育素无研究，言或有谬误之处，高明先生，有以教正，不胜感谢！

六　林业公会

我们特区，一共是五个庄子，这在前面已经提说过的；第一期的乡校：前后约计八十日左右；这也是诸位已经知道的。我们就在这不及三个月的当中，五个庄子的里面，成立了四个"林业公会"。时间是如此的短促，凭借范围又是如此的狭小，以我们力量（特区共同人六位，五庄却有六班）的薄弱，如何会办到是处！它（林业公会）的缺欠，当然很多，这是我们深信的。然而对它，我们确已用过了不少的心血，其中也未必一无可取，特地贡献出来，以供参考。现分三项叙述如下：

(一) 我们的设计

1. 设计之根据

设计是要办事，而实事非无由可成，无根可长，必立确实之根据，可靠之凭借。然则，本设计之根据如何：

A. 许多的荒山——在抱印庄，郎君庄，崔家庄，李家庄之西，有印台山者，邹平县八景之一。位居庄西里许，距山最远者，不过二里左右。景家庄南有于兹山，亦仅距庄半里，向为各该庄占有。据我们大概的估计，面积至少亦在三千亩以上。称为童山，虽属稍造，而常年荒无者，要占十分之九以上；诚一片天然好林场也。此第一步造林便有了实际上的可能。

B. 个人植树保护的困难——我们初到庄上来的时候，既见那许多的荒山，便觉得非常奇怪：大好林场，乃竟无利可生；乡人虽愚，又何至如此地步也？经过多次的访问，他们的答复，具都不约而同地说："种树容易保护难"。"谁不知道在山上种树"不几年工夫就可以得利吗！不过种的终没糟蹋的快啊！……放羊的羊吃！割草的毁拔！打猎手狂的放火！……甚至小偷盗伐，种十回也难得一回活！从此我们才知道个人种树保护的困难。那么，不欲种树则已，如欲种树，便非合众人之力而成一大力来保护不为功了！此第二步林业公会的组织，又有了实际上的需要。

2. 设计之目的

设计是要办事；前已说过。而办事须有目的；否则，盲目干去，将不知伊于胡底——如行路焉，必有知达之地点，不然开足第一步，便不知走向何方；将更不知走至何地为止也。本设计的目的，要言之约有四端：

A. 造成新林——所谓"造林"，非专指公会自造森林而言；即个人植树，亦须设法振进。

B. 保护林木——保护树木，可分两项：（甲）保护公会自造森林。（乙）保护个人私有林木。

C. 共看青坡——此之谓"青坡"，包括四种：（甲）春季的桑叶坡

（乙）夏季的麦坡（丙）秋季的杂粮坡（丁）冬季的麦苗坡。

D. 造成乡村自有农业仓库——此谓"农业仓库"，即略师宋朱晦庵先生社仓之遗法；为本会组织之深意，安定乡村之百年大计也。

3. 设计之内容

关于本设计之内容，分五项叙述：

A. 组织——多数人的事，最要的就是组织。林业公会，既非一人而成：它（组织）也当然占有重要的地位：（甲）组织原则：乡下人知识浅陋，头脑简单，哪能记得多少条文，听明若许情节；所以我们组织最要的原则，便是"简章"六个大字。（乙）组织单位：组织单位，普通分户、丁两种。而林业公会为出工之团体，各家丁之多少不同，随少则丁多者向隅，随多则丁少者难及；具按户计丁，每易混于公庄，则无论贫富均将推诿不力。若以丁为单位：按丁计份，有愿出一丁者，则为一份，二丁者，二份，以至十丁、八丁，均无不可；将来收益，亦按份分配。如此，则理公而势便，人相致力矣。（丙）组织范围：普通或以为"荒山无主"；殊不知习惯上，各段荒山几均为附近庄村划为势范围矣。特区各庄，亦莫不各有各之荒山，界限分明，若为私产；林业公会之组织，若数庄合一，则林场之划也，植树之先后也，均将相互扰攘，不胜其麻烦矣！是吾人林业公会之组织，均将以一庄为限也。（丁）会员分班：乡人习于散漫的生活久矣，今欲合数十甚或至百之乡民共同办事，其难极矣；人不请三趟不到，话不讲三遍不明；望其有济，端赖多数耐烦领袖之提携。然此多数领赖之负责，亦须有由；即组织之分班是也。分班之法，为照顾及工作分配便利计，每班以居经接近人数划一为较妥也。

B. 规约——组织之维持，赖于规约；其中注意事项如下：

（甲）林场划界：(a)须下起山根，凡无粮钱之土地，均归林场范围，以示公会在法律上之根据，(b)事属初办，凡与外庄山界毗连处，最好不划入林场面积，以免纠纷。

（乙）垦地办法：林场面积，虽依法划定；而在其面积内之已垦地，须仍归原主占有；以重地权，而维贫苦。盖吾人办理林业公会之本意，亦不外为各个人谋利又何可利此害彼也。

（丙）推进个人种树：私利不见公利亦无由而生此事实也，非高调口辩所能移，如何于公会之中掖进个人种树之法，致山无旷土；诚要务也。

（丁）禁规：乡人知识浅薄，各认各人脑中之是非，公会林场应禁之事，虽属平常易晓；而终须以简单文字分项列出，以免永久之纠纷。

（戊）善求通路：事属初办，各方各面总以少招反对乡人均利为主。遇凡犹豫之事，均须慎觅公妥办法，以求此路之可通。又乡人重情谊，善因循，看坡，护林，即遇不良之辈有盗伐损毁者，终觉颜面为难，不为告发；或告发亦略而不究。如此久之，则事败矣！此等处，均须预为慎审防范，以求可通。

C. 水利——造林须水，山上造林灌溉尤要；而山上之缺水则又十百倍于平地。据调查附近山坡间常年出水处，计有六处之多。是否真泉，不敢妄测；拟大加开凿，使能集水稍多，则于林木之灌溉，或较得力。

D. 植树——此为林业公会设计之中心，分五项列述：

（甲）苗木和育苗：（接下）苗木是植树先决之一大条件，而在公会创办之初，能力既薄，会员之信赖亦虚，仓促购置，诚非易易。是本年植树之苗木，最成问题；而又势所必需。照各庄能力预计，至少亦可植柏苗千五百株，其他枝粗，叶大，白杨黑楸之属五百株；合计所需树苗约在二千株之谱。拟与本县建设局通融，将苗圃苗木，或廉价出售，或无价发与，或与公会合作分利，均无不可。此计若成，则本年可无问题。然此种外来之接济，可暂不可久；出价收买，能少不能多；唯一之图，即在自行育苗。闻本区五庄，均有公地，其数十亩，八亩不等。拟设法每庄各划地四五亩，辟为"该庄乡农学校表证场"，一面作各种农业上之表证，一面即育就各种苗木，以备公会庄民造林之用。对于乡校农业表证场，吾人另有计划，不在本文范围，不多赘。

（乙）造林计划：a. 计划之根据：公会工力之强弱山场之大小，经济之厚薄 b. 计划之年限：依前项根据，期限愈短愈佳 c. 树种之选择：山之上部松柏，中，下两部阳坡，植桃，杏，李，柿等，阴坡植白杨，黑楸，椿，楝等，（以其叶大，枝粗，耐寒，且经山上调查知其发育良好，土质合宜故也）。

（丙）造林法：以植树造林为主，播种造林辅之。盖以植树造林保护得力，收效亦较速；且各种果树尤非播种造林所宜也。

（丁）植树方法：就苗木种类及林地干湿之情形，教以水植，干植二法。其中注意事项：a. 掘坑 b. 植前修整 c. 植时注意。植后工作。覆土。

（戊）保林：五庄山界衔接，各有公会，合五庄而组林业联合会，合力守望；保护易，势亦便也。

4. 设计之实施

兹就其先后列述如下：

A. 询访困难——就质而论，乡人之智，本不下我，甚或过我也。而彼等世世祖居于此，难道从未有鉴及于荒山造林之利，初必待于乡农学校之设立而始能造林于校者乎？！盖必有多重之原因，各方之困难，以牵扯阻止之也。如其吾人不欲成其事则已；否然者，则必虑怀广采各方之难困，预为设法，以防，以避，以去之，而定设计之进行及方针。此设计设施上之第三步工夫，不可或忽者也。

B. 造势——造势云者：造其设计实施上需要及可要之形势，以使之实现之谓也。盖需要，可能，之势，原有两面：实际及精神是也。其属前者，即前述吾人设计之根据，原非可以造致；而后之形成，则要人为，此造势之所以为必需也。其意即在于困难既得，进行方针已定之后，于课时之有机可乘，课后之随便闲谈，班下之无事谈话之间，随时随地非正式的已将吾人之设计向之谈明矣（大致的说）。吾人之设计，在一般乡人脑中渐浸渐润，已至于发热，更向吾人要求请为设法矣；此时也，是设计在乡人精神上已觉其需要，已有其可能，夫而后乘机进行，其事又有不成者乎！此设计实施上之第二步功夫也。

C. 筹划树苗——第二步造势之功夫大致就绪，便急需设法确定树苗之有无，多少及办法。树苗定，始可正式向各庄领袖，校董，高级部学生等，提出吾人之具体设计矣。

D. 一庄的首倡——物本不齐，为事亦然，特区各庄对我们之信赖，当然高下不等，不能半斤各个八两。事情的初创，最难的便是首倡。江湖上有句俗话叫作："生意买卖头三脚难踢"，始难之意也。又谚曰："民难与共始"。而此事之首倡，又始之始也，其难可想见。我们的办法，是要先在五庄之中，找出一个形势较便，信赖较深，吾人对之略有把握的庄子，赴以全力，而观其效；则抱印庄可当其选。举若成，则对其他各庄之讲话，可振振有词以勉之矣。

E. 五庄间竞争心理的利用——一庄既成，模范已立。则谓：行车有辙，此路开矣！其他各庄，或为好胜，或恐落后，争相附和矣。

(二) 办理的经过

1. 困难询访记录

现把询访的情形撮要罗列：

A. 山上荒着，种树确是好事；不过放羊的踏蹋，樵柴的损毁，打猎的放火，种十难得其一；自己既不能天天守着，谁还愿意白费工夫呢？

B. 大家一同种一同看，可也是个办法；不过在从前庄上又有谁能办得到呢！

C. 要是栽树，第一就是水作难；其次树苗也没有呀！

D. 荒山虽说无主，然而在习惯上，凡是某人垦坡上边的山，往往就归某人所有。

E. 要是大家领山；那么，山上的熟地也就归大家吗？

F. 既不准放火，樵采，放羊，那么，这庄上有羊的人便怎么办呢？

G. 山上种树，起石头的损毁也很厉害！要是把山领出以后，是不是还许推起石头？

H. 大家看树，只恐怕见了没人报告，不仍是不行吗？

I. 在从前看树，给庄上送来树偷的时候，办事的往往就随便放走，置之不问；我们摊坏，他们办事的落好人；那能行吗？

J. 要说山上垦坡地，凡在前开过，现在荒三十年的也有，荒二十年的也有，要是都算，那简直没有种的地方了！

K. 要是山上种树，我看还是桃、杏，竭力快！

L. 要是大家种树大家得利，那还有不愿意的吗？

M. 那么，在我们山界内有外庄的山坡，便怎么办呢？

2. 造势的经过

在我们到庄上有一个月左右的光景，前项的询访工作已做到了个差不多。决定进行方针之后，便于课时，课后或堂下有机会时，便有意无意地向他们提示我们荒山造林的办法和利益（虽然吾人总不把他当作功课讲）。不过当时既非植树时期，树苗又无着落，不便向他们提议具体办法而已。直到废历年终，我们前半期的乡校结束时，曾由五庄全体校董会通过一个五庄联合看树的决议办法，是乡校董会具名，出示临近各庄；凡见有盗伐树株暗送一信，因而被获，其树在一尺以下者，奖洋五元；二尺以上者，奖洋十元。办法虽简，然经将此法宣布之后，各庄树株被盗事，便从未一闻。废历正月初十日，我们后半期的乡校开始，植树时期将近，乡校校董，学生，向吾人询植树及保林各事者，曾不下六七起，是其造林需要及可能之形势，已达最高潮矣。

3. 苗木的筹措

林业公会之势既成，苗木若有，便可切实进行。乃商诸院中与县建设局接洽，最后商得柏苗一千株，黑楸五百株。办法是由公会具名请领，无价发与；日后建设局按三成提取收益。

4. 五庄校董会中林业公会办法的说明和同意

苗木之办法既定，乃于二月二十三日（即废历正月十八日）召开全校校董会，说明公会办法中之紧要事项，征其意见，结果圆满。并约定先后召集各庄多数领袖办事人，在各该庄普通部中谈话说明公会办法，时间临时约定。而吾人计划，则拟以抱印庄为先（取其庄小人齐办事较易；且为本校之中心庄，同人咸居于此，其势亦便也）。郎君庄次之，崔家庄，再次之，景家庄落后。

5. 抱印庄干部会中林业公会办法之说明及同意

所谓干部会者，即前项所谓多数领袖办事人集会是也。将公会办法说明之后，凡有疑难问题，大家便互相讨论，各抒己见，结果圆满；并决定次晚特别通知普通部同学（即全庄民众），务必全体到校，为说明公会办法云。

6. 抱印庄普通部公会办法之通过

晚饭后，全庄齐到，上班开讲，详述公会中之整个办法及深意，全体通过，（此即吾人认为真正之民意也，谓为民治非自此入手训练不可），报名入会，有一家一份者，有一家二份者，共得会员三十六人，最后并决定所占山场，推举会员三人于明日上山，丈量荒山面积，得三百九十余亩。

7. 郎君庄崔家庄李家庄林业公会之成立

郎君庄，崔家庄，李家庄三庄林业公会依次成立。其经过步骤，一如抱印庄者然，计郎君庄会员列名者六十二人，山场四百八十余亩。崔家庄，会员四十一人，山场三百三十余亩。李家庄会员四十五人，山场六十亩。惟景家庄则因其庄村较大，各领袖间稍有意气，办事人各不愿亦且不敢负责；以致未得如意进行，殊可惜也。事后虽经该庄复向本校请为办理，然时间既过，已不及矣。

8. 简章规约计划书之拟定及呈请备案

抱印庄，郎君庄，崔家庄，李家庄，四林业公会会员既定，办法亦已通过，则公会之实质已具；所缺者，手续及形式上政府之备案耳。时间已届三月中旬，植树已不可再缓；然公会不先为备案，则苗木无名呈领。即赶依照各庄通过之办法大纲，代为拟就简章，规约，造林计划书，及林场概况调查表，山图等，并会员名册，每种，每庄，各三份，（因建设局，县政府，实业厅各须一份也）；另呈文一件，每庄各一份。简章，规约各庄无甚差别，惟造林计划书则略有出入；因各庄之山场大小不同故也。（其具体条文及说明，后辟专项列述，此不赘，）公会简章，规约之拟定虽为依照会员大会通过之办法而成；照手续则须再经会员大会通过而后备案，方为真正合法也。虽然，乡下事有其难言者也在：

A. 植树时期已促——四庄开会四次，则须四晚，时间已来不及。

B. 乡下人对于条文本来有些讨厌，即作二次之通过，亦不过仍是照前次之说法将办法重说一遍。召集一个全庄大会，乡人本已觉麻烦矣（此吾人乡校功夫尚未到故也），若于会中更再说些不起劲的话，岂不更招讨厌，这一次失了他们的心，下次恐怕拉也拉他不来。所以我们于章规拟定之后；只经各庄干部会之通过，便由前次会员大会中推出之代表人，呈送建设局备案矣。

9. 呈领苗木

植树时期，既已不早。即于呈请公会备案之后，更拟呈文一件，向建设局呈领苗木计，郎君庄柏苗四百株，黑楸一百株。抱印庄，崔家庄，李家庄，则均各柏苗二百株，黑楸五十株。建设局当即照准，命于三日后赴苗圃掘领也。

10. 会中职员之选举及分班

备案呈文既递，苗木亦已照准，三四日间，即须植树，而植树派工，指挥领导，均须有人负责。及赶于三日间，将四庄四公会之职员完全举出。且更将各公会会员分为若干班；选举班长，催人领工，办事便矣。计列：

郎君庄林业公会职员姓名——会长刘子荣；

副会长刘以瀛；林场管理王启贵；会计刘正心。

抱印庄林业公会职员姓名——会长赵儒林；

副会长赵子蔚；林场管理赵茂林；会计赵桂林、贾可生。

崔家庄林业公会职员姓名——会长崔守怀；

副会长崔永义；林场管理崔金洞；会计崔贻言、李春青。

李家庄林业公会职员姓名——会长张学山；

副会长韩相桐；林场管理韩光清、刘以成；会计韩继信。

11. 植树法之指导及植树

植树方法之指导，均于林场行之。即于各庄植树开始之日，逗其初至林场休息之际，集合众人谈话，指示其植树应行注意之要点。略志谈话要领如下：

A. 水植干植方法之采用——苗木离土时间较久：苗根光露，上无土块，林地较干者，以水植为宜。其法即于树坑掘成之后，坑底掘松，施水半桶，先将坑水搅混，使成泥汁，再把整好之苗木植入，候水将渗完，然后覆土砸紧，上更灌半桶，候共渗毕，上覆虚土便可。若苗地距林场较近，掘出即植，且根上带有土块，林地较湿，则干植最佳，水植即不相宜也。其法即于树坑掘成，坑底掘松之后，便直接以整好之苗木植入；覆土砸紧，上覆虚土便妥。俟二三日后始灌水也。

B. 掘坑大小及深浅——掘坑以愈大愈佳。然过大则需水特多，过费工耳。普通植三龄之柏，坑上下径均以营造尺一尺六寸，深度一尺足矣。黑楸宜较深至二尺始可。

C. 苗木植前之修剪——苗木自苗地掘出，须妥为修剪。根部发育崎偏者，去之；大根过长，主根过深者，断之，但万不可损及毛根，盖苗木之成活全在毛根故也。苗木上部之修剪亦然；发育不正者去之，枝叶过多者去之，以减其蒸发之作用。

D. 植时苗根之舒伸——苗根之舒伸愈紧，苗木之成活之希望亦愈大。须于覆土一半时，将树身向上略提略动，使各根舒展，根间亦可入土。

E. 植后树身贴近孔隙之填塞——初植之树，每为风所吹，尤其于灌水之树身贴近，常见有若许之孔隙，是最坏事；普通植树之不活，即多种因于此。是宜常常留心，见之即塞为要。

F. 覆土之深浅及松紧——植树覆土之深浅，视其苗木之种类而有不同。树根之在地表者如柏，覆土宜浅，最深不得过乎其覆土旧痕之二寸以

271

上。反之，根之向下发育者，如黑楸，较深为宜。又俗谓："栽树猛砸，铁棍发芽。"言植树覆土之宜紧也。然亦有法：（甲）用具宜体积较大，取其砸力亦可不致深入土中。（乙）用力宜渐不宜猛。（丙）砸时自外向中。所以如此审慎者既恐其覆土之不紧而不活；又恐其用力之不当而伤根皮，则亦不能活也。

G. 植树初年之灌溉——树之活与不活，赖于当年之灌溉者甚大。尤其于废历三四五月间，最为怕旱；须特别注意。

此而后会中负责有人，植树派工，会员踊跃，有三日植完者，有二日即毕者，亦有一日竣事者，时期不齐，植法或亦不同，而树已植上则一也。眼看山上青青，小树已成林矣，再此次各庄所植树苗，除由县建设局呈领之柏苗一千株，黑楸二百五十株外，李家庄并另购白杨一百一十株，亦已植上。合计植树，共一千二百六十株，各庄列表比较如下。

树种＼株数＼庄名	郎君庄	抱印庄	李家庄	崔家庄	合计
柏	四〇〇	二〇〇	二〇〇	二〇〇	一〇〇〇
黑楸	一〇〇	五〇	五〇	五〇	二五〇
白杨	〇	〇	一一〇	〇	一一〇
合计	五〇〇	二五〇	三六〇	二五〇	一三六〇

（三）创办期间会中全套之文件及说明

1. 公会简章

第一条　本会定名为〇〇县〇〇区〇〇庄林业公会。

第二条　本会以实施造林并保护原有森林树株，促进林业发展为宗旨。

第三条　本会设于〇〇县〇〇区〇〇庄，并以〇〇山〇〇山为造林地点。

第四条　凡为本庄居民不论性别年龄，愿遵本会章约加入本会者均得为本会会员，其后期加入者须得本会会员二人以上之介绍。

第五条　凡关于本会造林灌溉保林等工事及用费，本会会员均有均担及对外宣传造林利益之义务（其有对会中工事力不胜任者得雇工代替）。

第六条　凡本会会员对于本会均有提出议案及平分收益之权利，惟后期加入者则只能分得其加入后应得之收益。

第七条　本会会员于入会之始，均得纳入会费铜元二十五枚，其后期加入者倍之。

第八条　本会设正副会长各一人，共同计划本会一切，会计一人，林场管理十人，分掌本会收支及林场内部之管理等。由会员中互选之任期二年，连选得连任。

第九条　本会每年开会员大会一次，于废历二月初二日行之，商议本会一切进行事宜。但于必要时经干部会议之通过，得由会长召集临时大会。

第十条　本会设干部会议，由本会正副会长、会计、林场管理及会长特约之会员二人组织之，每年开会一次，于农历十月初一日举行，计划本会次年之进行事宜，但于必要时亦得由会长临时召集。

第十一条　本会之经营如下：

一　造成新林，其计划另详。

二　共看会中公有会员，私有及其外人之森林树株，其办法随时议定。

三　共看本庄桑坡、麦坡、秋坡、麦苗坡等，其办法随时议定。

第十二条　本会之禁规会约，另行拟订。

第十三条　本会之收益每年清算一次，于会员大会中宣布之，以其半作为次年继续造林扩充本会林业之用，以其半于麦秋季后购储谷麦各半，于冬春乏食之季按会员名额发散各会员（冬散麦春散谷），于麦秋季后按散粮之类加十一收还。若遇饥馑之年，经会员大会之通过，得缓期收还。

第十四条　本会对破坏本会章规者之处办，依林业公会规则行之。

第十五条　本简章如有未尽事宜，得由会员大会之通过，呈准建设局转请县政府实业厅修正之。

第十六条　本简章经发起人大会通过，呈请建设局转请县政府实业厅备案后施行。

说明：

本简章之待于说明者五项：

A. 本章第四条关于会员之规定，即本于设计中一班一会，一人一份之意而成；其所以不分居民之性别年龄者，则为广辟会员之进路，以免有人之向隅也。

B. 本章第七条规定后期人会员之会金加倍者，所以示戒乡人难始乐成之不当，勉其勇于新事业之意也。其事虽征而此意则不可不明白表示。

C. 本章第九条之会员大会于废历二月初二日行之者，取具便于记忆故也。且此时人多休息，逗闲开始，其势甚顺。再者一般植树时期，多于此后开会，临期开会，较易办事。

D. 本章第十条干部会议之组织，所以确定本年造林之计划，少数人较多数人为易。其于废历十月初十日行之者，以为废历旧节便于记忆也。且此时树多落叶，采种，收条，均正具时，随议随办，其势甚便。又特约会员二人，实出公推。即实际上有胆，有力，看坡时之二坡领也。

E. 本章第十三条存粮收粮之办法，即吾人设计中造成乡村农业仓廪之深意，为乡村百年计也。

2. 公会规约

一、凡属本会林场之〇〇山〇〇山地表，无论其为已垦未垦，下起山根，均为本会林场之面积。

二、凡属本会林场之面积，分为已垦未垦两种，于本会第一次会员大会开会之日划定，并将其已垦者记录存查，仍归原主占有，种植作物，造林二者，任其自便。并于距其种植作物之垦地边界五尺内，公会不得植树一。

三、凡属本会林场面积内划归原主之垦地，不得连荒三年，（即不种作物，亦不植树）。若逾此限，该垦地得收归公会植树。

四、凡属本会林场面积，或虽非林场而在当地习惯上向归本庄占有之荒山，任何人不得施放野火。

五、凡属前条所列面积及本庄附近，凡为本庄居民所有之树株、桑叶、麦坡、秋坡、麦苗等任何人不得盗伐损毁。其非属会员所有，而又未委托本会代看者，本会可不负看守责任。

六、凡属本会林场之面积，本会得择其一部或全部，禁止放牧牛、羊或刈草；但于牛羊出入内山必经之处，须留出牧道，以利放牧。

七、凡属本会林场之面积，仍得任人推起石块；但起石者须于择定起

乡农学校专号

石地点后当即报告本会，并不得任意向山下投掷石块，损毁树株。

八、凡本会会员发现有犯前列第四、五、六、七各条情事者，须当即报告本会。否则，经本会查明，该会员得受加倍连坐处罚。

九、凡有犯前列第四、五、六、七各条情事者，无论何人均须依法处罚，或送县政府究办，不复徇情。则，本会负责人须受二倍连坐处罚。

十、凡本会会员对本会工事不得懈怠推诿；则，得由大会通过令其退会。

说明：

A．本约（二）项之规定本于设计中之尊重所有权而成于其种植作物之垦地边界五尺内公会不得植树者恐有碍于贫苦乡民之耕作故也。

B．本约（三）项之规定所以掖进个人植树以补公会力量之不逮也。

C．本约（八、九）两项之规定所以预防保林之困难为会员及会中办事人预留地步也。

3．公会林场造林计划书（抱印庄林业公会林场造林计划书全文）

一、造林地点　本会即以呈准主管机关划归本会之东西两双山及洪岭山下坡，为造林地点。

二、造林区域　凡属前条所列二山，下起山根，内除划归原主占有之垦地外，均属本会造林区域。

三、地质土壤　气候雨量　山上地表，除露出外面之巨石外，其三分之二面积均为大粒之砂土。其砂土之深浅，由七八寸至二尺不等。气候温和，雨量均匀，堪为造林之用。

四、造林计划　本会对现有林场之造林计划拟四年完成。

第一年　自县建设局呈领柏苗二百株，黑楸五十株，于本年内先就东西双山上部植柏；间隔一丈二尺，距离一丈。最下部植黑楸，间隔距离均一丈。并于会员觅地一段，作为公会育苗之用，种杏核千株。

第二年　就东西两双山北坡之中腰，用播种造林法种椿子五百坑；间隔一丈距离五尺。再购柏苗一百株，就洪岭山上坡栽种，间隔一丈二尺，距离一丈。

第三年　购柿树，白杨树各百株，就两双山北坡下部洪岭山西坡中下两部栽植，间隔距离各二丈。

第四年　会中于第一年下种育成之杏苗八百株，就两双山南坡及洪岭山东坡栽植；间隔一丈□尺，距离一丈。本年全部林场种植完竣。

275

五、护林设备　本会会员共同守望；并拟联合郎君庄崔家庄李家庄林业公会，组织林业联合会，通力护林。

说明：

四庄林业公会造林计划大同小异，上列抱印庄之具体条文，以示一般。惟李家庄林场面积较小，期限亦只三年。所选林木种类，多根据山上实地之调查，就其旧有树木发育之良否而选定者也。

4. 公会会员姓名册：四林业公会员，约有一二百个之多。把它（会员姓名）一个一个的写出来，不但诸位看着没意思；就是我们写起来，也觉得有点麻烦。为使真相明了起见，只把各庄会员数目列表比较如下：

庄名	郎君庄	李家庄	崔家庄	抱印庄	合计
人数	六二	四五	四一	三六	一八四

计上表郎君庄会员每家二人者一户，李家庄二户，抱印庄一户，余则均为一家人。现更将各庄居民户数与会员户数列表比较如下：

庄名 项目	郎君庄	李家庄	崔家庄	抱印庄	合计
全庄户数	一二六	五三	七五	五一	三〇五
会员户数	六一	四三	四一	三五	一八〇
百分比	·四八	·八一	·五五	·六八	·六三

5. 公会林场概况调查表

县　　区　　庄林业公会林场概况调查表（民国　年　月）
地名
所有者姓名
位置
面积
地价

地势		
土质		
地况	邻接地之种类	
	地被物之状况	
	有无立木	
水利之便否		
交通之里数	距县城之里数	
	距村镇之里数	
	距河流之里数	
限定造林完竣之年数		
备考		

说明：四庄公会林场，山界毗连，情形无大差别；上表其调查项目耳。内容平常，无须详列只将其各林场面积列表比较如下：

庄名	郎君庄	抱印庄	崔家庄	李家庄	合计
面积	四八〇亩	三九〇亩	三三〇亩	六〇亩	一二六〇亩

6. 公会备案呈文

呈为呈请设会造林，仰祈

转呈备案：事窃民庄之　　里有　　山　　山者，均系印台山支脉，约占面积　　亩，多年荒芜，殊属可惜。其勤奋村民，虽间有植树其上，以图生利者。无如风气未开，为数殊少，而个人保护又难周到，所植树株非有宵小连根盗拔，即为荛牧拦腰折毁，以致徒耗劳资，收效殊鲜，且近年来风气更败，即近庄所植树株，亦常被盗伐，庄人有鉴于此，爰集议组织林业公会一所，即以上列　　山及　　山为造林地点，共同造林，合力守望，以期稍竭山力，借裕生民，是否有当，理合拟就章约计划会员名册及调查该山概况表等件，附文送呈

钧局鉴核，分别存转备案，实为德便。谨呈

县建设局局长

附呈

林业公会简章三份

林业公会规约三份

林业公会林场造林计划书三份

林业公会会员姓名册三份

林业公会林场概况调查表三份附林场略图三幅

7. 公会请领苗木呈文

呈为恳请发给苗木，以利造林。借资提倡事，窃民庄组织林业公会，曾经呈请

钧局鉴核在案。查本会林场布置业已就绪，现届三月中旬，为植树最适时期。拟恳

钧局发　　苗　　苗　　株，以示提倡俾利造林，俟收益时按所领苗木成活株数十分之四，提呈

钧局。可否之处理，合备文呈请鉴核示遵。谨呈

县建设局局长

8. 县政府保林布告

为布告示禁事：照得保护林业，律有专条，樵牧损伤，法所不宥。本县各地林业，创兴已久，或由私人所植，或系分家培栽，倘能保护得力，十年大计早当蔚然。可观惟以乡民无识，罔知爱护，牧竖樵叟，任其采伐，致历年所植成活甚尠，童山尚多濯濯。昧近利而忽大计，殊可恨也。兹当春融植树之时，深恐各乡民不知省悟，仍前践伤，为此，布告示禁，即仰各乡民人等一体知悉。自示之后，林无论公有私有，树不拘旧植新栽，一律加以保护，如再有樵采牧踏及任意损毁各情事，一经发觉，定即从严罚办。本县长令出法随，勿谓言之不预也，切切特示！

七　蚕业改进

现在要叙述我们关于改进特区蚕业的情形了！时届今日（五月初），我们在特区五庄四百万众的小蚕，虽已将及一龄之大；农夫农妇，朝夕采桑，送桑，为此而忙者，要亦不下二百户之多；虽然，来日成效，正未可卜，设计中末二项运销合作，及最后的计划，亦未实现。那么我们的叙

述，也便只能达于已成的事实为止，这是要预先声明的！言归正传，现在正式开始我们蚕业改进的叙述：

（一）我们对于改进特区蚕业的整个计划

1. 设计之根据

A. 特区蚕业在农业上之地位——特区五庄为邹平蚕区之中心，据已往（五年前）的情形估计，遇蚕茧丰收之年，五庄收茧量合计约在一万八千斤左右，以最低茧价折合，约抵占特区耕地面积二分之一的主要作物小麦的半季。是农人生活之赖于蚕茧者要亦占五分之一；其在特区农业上地位之重要，于此可见。

B. 特区蚕业上之三大问题——蚕业之事，共分三步：桑叶，饲育及销路是也。而此三事在特区蚕业上均已铸成莫大之问题；蚕业破产之象既呈，其事实且已见矣。分项列述如下：

（甲）桑树之虫害问题：特区桑树最大之害虫，厥推桑尺蠖（俗称青子，取其初生色黑故也。）据老农言：此种害虫之初生，距今已有三十年之历史，而其为害之烈，近十年间事也。于初春谷雨日前后桑芽萌动时发生，状如小蚕，侵食新芽若置之不理，六七日间，便可全树皆空，一叶不挂，盖已为其侵食净尽矣。普通农家，每于其初生四五日后，先以木棍打落地下，然后杀之！一遍不净二遍、三遍，甚至打至四五遍者亦有，费工极矣！一二年生之桑条，如何经得此种一年三遍之苦打？大好枝本，不数年间已衰枯矣！邹平境内（尤其是特区）年少势衰之桑树，到处皆是；秋后春初，农家伐桑之举，无地无之；余前谓特区蚕业业"破产之象已呈，其事实已见"者此也。

（乙）老食蚕之病害问题，据调查特区过去育蚕之情形，知近年来蚕至四龄以后将及结茧的时候，每发生一种病态，三二日内，辄能将所有蚕儿整个死去；即或较轻者，能余十分之二，已为万幸。近五年来，年年如是，防治无术，蚕家寒心，近致有桑不养蚕，伐树代柴者，比比皆是，良可惜也！

（丙）蚕茧之销路问题。邹平蚕丝惟一之销路，厥惟周村；当地用者有，外行者亦有。近年来人造丝兴，土丝（即大框丝）之销路，几尽为所夺；小丝起、外行之道亦塞；丝价低落，取丝犹不及卖茧为合算，而蚕业之脱销，大框既属有限；小框本大利薄，经营者寥寥数家，所需亦又甚

279

多；日人驻周收茧之洋庄，复从中把持，上下茧价，农家之茧蚕既熟，三五日间即便出蛾，则茧价虽低，亦势必忍痛出售。茧既无价，则何人还肯白费心血，徒耗劳资，而勇事养蚕也。

2. 设计之目的

吾人蚕业改进之目的有三：

A. 防治为害桑树最烈之桑尺蠖以增桑量，而节人工——尺蠖之害，为特区蚕业上三大问题之一，育蚕之根本农家苦之甚矣！若能以简便方法防治，非特树势可盛，桑量可增，即人工亦节多矣。

B. 换种及催青饲育法之改进以防蚕病——盖蚕之病死，不外三因原。

（甲）蚕种病毒之遗传。

（乙）催青期间保护之不当。

（丙）饲育方法之不良。

蚕死之病因，为此；则对症之方，吾人预防之入手，尚亦不外三端：a. 换种。b. 催青法之改进。c. 饲育法之改进。

C. 蚕茧或蚕丝之共同运销以增茧价——茧价、丝价，之受人操纵，根本解决，实非易为；而慢慢做去，亦未必即无可进之一日。考其所以受人操纵之势，不外二端：

（甲）蚕茧既熟，不能久置：久置则生蛾，设法杀蛹，此弊可免。

（乙）卖茧零星：蚕户各不相关，各茧各卖，零零星星，不易为买主所注意；俗谓"行大欺客，客大欺行"，言货多势重之易货高价也！诚能合多人之茧丝，共同运销，或较易为货得高值也。

3. 设计之内容

A. 考察桑尺蠖整个生活史以定防治之办法——

（甲）考察步骤：桑尺蠖种类繁多，生活之变迁，各异其趣。设法防治，攻弱为上；是非先对其生活作详细之考察，深悉其变迁之情形不为功。兹定考察步骤：a. 考卵：卵为昆虫之生，治卵即所以治虫。青子之在当地，虽已有三十余年之历史，而一般乡人对其发育之来历，则茫无所知；甚有认为灾自天降，故祸我人者。详考卵之所生所在，及其所以自保之情形，借攻其弱，是尺蠖防治中之第一步工作也。b. 考虫：虫为害桑之正凶；考其生活之情形，详查其弱点，借定防治之办法也。c. 考蛹及考蛾："尺蠖"其名，吾人忆度之说。是否即真为尺蠖，吾人实尚不敢断言：于此既属忆测，则其是否经蛹化蛾，自难必矣！考其变迁，察其弱点，设法除杀，则卵无由生，其害亦自可免。

（乙）防治原则：a. 省费。b. 容易。无害于桑，不妨于蚕。

B. 蚕业合作表证及讲习——蚕业合作，表证及讲习，三者之关系，我可以借用一句基督教的话，叫作："三位一体"，的来形容它，俗谓"一而三"，"三而一"者也。为蚕业改进，惟一之法门，不二之利器现按步分项列述：

（甲）组织：a. 我们的态度：乡人之头脑，固蔽久矣！略闻一不常听见之名词，辄即疑怪；非谓莫须，即云难能。"合作"！在一般大小先生们心目中，或已认为平常淡事矣，殊不知我乡农正后未梦见过也！执之以谓："合作"其有不识之为奇，目之为怪者，已鲜；更欲其从而行之必无之事也。如此则吾人与其语以合作，又何如改为"大家伙""共同"之为明便也。质言之：吾人之态度非别，"作合作之实，不谈合作之名是也。" b. 组织原则：不拘合作之名，就其事之所宜，应合者合之，应分者分之。c. 组织单位：各家育蚕之多少，视桑而定；桑多则育多；其义务亦重；桑少则育少，其义务亦轻；以蚕蚁一钱为计算之单位。而关于事业进行之决定，合作上之地位，则以户为主，此即所谓组织之单位是也。d. 组织范围：组织之单位为户；义务，利益之计算以蚕；为指导便利计，即于其上层成一各庄联合之组织，亦无甚滞碍也。e. 组织系统（见下页图）。

（乙）换种：a. 换种原因：（1）据调查，本地近五年来之育蚕，年年病死，其蚕种之有传染病毒。可敢断言。（2）本地蚕种全为平附制法，无法考种。（3）本地种杂，品质亦不见佳。（4）换种办法：（1）于催青期前说明蚕业改进之办法。示以钱蚁所需之桑量，各蚕户自由报名订种。（2）蚕种无价发与，惟于蚕茧成时，育蚁一钱者，选种五十六对，制种一二张（盖一张即可出钱蚁之蚕种也），以一张仍发蚕户，一张抵还旧种，余类推。

（丙）催青合作表证及讲习：a. 合作催青之原因：（1）乡人自己催青，保护且不易合法；由蚕师主持，合作催青，蚕种既得适宜之保护，而同时新法催青，亦得表证于乡人之前矣，此种表证办法精神上既转可换其默守旧法之头脑，又可增加其催青之知识。（2）乡人各自催青设备之不便。（3）乡人各自催青之不经济。b. 合作催青之办法：（1）于特区之中

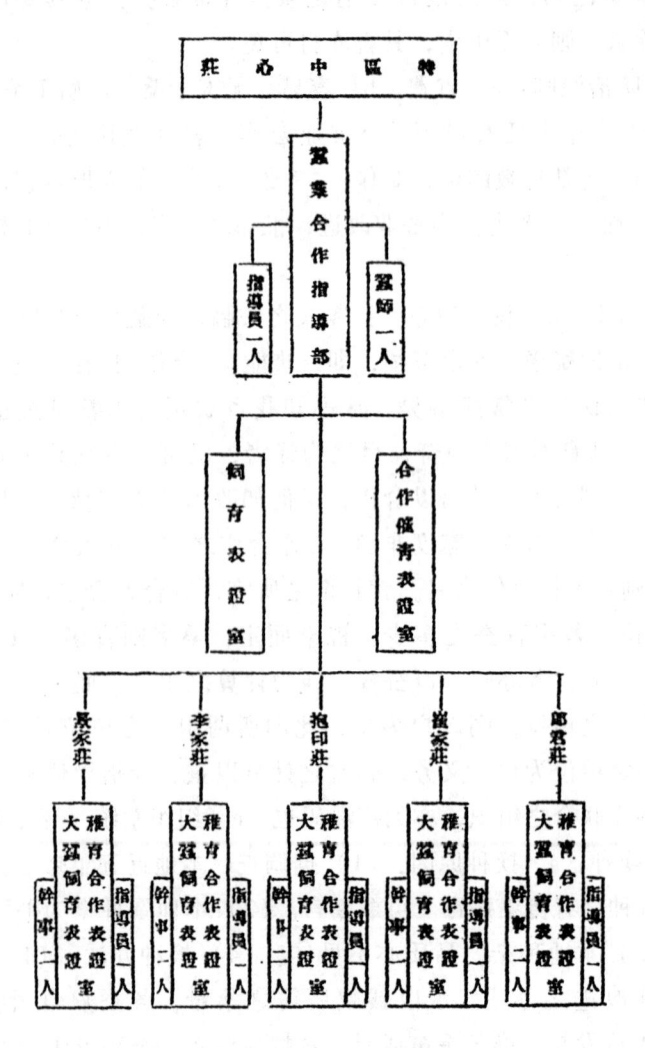

```
                    ┌──────────────┐
                    │  韩 区 中 心 庄  │
                    └──────┬───────┘
                    ┌──────┴───────┐
                    │ 蚕业合作指导部 │
                    └──┬────────┬──┘
              ┌────────┘        └────────┐
          ┌───┴───┐                  ┌───┴───┐
          │指导员 │                  │ 蚕师  │
          │ 一人  │                  │ 一人  │
          └───────┘                  └───────┘
                    ┌────────┬───────┐
                ┌───┴───┐        ┌───┴────┐
                │饲育表 │        │合作催青│
                │ 证室  │        │表证室  │
                └───────┘        └────────┘
```

┌──────┬──────┬──────┬──────┬──────┐
蔡家庄 李家庄 抱印庄 崔家庄 郎君庄

（各庄下设：稚蚕饲育合作表证室、大蚕饲育合作表证室、指导员一人、干事二人）

心庄觅妥屋一所，作为催青室，各庄合作催青，由蚕师主持；并由各庄蚕户中各选干事一二人协助实习。（2）催青用具由院代借，其属消耗物品由院垫购，蚕茧成熟售出后，由茧价中按育种之多少，平均扣除。c. 催青讲习：此讲习即于催青期前行之。合各庄蚕业改进干事，及乡校高级部学生，同作催青，及蚕具消毒之讲习一次。（盖催青为精细之事，平常乡民不易做到，故此讲习只限于高级部学生及各庄干事也）。

（丁）表证蚕室及乡人自有蚕具之合作消毒：蚕具消毒，为预防传染病毒最要之手续，而普通农家不知也。近五年来当地育蚕之失败，此为一大原因，令其各个消毒，手续既属不便，费用亦太不经济。即于催青期间，搜集各家蚕具于各庄稚育合作表证室，共同消毒，其事至易也。法或用气，或用液，求其简便普通，各农家均易做到者为佳。

（戊）饲育讲习：即于催青期间，分别召集各庄乡校普通部学生（即全庄庄民），作蚕儿饲育上整个之讲习，提出其中注意要点；俾新法育蚕得普及于一般乡民也。

（己）稚蚕饲育合作及表证：此谓稚蚕，乃指一龄之小蚕而言。蚕儿在此期间，犹婴儿初生，饲育保护稍不适当，身体即罹虚弱；于来日发育及抗病大有关系，为管理及经济上之便利合作饲育诚属必要，其办法如次：a. 稚蚕饲育只限于第一龄眠起。b. 各庄各觅三间大屋一所，作为稚蚕饲育表证室；一面既为合作育蚕之应用，一面亦所以为稚蚕饲育之表证也。c. 各庄稚蚕合作饲育及表证，由蚕师负责主持；每庄指导员一人协助管理；各该本庄之干事一二人协助实习（其干事最好能由乡农校高级部学生充之）。

（庚）大蚕饲育表证：一龄稚蚕眠起，蚕儿分散各家之后，即以各该庄前之稚育合作表证室，作为大蚕饲育表证室。前用之蚕具，亦一概不动，即以各该庄干事自养之蚕，应用新法，常育其中，直至茧熟为止；以作全庄蚕户大蚕饲育之表证观摩处，由本校于中心庄自设饲育表证指导室一所，以作各庄表证蚕室之表证及指导。

（辛）丝茧运销合作：丝茧运销合作者，即合全体蚕户之蚕茧或蚕丝共同运销，以求善价之谓也。然有先决之条件在焉，即公共烘茧灶是也。此事不可能，则运销合作无从说起；盖烘茧所以杀蛹，则以运销取丝二者均得其便，从容议价，可不受茧商之挟制矣。

（壬）最后的一个计划：运销合作者成，是众人之钱已集于一处矣。若能逞机赶进，合数百蚕户而为信用合作社之组织，自茧价中坐扣社金，其势至便也。然有须特别注意者二事 a. 须蚕户真正乐从，万勿"加生"进行，喧宾夺主。b. 信用合作之主，持须整个由地方人负责吾人只可从旁指导监督以免乡人之疑忌。

4. 设计之实施

设计实施者，为施设计之方法，设计进行必经之各步阶段也。与前林业公会设计中者同，此不复赘。

（二）办理的经过

1. 困难访问纪要

这段工作是在我们考察了本地蚕业情形之后，改进设计拟定中做的。本设计之完成，即据于此；可以说是我们设计拟订进行中第一步的吃紧工作。兹将访问情形撮要列述如下：

A. 青子（桑尺蠖的俗称）年年得打，一遍，二遍，尚且不成；必须四五遍乃可，实在费工极了。桑子多的人家，往往没有打完，便叫它吃净了；以致有桑不敢多养蚕。并且很好的桑树都打没枝，不几年工夫，就见衰枯了。

B. 青子只用杆子，总难绝根；用药去治，恐怕蚕也吃不得？

C. 五庄在一起用新法催青，那是好极了；不过家具火炉怎么办呢？

D. 不错！不错！在催青的时候，我们各庄都能有一二人照料实习；明年的时候，我们自己也就能办了。

E. 全庄的小蚕在一起养，那是好极了；不过桑叶怎么送法呢？

F. 蚕分散以后，用我们自己家的旧家具也不妨事吧？

G. 我们把小蚕拿家以后，还用我们自己的喂法吗？

H. 啊！"表证"就是作出样子叫我们看；那还有学不会的吗？

2. 形势的造成

我们蚕业改进的计划，既已确定；便又积极着手第二步的进行，于有意无意，随时随地，暗示，明指的灌输乡人以蚕业改进的需要，可能，及办法，久而久之，浸染熏陶，各个乡人之对此，已由冷漠而进于重视，而进于感觉需要了！我们在前半期乡校结束的乡饮大赛会及校董会中，曾经略一提说我们蚕业改进的意见，大家便喜形于色，表示出十分接受的样子；不过当时计划之实施，尚未与院中完全确定，不便向乡人提出我们的具体办法而已。及至废历年过乡校重新开始，校董会开会，便有人向我们询及此事；是此时乡人精神上对于此事，已真正感觉其需要矣！

3. 蚕种蚕具蚕师之确定

吾人蚕业改进之计划在乡人精神上既已着力；则蚕种，蚕具，蚕师若定，便可着实进行。眼看"雨水"节过，"惊蛰""春分"催青之时期近矣；事不可缓，乃商诸院中，决与济南青岛大学农学院合作办理，蚕种，蚕具，蚕师均由彼方担任，至详细办法，不在本文范围，恕不多赘。

4. 五庄校董会中蚕业改进办法之说明及商榷

蚕种，蚕具，蚕师既已确定，吾人蚕业改进之设计乃可着实进行。遂即于二月二十九日（即废历正月二十四日）召开全体校董会，五庄具到，首为说明吾人蚕业改进整个设计及着实进行之办法，后略事商榷，其议即决；乃约于近几日内先后赴各庄普通部作为蚕业改进办法之说明，时期临时通知，由各庄校董特别召集全庄居民共同听讲以郎君庄居先，（盖郎君庄，庄大，户众，育蚕较多故也）。抱印庄次之，崔家庄，景家庄又次之，李家庄最多。

5. 郎君庄普通部蚕业改进办法之说明及订种

各庄普通部，此时本在上课期间，可勿容再是召集；然此等常上班之学生即谓为全庄庄民，实未足数，故须特别通知乃可。届时全到，一堂济济，满屋尽人，坐者，拥挤不动，站立者，亦无空隙，甚有立于门外者，亦不在少；登台讲演，说明吾人之办法后，全场赞成，略无异言。报名订种，约蚕户六十家，合计订种一百十七张（蚕种一张约出蚕蚁一钱）。其中每户订种最多者为八张，计一户。

6. 四庄蚕业合作之继成

郎君庄蚕业合作既成，其余四庄依次进行，均告成立；报名订种，计：抱印庄蚕户三十二户，蚕种八十三张，景家庄三十九户，蚕种九十一张；崔家庄二十八户，蚕种五十九张；李家庄十七户，蚕种三十四张；五庄合计，合作蚕户共一百七十六家，蚕种三百八十四张。其中每户订种最多，有十五张者一户，十二张者一户。兹将各庄蚕种分配情形列表比较如下：

张数 \ 庄名 户数	郎君庄	景家庄	抱印庄	崔家庄	李家庄	合计
1	29	21	9	12	5	76
2	21	5	10	8	9	53
3	3	6	7	4	1	21
4	1	1	4	2	2	10

续表

张数 \ 庄名 户数	郎君庄	景家庄	抱印庄	崔家庄	李家庄	合计
5	5	5	1	1	0	12
6	0	0	0	1	0	1
7	0	0	0	0	0	0
8	1	0	0	0	0	1
9	0	0	0	0	0	0
10	0	0	0	0	0	0
11	0	0	0	0	0	0
12	0	0	1	0	0	1
13	0	0	0	0	0	0
14	0	0	0	0	0	0
15	0	0	0	0	0	0
合计	60	39	32	28	17	176

更将各庄庄民户数与合作蚕户列表比较如下：

项目 \ 庄名	郎君庄	景家庄	抱印庄	崔家庄	李家庄	合计
户口总数	一二六	一〇二	五一	七五	五三	四〇七
合作蚕户	六〇	三九	三二	二八	一七	一七六
百分比	·四八	·三八	·六三	·三七	·三二	·四三

7. 各庄蚕业合作职员之产生及分段

"清明"节近，催青临近，各庄催青，稚育，实习之干事也；蚕业讲习之分段召集也；蚕具之搬运也；合作催青饲育室之筹备也；凡此等等，均待急办。乃于三月二十八日召集全校校董会，筹商一切。结果由会中决议四项如下：

a. 指定各庄蚕业干事。计：郎君庄王启贵，刘正心，抱印庄赵茂安，赵文蔚，崔家庄崔永生，崔金洞，李家庄韩继信，景家庄郭念礼，贾汝河。

b. 各庄蚕户按居处接近者分为一段，数目不必一定。

计：郎君庄六段，段长李树和，刘维向，刘广才，刘以瀛，刘明文，王启贵，抱印庄五段，段长赵文正，赵儒林，赵华岭，赵希雨，赵华池，景家庄四段，段长李六德，李乃仁，郭以桐，郭效厚，崔家庄三段，段长崔守怀，崔金洞，赵文现，李家庄三段，段长刘以松，韩万亭，韩相伦。

c. 各庄于日后（三十日）派大车四辆往院搬运蚕具。

d. 合作催青室在抱印庄小学校东屋；各庄合作稚育表育室，俟各庄自商后决定。

此后蚕具运到，合作催青依法办理；各庄合作稚育表证室定相继筹妥，蚕具之合法消毒照计划进行；现在四百万众的小蚕已将一龄矣！眼看"蚕茧成熟，市上卖新丝，"乃吾人日夜祝祷者也！至桑叶害虫生活史之考察，备甚困难，现在进行中，尚无结果，不便多谈了。

第二区乡农学校造林运动简报

赵敬璿

二区为童山业聚之区，千峰蜿蜒，亘数十里，大抵土质优美，宜于树木，以此造林，裨益良多，故二区乡农学校倡导之，以作先锋，兹特志其梗概如次：

一、林业公会名称：第二区韩家坊子林业公会，南马山林业公会，石鲁林业公会等。

二、主持人：韩家坊子林业公会为颜成信孙子玉，石鲁林业公会为李允浩石宗淦，南马山林业公会刘士达孙玉书。

三、进行状况：起初由老师命同学作造林运动，乃先于各林业区附近各村内办公人员，作详细的晤谈，宣布造林与人生有莫大的关系，实际的利益，以及美观诸言论，将各办公人唤醒，协同办理，俾乡农乐于参加，方得组织林业公会，而造林运动乃得进展。

四、林场地点：二区伏四里韩家坊子东志粮山，伏五里芦泉庄南南马山，伏三里西石家庄南滴水泉零枣峪滴水峪各山坡。

五、亩数：共二百二十八亩。

六、所栽树苗为柏杨楸桑果树等，并播种栋榆槐合欢木凤眼树等种籽。

七、株数：一万四千一百株。

八、会员数：共三千五百人。

九、资本：由邹平县建设局发给树苗二千二百株，余由会员集资办理之。

乡农捐款救国

刘希章

"……砰砰……拍拍拍拍……杀！前进！滴滴……嗒嗒……滴嗒滴……"杂乱的声音震荡我的耳鼓，忽忽的北风，只乱得尘土蔽天，里边时时现出刺刀光芒，映现在我们的眼帘，霎时间，阴风森森号动天地，死尸遍野，血流成渠，受伤者的呻吟，又与这乱杂的声音同时并至，血气的腥臭，时时冲入鼻管，那种悲惨状况，真令人不寒而栗。霎时风停声止，太阳的金光普照在大地，青天白日的旗帜，随风摆动在金光之下，许多的士兵带着满身鲜血向着旗帜微笑。

"起来吧！伯祥来了！"这一声的呼唤，驱走了我的睡魔。

"哎呀！好险啊！"我睁开朦胧的睡眼，手从被底徐徐伸出，欠伸着说。

这是我刚看过大公报后，悲愤盈胸，在梦中反映出来忠勇英武的十九路军在闸北血战抗日的一幕惨剧。

"祥哥来了！有事吗？"我慌张睡容未去，眼帘翕张地问。

"没有别事，杨师发起募捐慰劳血战抗日的十九路军，并带了一本小册，请你看！"伯祥从袋内拿出了一本小册，递给我说。

"此次十九路苦战抗日，以卫祖国，以张正义，凡我同胞，无不感奋，因拟集款慰劳，庶使饷糈无缺，医药有资，壮我士气摧彼敌焰事关义举，尚希大家量力捐助是幸"这是写在册面上的几句话。

我们遂叩谈了些进行办法，及报告我梦中的幻影。伯祥告辞走了。

"乡农学校里开会了，我们听听去吧"。一位龙钟的老人问一位年过花甲黑瘦的老太婆说。

"走哇！研究院杨先生募捐打日本鬼子了，看看去！"

"日本鬼子来了，了不得啊！日本鬼子厉害的了！"

"是呀！日本鬼子来了，咱就没法过日子啦！"

霎时男男女女大大小小，挤拥了满屋，又站了满院哄哄嚷嚷，议论纷纭。

"今天我要告诉大家一件事，就是万恶的日本鬼子，用强暴的力量，占了我们奉天省的沈阳，杀了我们的许多兄弟姊妹们，你们知道不知道？……"

"知道！"大家齐喊着说。以前的哄哄嚷嚷一变至为寂静。

"……日本鬼子占了沈阳，还不满足，又把我吉林省，黑龙江省占去大半，用梢桶那么粗的大炮，把我们大好的城市，打的房楼，东倒西歪，变成了瓦砾之场，它那些猪兵强奸我们的姊妹，掠夺我们中国人的财物，你们想可恨不可恨？……"

"可恨！真可恨！他妈……"这呼声比以前更高十倍，幸而屋子是新盖的。假若是破的，我想……屋的上顶，早已飞向天空而去了！

"……日本鬼子，占去了我们的东三省，仍是野心不死，用他们的大船，载了几万猪兵，攻打我们的上海，幸亏了忠勇的十九路军，不顾家中爹娘美妻娇子，誓死与日本鬼子拼命，并且一连打了好几次胜仗，夺来一些快枪，和梢桶那么粗的大炮，还夺了些铁牛……你们说十九路勇不勇？"

"勇，勇！真勇……"

"……日本鬼子有这样，得寸进寸，得尺进尺的贪心，假设没有十九路军去抵抗，拼命周旋，我们能不能在这里安安稳稳的过日子？……"

"不能！……！"

"……我们得到安安稳稳的过日子是十九路军给我们的。但是十九路军在这枪林弹雨下冰天雪地里过活，也得要吃，也得要穿，还有受伤士兵，医治也得用钱，我们在后方相去千里，不能亲身跑到疆场，用好言温语给他些精神的安慰，也当有点物资的帮助。以表示我们爱国的热忱。所以我想着我们捐几个钱，以作他们的零星费用，可以不可以？"

"可以！可以！好！先生说的真……"

这是我们在未捐钱时和乡农说的这么一段话，于是他们接连不断喊起来。

"我捐五元我捐二元！我捐五毛！我捐两毛！……"

总结在两天的中间，捐到现洋三十余元。这是指贺家庄乡校经募者而言。全区各校共募得二百十五元六角四分五里边，令我们注意的，一个是十分穷苦为人牧羊度日的王和东先生，一个是以做鞋作糊口的孀妇王李氏，又一个是讨饭吃的姜万清先生，他们三人各捐钱一吊。他们在捐钱的时候并没有说出一句话，却是他们爱国的热诚，该令人如何的钦佩！

三十元钱在这经济穷困的农村里于二日之内捐到，算不得事情，但是联想到都市的住洋楼坐汽车的官僚太太，富士，绅商竟有一钱不出的能不汗颜？惭愧！！！

从此我认识到中国民族精神，救国潜力，都蕴藏在农村，说中国乡村农人麻木，不可救药。都是为虎作伥，或暴弃者的论调。同时再告现在的青年：

青年！青年！

莫要徘徊在歧路

留恋都市的文明

舍不得恋爱歌舞

要穿上铁鞋，踏平这条荒芜的道路，

走！走！鼓着勇气。

认定组织乡村是救国唯一道路。

二一、三、一记于贺家庄乡农学校

邹平南马山林业公会工作略志

刘士达

自客冬，奉命下乡，查该地之环境增加生产之事宜，造林甚为需要，遂受梁主任之指导，组织林业公会，设场造林，于是先宣传森林利益，以引起居民造林之热心，后召集林会会员以实行荒山造林之事实。邀众赴山造林，吾侪四人，关于会费先为输将，关于种植身先工作。狂风砭骨，不阻奔走，饥渴痛腹，不暇时食，夙夜匪懈，幸无陨越，兹将本会之事项略志一二于后：

1. 名称　本会定名邹平南马山林业公会
2. 林场地点　邹平第二区伏五里芦泉庄南南马山北麓之官荒为林场
3. 林场面积　共计一万零五百方丈
4. 主办人　刘士达，孙玉书，亓润德，张维孟，孟照延，李世明
5. 会员人数　会员一百三十七名团体会员十一庄有五千六百人尽为会员共计五千七百三十七人
6. 资本　四百五十一元
7. 树株　播种中国槐造林六千株苗植造林五千株共一万一千株
8. 进行状况

（1）寻林场　邹平林业，极不发达，林业公会，未之有闻，吾人今兹提倡，宜求妥善之地点，以易森林之成活，然后林业乃可勃勃而兴，否则事倍功半，则人不我信，而林业亦永无振兴之日，是故附近十余里之山陵，莫不调查数次，仔细研究，于今春废历正月十五日，经众议决，始定南马山北麓水尖头一带之官荒，为本会造林地点，至十八日测量完竣，面积有一万零五百方丈。

（2）筹经费　客冬曾到附近各庄，召集民众，讲演森林之利益，遂即

召集开会，提议造林，无一应者，及过节年即到各庄，与我相识相友者之家，拜贺年禧，并劝纳会费，至廿五日所有会款，不过百元，乃又联合东伏五十一庄之首事，讨论造林进行事项，各庄咸以造林为美事，除愿为发起人从事劝导外，并为普及利益各户均沾起见，特联合各户，无不出款，各庄共集经费四百五十一元，除造林应用外，抽定一百五十元，为公会基金，按年利一分四厘，存于商家，以为抚育森林经常费。

（3）造林工作 荒山造林，最省费而易成活者，厥惟播种造林，乃采集槐种，约二百斤，用石灰水泡之三四日，即用清水滤净，遂于正月二十六日我同学三人，（留一人讲课）亦间有学生，荷种携器，开始赴出点播，至二月初八日，开始苗植造林，因欲扩充林业，故不雇工，又商诸各庄，特劝助工，若做工两日，即等于入会费一元，于初十日，到二十余人，余因人工缺乏，白日在林场造林，晚后到各庄劝工，只因常人之情，见近利而忽远谋，故人工逐日见稀，各庄首事，因见劝工之不利，乃开会议决，按庄出工，至二十八日始告完竣。

（4）公文事项 三月十五日，呈请建设局转呈县政府准予组织林业公会，设场造林备案一文，并请发给柏苗一千株以示提倡附呈林场调查表林场计划书，林会简章，林场图，各三份，四月四日，本会案照刊制社会图记章程第二条之规定，刊制图记一颗，印具图记式样，呈准建设局准予备案，以便启用而昭信守，四月十四日因造林完竣，缮具会员名册，呈请建设局准予备案，以便发给会员证书十五日即发给会员入会证书。

（5）造林告竣会员代表大会议决案 四月十五日，因造林告竣，召集会员开会，先由会长报告以往之事项，及请讨论将来进行之计划，以便结束以往而利将来，经众议决：（1）公推临林场最近之芦泉庄及象山前庄，两庄庄长，为纠查员，以便时常林场纠查；（2）今岁要种榆钱，桃杏琴树柏树各种；（3）各员劝导责任，预备明年再行扩充。

贺家庄女校简报

刘希章

贺家庄是万松山下最朴诚的一个庄子，全庄住户凡百八十余户，皆以种田为生间有在外营商者，风俗俭实，人情醇厚，中年男子在农暇时，大都以推石为副业，女子则以织布纺纱为副业，除花甲之老人外，街头无一闲人，村中有小学一，教员为贺氏雨三，李氏济三勤于教学，学生七十余人，但无女生，盖因乡村风气不开故也。吾同事有鉴于此，于是招白天女子组之动机起焉！

一 招生

在乡间招女生为最困难之问题，首事，学生，虽有相当认识，但一般妇女仍目我们为丘八。非努力作普遍之宣传，不能奏效，于是晚间对农友说明中国女子教育之需要，农家女子不识字之痛苦，颇引起他们的同情心，仍恐一般妇女发生阻障，乃借唱机，以为余兴，命学董及在校之农友，召集学校附近之妇女，详为解释到者凡百余人，果于明日到女生十余人，又取学生约学生之联络法，四日内共到学生四十余名，颇极一时热闹。

二 教室布置

教室因为经费限制，布置极为简陋。除大黑板一页外尚有条凳二十余条，条凳皆过高，不适于儿童，上班时，权将凳子歪倒，使学生坐其上。墙上贴有邹平地图一幅，及学生每日所认之单字表及书图等。

三　教学时间

每日教学时间在上午九时半起至下午三点止每四十分钟为一单元,共分四单元,每单元后有二十分钟游戏。及自动复习在班上所学之单字。或学写字等。

四　学生数

到所学生每日不等,平均每日不下三十名,最多时四十名,最少时二十七八名,岁数最大者为十五岁,最小者六岁七岁。以九、十、十一三数为最多。

五　识字教学及已识字数

识字教学不单单每日在死死板板的先生教学生听的注入式,又取露天教室制,将学生每日亲眼目睹的东西,写成字表,院内壁上,字的旁边,画上美的图画,以引起学生识字兴趣和动机。又设多数小竿,以备学生指点识字之用。每于课暇,诸多学生必各持一竿,向壁上指点自动识字,教师乘此在旁指导,较之在教室识字速率大,而学生亦活动乐于识字矣!除此外又借儿童歌谣,及很短的小歌教给学生,学生背诵熟后,再将这些歌贴于壁上,使学生于歌中反复练习所识之单字。又每星期必将学生在一周内所识之单字,总写起来,贴于壁上,集合全体学生,作识字比赛以定优劣而资进行。是校寿命凡两月。学生识字统计凡二百八十余字,歌谣四则,短歌四首。

六　放足运动

缠足风为吾国数千年来积习,近几年一般提倡放足运动者莫不咸谓棘手。都市虽有少数放者,但乡间仍故步自封,以为俗尚。即有一二知识分子,下乡宣传,乡人皆以宣传邪教之碧眼儿视之。吾辈有鉴及此,初临是村时，未敢冒昧宣传，恐惹乡人怨。继则感情融洽，及决议向农友宣传放足。所以每晚对农友讲缠足之害，又于儿童歌谣中编二"大脚好大脚好，下雨来，走路也不会跌倒。缠足苦缠足苦一步挪不了二寸五……"使学生从幼即有缠足害之印象，最后又作一次扩大宣传，利用唱机，召集妇女，到者约二百多人，特请杨师讲演，颇得一般妇女之同情，有女子者皆纷纷相戒不缠，学生放者亦有四五人，于此可给作放足运动者一大助力。

七　农友二月二日送豆子熟

阴二月二日之食炒豆，为江北之古风，此事亦不知起于何时，俗名曰"蝎子抓"据乡农云："是日食此，一年内，可免除蝎螯之灾"，诚属迷信，是日早，东方未白，忽闻叩门声，余惊起披衣下床，开门视之，则门外有二三农友，各持一，向余带笑而言曰："先生亦欲食此乎？"余谛视之，则炒豆也！忙迎入屋，向之道谢，未几送豆者络绎不绝，顷刻间，折下炒豆，虽有八戒之食量，亦难一时吃尽。急呼谨斋梅斋等起，相笑大嚼，谨口笑曰："此乃吾辈一点真诚，换来之代价也！"

乡农学校教材之一部

乡农学校高级部精神陶练教材

孔 子

王平叔

《韩诗》外传说"孔子抱圣人之心彷徨乎道德之域（言无论如何的受穷苦患难都仍以道德为归宿也）倚天理，观人情，明终始，知得失，（言孔子事事都须求合天理人情，合乎天理人情则可有始有终有得无失也）。故兴仁义，（当时都讲横暴不讲仁义，孔子独兴—提倡—之）厌势利（一世都尊崇势利，孔子独压抑之）以持养之。（持仁义之道以养非势利之心）于时强劫弱，众暴寡，百姓靡安，莫之纪纲，（社会秩序完全破坏）私义破坏，（只讲横暴争夺）人伦不理。（不讲做人的道理）于是孔子自东自西自南自北匍匐（伏行也，手足并行，状急遽之甚也）救之"，孔子是何等样的一个人，完全可以从这些话内看出来，他就是一个要事事讲道理，个个做好人的人，他就是当天下都不讲道理天下都不讲做人的时候，他却要自东自西自南自北匍匐救之的一个人。他所以能使中国人受其教化之赐至于几千年不绝的缘故，便是他这自东自西自南自北匍匐救之的绝对爱人精神所由兴起的。

有一天，孔子与门弟子打叶地回蔡国，（叶蔡都在今河南境内）到了一条东流河边，不知当从何处过渡，他叫子路去问那在河边耕地的隐士长沮桀溺；长沮但讥诮不答，桀溺并且要子路不要跟从孔子，而叫他也一齐去做隐士。他说现在当这普天之下，都是豪强霸道，一点不讲道理的时候,你的老师何必要辛辛苦苦自讨烦恼地去改变他,去纠正他。子路回头将桀溺的话告诉孔子,孔子不觉凄然地对子路说道,"鸟兽不可与同群,吾非斯人之徒与而谁与?天下有道丘不与易也",翻成白话便是:"我并不是不知道现在都是豪强霸道,一点不讲道理的世界,但是他们都是人,是人便可以叫他们做好学好。我也是人,他们纵然不好,我还是不能离开他们,因为我只能与人同群,(吾非斯人之徒与而谁与)不能与鸟兽同群。并且那隐士说天下都是不讲道理的,所以叫我不必理他,但是我的意思,恰好与他相反,我以为正因为天下都不讲道理,才用得着我们这讲道理的人去改变他,去纠正他。若是天下有道便用不着我了。我也不必栖栖惶惶不可终日的去变易他了。"(天下有道丘不与易也)这种积极救世,慈悲爱人的精神,千载以下,尚能使我们感彻五内,发愤欲立。我们前边说的那"自东自西自南自北匍匐救之"的根源,亦都是出发于这"鸟兽不可与同群,吾非斯人之徒与而谁与?"天下有道丘不与易也的心情上。

还有一天晚上子路住宿石门地方,那看守石门的人问子路是打哪里来的,子路对他说是打孔子那里来的,那守石门的人便说道"啊你说的那个孔子,莫非是那个明知世无可救,而还要苦心救世的那个人么?(是知其不可而为之者欤)孔子便真是一个知其不可而为之的人,他何以明知不可为而还要为呢?这仍是那鸟兽不可与同群,吾非斯人之徒与而谁与?天下有道丘不与易也"的慈悲爱人的心情使然。

孔子有一天在卫国,正在击磬,击得顶好时候,有一个隐士肩上担了一担草,从他门前路过,听他击磬带忧世之音,便说道:"你不能说不是一个有心救世的人了,但是天下这样乱,是没有一个人知道你的苦心的。没人知道你,你就算了罢,你何必一定要栖栖惶惶,东奔西驰的去救他呢?这不是自鄙自贱吗?"(子击磬于卫,有荷蒉而过孔氏之门者曰"有心哉击磬乎!"既而曰"鄙哉硁硁乎!莫己知也,斯己而已矣"。)因为孔子是不管天下如何的乱,人家如何的不知道他,他都还是要本着慈悲爱人的心情去救世的,所以他一听见那担草担的隐士说的话,他便说道:"如果我能像你所说的,人家不知道我,我便算了,那样简单,那就很容易解决了,(果哉未之难矣)但是奈何我不能做到,我还有一颗爱人的心,逼着我要去匍匐救之呀!"

因为孔子是一个积极救世的人,所以他自己的生活也是刻刻奋发,毫不厌倦的。有一天叶公拿孔子是何等样的一个人问子路，子路因为叶公不该称公而称公，是一个不讲礼义的人，他便不喜欢没有对答他。孔子听着便对子路说道："你何不对他说孔某是发愤忘食，乐以忘忧，不知老之将至"的一个人。又有一次子贡向孔子说："弟子事夫子有年矣，才竭智疲，勤于学问，请一休焉"。孔子说："赐也（子贡名赐）欲何休乎？"子贡说："赐欲以事君为休"。孔子说："诗之夙夜匪懈，以事一人，为之若此其不易也，安可休乎？"子贡说："赐以事亲为休"。孔子说："诗之'孝子不匮，永赐尔类，'为之若此其不易也，安可休乎？"子贡说："赐欲耕田为休"，孔子说："诗之'画尔于茅（于往取也。画往取茅）宵尔索，（索绳也，纲纹也，夜则绞绳）亟其乘屋（亟急也未播谷之先急须治屋也）其始播百谷'。为之若此其不易也，安可休乎"？子贡最后乃问道："然则君子亦有休乎？"孔子说道："阖棺兮乃止播兮，（言死而后已）不知其时之易迁兮，（易迁连文同义时过不知也）此之谓君子之所休也。故学而不已，阖棺乃止"。我们看一看孔子的"发愤忘食，乐以忧忘，不知老之将至"，"阖棺乃止播，不知其时之易迁"，与及孔子在论语上说的："若圣与仁，则吾岂敢，抑为之不厌，诲人不倦，则可谓云尔矣"！是何等样的作人法。

孔子是天从之圣，子贡曾称道孔子，说："夫子之不可及也，犹天之不可阶而升也"。从天纵之圣的眼光去看孔子，从德全道□，泽及生民，衣被万世的眼光去看孔子，那诚然是"夫子之不可及也，犹天之不可阶而升也"。我们要在这不可及的地方去学孔子，那是无从学起的；但是我们如果从"发愤忘食"，"学而不已，阖棺乃止"，"不厌不倦"的眼光去看孔子，则人人当学，人人能学了。就是孔子自己也是这样，凡于人家认为不可及的地方，他都是谦逊不违，惟于好学不倦，则承当不推，例如前边引他自己的话"若圣与仁，则吾岂敢？抑为之不厌，诲人不倦，则可谓云尔矣。"又说"我非生而知之者，好古敏（敏勉也即今所谓努力之意）以求之者也"，又说"文莫吾犹人也，（文莫即'黾勉'的假借字从来皆误解，意谓就发愤勉力一点来说我还可以赶上人）躬行君子，则吾未之有得"，又说"十室之邑必有忠信如丘者焉，不如丘之好学也"。还有一次子贡问孔道"夫子既圣矣"。孔子答道"圣则吾不能，我学不厌而教不倦也"。他为何要这样说话法？他是慈悲爱人的人，己欲立而亦欲立人，己

邹平的村学乡学

欲达而亦欲达人，那就应当就人人能作，人人能学的地方指点给人，不应当就"犹天之不可阶而升"的地方说起，所以我们也应当从人人能学的地方去学孔子。并且孔子的真精神，也应当从他自己居之不疑的地方去了解。孔子之所以为圣人者恕也当真就在这里了。子贡是最能了解孔子的人，他亦曾跟着孔子答他"我学不厌而教不倦"的话说道："学不厌智也，教不倦仁也，仁且智夫子既圣矣乎；"我们要知道"学不厌，教不倦"，这六个字，也就恰好表孔子生活的两面。他那"发愤忘食，乐以忘忧，不知老之将至"，是从"学不厌"的精神来的。他那"鸟兽不可与同群，吾非斯人之徒与而谁与？天下有道丘不与易也"，是从"教不倦"的精神来的。所以这就恰好代表他的个人生活的精神，及社会生活的精神两面了。所以我们说应当从"学不厌教不倦"，这六个字上去认识孔子，去学孔子，是没有错的。

因为孔子的心情是慈悲爱人的心情，生活是忘食诲人不倦的生活，所以他无论遭遇如何的艰难困苦，都还是不怨天不尤人，不灰心不短气，联常愤发有行，仍然在发奋有为中自得自乐，他自己曾说过"饭蔬食饮水，曲肱而枕之，乐亦在其中矣"。吃饭到了只能嚼菜根，喝清水，睡觉到了无被无衾，只能曲手作枕，他还是照常的乐，一点不觉穷困的苦楚，他这乐是乐的什么？那就是由于他在"发愤忘食，不知时易迁"的生活里使他觉出心情中别有一般"富贵不能淫，贫贱不能移，威武不能屈"的乐味来，又孔子往来于陈蔡之间的时候，楚国差人来聘请孔子，陈蔡大夫恐怕孔子到了楚国执政，于自己不利，于是共同发兵围住他，不让他通行，这时他与门弟子都绝了粮，没有饭吃，并且门弟子中还多病了。在常人是无论如何都忍受不住，会忧愁焦急，心乱事废，但是孔子还是照常做他的事，仍然与门弟子讲学读书，弹琴奏乐，一点不觉苦楚。他这种精神，真是人所不易了解的。就是他最心爱的弟子子路，在当时便也就忿忿然的问孔子道："君亦有穷乎？"孔子便随答道"君子固穷，小人穷斯滥矣，"大概他之所以能在危不乱正，是由于他这"君子固穷"的精神来的，也就还是因为他那刻刻奋发"不知时易迁"在穷而固守着那穷不能移，之乐所使然。

因为孔子是不管天下如何的乱，人家如何的不知道他，甚至于笑他骂他，他都还是要积极的去救世救人，所以他一生就最恨那"同乎流俗，合乎污世，取巧盗名，众皆悦之"的乡愿。他说"乡愿德之贼也！"又说："过我门而不入我室，我不憾焉者"其惟："乡愿乎！"这简直是把乡愿当作不可救药的人了，孔子一生对人最和平不过，子贡称他是温良恭俭让，但是他对乡愿竟至这样憎恶，这也不过是因为他最喜欢的是积极向上的人，所以他最憎恶的也就是那无骨气，而"阉然媚世"，苟偷不前的乡愿了。

孔子虽然是一生积极救世，毫不退却，但是他救世的方法要光明正大，救世的志愿，是"老安少怀"——要人人得救，所以他救世的眼光，是着眼到人类的全体，在当时他的道理得行与否，他是不愿强求的。在他心中的意思，他以为只要我所见到的是真理，不论迟早总有一天人类会来推行的，人虽然会一时糊涂，但不会永久都糊涂。我不怕，我提倡的道理，不来实信实行，只怕我自己所提倡的道理我自己还都未能实信实行。倘若真是我自己都已实信实行的道理，社会还不肯信还不肯行，那不是我的错，是社会的错。错是不能永久存在的东西，他必会改到对的一天为止，那么我何必急急求现在社会的融合呢！因此孔子他一生虽到处受尽艰难屈辱，他的道理没一国实行过，但是他毫不"枉道求合"，人家不肯实行，他也不起一毫怨尤之意。他有一天对子贡说道"现在是不会有人知道我的了，虽然没人知道，却我也不怨恨谁，最后恐怕只有天知道我了！"当他困于陈蔡之间的时候，他看见弟子都有不安之色，他引诗经"匪兕匪虎，率彼旷野"，（言我非虎豹豺狼，为何社会对我这样残酷而弃逐我于旷野乎？）两句话，说"吾道非邪？吾何为于此"？问子路子贡颜渊，子路子贡都答得不对，子贡并且说恐怕是因为孔子的道太大了，所以天下莫能容孔子，他要请孔子对天人将就一些。子贡曰："夫子之道至大也，故天下莫能容孔子，夫子盖称贬焉"？孔子答子贡道："君子只管自己所提倡的道理，是否自己曾经实行过，不管社会之容不容，你现在不先求你自己的实行，反先求社会的能容，可见你的志向不远大了"。（君子能修其道，纲而纪之，统而理之，而不能为容，今尔不修尔道而求焉容，赐！尔志不远矣。）最后颜渊答的话才答对了，孔子乃欣然许之，颜渊说："诚然因为老师所提倡的道理是着眼到全人类的，所以社会一时不能见用，但是老师只自己作一个推动发起的人，不必及身而见其成功，社会终久会有改变之一日，一时的不用，是没有关系的，并且正因为一时的不用，然后见出老师

邹平的村学乡学

之所以为老师来。因为我们自己所提倡的道理，如果我们自己不能实行，那才是我们的耻辱，倘若我们自己已经实验过，实行过，社会还不肯见用，那便是社会的耻辱了"。（颜回曰："夫子之道至大，故天下莫能容，虽然夫子推而行之，不容何病？不容然后见君子。夫道之不修也，是吾丑也，夫道既已大修而不用，是有国者之丑也，不容何病？不容然后见君子"。）我们看孔子答子贡的话，与及孔子许可颜渊的话，我们就知道为什么孔子在当时虽然一面是"栖栖惶惶，匍匐救世"，却一面又是毫不"枉道求合"，"正己而不怨"了。

孔子当时的社会却也当真辜负了孔子，他周游列国，前后有三十多年，当时的中国境域，他差不多都走遍了；但是他到处受灾难，没人理会他，史记说他是"去鲁斥乎齐，（齐国排斥他）逐乎宋卫，困于陈蔡之间"，最后到楚国，楚国不用，再回到卫国，卫亦不用，然后自卫反鲁，然鲁终不能用孔子，那时孔子已是六十八岁了，他知道当时的社会是不能希望实行他的道理了，他曾经对子贡说道："天下无道久矣，莫能宗予"，他只得让当时的社会辜负他去，他只有把他慈悲爱人的心血洒遍到后世的人类身上，他于是一方面栽培教育，与他志愿相同的学生三千人，又不仅志愿相同，而且能身体力行他的道理的学生七十二人，（史记说"身通六艺者七十二人"，身通即能身体力行之意）承继他那永久爱人类的大业，而一方面他又删定著述了六部经书，留与后世人类共同享受，他那爱人道理的幸福，他总算是把他慈悲爱人的心血洒得一滴不留了。他自己能尽的责任都已尽到底了，他于是在他七十三岁的时候，便也与世长辞了（孔子生于周灵王二十一年即西历纪元前五五一年距今二四八三年死于周敬王四一年即西历纪元前四七八年距今二四一〇年）他无穷的希望，与无穷的责任，都安放在他那三千七十个徒众，与及后来无量数的中国人身上了。究竟真理是不会埋没的，他自己实行过的道理，终究确定。中国民族的作人道路，两千年来能实行他的道理的朝代便能治平，否则混乱。就是到现在我们还都得把我们心中所受到孔子的影响，理会清楚，实行出来，然后中国民族，才有前途可言呢！最后还有一个意思要说的，就是孔子他一切的理想都是与"霸道"相反的"王道"主义，他的"王道"主义，在他自己都是认为不容易实现的，尤其对于他当时霸气□满的社会，他差不多是失望的，他说"如有王者起亦必世而后仁"，所谓"王道无近功了"。但是他却有一句顶惹人注意的话就是："观于乡而知王道之易也"的一句话，自己都认为难的王道主义，却到乡间一看便很容易找到了。

忠第一
王平叔

何谓忠
凡是拿出实在而肯负责任的心肠来对人事对己就叫忠。

对事的忠
人家交托一件事与我们做，我不答应则已，一经答应之后，便当诚心诚意的去做，做好了我更应尽责，做坏了我必应负责，做好了不一人居功，做坏了不推诿他人，凡是拿这种心肠来做事的，便叫作忠。

对人的忠
还有我不答应帮助他人则已，一经答应之后，便当死心踏地地去帮助，从此以后不论他是如何的人，我都不起丝毫的二心，他好了是我的责任，他坏了，亦是我的责任，他好了我要他更好，绝不起丝毫妒忌之念，他坏了我要他改好，绝不动丝毫厌弃之情。他如遇着危险困难，我宁愿自去死去也不对他做欺心亏负之事。凡是拿这种心肠来对人的也叫作忠。

对己的忠
还有我自己不说话则已，我说一句话便要负这一句话的责任，对了我固然承认，错了我还得要承认，不要对了我才承认，错了我便推诿，一言既出驷马难追，只有自己负责，然后一句话出口才有价值，对自己的行为也是要表里如一，完全负责不要在人家看得见的地方，我为做出好样，在人家看不见的地方，便肆无忌惮无所不为，对自己言行完全负责的人对了便更加勉励，错了便即速悔过，不骄傲，不遮掩，凡是拿这种心肠来对自己的也叫作忠。

对事的忠是大公无私，对人的忠是敬谨不二，对己的忠是诚实不欺，合起来还就是那一副实在而又负责任的心肠。

忠是何时都适用的
现在有许多人说：忠是从前有皇帝的时候才讲的，如人既没皇帝，还讲忠作甚，殊不知既是实在而又负责任的心肠叫作忠，皇帝虽然没了，但是这副心肠还在的，何时有事，我们对事便应当忠，何时有人，我们对人便应当忠，何时有己，我们对己便应当忠，不要说忠之一字我们现在仍须讲求，就是十年万年以后都还是必须讲求的，因为忠是树立人格的德行，不是有皇帝才要，没皇帝便不要，皇帝可以不要，却是人格不能不要呢！

我们选出几个故事来讲忠

我们现在在历史上选出些人物和故事来看那——对事对人对己，都无一不尽他那实在而又负责任的忠心的——是如何的一个情形，这些人物和故事，有的是对人负责任，有的是对事负责任，有的是对己负责任，有的是具备二者，有的是三者具备的，我们一看便知，不必特别分析，并且负责的方式，各各不同大率多数都是到智穷力竭的时候，牺牲一死以尽其责的。

（一）李离监忠于职守

从前春秋时候，晋国有个李离，他做晋文公最高的法官，因为听从下级法官的判决，错杀了一个人，等他发觉出来的时候，他便自己举发戴上枷锁向晋文公请罪愿受死刑的处分，晋文公对他说道，官有高下的不同，罚便有轻重的不同，这件案子是你下级法官弄错的，不是你的罪。李离答道，我做最高法官的时候，平日我即以最高法官自居，不曾与下级法官让过，我受那比一切下级法官的俸禄都多的时候；平日我也是受之不辞，不曾与下级法官让过，为何到现在我错听了下级法官的判决，便要诿罪于下级法官呢，这个道理我无论如何不明白，于是他便不听晋文公的话，仍然要请罪受死，晋文公又对他说道，依你这样说法不是我也有罪么，李离答道，君主是总管一切的，法官是专司法律的，错罚了人便应自己偿罚，错杀了人便应得自己偿死，君主因为我是能够执法不阿听断明察的人，所以教我去做法官，我也自来便是以执法不阿听断明察自负的，现在既然杀错了人，在我所负的责任上来说，我便应当请罪受死，没有第二句话说，于是李离终究没有听晋文公的话回头便拿剑自杀了。

附原文

李离者晋文公之理也，（理即法官）过听杀人自拘当死，文公曰官有贵贱罚有轻重，下吏有过非子之罪也，李离曰臣居官为长不与吏让位受禄为多，不与下分利，今过听杀人，传其罪下吏，非所闻也。辞不受令，文公曰，子则自以为有罪，寡人亦有罪耶，李离曰，理有法失刑则刑，失死则死，公以臣能听征决疑，故使为理，今过听杀人，罪当死，遂不受令伏剑而死。

（二）豫让尽节

从前战国开始的时候，有一个名叫豫让的，他开始辅佐范中行氏，因为范中行氏待他很平常，他就很平常的报告范中行氏，所以豫让在那里竟是碌碌无所见长，后来他又去辅佐智伯，智伯极器重他，极信任他；后来智伯被赵襄子灭了，将智伯所有的□□与韩魏两家共同瓜分去，并且赵襄子恨智伯最甚，他杀了智伯，还把智伯的头盖骨做酒盅使用，豫让那时逃遁在山中，自己对自己说道"大丈夫当为知己者死，智伯是我的知己，我必要替他报仇，我能替他报仇而死，那就算对得起我的良心了。"

于是豫让乃改变姓名到赵襄子的宫中去当一个苦工，替赵襄子打扫厕所，身藏匕首，想乘机刺杀赵襄子。

有一天赵襄子到厕所去，见打扫厕所的人神色不对，忽然自家心惊起来，于是捉住打扫厕所的人来问，才知道那就是豫让，并且搜出他身上的匕首来，赵襄子问道"你意欲何为？"豫让大声叫道："我要替智伯报仇！"襄子的左右都请将他杀了，襄子的气量很大，他不肯杀豫让，说，豫让他这种行为，可算得是个忠义之士，我不忍杀他，从今以后，我只是小心避他罢了，并且智伯死后，已经没有一个人是他的人了，这时豫让还决心来替他报仇，照这样看来，不仅是一个忠义之士，并且还是这天下心肠最好的一个贤人呢，于是襄子便将豫让释放不杀。

豫让被释放出来之后，他替智伯报仇的心不仅丝毫不灰，而且还比从前更坚决更厉害，他因为知道襄子与襄子的左右及他自己的许多亲人都认得出他的相貌行刺不便，于是他将颜面都用漆来涂上，面上受毒，尽成恶疮，就没有一个人认得出他是豫让了。

从此他便不回家去，只是暂借那沿门托钵的乞丐生活来过日子，有一天他正在街上叫喊施舍的时候，忽然迎面撞见他的妻子，他的妻子便觉心动，站在他面前许久不去，她说这乞丐他状貌不像我的丈夫，但是他那声音何其与我丈夫十分像呀？豫让听着便回头寻了许多黑炭来吞食，嗓子一坏，声音变哑，他又去寻他的妻子，看他还听得出他的声音否，他的妻子到这时是再也听不出他的声音，再也认不出他是豫让了。

他见过他的妻子之后，又去见他平日最相知的朋友，他那相知的朋友从他那心事及举动上竟然猜出他是豫让来，便问他道，"你莫非便是我的朋友豫让么"？知己不相瞒，他便慷慨答道"是的"！他的朋友不觉为之呜咽痛哭，泣数行下，说道"以你这样的才干，只要去辅佐襄子，襄子必然会信仰你，亲近你，到时你才尽你那替智伯报仇的心事，这不很容易吗？何必一定要这样'残身苦形'为人之所难为呢"？豫让答道："这样我可不能作，既然已经辅佐人，而一方面又怀着'二心'去谋杀他，那成了什么样的人？我其所以要这样为人之所难为者，这不过是我的良心使然，我良心上叫我觉得天下那般怀'二心'以事人的可耻，我亦欲为此以愧杀天下后世那般昧良心的罢了"！于是他便辞别他的朋友，慷慨自去。

有一天他探听着襄子要出来，他便豫先藏匿在襄子要经过的一座桥底下等他，襄子坐了车，驾到桥边，豫让将跳出来行刺，哪知这时襄子驾车的马却先惊乱，襄子才知道有人行刺，便冲口说道"这必然又是豫让了"，一问果然，于是襄子乃责备豫让道"你从前不是辅佐过范中行氏吗？范中行氏完全给智伯毁灭了，你不但不替范中行氏报仇，而反又去辅佐智伯，智伯现在死去已久，为何你独愿替他报仇报得这样厉害呢"？豫让答道"我虽然从前辅佐范中行氏，但是他说不上是我的知己，他只是以平常人待我，所以我也只以平常人报他，至于智伯他极尊重我，完全以知己待我，所以我也完全以知己报他"，襄子又说道"唉！豫让你替智伯报仇的名声，已是远近皆知，你的心事也可告无愧了，你前次刺我被我拿着，我已很够气量的释放过你了，今番又被我拿着，你应当没有话讲，我这次是不打算释放你的了"，于是子乃派兵围住豫让，让他自尽，豫让即向襄子说道"我觉得光明的君王，都能够'成人之美'，苦节的忠臣，他亦自有死节之义，君王前次已宽赦过我，天下都莫不称赞君王的贤德，到今日还有什么话可讲？自然只有一死以尽我的责任"，于是豫让乃拔剑自杀，（史记尚有豫让请襄子衣三跃剑击之事，资治通鉴未录，此颇近小气举动反有贬于豫让之人格，故亦不取）。死的这一天，凡赵国一般有血性的男子，尽都为他慷慨泣下。

附原文

豫让者晋人也。故尝事范中行氏，而无所知名，去而事智伯，智伯甚尊宠之，及智伯伐赵襄子，赵襄子与韩魏合谋灭智伯，灭智伯之后而三分其地，赵襄子最怨智伯漆其头以为饮器。

豫让遁逃山中，曰"嗟乎！士为知己者死，女为悦己者容"，今智伯知我，我必为报仇，而死以报智伯，则吾魂魄不愧矣。

乃变名姓诈为刑人，（有罪罚作苦工之人）挟匕首，入襄子宫中涂厕（涂打扫也）。襄子如厕心动，索之，获豫让，曰"欲为智伯报仇"，左右欲诛之，襄子曰"彼义人也，吾谨避之耳，且智伯死无后，而此人欲为报仇，此天下之贤人也"，卒释去之。

居顷之，豫让又漆身为癞，以变其容，为乞食人，其妻见之曰"状貌不似吾夫，何其音之甚相类也"！让闻之遂吞炭为哑，行乞于市其妻不识也，行见其友，其友识之曰"以子之才委质而臣事襄子，襄子必近幸子，近幸子乃为所欲为，愿不易邪？何乃自苦如此？求以为报仇不亦难乎"？豫让曰"既已委质为臣而又杀之，是二心也！凡吾所为者极难耳，然所以为此者，将以愧天下后世之为人臣怀二心者也"。

顷之，襄子当出，豫让伏于所当过之桥下，襄子至桥，马惊，襄子曰"此必豫让也"。使人索之，果豫让也。于是襄子乃数豫让曰"子不尝事范中行氏乎？智伯尽灭之，而子不为报仇，而反委质臣于智伯，智伯亦已死矣，而子独何以为报仇之深也"？豫让曰"臣事范中行氏，范中行皆众人待我，我故众人报之，至于智伯，国士待我，我故国士报之"，襄子喟然叹息而泣曰"嗟乎豫让！子之为智伯名既成矣，而寡人赦子亦已足矣，子其自为计，寡人不复释子"！使兵围之，豫让曰"臣闻明主不掩人之美，而忠臣有死名之义，前君已宽赦臣，天下莫不称君之贤，今日之事，臣固伏诛"！遂伏剑自杀，死之日赵国志士闻之皆为涕泣。

附青荓事

大家都知道，豫让替智伯报仇的事，还不知道同时有个青荓（音并）

拿朋友大义报答豫让的事，我们现在也来说一说那个青荓的事。

当赵襄子车驾到桥边的时候，马先惊乱，襄子知道有人行刺，便叫他那驾车的到桥下去搜索，那驾车的是谁？不是别人，就是与豫让从小便相好的朋友青荓。

青荓到桥下一搜索，虽然那时豫让的相貌已变，但是他仍然认得出是豫让，豫让还没有等青荓开口，便先说道"先生，你是何人？请你走开，我还有事呢"，青荓说道"我的好朋友我认得出你是豫让，你从小便是我的好朋友，现在你要做行刺我主人的大事，叫我如何好呢？我若道出你是豫让，我便是卖友之人，但是我若不说，你又将刺杀我的主人，我又是不忠。唉！像我处这样境地的人，恐怕只有一死才能尽我良心上的责任。"于是青荓便立即拔剑自杀了。

附原文

　　赵襄子至梁，（桥也）马惊不肯进，青荓为参乘，襄子曰"进视梁下，类有人"。（类好似也）青荓进视梁下，识为豫让，让叱之曰，"去，长者！吾且有事"。青荓曰"少而与子为友，子且为大事。而我言之是失相与为友之道，子将贼吾君，而我不言是失为人臣之道，如我者惟死为可耳"，乃退而自杀。

　　青荓非乐死也，重失人臣之节恶废交友之道也，青荓豫让可谓友矣！

（三）申鸣尽节

从前春秋时候楚国有一个人名叫申鸣的，他母亲早死，只有父亲一人，他在家事奉他那老父非常孝顺，差不多全国上下都知道他是一个人所不能及的孝子。楚王因为知道他是一个大孝子，便想到忠臣出于孝子之门，如果请他担当国家的事情，他也必定能够为国尽忠，于是便要请他出来做楚国的宰相，申鸣因为舍不得父亲再三推辞不肯答应，最后他父亲问他道"为何楚王要你去作宰相你不肯答应呢？"申鸣答道"不作父亲的孝子，去作楚王的忠臣，有何道理呢"；他父亲说道"孝子也要作，忠臣也要作，食国家俸禄，立大义于天下，也是应当的。我很想你现在去作楚国的宰相，替国家担当一点事情"，申鸣说道"父亲既然要我去好，那我去就是了"。于是申鸣就上朝见楚王,做了楚国的宰相。

过了三年,遇着楚国的白公作乱,杀了楚国很多的大臣,申鸣这时便决意要与白公作一死战,以报国家,临行出战的时候,他父亲问他道,你抛却你的老父去死,可以吗?申鸣答道,一出来为国家担当事情,身子便应当归于国家,现在儿子既然已经替国家担了责任,国家有难,儿子便应当一身殉之了,于是含泪拜辞了他的老父,就带起兵去围攻白公。

白公因为申鸣是一个很厉害的人,他有出将入相之才,万夫不当之勇,现在与自己作对,非常为难,他同他的臣下石乞商量,石乞说道,申鸣是天下很孝的孝子,我们派兵去到家把他父亲抢来,然后派人去说申鸣,到时不愁申鸣不归降我们,白公觉得主意很好,于是派兵将他父亲抢到营里。

到开战时白公拿刀押着他的父亲,遥向申鸣说道,你若归降我,我便与你平分楚国,你若不归降我,那你的父亲必然死在我手里,再也不得活了。申鸣这时真是为难万分,他不由得痛哭流涕地遥向他的父亲拜跪在地说道:我原来是父亲的孝子,但是我已经受了国家的付托,便应当为国死难,现在儿子只好在我眼前的责任上舍身以报国家,勉力作国家的忠臣了。说毕便收泪作战,亲身擂鼓进兵,结果白公不敌,被申鸣一刀劈死马下,但是可怜那申鸣的父亲,也是在两军队前被白公杀死了。

白公一死,楚国的乱子便就平息,人民也就安居乐业了。这时楚王要拿百斤的黄金来赏申鸣,申鸣说到受了国家的负托,国家有难自己躲开,这自然是不忠,但是因平定国家大难,叫父亲受害,这也是不孝,忠孝未能两全,像我这样的人生在世上有何面目,于是申鸣便拔刀自杀了。

附原文

楚有士申鸣者,在家而养其父,孝闻于楚国。

楚王知其孝,欲授之相,申鸣辞不受,其父曰:"王欲汝,汝不受何也?"申鸣曰:"舍父之孝子而为王之忠臣,有道乎?"其父曰:"可为父之孝子,即可为王之忠臣,食禄于朝,立义于天下,不亦可乎?吾欲汝之相矣"。申鸣曰:"诺"。遂入朝楚,王因授之相。

居三年,白公为乱,杀诸大臣,申鸣对往死之,父曰:"弃父而死可乎?"鸣曰:"闻夫仕者,身归于国,禄归于亲,国有难得无死其

邹平的村学乡学

难乎?"遂含泪辞父,因以兵围攻白公。

白公知申鸣攻己,甚忧惧,因与石乞共谋之。石乞曰:"申鸣者,天下之孝子也,往劫其父以兵,申鸣闻之必来归矣。"白公曰:"善"!则往取其父归军中。

白公于军前以兵胁其父,遥谓申鸣曰:"子归吾,吾与子分楚国,子不归吾,子父则死矣!"申鸣流涕而拜,应之曰:"始吾父之孝子也,今则受国之托将其事。吾闻之也,食其食者,死其事,受其禄者,毕其能。今吾已不得为孝子矣,乃欲勉为国之忠臣也。"援桴鼓进兵,遂杀白公,其父亦死。

白公死,楚乱平,楚王以百斤金赏申鸣,申鸣曰:"受国之托,避国之难,非忠臣也。定国之难,杀臣之父,非孝子也。名不两立,行不两全,如是而生,有何面目自立于天下?"遂自杀。

(四) 晏平仲不屈誓

春秋时期,齐国有个极强横的人名叫崔杼的,他官高势大,齐国没一个人可以奈何得也。他后来简直把齐君庄公弑杀了,随他的意思另立景公为君。

崔杼已经弑杀庄公之后,他怕齐国的人不赞成他的举动,先将朝中大小官员集合在一块,拿兵力强迫他们通通要对天发誓,说"不赞成崔杼者愿受天罚"。他这发誓的仪式非常严重。他筑了二丈四尺高的一个土坛。坛的周围重重布满了刀枪剑戟。到坛前发誓,一进坛便须将身上的武器通通解除。发誓的时候,只能用"不赞成崔杼者愿受天罚"的誓辞,其他的话不准道出半字。并且发誓的时候,要咬破指头向坛前滴血。誓辞念得不明白不迅速,或者指头不曾见血,不曾滴血出,便一刀杀却,决不饶恕。誓前崔杼便先行宣布道"凡有敢于不发誓的,用枪穿他的头,用剑刲他的心"。

宣誓的仪式一开始,就有发誓的不如法被崔杼杀了十几个人。挨着次序就到了晏平仲面前该他发誓了。晏平仲一接那滴血的血杯在手里,便仰天大声发誓道"皇天在上崔杼现在这样残暴无道任意弑杀齐君,从今以后,凡有不帮助国家而帮崔杼的必受天罚"!誓词一念完,平仲便低头向血杯喝了一大口血,表示坚决不变之意。

晏平仲如此大胆的发誓法自然立即引起全般人的惊诧，通通把目光注视到他一人身上，崔杼便气愤得了不得，拔剑向前对晏平仲说道"你把你的誓词改变了照我先前所宣布的来说，那我从今后便与你平分齐国，你要不改变，你看现在枪已架在你的颈上，剑已插在你的胸前了，请你自己斟酌罢"。晏平仲不慌不忙从从容容地答道"崔杼你看你做的是什么事？说的是什么话"。你要知道因为兵力的强迫便失却守就算不得有勇的好汉，因为利害的引诱，便背叛国家，也算不得明义的丈夫，晏婴（平仲名婴）不是威胁得了的人，枪在颈剑在胸我也是不改变的了！听凭你怎的去罢！结果晏平仲到没有威胁了，反而崔杼还被平仲的正气压住，把他无可奈何，终究将他释放，释放的时候，晏平仲还对崔杼说道"你释放我这不过是小仁小义罢了，至于你弑杀齐王背叛国家，那简直是大不仁大不义，你怎么也不能算是一个有道理的人了！

平仲既被释放，一出门便坐上车扬长而去，他的车夫怕祸事还没了结，便赶车快跑，晏平仲止住他并且拍拍他的肩膀说道，"你慢慢的赶罢，何必快跑呢？要知道人是有命的，快跑不一定就得活，慢走不一定会死的，鹿子生于山中他哪里知道他的命，是系于厨子之手呢？我晏婴的死活也都是有命的，你不要替我担心恐惧"。于是他主仆二人便也像奏音乐般的从容，慢慢的走了。

晏平仲做这件事真算得个有忠肝义胆的大丈夫，可以拿诗经上"彼其之子舍命不渝"的两句话来称赞他，那意思就是说"那个人真就是丢掉性命，他也不曾改变他的主意的"。

附原文

　　崔杼既弑庄公而立景公，劫诸将军大夫及显士庶人于宫中，令无得不盟者。

　　为坛三仞，以甲千列环其内外，盟者皆脱剑而入，有敢不盟者，戟拘其颈，剑承其心，令自盟曰"不与崔杼而与公室者，受其不祥"。言不疾，指不至血者死！

　　誓不如仪而杀者七人，次及晏子，晏子捧杯血，仰天叹曰"呜呼，崔子为无道而弑其君，不与公室而与崔杼者，受此不祥！"俯而饮血，于是盟者皆视之，崔杼谓晏子曰"子变子言，则齐国吾与子共之，子不变子言，戟既在颈，剑既在心，维子图之也！"晏子曰"劫吾以刃而失其志，非勇也，诱吾以利而背其君，非义也，诗云'恺悌君子求福不回'，今婴且可以回（屈服之义）而求福乎？曲刃钩之，直兵推之，婴不革"改变之义矣"！崔杼气为夺，卒释去之。

晏子出登车，其仆将驰，晏子抚其手曰"徐之！疾不必生，徐不必死，麂生于野，命悬于厨，婴命有系矣"，按之成节而后去。

诗云："彼其之子，舍命不渝"，晏子之谓也。

（五）诸葛亮

此略近传状体裁，较前稍深，高级部或可全讲，普通部只可摘要说明，平叔附志。

诸葛亮是大家都知道的，他是三国时候最大的一个忠臣，我们现在也来讲一讲他。

1. 绪言

"五丈原（孔明临终的地方）秋风遽逝，（孔明临终之年为民国纪元前一千六百七十八年之仲秋八月也），二十七年将星遂陨"，（孔明出山之年为二十七岁，死时为五十四岁，以身报国亦为二十七年，死时有星赤而芒角，自天之东北向西南流，投于孔明营中，三投而起，往大还小），诸葛孔明死了已是一千七百年，但是我们现在无论何人仍还对他思念着，感叹着，钦佩着，这必然是因为他忠义之气入人心深之故。

孔明死后五百年，唐朝的"诗圣"杜甫到成都拜访孔明的祠堂，他曾作了一首诗，说：

丞相（孔明官拜丞相）祠堂何处寻？
锦官（即成都）城外柏森森
映阶碧草自春色。
隔叶黄鹂空好音，
三顾频烦天下计，
西朝开济老臣心，
出师未捷身先死，
长使英雄泪满襟。

这首诗差不多把后人追慕孔明的一片心情与及孔明自己的一番心事都写出来了，大概我们真是人人都想拜访诸葛公的丞相祠堂的，那想拜访的诚心，真是到了要逢人便问"丞相祠堂何处寻"呀！寻来寻去最后是在四川的成都寻那最大的丞相祠堂了，我们拜访丞相祠堂的起念，本来是因为受了诸葛公那"托孤既尽殷勤礼，报国还倾忠义心"的伟大人格的感动来的，所以在我们未曾寻访着诸葛公的丞相祠堂之前，差不多我们心中还都打算着诸葛公是仍然活在世上，并没有想到他是死去了的人，更没想到他是已经死去了两千年上下的人了，一直到我们在成都城外访着了丞相祠堂之后，那时候才使我们感慨频生，那时候才使我觉得诸葛公貌矣！不可复生矣！只能立在祠堂前对着那行行并列综阴森森的柏树林子，出神想象那两千年前的诸葛公是何等样的高风亮节了，这时候看见那满布台阶的碧草，也使我们觉得是草木无主独在那春色中自生自长罢了，（映阶碧早自春色）；听视那隔林黄莺儿的叫声，也使我们觉得是知音无人，独自在那里自欣自赏罢了，（隔叶黄鹂空好音）感慨之情一生，追思之念便动，因此就使我们想起当年刘先主三顾诸葛公于草庐之中的时候，那种往复商量天下大计的情景，他们君臣之间是何等样的为国心切？朝何等样的知遇情深？（三顾频烦天下计）出山以后，以一身系朝安危之重者二十七年，虽未能混一天下成开济之功然鞠躬尽瘁死而后已，老臣之心则如是也，（西朝开济老臣）。此所以出师未捷身先死，长使英雄泪满襟也。

诸葛公死了不些时候，晋朝陈寿作了一部三国志。他在诸葛公的传后作了一篇称赞诸葛公的短文，他称赞的话，句句都很到家，有人说陈寿对于诸葛公的敬服，有如七十子之服孔子，这话恐怕是没有说错的，我们觉得内中有六个字最能代表诸葛公一生的精神人格，哪六个字呢？就是"开诚心，布公道"那六个字，这六个字真足以尽诸葛公之一生了，我们要了解诸葛公就应当从这六个字上去了解，三国演义差不多是人人都看的小说，但是这部小说真把诸葛公说得不成样子，"呼风唤雨"，"逞才炫能"简直把诸葛公说功个"妖气满身，俗气逼人"的人，将他"开诚心，布公道"的那一般浩然之气完全抹杀不见了，我们现在应当对诸葛公重新认识过才对。

2．诸葛公之少年

诸葛公名亮，复姓诸葛，字孔明，死后后主追封武乡侯，谥他忠武，

邹平的村学乡学

他是现在山东沂水县南边的人，那时是属于琅琊郡阳都地面，极小的时候便已是父母俱亡，作了孤儿，他的叔父诸葛玄在豫章在今江西境内做太守，他不得已就跟从他去，后来叔父辞官不做，但是那时山东正为黄巾贼寇所扰乱，不能回到故乡，只有刘表所辖的荆襄九郡，人民还得安居乐业，太平无事，诸葛玄与刘表原来是老朋友，于是他又同他的兄弟诸葛均一起跟他的叔父到荆州去住。

不久，他的叔父也死了，这时他眼见得天下大乱，群雄割据，再不自己找一个僻静之地，读书励节，培养自己的根基，会要一同卷入乱的旋涡之中，毁了自己还于世间无丝毫的补益，于是他再也不混迹城市，决意寻找那风景美好的山林之地，韬光自修了。

要知道孔明是因择地自修而入山林，并不是因消极遁世而入山林，所以他的结庐是一方面要选那风景美好的地方，一方面他也要选那交通都还方便，文化不很低陋，能够同那高明朋友可以常常往还的地方，东汉（光武以前为西汉光武以后为东汉）时候，人物的杰出，文化的发达，第一就要数南阳郡了，南阳郡的郊外，有一座高冈，那高冈的山脉，是起自河南的嵩山，中间绵亘了数百里一到南阳郡的郊外便戛然而止，于是就成了这样的一座高冈，这高冈的所在真是"山水深厚，云树苍茫"了，他那形势是有开有合，能藏能收。从他那背面看去，简直是深藏不露，一入其中差不多便可以"遗世而独立"的样子，从他那前面看去，正对着襄阳汉水，东通樊，邓，容易与当世贤士大夫握手交权，互通声气，这地方于孔明择地自修的意思，真是再合适不过了，于是他便在这冈上盖了一座茅屋，一边耕地，一边读书，一边随时出外寻访朋友（孔明的这个自修地方，就是后来的所谓卧龙冈，到晋朝的时候刘季和镇守襄阳，与他的僚属李安共观孔明居宅，叫李安作了一篇孔明宅铭，后来习凿齿也作过一篇孔明宅铭，可见得孔明的茅庐在晋朝都还存在无恙，到现在却已只是荒烟蔓草，陈述杳然了，西洋人古时的名人住宅，到现在还都很多保存着，不但保存，而且当年的，一器一物他那位置的次序，还都许多照着原样不动，后人入室，一看遗迹，便好像主人尚在，而此名人之精神遂无不深印于人人之心中，中国是四千年文物之邦，保存古迹的心理反倒这样薄弱，真是可叹）。

这时候是什么时候？正是那袁绍霸占河北，袁术称帝寿春（在今安徽境内），吕布纵横徐州，孙氏虎踞江东，曹操也把汉献帝迁往许昌，挟天子以令诸侯，威震华夏不可一世的时候，那时候天下的英雄豪杰聪明才智之士，都急急的各找主子，归依一方以自表见，就是孔明的哥哥诸葛瑾也都到江东辅佐孙氏去了，曹操那里的人才尤其众多，中原的人物差不多都为所动，尽都为他网罗去了，当时如郭嘉，荀彧，荀攸等，都是一世的人望所归而具有"王佐之才"的人，他们都做了曹操最信任的谋士，可见曹操在当时打动人心的力量是如何的大了。

这时候孔明他怎么样呢？他的心简直就没有为这般人打动过。他并非消极自了不关心天下大事的人，你看他后来在隆中对答刘先主的时候，陈说天下大势，了如指掌一般，便知道若果他平时有消极冷淡不注意世势如许多隐士之所为，那就绝对不能那样清楚了。莫说在古代交通不便的时候稍不注意便会对时局时情茫然不知，就是在我们交通这样便利又有火车又有轮船又有电报又有邮政又有报纸的时候，我们还都未必便能够清楚时局是怎么一回事呢。这可见他平日对时势是何等样的留心，对国家社会是何等样的关切想去拯救他了！他那样的救世心切，但他仍然一毫不为曹操诸人的声势所动，他的兄弟，朋友都已出山事人（他同游的朋友徐庶便先诸葛公出了）却是他还是伏处隆中。亲师（他在隆中常常外出请教于司马征，庞德公，黄承彦诸人，他均以长者之礼事之）取友，（他常与徐元直，孟公威，石广元三人互为讲习砥砺）躬耕自定，这可见得他对于他自己的出处是何等样的重视，与及他那动心忍性的功夫是何等样的坚强了！

孔明未出山以前，他还有一件不同流俗的事情，明娶妻很迟因为他择妇甚严，到处不合，沔阳县有个人名叫黄承彦的，他年高有德，为人豁达大度，与孔明为"忘年交"，一天他对孔明说道"听说你到处择妇不合，我倒有一女儿，他那品格很可与你相配，只是颈黄面黑，样子生得很丑，你如有意，我便主张嫁你"。孔明择妇的条件本来就在品格上，至于那美丑的问题他原也不甚在意的，他因为相信黄承彦先生的为人，他便立即允许，毫不推辞，黄承彦先生也就立刻回家将他的女儿亲身送到孔明的隆中，与他们成配，因为这件事做得太不平常，那卧龙冈一带的乡间人还时常拿来当作笑话讲，说"请大家莫学孔明择妇，择来择去，止得阿彦（指黄承彦）丑女"。

3. 诸葛公的出处

我们人人都知道诸葛公是刘先主三顾茅庐请出来的，但是裴松之注解陈寿的三国志，他还引了一种不同的说法，"说刘备屯于樊城，是时曹操方定河北，诸葛亮知荆州即当受敌，而刘表性缓，不晓军事，亮乃出隆中北行见备，备与亮非旧，又以其年少，以诸生意待之，坐集既毕，众宾皆去，而亮独留，备亦不问其所欲言，备性好结毛纲，时适有人以髦牛尾与备者，备因手自结之，亮乃进曰'将军当有远志，但结毛网而已邪'？……（以下述亮如何说备编户自强之计）备从其计，故众遂强，备由此知亮有英略，乃以上客礼之"，这简直是说刘先主于诸葛公并无"三顾草庐"的事，只是诸葛公自己出山求用而已，但是这是不可靠的，只是一种"小说家言"的传说罢了，何以见得呢？因为诸葛公明明在他的出师表上说道"先帝不以臣卑鄙，猥自枉屈。三顾臣于草庐之中，咨臣以当世之事，由是感激，遂许先帝以驰驱"。如果是并无其事，他绝不会对着同时的人，在奏表上这样说了。

要知道裴松之所引的魏略，那是离孔明时候很近的一部书，所搜集的多是当时的传说，当然当时有那样一种传说，便可见那时候的人把一个人的出处看得很轻，一个人随便出来找主子是不算什么"枉道求合"的，这便可见诸葛公的气象是何等样的一种气象了，于举世不见注重的事情，（就是他哥哥诸葛瑾他朋友徐庶对于出处便不很注重）而他偏那样重视，这必有他的道理在，诸葛公的出处是他一生最大的事情，我们应当特别说一说这件事情。

诸葛公在出师表上曾说道"臣本布衣，躬耕南阳，苟全性命于乱世，不求闻达于诸侯"，他这"苟全性命于乱世"的话，便是他对于自己的出处所以特别重视的缘故，要知道他说的这"性命"，不是我们现在人口头上常说的那个"性命"的意义——他是中庸上说的"天命之谓性"的那个意义，就是天性的命根的意义，也就是我们平素说的"天性根子"那个意思，什么是"天性根子"？从天性中来的孝弟忠信礼义廉耻……都是，乱世是容易让人毁灭"天性根子"的，——只是崇尚势利，不讲忠孝大节——当时的曹操他尤其是明目张胆的叫人毁灭"天性根子"，他在济南府做官的时候，以曾经出过一张告示，说只要有才干，哪怕就是不忠不孝，都是可以去投奔他，这是多么厉害的叫人灭天性根子啊，你看他这种肆无忌惮的气焰只要是稍有人心的人，都应当把他视作毒蛇猛兽，远之惟恐不及，便是偏偏一世的人才还是极力的趋赴他，恬不惊怪，这一世的人心，其麻木到怎样的程度,真可想见了,无怪乎诸葛公看见这种情形要从痛恐惧的口气中透出"苟全"二字,因为一世都不肯走天性的路,而他一个人还要保全这个,如能保全得住,他也差不多有些像"苟全"的样子了,不过就是到了仅仅只能苟全的程度,他也无论如何还是要在这里着重而尽力保全住他。

你看诸葛公他既然是如此的存心,那么,他对他自己的出处自然要重视得了不得,在诸葛公自己心中不曾说出的意思仿佛是这样的,"我自然也不是消极避世的人,但是要我跟着如像曹操那般毁灭天性的乱臣贼子跑。那我可是死也不能做,差不多我正因为有他们当世,我才隐居不出,所以不要说我不肯自己去就他们,就是他们跑来求我,我还要避之惟恐不及,我纵然要出山救世,委身事人,却也必得那人是大性真诚,足以鼓荡一世忠义之气,那才会使我甘心啊"!所以诸葛公在未遇刘先主以前,他便是"躬耕南阳,苟全性命于乱世,不求闻达于诸侯"的主意,经刘先主一次二次三次的访顾,他为其"欲伸大义于天下"——先主见诸葛公自白之语——的性情所打动,便"由是感激,遂许先帝以驰驱",而以"鞠躬尽瘁死而后已"的决心出山了,我们因此便也可以了解那轰动一时的曹操不能打动他,(抱朴子且有操欲用公,公自陈不乐出身的一段历史)而竟为一个孤穷的刘备所动,那时的刘备真是说得上孤穷了,前途一点不见,那□依刘表以自活耳是什么道理了,并且诸葛公"淡泊以明志,宁静以致远"不为虚浮所动在态度也可以了解一点了。

我们因此还可以了解诸葛公平日在隆中,管乐自比的意思是在哪里。这件事在历史上有好多人议论过,有的说他是"比拟不伦",又有的说他是因为羡慕管仲乐毅的事功的缘故,我们以为这些都是不很透心的说法,我们觉得第一恐怕还是因为有感于桓公之于管仲燕昭王之于乐毅"学焉而后臣之"——孟子说桓公与管仲语——的那种终始不疑知遇情深之故罢。(管仲之于齐桓公的那种君臣知遇,大家都是知道的,至于乐毅之于燕昭王则或不甚熟悉。我们看一看乐毅报燕昭王书的那种一则曰先王再则曰先王颇与出师表之感念先帝的情景相似,便可以知道乐毅之于燕昭王的那种知遇之情是何如了。)大约诸葛公在隆中的时候,他的兄弟朋友之间颇有以他怀才不出为怪的,他不想怎么强为解释,(看他的朋友们问他前途如何,他便笑而不答的那段情景,可以知道)只好就人人都知道管仲乐毅的

邹平的村学乡学

那段君臣遇合的故事以略见意。在他的意思是说，你们要我出山，出山也得要一个出法，像成汤之于伊尹，文王之于太公的那种君臣遇合已不能得之于今世，但是如果连齐桓公之于管仲，燕昭王之于乐毅的那种君臣遇合我都不能得之于今世就要我出去帮助人，那我未免太过自贱，所以伊吕的遭遇或不可望，但是至低限度我也得以管乐的遭遇自期啊，这个都不可得，那也就是我的命了。那么，只好安命以待时，你们，便也不必叫我强勉出山了。所以他以管乐自许的意思仍是从重视他自己的出处来的，后人都以事业的期许去比合，那便有些不是诸公时心事了，这是我们要顺便说明的。

因为诸葛公对于他自己的出处大节是不曾丝毫苟且，所以他对于他一生的取予大节也是丝毫不苟的。三国志上有一段话，说：

> 初亮白表后主曰"臣成都有桑八百株，薄田十五顷，子弟衣食自有余饶，臣死之日，不使内有余帛，外有赢粟，以负陛下"。及薨，如其所言。

这是何等样的清白，何等样的不苟呀！要知道诸葛公当国的时候——尤其刘先主死后——内而"百官总己"，外而"六军在握"，他对于钱财布帛，还都是这样的不苟法，那真是足以使我们"感动无遗了"，他自己说的"俭以养德""淡泊以明志"的话，真是完全做到，一点不愧，如果我们要用一句话来形容，诸葛公那来去清白的人品最好便是借用社工部说他好像是万古云霄一羽毛的那句诗了。

因为诸葛公对于他自己的出处取予都是这样的不苟所以他出山以后对国家负责任的时候，也完全是持不苟的态度，三国志上称赞他说是尽忠益时者，虽仇必赏，犯法怠慢者，虽亲必罚，服罪输诚者，虽重必释，游辞巧饰者，虽轻必戮，善无征而不赏，恶无纤而不贬，便都是由这个不苟的态度来的，这个意思我们留在后边说去，现在先且结束于此，我们仍然用前边说过的几句话来结束这一大段的意思，就是

> 诸葛公重视自己出处的缘故，是由于他重视天性来的，当时都是一般乱臣贼子足以毁灭天性的人所以打不动闹，一直等到天性过人的刘先主到隆中三次访顾，他才感动出山，许以驰驱，因为他对自己的

出处大节不苟，所以他对于他的取予大节也是不苟的，因为他对于自己的出处取予都是不苟，所以他办起国家大事来也是一□的不苟到底。

4. 诸葛公联合东吴之大计

诸葛公在隆中对答诸先生的时候，便说道，孙权据有江东，已历三世，国险而民附，贤能为之用，此可与可援而不可图也，联合东吴是诸葛公未出山以前便已定下的主意，先生死后，诸葛公当国尤其以这个为他的根本大计。

要知道凡是有两件事同时都要有做的必要的时候，我们必须在这两件事当中分出一个缓急轻重来，选那既急且重的一件来决定先做，那缓而轻的一件，就决定放后不做，要做的那一件固然必得诚心诚意做，不做的那件在未做之前，也得要诚心诚意的表示牺牲不做，万不可犹豫徘徊，忽彼忽此，我们平常做应该这样，何况为国家负责任，替公众做呢？诸葛公一生都决定联合东吴以抗北魏，便是这分缓急轻重的意思，刘先主伐东吴的时候赵子龙劝先生应当先伐曹操，不要伐东吴，中间有两句话说得顶好，他说，国贼乃曹操非孙权也，就那时候说，自然第一个国贼，就是曹操，并非孙权，那么在应当先伐曹操的时候，不惟不应当伐孙权，并且还应当诚心的联合他呢，可惜诸葛公的这个深谋远虑，第一个被关羽破坏，第二个又被刘先主破坏，一直到先主死后，既已损兵失地，诸葛公当国才得重修旧好。

我们在这里要顺便说明诸葛公初次到东吴结好孙权的那个态度，他这个态度，在三国演义上便把他说成像苏秦张仪一般的说客样子去了，其实完全不是这样要知道诸葛公那次到江东的成功，一点不是因为能说会辩的缘故，完全是因为他那一副诚心诚意，把孙权打动了的缘故。

要知道那时候的曹操，他是怎样的一个气势呢？那割据四方的群雄一个一个尽都为他打平，并且刚刚破灭袁绍，得着他不少的兵力，东吴所恃的是长江之险，但是刘表一死，刘琮请降，那据长江上游的荆州又被曹操占去，已与东吴平分长江之险了，水陆百万，直逼吴境吴中能有的兵力收集起来不过数万人，在这种徘徊恐惧的形势之下，要叫孙权下个决心去抵抗曹操，如果不先把他那徘徊恐惧的心理破除，无论你出如何的主意，那都是不中用的，凡是到了千钧一发危急存亡的时候，要叫人家在那形殊势弱的情形中下一个最大的决心便只有靠从自己诚心出来的那一股忠义之气的力量去打动他，此外的一切都是不很可靠的，我们看诸葛公在这时候他对孙权是怎么说法，他说：

海内大乱，将军（即孙权）起兵据有江东，刘豫州（即刘备）亦收众汉南，与曹操并争天下，今操芟夷大难，略已平矣，遂破荆州威震四海，英雄无所用武，故豫州遁逃至此，将军量力而处之，若能以吴越之众与中国抗衡，不如与之早绝，若不能当，何不按兵束甲，北面而事之，今将军外托服从之名，而内怀犹豫之计，事急而不断，祸至无日矣。

他这番说话，是何等样的坦白诚实，斩截了当，警惕动人啊？局中人听了，一定是句句都能打入心坎的。

他对于曹操那可以令人震惊的气势，都一一照实说出，不像一般人对于敌方的势力，故意掩抑，说得不足轻重的样子，其次他对刘先主孤穷无归的情形亦不曾隐瞒半分，简直说他是逃遁至此，（其实刘豫州尚有关羽刘琦所领之两三万精兵）不像一般奉命出使的人把自家的主子故意说得铺张扬厉的样子，这便是他坦白诚实的地方。

他又说"若能以吴越之众，与中国抗衡，不如早与之绝，若不能当，何不按兵束甲，北面而事之，"到这时候，当然只有能战便战，不能战便降的两途，哪有第二句话可讲，这便是他那斩截了当的地方。

至于那还有一段说话，他说：天下群雄尽被曹操打平，只剩下将军与刘豫州两人，现在刘豫州已穷困无路，逃遁至此单单只剩下将军一人了，到这时你还是犹豫不决，真是"事急而不断祸至无日"了，便是他那警惕动人的地方。

要知道他这种态度是有一副极大的诚心在内，他当时说话不是从激动孙权的态度出发的，他完全是忠实地站在替东吴自己打算的态度出发的，他的态度是说，就是我替你东吴打算，在这样千钧一发呼吸存亡之际，无论如何都应有一个决定才得了，能战则战，不能战就是投降也可以。在这样的紧急关头还是徘徊不定犹豫不决，那真是最危险不过了，孙权因为被他这种忠诚的态度所感动，那时候的东吴真是满朝文武都在徘徊犹豫之中，诸葛公一切不提，单就这犹豫徘徊上诚心替东吴打算，说那极警惕的话，如何不叫孙权感动？才马上反问一句话，苟如君言刘豫州何不遂事之乎？他问的这一句话，也真是实心在问，他的意思是既然你说在这危急关头应当有一个决定，你替我东吴都能如此打算，你说你自己的主子更应当这样了，为何刘豫州到现在不能战的时候，你不叫他投降曹操呢？诸葛公才跟着说出自己与刘先主的不计利害成败只是义不当屈的态度来，说田横齐之壮士耳，犹守义不辱，况刘豫州乎。若事之不济此乃天也，安能复为之下乎？孙权先以为他那忠诚之气所感动，至此又为他那牺牲不屈之气所激发，犹豫恐惧之情既去，刚强正直之气渤生，于是才毅然决然地说道，吾不能举全吴之地，十万之众受制于人，吾计决矣！非刘豫州莫可以当曹操者！到这时诸葛公才就两方形势开陈利害，道出那孙刘合兵必能打败曹操的计划，于是孙权乃命周瑜统兵合刘先主合力抗曹，跟着就是人人都知道的那孙刘大胜，曹操大败赤壁之战了。

所以我们现在可知道诸葛公出到江东那次的成功，完全不是由于什么谋诡计，仍然只是从他那"开诚心布公道"的精神能教人感动来的。

5. 诸葛公之赏罚

前边曾引道陈寿称赞诸葛公的话，他说诸葛公是"尽忠益时者，虽仇必赏，犯法怠慢者，虽亲必罚，服罪输诚者，虽重必释，游辞巧饰者，虽轻必戮，善无征而不赏，恶无纤而不贬。"这便是说他赏罚不苟的态度。

我们都知道诸葛公斩马谡的事，但是诸葛公与马谡的交情是最好的，他常与马谡一谈便是整天整夜的不休息，诸葛公南征孟获的时候，马谡送诸葛公至于数十里之远，诸葛公还诚心诚意地请教他指陈之计。他们朋友的交情这样得好，但是后来诸葛公北伐，马谡作先锋，把街亭失了，诸葛公终究还是按照军法将马谡治罪处死。

还有李严也是与诸葛公交情最好的朋友，诸葛公对李严也是器重非常的，诸葛公写信与孟达称赞李严说他是"部分如流（部分即料理处置之意，言其处理事情非常迅速，有敏才也。）取舍罔滞（言其有决断力也）"，但是诸葛公出兵祁山的时候，因为李严耽误了运粮的事，并且前后敷衍不实巧于卸责，诸葛公也把他来治罪，终究罢职为民。

就是那廖立也是诸葛公所心爱赏识的人。孙权曾经对诸葛公问过荆州有什么人才，诸葛公便举廖立与庞统两人答应他，说"庞统廖立楚之良才，当赞与世业者也"。但是后来因为廖立骄傲乱法，诸葛公也卒之把他罢职为民，充配到汶山郡去。

邹平的村学乡学

我们只举以上三个人的事,便知道诸葛公是何等样的赏罚不苟了,那真是"犯法怠慢者虽亲必罚!"

我们要知道诸葛公虽然这样的"处心不阿",但是他一面还能叫受罚的人心悦诚服死而不怨,这是与一般"执法不阿"的人大不相同的。就拿以上所举的三个人来看就知道了,马谡临死时还从狱中上书于诸葛公,说"虽死无恨于黄壤也"。廖立既谪贬到汶山郡,有一天他听说诸葛公死了,不禁仰天痛哭,说道从今以后,再也不会有知己了,我也再不愿进取,就在此地终久作个罪人罢了!李严听说诸葛公死了,他更伤痛得厉害,简直至于病发而死。

诸葛公为何能使受罚的人感动到这样?这没有旁的缘故,还是由于他"开诚心布公道"的那一种大公无私的心肠,自会使人感动来的。他不是喜欢刑罚而用刑罚,他是不得已而后刑罚人的。我们现在举一件大家都知道的事来说明这个意思。诸葛公屯兵五丈原与司马懿对垒,诸葛公屡次挑战,司马懿都是按兵不出。诸葛公乃取巾帼妇人之服遣使送与司马懿,司马懿不惟不怒,并且还重待来使,一边又细问诸葛公的吃饭睡眠及做的情形。使者对他说道"丞相夙兴夜寐罚二十以上皆亲览焉,所啖之食日不过数升"。司马懿乃谓诸将曰"孔明食少事烦,其能久乎?"我们从这"罚二十以上皆亲览焉"一句话上便可以看出诸葛公对刑罚的用心了。有人说他这个是琐屑细碎,其实不是的,我们看诸葛公的诫子书内说"非淡泊无以明志,非宁静无以致远。"及诫外甥书内说"忍屈伸,去细碎"便知道诸葛公不是琐屑细碎的人。他这"罚二十以上,皆亲览焉"的缘故不在别的,但只是把刑罚的事看得极郑重罢了,他既把刑罚的事看得这样郑重,那心自然要放得极公平才行,必一公平,那自然受罚的人都是情无可原而罪有应得的了,一个人到了情无可原罪有应得,他就受罚自然会心悦诚服至死不怨了。诸葛公说自己曾说过:

"我心如秤,不能为人作轻重"。

你想一个人能够这样的公平无私,他自然不会冤枉人,不冤枉人自然会叫人心服了。并且他一方面公平,一方面还能体贴人情(服罚输诚者虽重必释,便是他深体人情的地方,不像一般峻刑严罚的那样刻薄寡恩,那便更加能使人心服了)。所以陈寿赞称诸葛公说:

刑政虽峻而无怨者,以其用心平而劝诫明也。

晋朝的习凿齿也有一段话称赞道：

昔管仲夺伯氏骈邑三百没齿而无怨言，圣人以为难，诸葛亮之使廖立垂泣，李严致死，岂徒无怨言而已哉，夫水至平，而邪者取法，鉴至明，而丑者忘怒，水鉴之所以能穷物而无怨者，以其无私也，水鉴无私，犹以免谤，况大人君子怀乐生之心，流矜恕之德，法行于不可不用，刑加乎自犯之罪，爵之而非私，诛之而不怒，天下有不服者乎？

习凿齿的这段话，很能把诸葛公那"刑政虽峻而无怨者"的缘由道出了他那"怀乐生之心，流矜恕之德，"的话说，他就是孟子的"以生道杀民"的意思，"以生道杀民"，所以是"虽死不怨杀者。"（亦孟子语）这也可见得诸葛公的天性笃厚，与商鞅韩非那般刻薄寡恩的法家不同。

好，我们关于诸葛公的话，只说到此处为止了，其他如"七擒孟获""六出祁山"等事，都是大家知道的，我们不说它了。我们将我们前后经过的合起来看，总可以觉出诸葛公那番到处实在而又负责任，忠义之气是怎样一回事了。

我们因为讲到忠是实在而又负责任的心肠使举了以上几个人物事迹作证，现在大约也够明了了，我们即此为止，以下便讲那孝的事罢。

孝弟第二

王平叔

何谓孝？何谓弟？

何为孝：善事父母为孝，何谓弟：善事兄长为弟，善事父母的叫作孝子，善事兄长的叫作悌弟，这"善事"两字我们很当注意，古人说孝亲要体志兼养，能养体，而不能养志，或只是有孝弟的规矩，而缺乏孝弟的真情实意，或遵行规矩的时候，心粗气浮不能细腻入微，这都不能叫做善事。要知道从前的人把孝亲又叫作事亲，与事天事君事长都一同呼做事的原因，就是说我们应该诚诚恳恳肫肫挚挚把来当作一回事作的意思，也就是我们说那"善事"两个字的意思。

孝弟为百行之原

什么人都是想做一个好人的，因为做好人，不仅能使宗族称道，乡里敬爱，就是自己凡百事情都对起良心之后，到处都是理直气壮，不怕人民，不怕官府，不怕鬼神，好像俗话的"日不怕人，夜不怕鬼"一样，又好像俗话说的，"为人不作亏心事，半夜敲门心不惊"一样，做好人的你看他是何等的快乐，既然做好人是于人能起爱敬于自己能得快乐，为何世间还有许多不做好的坏人呢，要知道人人原来都是想做好人的，世间那许多不好的人都由于他不知道好人是如何做法罢了，我们要树木生长得好必定先要把它的根子培养好，根子不好的树木，断乎是生长不长久的——就能生长也是枯槁要死的样子，不会枝叶茂盛的，做好人也是这样，也是先行要好的根子才行，什么是做好人的根子？就是从天性出来的孝弟便是。

为何孝弟是做好人的根本呢？要知道我们凡是对一个人叫作好人的缘故，并不是为别的只是因为他做事对人都有好心肠，所以我们就叫他是好人罢了，什么地方最能培养这般好心肠呢？那就要算在父母面前的孝与及在兄长面前的弟了，大家如果读过论语，应当记得论语第二章便有，孝弟也者其为仁之本欤？那一句话，"为仁"就是做事对人都有好心肠的意思，那句话便是说孝弟是做事对人有好心肠的根本的意思，要知道我们的好心肠常常是从爱人处培养出来的，但是如果是我爱人人偏不爱我的时候多，我们还不容易把好肠培养起来，惟有在父母兄长面前，却大大不然，父母之于儿子，哥哥之于弟弟在天性上本来就已经是爱护的了，如果我们更能在父母面前有孝道，在哥哥面前有弟道，那他返回来的爱心常是比我们发出去的还深而且大，你想我们时常都在这有往有复并且复比往还多的爱心之中，我们那股好心肠如何不会培养起来？有了好心肠，我们自然会好好对一切的人会好好做一切的事了，所以我们说孝弟是做好人的根本，又说孝弟为百行之原，就是这个意思。因此那经书上说的"孝弟之至通于神明"，与及常语说的"不孝不弟百无足取"的意思也可以明白了。

事亲之道

现在世道浇薄已极，不仅孝弟的古礼全废不讲，就是很平常切近的事亲事长之道，都一概麻糊过去，差不多已是人性丧尽了，能孝必能弟，我们现在单就切近人情事理平常可做的事亲之道，举出几条来说说。

从前有一位吕新吾先生他曾说过"人子之道，莫大于事生，百年有限之亲，一去不回之日，得尽一时心，即免一时悔矣……"古人云祭之厚不如养之薄也，谚云"与其死后祭我之头，不若生前祭我之喉"，（意谓尚不若生前稍有口体之奉也）所以事亲当以"事生"为第一大事，我们现在且先把"事生"的事，说几条。

一、进食

汤粥不浸指（浸指则不洁）羹汁不盈器，（盈器则溢）进食不吸涕，不咳痰手不搔身，搔身则身偏易倾溢食物，足不履濡，（濡、湿处也）履濡则足滑易跌。

二、肉食

鱼无鲠，鸡鸭无骨，分鱼顺理，断肉横理。

三、菜蔬

菜蔬须取叶皱而茎直者，肥厚而液多者，标以近里肥嫩者为得，须细心检视菜蔬上有无草毛蝇蚁之物，察虫去蚀是为最要。

四、酌食

食量朝食中平，午食稍多，暮食宜少，软食之物可多，硬食之物宜少，清淡之味可多，浓厚之味宜少。

五、搔摩

子事你，妇事姑，指甲须常剪磨令无锋，否则伤肌肤。

六、步履

必行之路地洼则复之，地冰则刮之，地泥则沙之，以沙复干之也，惧亲有倾跌之虞也。

七、出入

年老升高下下则扶掖之，夜行则子妇先之，有所触碍则告之，远行则子弟从之。

八、谏诤

亲有错过勿遽言，（勿仓促急遽须从容不迫言之）勿尽言，（总须含蓄不尽）勿当人而言，乘时乘机，设言以悟之，亲有激怒，姑从其怒以缓之。怒平顺言以醒之，失礼于人者，阴为逊谢之。

九、启告

乐事趋言，忧事徐言，怒事笑言，悲事疑言，恐惧之事，可以不闻者勿言，骇异之事平言，大噱之事（可发大笑之事也）庸言。

十、食候

忧惊悲怒宜进酒羹饘粥，勿进面食，食前勿报怒食后勿报忧（虑不消化也)。

十一、悦亲

亲有所爱乐之人，为之奔走为之做事。须尽心无厌色，母所最爱者子女子女必体慈心，宁己无食有以食之，宁己无衣有以衣之，宁于我俭，勿怨言勿后语。

十二、侍容

侍父母之侧，无戚容，无怨容，无惰容，无庄容，（不活泼之容也）无思容，无昏忽之容，无不足之容，（心不在而苟且之容也）无高声，无叱咤之声，无直言，无费解说之言，无犯讳之言，（不言亲所避忌不悦者）怡怡温温，载笑载言，承在意先，（一切先探知亲意所在也）勿令亲苦。

十三、传声

父母呼人，则走而传声，不到则遥为先应。

十四、慎防

邻墙勿置坐（置坐于邻人之墙恐有误投砖瓦者），垂堂须凭扶，（恐致失足也）败车勿请坐，骇马勿请乘。

十五、慎疾

人子有疾，隐之，隐弗能忍也，半隐显，吾身亲身也，保亲之身以事亲，胡可令疾以忧之，故与其隐也宁慎，慎而犹疾，吾心安之矣，亲有恒疾。则访名医，得稳方，朝暮调摄之。

十六、从命

人子事亲，毕力尽志，亲有免命则从之，勿强以拂其意。

十七、愉色

乐事不嫌谐谑，悦亲不厌笑乐，气血调于喜欢，疾病生于恼怒，寿亲之道无他，一悦字尽之矣。

十八、亲仆

亲之近侍，以柔顺勤谨者为之，果当于亲，则训迪之，恩礼之，等于同辈，长则以礼婚嫁之，贫则如愿赈济之，亲终则相向而哭，恩礼加隆焉。

十九、富贵之家当警惕

语云，贫贱之家子养亲，富贵之家亲养子，亲养子则终身不知子道矣，悲夫！

吕新吾先生又曾说过"夫病，生死之歧也，善调摄之可使平复，即不幸，可使免悔，故人子侍疾，自亲之外，即有重大迫切之事，皆不暇及"，你看吕先生他把父母的疾病看作何等重大的事，我们能不讲求吗？现在也引出几条来说说：

1. 祝邻

病者多火，喜静恶喧，砧杵之声，叫号之声，偶震之声，烦碎之言，秽恶之气，人言当加意谨慎。

2. 戒声

栏六畜于别所，有屠人，病房者挥之，逐猫犬须疾，（疾逐恐其再声），逐鸡鹅须缓，（缓逐恐其大声）在病室，入如窃，立如寐，坐如尸，无喷嚏，无咳涶，无履声，无衣声，无安置器物之声，无喘息之声，门之阖辟有声者，濡（润温也）其枢，户之见风自掩者紧其扉，盖定以生阴静以熄火，此养病之第一要诀，人子不可不知。

3. 戒动

增减被服（适寒温也），勿令知觉（不骤遽也），挥扇勿风，挥风勿力，恐病不禁耳。

4. 戒人

问疾者至，应而勿传，繁文之客逊谢勿入，多言高声之客逊谢勿入，休戚不闻之客逊谢勿入，自远来者，病者，聋者，瞽者，哑者，跛者，皆逊谢勿入，病者欲其入则入之，盖病者气弱而心烦，最忌□聒，繁文者，令人拘束，多言者令人厌呕，高声者令人耳震，休戚不相关者，不体悉病人，远来者恐触邪秽，聋瞽哑者费应答力，跛者多触碍之声，问客之来也，非以安病者之心，不过存亲友之礼，休戚果相关默问侍者可矣。语云，延客莫延添病客，问安只问知安人，侍病问病皆须深识此意。

5. 戒问

子妇室人，省而勿问，候而勿请。其寒温安否动移起居，待病者自言而后应，亟同非孝子也。盖久病之人，吸气开目，便不胜劳，哪有力量应众人之问？但省以观其安否，候以俟其所欲，所欲皆备，言则应之而已。

6. 饮食

先给值于贩户，请不时购求新美难得之物，以备缓急之思，陈其甘旨于目前，以触见闻之嗜。欲饮冷则水以百沸而井浸之。不欲食勿强食。偶欲食勿多食。盖病者胃气正弱强之则病，胃气始生，多之则伤，宁频进勿骤增，愈少则愈多，是在子妇节缩之耳。

7. 慎嫌

侍疾者不吊丧，不入墓，不见凶秽之物，不谈幽怪之事，恐动吾爱悽怆之情，因以自念也。

8. 慎言

凡可悲可怒可忧可思可厌之事，即急勿以告。病人多火，易致怒不近情但默而顺之，勿辨是非。

9. 悦病

病者欲乐，则用管弦歌拍以娱之，谈今古人物以忘之，声欲轻，厌倦则已。盖病者之心在病则病进。耳目有所寄则心闲而火不起，又脾喜音乐，病者欲则从之也。

10. 安身

凡垫借之物须大小如式，欲绵，欲柔，欲厚，欲妥，坐而倚者渐损益之，益久卧则肩背胁胯皆痛，转侧所借之物，欲绵肥柔软，温厚妥贴，无所拆□，坐而倚靠，高下曲直，须三五加减，方得适宜也。

11. 顺命

寐勿呼，安勿动，误勿正，欲勿达，

寐则神安，虽有急不可呼之使醒，病者安妥，子妇视之，不可动，语即讹妄，若无关系不可证其非，又如妄有见闻，皆同声附和之，有所欲而不得其正，果无大害，委曲听从，理有未安，亦须唯唯，不可直折，治命乱命，总之应承，可行与否，自有委曲耳。

12. 察证

病之寒热重轻察便溺，病之增损无时察气色，人子一切须自小心默会，勿为医误，故人子不可不知医。

13. 药忌

百病先胃胃有所思，勿以药禁，禁则胃虚食减，药益不行，盖病久不食，偶有所思，此正胃气未绝，生机有望也，若以禁忌弗食则脾胃益弱无气行药矣。

14. 养力

子妇侍疾，必强饭节劳，更番休暇，设亦疾焉，亲将奚赖？谚云：床头病日无孝子盖久病在床，多难事之性，子妇不加餐则脾胃损，不节劳则气血衰，分内之事其必将有亏欠者矣。大孝不匮，人子其慎之。

15. 回避

病笃治后事，勿令病者闻之，在侍无惨容，无忧色，无臣状，强愉怡以慰病者。流涕而侍疾非孝子也。

16. 谨终

将死未死之时，形气欲离，病者百种困顿，生者当何如其为情？而乃纷纷问苦，临终乱神，或属□之际，群扰杂哭，皆非所以安死者。仁人孝子，须强制其情，不可作儿女态。

17. 告人子

侍疾之时何时也。万般子道，从此更无尽时，两膝亲身从此更无见日，与其必诚必慎于盖棺，孰若竭心竭力于卧榻？噫有根心之爱者，自有不容已之情，有之容已之情者，自有不待勉之事，偶作而致其情者，必急疏，其能久耶？

修墓

孟武伯同孝于孔子，孔子以生事之以礼，死葬之以礼，祭之以礼答之。可见死葬祭祀亦人子事亲最当慎重之道，吕新吾先生作得有修墓礼若干条，我们现在也节取几条来讲讲。

一、合葬

今葬虽非古礼，然生同室，死同穴父母之情也，人子何忍离焉？则合葬亦自有其适时之宜也。如亲有遗命不合，则固当从之也。

二、正位

两妇夹夫而葬亵也。夫一位，妇一位，左右分矣，虽三五妇，同一位耳。

三、茔房

生而宫墙，殁而暴之中野，吾忍乎哉？作室于墓，筑以周垣，树以松柏，犹然室家也，生死安之。堪与家谓墓不宜木，诚不合情义之言也。

四、迁葬

迁葬非得已也，滨于水则迁，樣于客土则迁，将为城郭道路则迁，凡以为安死者而迁也。非是则否。

五、定葬

公茔，非一世，非一人也。昭穆以世分，墓地以序定，若坐席然，凡成人而无后，或夫或妻，非有大罪，皆得葬于本穴，待后死者合之。衰世狃于葬师，谓无后者不得齿于正葬，别为丧庭以界之，不仁哉斯言！安可从耶？

六、俗忌

今世子孙惑于堪舆之言，妄贪一己之福利，各争所欲，竟致亲死数年不入窀穸，真不孝之尤者也！亦有葬日忌十二相所属，遂致子妇不送丧，不见槔者，此皆因妄见而丧其心者也，万不可从！

七、除墓

墓头有木则去之，岁久根必入棺故也。

八、辨墓

同列并墓者须辨异，夫妇欲合，室家之情也。兄弟欲离，男女之剔也。兄弟之墓，相去必五尺，左右容足，便往来也，前后容膝，便赐拜也。夫妇之棺不嫌近，男女之棺不嫌远，即限于地亦须五尺。

九、地势

后欲高，前欲下，左欲扬，右欲抑，天地之大势也。居室亦然，非堪舆家贪求祸福之意也。若夫四周之地则须高不纳水，平不聚水，必有沟渠以洩之。

十、墓祭

墓祭非古也，而东郭墦间（出孟子墦间墴间也）且昔有祭。且世远族多，同域而葬，非祭则死者无以联疏，生者无以合食，苟合于人情则皆可从也，何必泥古？

十一、墓守

墓无守者，则荒废，无墓田则难守，必置田以赔之，须谆属其严，鸡鹅豚犬之畜，墓久点□鼠入穴，须时省而捕捉之，木茂则鸱鸦群集，须时弹而驱逐之，草丰则虫蛇潜藏，须时芟薙而清除之。

十二、旧墓

封内有旧墓，虽贫，虽裕，勿迁，然生有邻，死偶无邻乎，拥护环绕，胡为乎不可？苦孤墓而无子孙，我且当逢节序而惠及施祭焉，勿使馁而也。

睦族

孝弟亲亲之道也，亲亲则尚有过于睦族之事乎。吕新吾先生说过，夫祭，非直享祖考之仲，并以悦祖考之心也。祖考往矣，而子若孙若曾玄以下，非其骨肉所传乎。若令饥寒迫身昏丧后时，愚悍无知，有可成之才而不能教，有可学之艺而无所资，祖考之心悦乎。怨□乎。因此睦族的事。也是很应当慎重请求的，我们也将吕新吾先生所做的睦族礼摘出几条来讲。

一、家谱

族之有谱，所以联疏远，敬亲睦，备遗忘也。每世一修，以当世文行之士掌之，无论士庶，有一行之长者必录，以恶终者，讳其事阴其名。

二、墓祭

每清明墓祭，各墓俱分纸钱。是日也，同年月，序长少，报生育，诗歌，劝睦，问婚嫁，审贫乏，报老疾，助不给，籍而记之。

三、敬长

道逢尊长，步行必下骑，去远而后登，伯叔文虽贫贱不废称谓，不失常礼，弟到兄家，虽贵不得上坐。

四、恤贫

一族之人不无富贵贫贱，富者须分所有以赈贫，贵者量所能以逮贱，别贤不肖，不计恩仇，所以示公，不别贤不肖无以示劝，赈贫分最次，老疾分有无侍养。

五、教训

子孙可教而家贫者，以族中之先进教族中之后进，不堪为师者，择异姓教之，务俾有成。

六、伸冤

含冤负屈者，素行大善为之公救，其所犯以罪，及素乏善状者，入地为孝田，计其罪之重轻量为赎救。

七、嫁娶

贫不能嫁女者，备之资妆，不能娶妻，助其聘财，务足婚嫁不限以数。

八、扶弱

孤独良善为人所侮夺者，为之护持，恃势凌人者，为之禁约。

九、哀死

宗族有丧，不论贫富，公分吊仪，大家齐奠举哀，不到者罚加分，丧家不必留饭，不成丧者不举哀。

十、崇俭

宗族须订宴饮之约，肉至饱，酒不至醉，给极喜庆，亦不得招娼扮戏，犯者重罚赈贫。

十一、款留

贫者老者幼者远来，值可食之时，如其未食，就家所有，便留一饭，情义款治，不可嫌弃之色。

十二、和睦

大都一家恩胜之地，务存体面养其羞恶之心，长幼尊卑互相成美掩恶，不可彼此倾陷交争是非，达者罪共绝之。

家庭须知

王湘岑　编

第一章　绪论

家庭雍穆，人间之至乐也，骨肉乖离，天下之惨变也。人莫不欲有和乐之家庭，莫不痛有骨肉之惨变；然其终往往不能如愿以偿者，因其不知致之之道也。盖骨肉之间，至性之所存也；至性之表现于父母者为慈；表现于子孙者为孝；表现于兄弟者为友；表现于夫妇者为敬；亲慈，子孝，兄爱，弟敬，夫义，妇贤，天性之自然，真情之表现，人伦之大义也。以恩为主，以义辅之，以情为主，以理辅之，勿以义而伤恩，勿以理而害情，处家庭之道也。故为亲者能慈以教其子，为子者能孝而慕其亲，为兄者能友而率其弟，为弟者能敬而爱其兄，为夫者能义而型其妇，为妇者能贤而助其夫；各安其分，各尽其礼，各勤其职，各敬其业；上下有常，长幼有序，男女有别，内外有定；熙熙融融，相爱相亲，如此家庭有不和乐者乎？佳誉著于乡里，令名开于亲邻，人人仰其盛德，个个慕其懿行，天下之乐事孰有甚于此哉！反之离心离德，各自为谋，或因言语之参商，或缘微末之财利，以致变起家庭，戈操室内，父子恩断。兄弟情绝，如此，即衣锦绣，居华阁，拥美姬，食珍馐，又有何味乎？故曰：家庭雍穆，人间之至乐也，骨肉乖离，天下之怪变也。

近有一般青年，大唱其打破家庭之论。顾其所持之理由，则曰可以阻人进取之心也，可以灭人冒险之性也；于是又大倡而特倡其所谓个人主义者。噫！此实违反人性不通之谬论也！试一思亲若衣不蔽礼，食不果腹，而己即有锦可衣，有肉可食，能安然衣之乎？能安然食之乎？试再思子孙在外，为丐行乞，是己即有鲜衣美食，能安然衣之乎？能安然食之乎？吾知其必不能也。盖人者有情之动物也，人与人之间，有关系者也，情而能达，其乐也无比；虽忍苦耐劳弗计也。情而不能达，其苦也无限；即衣锦食错弗甘也。是以父母有衣物不肯自用自食，反对遗子女，而其乐弥笃者，情使之也；世之造屋居人；兴利利人，而其乐往往过于自居自利者，亦情使之也。惟因人类有相互之关系，所以才能互相亲爱，互相辅助，以形成社会，以造成国家。然其所以生关系而能互相团结者，则仍因具有斯情故也。且读者亦知情之所自来乎？盖情者乃天性自然之表现，与生俱来者也。且人用情之始，即在于家庭，此而能笃，即可推至于社会国家。故世之俊杰伟人，其所以能沉雄刚毅坚苦卓绝，以谋福社会，以造利国家者，率皆富于情感而受斯情之驱使也。以是知情者人类之所独具也，家庭者情之结合体也；孝父母，爱兄弟，乐妻子者。亦斯情自然之表现，而无待于勉强者也。人既不能变而为非人，则此情绝无失去之理，此情既存在，则父母兄弟妻子之关系，亦绝无打破之可能；父母兄弟妻子之关系既然不能打破，则若辈所谓打破家庭而实行个人主义者。岂非违背人性不通之谬论乎。

第二章　家庭礼节

人生于世，无论对于何人对于何事，皆有应尽之礼节；能尽此礼，方可坦然而无事，否则未有不招羞吝之咎者！处世为然，居家尤甚，此家庭礼节之所以为要也。世人对于此点，往往忽略而不注意。以致叔嫂之间，言戏语谑，妯娌之间，使性动气，兄弟之间，争端时起，主仆之间，狎亵无状。甚而至于高声狂呼，轻举妄动，翻唇斗舌，不时争吵。庭内无严肃之象，院中有怒骂之声，无秩无序，无礼无义，凌乱纷扰，杂然一团。如此，欲其家之不败，岂可得乎！故欲家庭之兴旺，即须请求家庭礼节，长者以此教，幼者以此学，长者躬行以率幼者，幼者遵守以顺长者；门庭之内，肃肃穆穆，言动之间，蔼蔼彬彬；人望而生爱敬之心，我处亦有畅乐之趣，熙熙融融，和乐且忱，有如此之家庭，岂非人间之一大快事哉！况此种礼节，皆本乎人情之自然，简易易行，绝非强人难能之病。例如在家则父坐子立，兄先弟后，夫倡妇随；在外则徐行后长，谨言慎语，进退安详；追远则逢生忌年节，家中祭祀，须恭必敬；其他若父母远行，或妇自外时，子女即当鞠躬送接；子女若因事出行，或省视亲戚，亦当出告反面，凡此种种，皆极容易，人苟非过愚，未有不能实行者也。至于夫妇之间尤当相敬相爱，如宾如友；切不可狎亵轻慢，致伤和气，以阶反目比离之灾。呜呼！人之所以为人者，以其有礼也，人而无礼，禽兽奚别！况处家庭骨肉之间，尤当循礼笃行，以维情感，以保恩爱。反之则未有不遭灭亡之祸者！至如有礼节之家庭，上下有常，长幼有序，男女有别，内外有定；言行而无失，举动而有礼，全家一心，上下亲睦，欲其不兴又可得乎！

第三章　家庭教育

今之为子孙计者，莫不以多遗钱财为得计，此实误矣！盖贤而多财，则损其志；愚而多财，则益其过；此事理之当然，古人之明训也。且试思子孙若贤，则后日自能成家立业，而无饥寒之虑；否则挥金如土，若不甚惜，即遗以百万之家产奚益乎？亦不过徒增其罪恶而已矣！是以善为子孙计者，不遗之以有形之资产，而遗之以无形之资产。所谓无形之资产者，即教之者，养之以正，习之以礼，摩之以义，使之成为良善之人是也。至于教养习摩之法，第一为家庭教育；第二为学校教育。二者相较，前者尤重于后者，兹特述家庭教育如下。

山西村政汇编：曰"家庭教育四个字，合起来怎样讲呢？是说小孩子未上学以前，或是上学以后，在家的时候，家里大人，应该好好的教小孩子知道做好人好，育的小孩子发了做好人的心芽子，将来就不会做坏人了，这是一个意思。还有一个意思，是说为父母的，把家里穿衣吃饭，起睡一切，那些家规，家道，家法，都定的好好的，跟上做去，使家里没有坏样子；小孩子眼里看不见不好的事，耳里听不着不好的话，那做坏事的心就发作不出来。你们要懂的这家庭教育四个字的意思，你们就该会教育子弟了"！此即言为父母者，如欲子女好学，即当从两方面注意：一当以嘉言懿行，以引起好好之心；一当以己身作则，以收默化之效。盖人当幼时，胸怀坦白，心地纯洁，天真烂漫，生机盎然。能于此时，养其赤子之心，培其笃厚之情，述以善言，讲以善行，则其为善之念，未有不油然而生者。及其为善之念已生，而再能加之以劝勉，益之以奖励，则其向善之志益坚，为善之念益笃，沛然而莫之能御矣！虽然，若只教之言语，训之以口说，而自己之一切行为举动，反毫无条理，毫无次序，毫无礼节，则其教也亦徒言而已矣，未有能收良好之效果者。盖幼年儿童，最富于摹仿性，在此摹仿性最发达之时，为父母之一举一动，皆能与彼以极大之影响。故此时为父母之行为苟善也，则渐积渐染，彼亦日趋于善而不自知、父母之行为苟恶也，则渐移渐濡，彼亦日习于恶而不自晓。谚所谓孔子家儿不识骂，曾子家儿不识怒者，亦即此习于善则善，习于恶则恶之理也。且既习于善矣，则外面之恶事恶行不能入也；既习于恶矣，则家庭之善言善语，不能化也。故父母之于教育子女也，不惟应使知善之当行，恶之宜戒；尤宜端己正行，处处示之以好榜样，则恶言不入于耳，恶事不入于目，恶心无自而起，恶念无自而生，则庶几可日趋于善而不自觉矣。

人当幼时，习俗未染，此时施教，最易为力，此古人论教，所以首重未发蒙也。故于此时而能施之以相当之教育，禁其恶习，养其仁心，长而未有不为善人者。否则童而失教，积习日深，长欲易之，抑亦难矣，此亦犹夫种树者，不直之于初种之日，而直之于合抱之时，不亦晚乎？是以无家教之儿童，即长而入校，亦难学好；因其在家时多，在校时少，（此指初级小学而言）先入为主，而教师难以施其教也。呜呼！家教好则子孙可以为正人，可以为善士，可以为君子，可以为圣贤；家教不好，则子孙能流而为市井，流而为无赖，流而为恶人，流而为败类；家庭教育之关系于子孙之前途也，岂不大哉！顾今人皆知令子女入学为受教育，而不知在家学好亦为受教育；皆知令子女读书为受教育，而不知令其为善亦为受教育；皆知学校为施教之地，而不知家庭即施教之本；皆知学校教育之重要，而不知家庭教育，尤为重要也。（因家庭教育为学校教育之基础故尤为重要）以致失古人蒙以养正之旨，而遗后日无穷之忧，岂非大可叹之事乎！兹特将家庭教育重要之点，略述如后，以备世之为人父母者取资焉。

（一）七岁以前之教育

在此期教育中，第一应当注意者；即是能言语以后，切勿使之说诳话,说坏话,或骂人。此种事情,则全赖于为父母者,防备禁止及教导焉。第二应当注意者:即是子女游戏之时,应当与之制造少许之器具。如木刀皮球巧图板之类,以活泼其身心;切不可使之为无益之游戏。第三应当注意者:即是如遇子女将他人之物偷回之时,即当将此事之坏处告诉于彼,并速令将物送还。盖儿童之所以偷人财物者,以其心爱且不知此为坏事也;如彼能明此为坏事,则后日自然不为矣。但如再犯,则当严词正色以责之。第四应当注意者:即是与姊妹兄弟或邻家儿童游戏之时,切勿使之讨小便宜,以养其自私自利之心。其他若杀生,若斗狠,尤宜及时禁止。盖此最足以长其残暴之性,而斩丧其活泼之生机也。

(二)七岁以后之教育

在此期教育中,第一要教他学礼节。譬如在家即当使知亲坐侍立,兄先弟后之礼;在外即当使知遇人恭敬,徐行后长之礼;在校即当使知尊敬师长,和睦同学之礼;其他如招待宾客,看望亲戚,以及婚丧庆吊之礼,皆当按乡间习惯,使之常常练习。第二要教他选择朋友。盖儿童七岁以后,最喜结交小朋友;此时为父母者,应当告以交友之道,及择友之法,使之知守规矩有廉耻者为益友,无规矩寡廉耻者为损友;并当劝其结交益友而远损友,防其亲近损友,而疏益友。第三要考查其在学校之行为,是否有逃学之情事;有无犯过之举动。如有,即当严加训诫,以警其愚顽。至于每日放学归家之后,对于所受之功课,及修身之道理,亦当详细考问,以观其明了与否。明了后再看其能实行与否。不能实行,即当以适当之颜色声气以训导之,庶几可日进于善矣。

第四章 家庭卫生

身体强健,人生之幸福也;讲究卫生,强健身体之要道也。顾今人莫欲得健康之幸福,而莫不忽略卫生之要事,此健康之所以不可终得,而疾痛之所以常常在礼也。今谨将家庭卫生略述如下。

(一)衣服

衣服者,所以保护身体者也。然若不洁,则病易生焉。故衣服无论新旧,皆要常常洗濯,以去其污垢。如此,则病媒既减,而疾病亦庶几可少矣。衣服如是,被褥亦然,勿因其稍为费事而不加以拆洗也。

（二）饮食

饮食者，所以养人者也。然若不洁之水及难化之物，饮焉食焉而不留意，则不惟不能得其养，而反足以受其害，不可不慎也！故凡讲究卫生者，不食难化之物，不饮不洁之水，食不过饱，饮不过多，有定量，有定时，此所以能常保其健康也。

（三）房屋

房屋应当注意者：即第一应当使日光充足，第二应当使空气流通；日光下充足，则厉气不能消；空气不流通，则浊气不能去；此皆致病之原也。

（四）清洁

清洁之道：第一要常洗身体；盖身不洁，最有害于健康。其他若室内，若院中，亦当不时扫除，以斩其清洁。至于厕所为最污秽之地，遇有潮湿尤当盖以干灰，或石灰，以防疾疫之发生。

（五）劳动

精神愈用则愈出，身体愈用则愈强，此尽人所知者。故人能常常劳动，则筋骨坚硬，血脉流通，而身体自强矣！

（六）种痘

与儿童种痘，亦是卫生之事；但种须在儿童强健之时，如病而甫愈，或遇有时症流行之际，切不可与之去种，因种后恐将引出其他之病痛也。

此外尚有应当注意者一事，即一切食品宜防止苍蝇之吮食是也。每见乡村厨房之内，苍蝇蝟集，所有食物，吮食殆遍，此实危极危险之事。盖蝇之物，最不洁净，其口足之间，往往黏有病菌，食物一被其吮食，病菌即遗落于上。病菌一入于体内，疾病亦于焉而发作，因此而丧生者，亦比比然也。故对于此项，务要特别注意；凡厨房内所用之器具，必须常常洗刷，放置食品，亦必须藏盖严密，如此则苍蝇传染疾病之患，庶几可免矣。

第五章　戒缠足

吾国有一最残酷，最黑暗，最无理，最野蛮之风俗，传笑邻邦，遗害无穷，言之痛心，闻之酸鼻者，非女子缠足一事乎？考女子缠足，始于南唐之窅娘，其后辗转仿效，浸演成风，习非成是，积重难返；训至一般人皆视为金科玉律，不敢稍有疑异。女不缠足，虽王嫱西施不为美，妻不缠足，虽太姒邑姜不为贤，妻女含冤，坐受荼毒，陋俗相沿，至今未改，岂非大可痛心之事乎！窃尝论女子缠足之害，其大者约有四端，一曰伤恩：亲之于子，爱本天性，心力所及，无不为者；然独对于女子之缠足，则忍其心而狠其手，一反平日之所为，痛哭莫睹，号呼不闻，甚而至于挞詈交加，怨恨备至，伤恩害情，孰甚于此乎！二曰残肢体：男女之生也，各赋以四肢，女子何罪，而折其二焉！况女子缠足以后，筋骨折断，不便行走。血脉迟滞，疾病易生，夫人孰不爱其子女，孰不欲其子女之寿且永，奈何于女子缠足一事，严厉不稍放松，而送彼于疾病死亡之路乎！三曰害事：人之所以能操作一切，俾事无荒废之忧者，赖有两手两足也。今手虽存而足已废，心虽切而力不足，人只身能为之事，今五人不能举焉；人一日可竣之工，今五日不能毕焉；废时害事，莫过于此！人又何苦而不求解放乎！四曰弱后：强健之母亲，方可生俊伟之婴儿，此一定之理也。今为母亲者，既身体孱弱，血气衰颓，则所赋予幼儿者，亦必薄弱柔脆，以秉质薄弱，生体柔脆之幼儿，欲其俊秀无病而少夭折之患，岂可得乎！以上所举，不过荦荦大者，至于其他之细害，则虽更仆而难数焉。

缠足之害，已略如上述，故凡家庭之妇女，凡已缠而能放者，则当速使之放；其未缠者，则禁令再缠，况现在通都大邑之妇女，皆已完全解放，而官厅方面亦复有严令禁止，吾农民尤当速速觉悟，除此陋俗，而免了女之痛苦也。至于不缠足之利益，则更有不可胜言者矣，举要言之，则第一身体强健，第二操作便利，第三减少疾病，第四举动大方。噫！缠足之害如彼，不缠足之益若此者，人又何苦守此陋习而不革除乎！

第六章　戒早婚

男子三十而娶，女子二十而嫁，此吾国古时之定礼也。洎后早婚风成，斯礼云废，流弊多端，遗害无穷，良可款叹也，盖早婚之害，其第一即为戕身：青年男女自治力弱，身体教育，亦未成熟；此时而使之居室，未有不纵情肆欲以害其身者，盖青年智力既弱，经验复浅，不知居家之道，不明养生之术，溺于一时之乐，而忘终身之患，斩丧元气，戕贼身体，故因此而中道夭折者有之，因此而半生萎废者有之，因此而疾痛终身者又有之。噫！或言早婚为自杀之利刃，岂不信哉。第二即为害后：吾国习俗往往以早得抱孙为人间之乐事，以故子女甫离襁褓，辄急急代求婚配，以至十五得子者，习以为常。彼其意岂不曰是将以继吾业也，是将以昌吾后也，孰知此所希望之子孙，盖皆羸弱而无能者乎！盖其父母已因早婚之故，而身体神经，已日趋于衰弱，今欲其所生之子女，俊秀而活泼，又乌可得广。且据统计学家言，凡各国中人民之废者，疾者，夭者，弱者，钝者，犯罪者，宁皆多为早婚之父母所生之子女，此史可以证明早婚之足以害后也。第三即为害杀：国民教育之道多端，而家庭教育居其一焉。儿童当在抱之时，及绕膝之日，最富于模仿性，此得为父母者能示之以可法之人格，因其智识之萌芽而利导之则他日学校之教育，社教之教育，即可事半而功倍，然人必学业有成，经验丰富，而校其言论举动方可为后辈人模范。准斯义也，则人最低限度，亦须在二十岁以上，始有可以为人父母之资格，始有教育子女之能力。彼早婚者藐躬固犹有童心也，而已突如弁兮，□然负教育子女之责任；夫岂无一二早慧之流，不辜其责者，然以不娴义方面误其婴儿者，固十之八九。此早婚者之子女，所以多乖戾邪僻也。第四即为有害于修学：各国教育通例，大率小学七八年，中学五六年，大学三四年；故欲受完全教育者，其所历必在十五六年以上。常人大抵七八岁始就学，则其一专门学业之成就，不可不俟诸二十三四岁以外。其前此者皆所谓修学年龄也，在此修学年龄期间，而人一生之升沉荣枯系焉。早婚则举其修学年龄中最重要之部分，投诸于缠绵歌泣倦恋床第之内，消磨其风云进取之心，耗损其寸阴尺璧之时，以致身体尪弱，神经衰颓，故虽有慧质特才，而亦因斩丧过甚，不能从事于高深之学问，及伟大之事业，此非大可痛心之事乎，痛哉梁任公之言曰："我中国民族无活泼之气象，无勇敢之精神，无沉雄强毅之魅力，其原因虽非一端，而早婚亦实尸其咎矣，一人如是，则为废人，积人成国，则成废国，中国之弱于天下，皆此之由。"呼！吾国民可不知所斫戒哉。

结婚之年龄究竟应在何时乎？愚按身体之长成，及智力之发育，则最低之限度，男子须在二十岁以上，女子亦须在十八岁以上；否则未有不受其害者也。

第七章　婚聘祭葬

男女婚聘，父母对于子女应尽之责任也；死葬追祭，子女对于父母必尽之义务也。之四礼者，不惟古时为重，在今亦然，不过因世人对于此种礼节，不甚明了，故行之往往有过与不及之患此不可不察也。

昔"林放问礼之本，子曰：'大哉问，礼于其奢也宁俭；丧子其易也宁戚'，又曰：'先进于礼乐野人也，后进于礼乐君子也，如用之，则吾从先进'"，此即言礼宜崇本不应逐末也。譬如人子对于父母之丧，其最重要者，即当哭尽其哀，祭尽其诚，至于衣衾棺椁，则称家之有无可也。然此并非薄于父母，实体父母之心耳。盖父母之所虑而不能顷刻忘于心者，即子孙日后之生计问题是。若因父母之祭，而大事铺张，以致事未竣而债满身，时甫过而生计绝，如此则父母虽在九原之下，恐心中亦定为不安矣，至于迷信风水，妄求福禄，迁延岁月，停而不葬，则尤为礼非之事；而亟宜免除者，盖死者以入土为安，福禄以行善而得，要非以无礼之祈求所能侥幸而致也。至如祭葬无诚，惜财俭亲，则不孝之大者，尤不可以不戒焉。

婚聘之时，亦当重力为礼，量财举事，固不可刻意吝啬，亦不可遇事铺张，于礼为得，于义为失，于心为安，于事无损斯可矣；甚不必以无得有，而摆弄空架子也，至于上下与事人等，最好喜事襟以红花，忧事而臂以白布，（或黑布）如此则亦简章，亦雅致，亦易为，亦尽礼，以较之不合理之铺张，胜之远矣。

第八章　居家古训

居家之道，古人言之详矣，爰录数条，以作处家才之一助。

一家之中，老幼男女，无一个规矩礼法，虽眼前兴旺，即此便是衰败气象。

主人为一家观瞻，我能勤，众何敢惰；我能俭，众何敢奢；我能公，众何敢私；我能诚，众何敢为。此四者不惟婢仆见之，上行下效，且为子侄之模范。语云："心术不可得罪于天地，言行要留好样与儿孙"。

人一心先无主宰，如何整理得一身正当！

人一身先无规矩，如何调剂得一家整齐！

事亲者，虽有菽水当尽承欢！若到子欲养而亲不在，即椎牛以祭，不若鸡豚之逮亲存也！

兄弟手足之义，人人所闻，其实未皆深体力求。盖思手足二体，持必均持，行必均行，适必皆适，痛必皆痛，偏废必弗寗，骈枝必两碍，是以为分形连气也。方其幼时，无不相好，及其长也，渐至乖离；古人谓孝衰于妻子，孝衰悌因以俱衰。人能常保幼时之心，勿令外人得以伤吾肢体，庶可永好矣！

父母而下，惟有兄弟，孩提时无刻不追随相好；长各有室，或听妻子言语，或因财帛交易，多致参商；有余则妒忌，不足则较量，及患难相临，虽至厚之亲朋，终不若至薄之兄弟。谚云："兄弟同居便安忍，莫因毫末起争端，眼前生子又兄弟，留与儿孙作样看！"

父母见诸子中有独贫者，往往念之，常加怜恤，饮食衣服之分，或有所偏私。子之富者，或有所献，则转以与之，此乃父母均一之心，而子之富者或以为怨，此殆未之思也！若使我贫，父母亦移此心于我矣。

子弟七八岁，无论敏钝，均宜就塾读书，使粗知义理。至十五六，然后观其性质之所近，与其志向，为农为士，始分其业，则自幼不习游闲，入于非恶，易以为善。

少年子弟，不可令其浮闲无业必察其资性才能，无论士农工商，授一业与之习，非必要得利也，拘束身心，演习世务，谙练人情，长进学识，这便是大利益。若任其闲游，饱食终日，是送上了贫穷道路。虽遗金十万，有何益哉！

爱子弟不教之守本分，识道理，田产千万，适足助其邪淫之具；即读书万卷，下笔滔滔，亦不过假以欺饰之资；有识者所当深省。

虽肄读书，不可不令知稼穑之事；虽秉耒耜，不可不令知诗书之文。

富人有爱其小儿者，以金银珠宝之属饰其身，小人于僻静处坏其性命，而取其物，虽闻于官而置于法何益？

隐恶扬善，待他人且然，自己子弟稍稍失欢，便逢人告诉，又加增饰，使子弟遂成不肖之名，于心忍乎？

骨肉失欢，有本于至征而至终至不可解者；止由失欢之后，各自负气，不肯先下气耳，朝夕群居，不能无相失，相失之后，有一人能先下气与之语言，则彼此酬复，遂如平时矣。

骨肉构难，同室操戈，天必两弃，从无独全之理。盖天之生物，使之一本，未有根本既伤而枝条如故者！其有或全，必其弱弗克竞而深受侮虐者也。

嫁女须随家力，不可勉强，然或财产宽裕，亦不可视为他人，不以分给。

大抵女子之心，最为可怜；母家富而夫家贫，则欲得母家之财以与夫家；夫家富而母家贫，则欲得夫家之财以与母家。为父母及夫者，宜怜而稍从之。

女子既嫁，若是夫家贫乏，父母兄弟当量力周恤；不可坐视。其有贤行，当令子女媳妇尊敬之。其或不幸，夫死无依，阳归于家可也。俗子亲戚富盛则加亲，衰落遂疏远，斯风最薄，所宜切戒！

凡人不幸，而中年□绝：则后妻与前妻之子，其中有甚难处者，妻非必不贤，子非必不孝也。尔我猜疑之心一生一言也言之者无心，听之者有意；一礼也失之者无意，见之者有心；渐至失欢。终成大恨！为父者岂可听不明之妇，与童稚之子，而不预为之地乎？平居必早教其子曰：言不可直遂也，必以姿婉出之；事不可草率也，必以周旋行之；声音笑貌，贵有弥缝救之意行于其间，庶可得继母之无怨。又必早训其妇曰：己所亲生，尚多不孝，况非己出者乎？己之所生虽忤逆犹加慈爱，非己之子，一言稍失，便加弃绝，亦非人情。况子我之子也，爱我之子，即是爱我，不爱我子，即是弃我矣！如是开诚训诲，庶可令子女和好；不然未有不相疾相残者也！

御仆人之道，严其名分，而宽其衣食，警其惰游，而恤其劳苦，要以孝悌忠信为主。

富贵受贫贱人礼，以为当然，殊不几费设处而来，即一□一丝，亦宜从厚速答。

德不可轻受于人，怨须有预远之道。

人有困苦无所诉，贫乏不自存，而朴讷怀愧，不能自言于人者，吾虽无余，亦当尽力周助。此人纵不能报，亦必知恩。

亲族邻里，居址甚近，凡牲畜之侵害，僮仆之争国，言语之相角，行事之错误，势不能尽免。惟在以心体心，彼此相容，但求反己，不可责人！若不忍小忿，遂生嗔怒，必致仇怨相寻，终无了时矣！

俭者君子之德，世俗以俭为鄙，非远识也。俭则足用，俭则寡求，俭则可以成家，俭则可以立身，俭则可以传子孙。奢则用不给，奢则贪求，奢则掩身，奢则破家，奢则不可以训子孙。利害相反如此，可不念哉！

居家之病有七：曰笑，曰游，曰饮食，曰土木，曰争讼，曰玩好，曰怠惰。有一于次，皆能破家。其次贫薄而务周旋，丰余而尚鄙吝，事虽不同，其终之害或无以异；但在迟远之间耳。夫丰余而不用者，疑若无害矣，然已既丰余，则人望以周济，今乃恝然，必大人之情，则人不佑。人惟恐其无隙，苟有隙可乘，则争媒蘖之；虽其子孙亦怀不满之意，一旦入手，若决堤破防矣！

人生衣裳饮食，以及冠婚丧祭馈部庆吊，俱不能无资于货财。然其源不可不清，其流不可不治。源则问其所由来义乎？流则问其所自往称乎？抑过与不及乎？

富家有富家计，贫家有贫家计，量入为出，则不至乏用矣；用常有余，则可为意外横用之之备矣。

处贫贱之日，不可轻于累人；累人则失义。处富贵之日则当以及人为念，不然则害仁！

其田畴不多，日用不能有余，则一味节（用之有制）啬（用之以舒），裘葛取诸蚕绩，墙屋取诸蓄养，杂种蔬果，皆以助用。一日不可侵过次日之物，一日侵过，无时可补，则渐有破家之渐，当谨戒之！

起家之人，生财富庶，乃日夜忧惧，虑不免于饥寒。破家之子，生事日消，乃轩昂自恣，谓不复可虑。所谓吉人凶其吉，凶人吉其凶；此其效验，当见于已壮未老，已老未死之前！识者当自默验！

凡人之不敢于举债者，必谓他日之宽余，可以偿矣。不知今日之无宽余，他日何为而有宽余；警如百里之路，分为两日行，则两日皆办，若欲以今日之路，使明日并行，虽劳苦不可至。凡无远识之人，求目前宽余，而挪债在后者，无不破家也！

早眠早起，其家无有不兴者。夜间久坐，膏火费繁；日间早起，则早膳之前，已可经营诸事；较之晏起者，一日如两画焉。晏起之人，于繁要之事，每以日晏不及为而中止；百事废驰，皆由于此。又晏眠晚起，则门户失防，管理无人，窃物甚便，家多隙陋，衰败之根也。

讼至危险，小能变大，争财争产，得不偿失，非重大万不得已之事，勿轻以进词！

凡夜间犬吠，盗未必至，亦是盗来探试，不可以为他物而不警！夜间遇物有声，亦不可以为鼠而不警！

　　勤关门户，遇吉区诸事，身体虽疲，临睡之时，亦宜检点。洁净室宇，指扶椅桌，半在自己，不可专靠他人。

　　完全器皿，勿使一器分散数处，致遗失毁坏。

　　勤记账册，勿令遗忘，致有错误。

　　幼儿小婢，宁令衾絮温厚，勿许被内安炉，烘燻被褥。稻草绵絮灯心安放处，勿使为火光相近。

　　保家要务，事在眼前，行之甚易，惟在一家大小，人人将此事理放心上也。

第九章　家庭格言

　　山西村政汇编家庭格言一章，言浅而意深，语显而理明，真切平实，诚居家之箴规也。故特录于此。

　　羞耻是家庭的骨干，和气是家庭的珍宝，干净整齐是家庭的文章。

　　纳妾是家败人亡的祸根，有子媳的万万不可做。

　　教训子女，亦如培养苗禾一样；最要的是小时，所以教育小孩子最为要紧。

　　早气清，夜气浊，坏事都是晚间做的，早睡早起，就是好人。

　　不教子以德，犹养贼也，不教子以艺，是弃之也。

　　有羞耻的小孩，定有出息，是以养小孩的羞耻，是家庭教育的要着。

　　无羞耻的家庭，永无复兴的机会。

　　欺人恨人，万万要不得。

　　盼望他人坏，忌刻他人好，是心短，人要知心短人不长。不干净的空气，杀甚毒于药。

　　随处唾痰，随处小便，肮脏得很，亦野蛮得很。

　　父母的言行，即儿童的样子，好就印个好，坏就印个坏。

　　上等人家的儿子，不会骂人，中等人家的儿子，不会打人。

　　饿死不可做贼卖女，病死不可吃鸦片金丹。

　　不义之财，就是祸害。

　　无钱不算穷，无职业乃是真穷。

　　婆婆虐待媳妇，是倒败人家才有的事。

家庭残忍，真是禽兽不如。

一年赶过十年快，一年拖下十年债。

悔过自亲，是自省的真谛。

多享一分福，多损一分志气，多受一分苦，多增一分智能。

仆役愈多，危险愈大，非真有用处，不可轻于雇用。

富贵家女人，最易学坏，无职业的缘故。

无责任心的人，少一个好一分。

男子穿艳色衣，或花丽衣，不特是难看，还令人小看。

心为万事之主宰，心一坏不会有一样好。

自己心上觉着不对就是坏事，应该不做。

想要愈做愈好，就是进取的精神。

办什么的，不把什么办好，说到家上家必败，说到国上国必亡。

办什么的，不把什么办好，就应该得什么罪。

办什么的办不好什么，又没有得办不好的罪，是人群的公道倒了。

勤俭尤为家之根本。

为父母者，当知不能强迫子弟做好人，要在善于诱导，引起子弟心上做好人的兴味。

为子弟者，当知不能侥幸做好人，必须发了做好人的心芽，然后见了坏事才能不动心。

待前妻子女不好的后母，他生下的儿女，多没有个好结果，真是天理循环。

无学问的经验，比那无经验的学问强的很多。

智者求己，愚者求人。

常将有日思无日，莫到无时想有时。

祸莫大于任性，恶莫大于自欺。

最可怕的是不怕两字，最可耻的是不能两字。

淫词小曲。是坏性情的媒介，家中应当严禁。

不正当的小说，是杀人性刀。

本编第六章取材于饮冰室文集，第八章取材于五种遗规，其余数章除第九章外还有几处是取材于山西村政汇编。特此声明。

编者附志

一　山东乡村建设研究院邹平试验县区乡农学校暂行简章

一、本院为进行试验县区之试验工作,协同地方人士倡办乡农学校,将来期于完全归地方自办。

二、乡农学校之宗旨,在集合乡间领袖以学校指导农民生活,谋其一地方乡村建设之推进。

三、乡农学校暂就本县七区,除第一区外,每区设中心乡农学校一所,乡农学校若干所。

四、中心乡农学校应以合于下列各条件者,为适宜所在地

1. 户口在二百户左右
2. 交通便利
3. 地点在本区较为适中
4. 有适当可用之场所
5. 区公所所在地或其邻近地点

五、中心乡农学校之职能

1. 为本区内各乡农学校联络之中心
2. 为本院继续训练现在本区服务同学之中心
3. 为本院随时集中教导本区内各乡农学校学生之中心
4. 为本院辅导本区内小学教师讲习班同学努力教育服务社会之中心
5. 为本院与本区、本区与各区乡农学校联络之枢纽
6. 为本院与本区地方人士联络之中心

六、中心乡农学校之活动

1. 分派本院学生为本区内各乡农学校之试导员办理各该乡农学校

2. 监督指导本区各乡农学校之试导员

3. 联络各区中心乡农学校

4. 协助本区内小学教师讲习班同学组织同学分会并辅导其工作之进行

5. 传达本院与本区地方人士之意见以期其融洽共图本区乡村建设事业之进展

6. 调查本区乡村社会经济教育及农业等状况

七、乡农学校之组织系统如下表

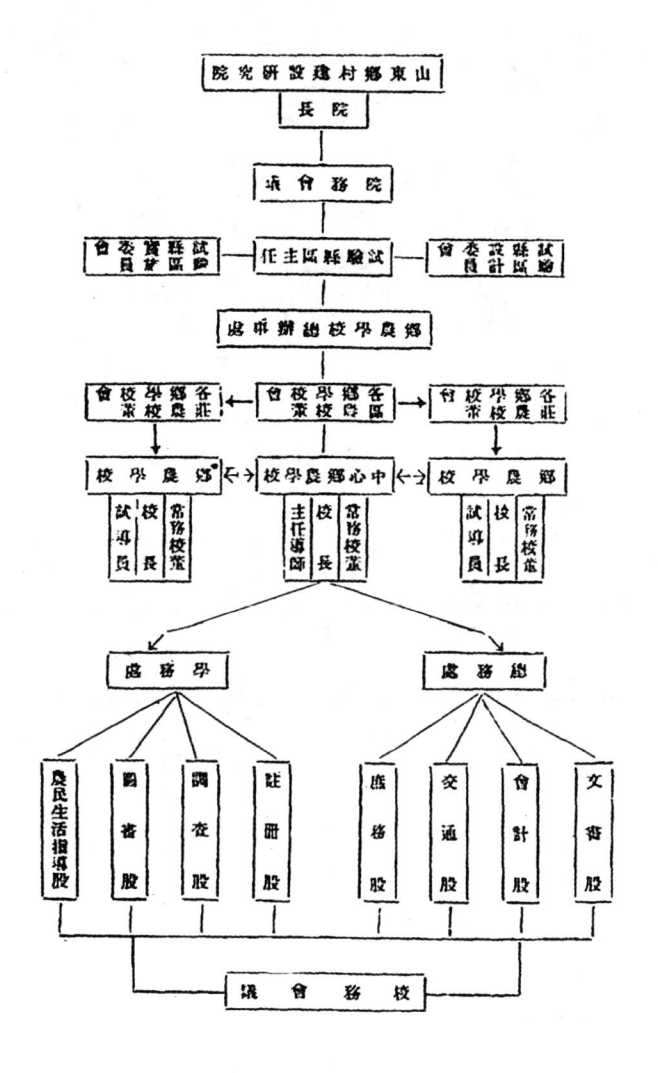

邹平的村学乡学

八、本院试验县区推行乡农学校理想计划图

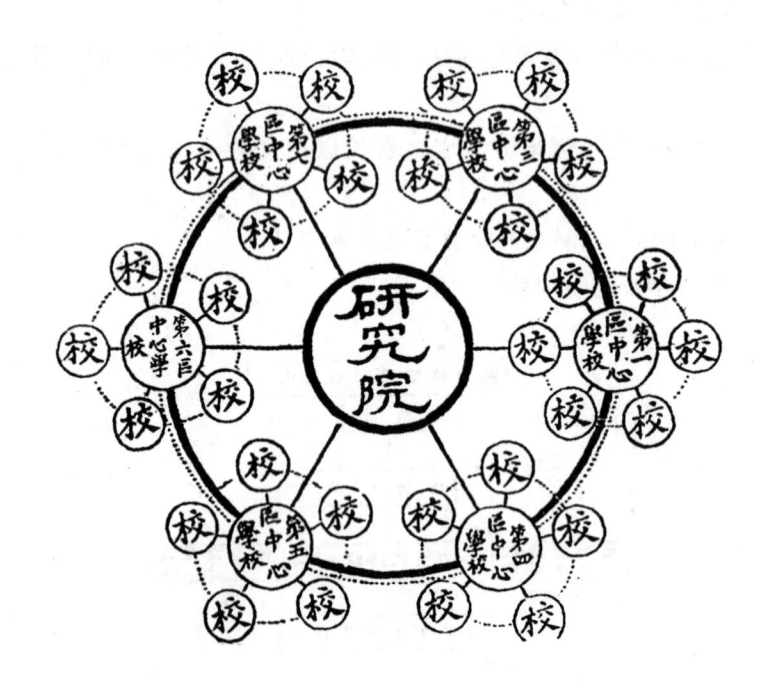

(说明) 各校间之虚线示各区巡回导师巡视本区各校之路线

各中心校间之虚实双线示本院总巡回导师巡视各区中心校之路线

九、乡农学校之校董会

(甲) 各区中心乡农学校校董会，除各该区区长为当然校董外，并由各该区内现任里庄长及现任小学教员，选举本区热心公益乡望素孚者若干人组织之，校董任期一年，连举得连任。

(乙) 各庄乡农学校校董会，除各该里庄长为当然校董外，并由各该庄人士选举本庄内热心公益乡望素孚者若干人组织之，校董任期一年，连举得连任。

十、乡农学校校董会之职责

1. 选举常务校董
2. 选聘校长
3. 选定校址
4. 通过概算决算

5. 厘定本区或本庄乡农教育进行计划大纲

十一、乡农学校校董会各设常务校董二人至四人，由各校校董会互选后呈报试验县区主任聘任之。

十二、乡农学校常务校董之职责

1. 代表校董会执行校董会决议事件

2. 办理各该校总务事宜

十三、乡农学校之校长是由校董会选出，呈请试验县区主任聘任之。

十四、乡农学校校长之职责

1. 主持本校校务会议

2. 延聘本校导师

3. 对外代表本校

4. 会同常务校董编制概算决算

十五、本院对于乡农学校设总巡回导师若干人

十六、总巡回导师由院长请本院导师任之，其职责如下：

1. 指示各区乡农教育进行方略

2. 督察各区乡农学校实际工作

3. 担任各区中心学校专科讲演

十七、中心乡农学校设主任导师一人，导师一人或二人，试导员若干人。

十八、中心乡农学校之主任导师由院长请本院导师任之，其职责如次：

1. 协同校长及本区各导师、试导员，统筹本区各庄乡农学校进行事宜

2. 协同本区各导师指导本区各校试导员工作

3. 支配本校试导员职务

4. 审阅本校试导员工作日记

5. 教导乡农学校学生

十九、乡农学校之本区导师由院长请本院导师任之，其职责如次：

1. 襄助主任导师进行本区乡农教育实施计划

2. 巡视本区各乡农学校并指导其工作

3. 审阅各校试导员日记

4. 担任本区各校教导

二十、乡农学校之试导员由校长主任导师协商指选本院学员任之,其职责如次:

1. 试行教导

2. 受校长或主任导师之指导,分掌校内各股事宜

3. 分任本院导师临时指定之其他事项

二十一、中心乡农学校每两周举行本区各乡农学校试导员联席会议一次,开会时以主任导师为主席。

二十二、中心乡农学校每月得召集本区内各校学生开联合会一次。

二十三、各中心乡农学校得举行联合会议,其开会日期及地点由院长先三日决定召集之。

二十四、乡农学校之学生编制分高级、普通两部,高级部以粗通文理年在十八岁以上、五十岁以下者为合格;普通部凡十八岁以上四十岁以下之农人皆可报名入学。

二十五、乡农学校之学额无限制,惟高级部人数不满十五人时得不开班,其学生归并邻校高级部就学。

二十六、乡农学校教学之科目暂定如下:

(甲)高级部

(一)精神陶练(二)党义(三)国学(四)史地(五)自卫(六)农业问题

(乙)普通部

(一)精神陶练(二)党义(三)识字(四)自卫(五)农业问题

二十七、乡农学校之修业期间各部均以修满三个月为一段

二十八、乡农学校之开学时期暂定"冬三月"即农暇时期,各区各校得以地方情形斟酌办理之。

二十九、乡农学校之授课时间,由各校斟酌地方情形规定之。

三十、乡农学校学生之待遇,学费免收,膳食自备。

三十一、乡农学校各种规程及细则另订之

三十二、本简则经院长提交院务会议咨询后公布施行

二　山东乡村建设研究院学生下乡服务公约

一、不准自由出校

二、不准旷弃职守

三、不准任意讥评

四、不准狎亵戏谑

五、不准轻慢乡人

六、不准私入人家

七、不准徘徊街市

八、不准私借什物

九、不准损坏公物

十、不准吃烟喝酒

乡村服务注意要点：

一、与乡村人交接要持请教商榷的态度，不要持指导命令的态度。

二、与乡人讲话，须先审察其性情，习惯，信仰等，然后发言。

三、对于乡人之言行信仰纵觉不甚合理，总要少加批评善于劝导。

四、对于乡村知识分子，当乐取其善端，培养其长处。

五、对于乡村富有经验及俱有特长之人，当以诚恳谦和之态度，接受其知识及方法。

六、乡村固有之善良风俗习尚；要随时记录，善于运用。

七、凡遇重要事，要说明时须先自己考虑一番，要实施时，须大家讨论一番。

八、在乡村购买物件，或雇用工人，都当由宽厚处着想，否则易生意外诽谤。

九、借用物品，须按时归还，如有损坏，须早赔偿，宁厚勿薄。

十、凡欲赴未曾到过之庄村，须先选介绍人作为乡导。

十一、凡到人家，须有人引导，至庭中稍立，不宜迳入室中。

十二、凡过庄村，骑马须下马，乘车须下车，问路问事时，亦当如是。

十三、有益于公众之事多作，不关紧要之话少说。

十四、随时注意青年优秀人才，及乡村中领袖人物，尤当注意引发其自觉自信之志愿与力量，以期归于改善乡村之正当途径，为将来办乡农学校之中坚人物。